edition suhrkamp 2521

Doña Rosas Familie ist nur ein Beispiel: Ihr Sohn Antonio bewirtet in New York Mexikaner, die am Hudson Fußball spielen, ihre Tochter Aurora betreibt in Puebla ein Hotel – für Arbeitsmigranten auf Heimaturlaub. Mit über 80 Jahren pendelt Doña Rosa zwischen den Welten, um ihren Kindern unter die Arme zu greifen. Heute erstrecken sich familiäre Netzwerke oft über nationale Grenzen hinweg, wir müssen das Verhältnis von sozialen und geographischen Räumen überdenken. Dazu leistet Ludger Pries' materialreiche Studie einen wichtigen Beitrag. Sie bietet einen Überblick über ein Forschungsparadigma, das in der akademischen und der politischen Debatte rasant an Bedeutung gewinnt: Transnationalisierung. Anders als in der Diskussion um die Globalisierung geht es dabei weniger um abstrakte Phänomene wie Kapitalströme und Umweltrisiken als um die unzähligen Entscheidungen individueller Akteure, die uns zwingen, unsere mentalen Landkarten zu Beginn des 21. Jahrhunderts neu zu zeichnen.

Ludger Pries ist Professor für Organisationssoziologie und Mitbestimmungsforschung an der Ruhr-Universität Bochum. Wichtige Erfahrungen für dieses Buch sammelte er bei Studien- und Forschungsaufenthalten in Mexiko.

Ludger Pries

Die Transnationalisierung der sozialen Welt

Sozialräume jenseits von Nationalgesellschaften

Suhrkamp

edition suhrkamp 2521
Erste Auflage 2008

Originalausgabe

Satz: Hümmer GmbH, Waldbüttelbrunn
Druck: Druckhaus Nomos, Sinzheim
Printed in Germany
ISBN 978-3-518-12521-2

1 2 3 4 5 6 – 13 12 11 10 09 08

Inhalt

Vorwort 7

1 Einleitung 9
2 Jenseits von Globalisierung *und* Nationalstaat 22
3 Transnationalisierung der sozialen Welt in der Praxis 47
4 Zum Verhältnis von Sozialraum und Flächenraum 77
5 Die Internationalisierung von Vergesellschaftung 119
6 Transnationalismus in verschiedenen Wissenschafts-
disziplinen 168
7 Modell und Empirie der Transnationalisierung 223
8 Transnationalisierung als Herausforderung und Chance . . 279
9 Nachwort: Wie die neuen Komplexitäten leben? 350

Abkürzungsverzeichnis 360
Literaturverzeichnis 362

Ausführliche Inhaltsübersicht am Schluss des Bandes

Vorwort

Alle wissenschaftliche Theorie- und Begriffsbildung trägt die »Saat« – den Reichtum und die »Verunreinigung« – der eigenen biographischen Erfahrungen in sich. Die folgenden Überlegungen entstanden im Zusammenhang von Forschungsarbeiten und Diskussionen seit der Mitte der neunziger Jahre. Im Rahmen eines größeren Forschungsprojektes zur mexikanischen Arbeitswanderung nach New York City lernte ich diese Stadt zunächst weniger als Europäer, sondern eher aus der Perspektive der meistens undokumentierten mexikanischen Migranten kennen. Bei vielen Gelegenheiten – Festen, Fußballspielen, »Charreadas« und Freundschaftsbesuchen – hatte ich ebenfalls die Chance, als »Stadtmensch« die mexikanischen Dörfer kennenzulernen, aus denen diese Menschen migrierten. Da ich selbst viele Jahre als Forscher im »Ausland« verbracht hatte, öffneten sich mir vielleicht leichter die Aufmerksamkeitszonen, die schließlich zu einer transnationalen Perspektive auf diese Migrationsprozesse – und auch auf die eigenen Erfahrungen – führte. Inzwischen ist die Transnationalismus-Forschung ein kaum noch zu überblickendes Feld vieler Wissenschaftsdisziplinen in allen Kontinenten. In diesem Buch wird die *Transnationalisierung unserer sozialen Welt* als ein wesentlicher Aspekt der zunehmend grenzüberschreitenden Lebensbezüge der Menschen behandelt. In all ihrer Widersprüchlichkeit bietet diese Transnationalisierung viele neue Chancen, schafft allerdings auch neue Herausforderungen für Vergesellschaftung.

Dieses Buch wäre nicht möglich gewesen ohne hunderte lehrreicher Gespräche und Interviews mit Migrantinnen und Migranten, mit Beschäftigten und Managern internationaler Unternehmen sowie mit Vertretern nationaler und internationaler Verbände und Nicht-Regierungs-Organisationen. Mindestens ebenso viel verdanke ich den vielen Kolleginnen und Kollegen aus vielen Ländern, vor allem aus Mexiko (z. B. Federico Besserer, Ilán Bizberg, Rodolfo Corona, Fernando Cortéz, Agustín Escobar, Fernando Herrera, Gustavo López, Liliana Rivera, Rosamaría Rubalcava, Gustavo Verduzco), den USA (z. B. Nina Glick Schiller, Luis Guarnizo, Sanjeev Khagram, Peggy Levitt, Douglas Massey, Michel P. Smith, Robert Smith) und Europa (z. B. Klaus Bade, Michael Bommes, Thomas Faist, Adrian Favell, Krystyna Iglicka, Ulrike Schuerkens, Steve Vertovec, Anja

Weiß), mit denen ich im Forschungsfeld und auf vielen internationalen Workshops und Tagungen Ideen zum Transnationalismus transnational austauschen konnte. Dankbar bin ich auch dem Lehrstuhl-Team (Lena Hilkermeier, Dorothea Radler, Barbara Laubenthal, Peter Ittermann und Markus Hertwig für viele kritische Hinweise und vor allem Susanne Axt-Sokolowski, Sophie Rosenbohm, Julia Hirt und Patricia Pielage für vielfältige editorische und Recherchehilfen). Schließlich stehe ich in der Schuld meiner Frau und meiner Kinder (Karin, Johannes, Lisa und Kathi) für ihr Verständnis und ihre Geduld.

Bochum, im Frühjahr 2007

1 Einleitung

Szene I: Teile des Vierten Sachstandsberichts zum weltweiten Klimawandel werden im Februar 2007 der internationalen Öffentlichkeit vorgestellt. An ihm hatten mehrere tausend über die meisten Länder der Welt verteilte renommierte Wissenschaftler mitgearbeitet. Der Bericht lässt keinerlei Zweifel an der Feststellung, dass der gegenwärtig beobachtbare Klimawandel von Menschen gemacht ist. Eine Zusammenfassung dieses wissenschaftlichen Berichts war vorher an politische Entscheidungsträger verschickt worden, um diesen Gelegenheit zu geben, Änderungswünsche für den Gesamtbericht anzumelden. Vertreter verschiedener Regierungen stellen sich massiv gegen die Veröffentlichung von Teilen des Berichts. Innerhalb der weltweiten Wissenschaftlergemeinschaft gibt es keinerlei Zweifel daran, dass der Bericht das gegenwärtig verfügbare Wissen auf optimale Weise zusammenfasst.

Szene II: Kein gesellschaftliches Großereignis hat bisher rund um den Globus so viele Menschen – über eine Milliarde Zuschauer bei dem Endspiel in Berlin am 9. Juli 2006 – zusammengeführt wie die Fußballweltmeisterschaft in Deutschland. Im Anschluss daran ging ein Aufatmen durch die Reihen der verantwortlichen Organisatoren, aber auch der weltweiten Fangemeinschaft: Es war weder zu größeren fremdenfeindlichen Aktionen noch zu terroristischen Anschlägen gekommen »Deutschland und die FIFA WM 2006: vier Wochen fröhlich, friedlich, unbefangen.«[1] Was außerdem von dieser Weltmeisterschaft in Erinnerung bleiben wird, ist der Kopfstoß von Zinédine Zidane gegen den italienischen Spieler Materazzi. Dieser hatte ihm angeblich vorher zugerufen »Du bist der Sohn einer Terroristen-Hure«.[2]

Szene III: Nach den verhinderten Flugzeugattentaten mit innovativen Flüssigbomben in England im August 2006 erklärte ein Antiterror-Spezialist, die weltweit operierende Al-Qaida-Gruppe sei zwar stark geschwächt und könne gegenwärtig keine weit reichenden eige-

1 Newsletter FIFA-Weltmeisterschaft-2006, Nr. 15: 3; ⟨http://eur.i1.yimg.com/eur.yimg.com/i/eu/fifa/n/n15de.pdf⟩, Zugriff 15. 8. 2006. »Fußball ist heute die globalste aller Sportarten, und auch die frühen Fußballnetzwerke zeigten bereits einen transnationalen Charakter.« (Schulze-Marmeling 2006: 10).

2 Vgl. z. B. ⟨http://www.rhetorik.ch/Aktuell/06/07_12.html⟩, Zugriff 15. 8. 2006.

nen internationalen Terroraktivitäten organisieren. Aber ihr komme zu Hilfe, dass sie eine beachtliche Anzahl lokaler Radikaler im Westen zu eigenen Aktivitäten inspirieren könne. »Al Qaida war offensichtlich in der Lage, die eigenen Reihen wieder aufzufüllen und kann sich gleichzeitig auf örtlich gewachsene Netzwerke verlassen.«[3]

Szene IV: In dem US-amerikanischen Präsidentschaftswahlkampf im Herbst 2006 spielte – ähnlich wie im mexikanischen Präsidentschaftswahlkampf des gleichen Jahres – das Thema der Migration eine große Rolle. Es ging vor allem um die Kontrolle der mexikanischen Wanderungsbewegungen und um die Frage einer möglichen Legalisierung der etwa 12 Millionen Menschen, die ohne gültige Aufenthaltspapiere in den USA arbeiten und leben. Im Jahre 2006 arbeiteten etwa genauso viele Mexikaner in den USA wie insgesamt in Mexiko selbst formell und sozialversicherungspflichtig beschäftigt waren (etwa 20 Millionen)![4] Die Geldüberweisungen der mexikanischen Arbeitsmigranten aus den USA machen inzwischen etwa 20 Milliarden US-Dollar aus, mehr als alle Einnahmen aus der gesamten Tourismusindustrie Mexikos!

Alle vier Beispielszenen haben eines gemeinsam: Sie zeigen, wie bedeutsam und wie vielschichtig inzwischen die grenzüberschreitenden Beziehungen zwischen den Menschen und Nationen geworden sind. Ein jahrhundertealter Traum der westlichen Moderne, aber auch der traditionellen asiatischen Großreiche und der vorkolonialen afrikanischen und lateinamerikanischen Völker ist in den letzten zwei Jahrzehnten zerstoben. Lange Zeit haben die Menschen in den unterschiedlichsten Regionen der Welt und mit den mannigfachsten Gesellschaftssystemen geglaubt, sie könnten die Geschicke ihres »eigenen« Volkes, der »eigenen« Gesellschaft in den Grenzen eines definierten Territoriums selbständig und souverän, ohne Einmischung

3 The Wall Street Journal, Freitag, 11. August 2006, Seite A9.

4 Diese grobe Schätzung geht von etwa 10 Millionen nicht-dokumentierten und über 10 Millionen legalen in den USA arbeitenden Immigranten aus Mexiko aus. Der Begriff »illegale Migranten« wird entsprechend der Losung der Migrantenselbsthilfebewegung »Kein Mensch ist illegal« vermieden. Mit nicht-dokumentiert (undocumented) sind alle Menschen ohne gültige Aufenthalts- und Arbeitsdokumente gemeint; zu den Zahlen vgl. ⟨http://www.cis.org/articles/2001/mexico/labor.html⟩ und ⟨http://www.cis.org/articles/2001/mexico/numbers.html⟩, allgemein ⟨http://usa.usembassy.de/gesellschaft-hispanics.htm⟩; zu den mexikanischen IMSS-Zahlen: ⟨http://www.inegi.gob.mx/est/contenidos/espanol/rutinas/ept.asp?t=msoc03&c=1881⟩, alle Zugriffe 15. 8. 2006.

durch andere Kräfte gestalten. Und wenn sie das Gefühl hatten, dies werde ihnen von Kolonialmächten, von imperialen Reichen oder allmächtigen Konzernen verwehrt, so strebten sie umso heftiger nach Selbstbestimmung, nationaler Unabhängigkeit und gesellschaftlicher Modernisierung.

Am Beginn des 21. Jahrhunderts ist der alte Traum, in einem abgegrenzten geographischen Gebiet die Geschicke der eigenen ethnischen Gruppe oder Nationalgesellschaft selbständig bestimmen und fortschreitend verbessern zu können, gleich in zweifacher Hinsicht zerplatzt. Zum einen wurde ganz allgemein die selbstgefällige Illusion der westlichen Moderne zerstört, dass die Welt durch fortlaufende Wissenserweiterung nach dem menschlichen Willen gestaltet werden könne. Die Zuversicht in die planende Machbarkeit von gesellschaftlicher Ordnung und Entwicklung wurde immer mehr als das erkannt, was sie in Wirklichkeit ist: eine säkularisierte *Glaubensvorstellung*, ein Ergebnis des Austauschens traditioneller Götter und exogener Weltenlenker durch die Selbstinthronisierung des Menschen als endogenen Weltenlenker. Diese nicht weiter hinterfragten Grundannahmen der Erklärbarkeit, der Machbarkeit und des Fortschritts der Welt unterscheiden sich nicht wesentlich von anderen religiösen Weltvorstellungen. Deshalb verwundert es nicht, dass dieser moderne Glaube an die Modernisierung genauso in die Krise geriet, wie die Selbstgewissheit traditionaler Gesellschaften, sich durch rituelle Handlungen den Beistand überirdischer Kräfte zu sichern.

Neben dieser postmodernen Entzauberung der Illusion von der Erklärbarkeit und Machbarkeit der Welt kommt ein zweites Traumerwachen hinzu. Über einige Jahrtausende nährte sich die Vorstellung, durch ein an einen Ort gebundenes sedentäres Leben in einer festgefügten Gruppe die Unwägbarkeiten des Lebens am besten meistern zu können. Stämme ließen sich in Siedlungen und Regionen nieder. Großreiche wie China verwirklichten mit Erfolg sogar über Jahrtausende eine für ein bestimmtes geographisches Gebiet allein zuständige Verwaltung. Der moderne Staat verkörpert in Reinform die Idee eines öffentlichen Souveräns, der – so der Soziologe Max Weber – wirksam das Monopol legitimer physischer Gewaltsamkeit innerhalb gegebener Territorialgrenzen für eine angebbare Menschengruppe verteidigt. Das Konzept nationaler Gesellschaften schließlich geht von mehr oder weniger klar bestimmbaren Einheiten von Menschengruppen aus, die im Vergleich zu anderen Menschengruppen hinsichtlich ihrer Geschichte, ihrer Kultur und ihrer Funktionsverflechtungen signifikant mehr Gemeinsamkeiten haben und die ein gemeinsames Territorium dauerhaft besiedeln.

Beide Seiten des alten Menschheitstraumes – der Glaube an die Kontrollierbarkeit der Welt und die Illusion der sozial-räumlichen Aufteilbarkeit der Welt – werden im 21. Jahrhundert erschüttert. Der erste Aspekt dieser Desillusionierung hat viel mit dem zu tun, was unter Stichworten wie *Postmoderne* und *Übergang zur Zweiten Moderne* (Beck 1986) diskutiert wird. Die zweite Entwicklung betrifft Phänomene, die häufig unter den Sammelbegriff *Globalisierung* gefasst werden. Beide Wandlungsprozesse – das Ende der Ersten Moderne und die Globalisierung – hängen eng miteinander zusammen. Gleichwohl liegt der Schwerpunkt der nachfolgenden Überlegungen klar auf dem letzteren Problem: Es geht um das Verhältnis zwischen den sozialen und den geographischen Räumen, in denen die Menschen ihr Leben führen. Über einige Jahrhunderte waren dies vor allem die (Ideen von) Nationalstaaten und Nationalgesellschaften, denen die entscheidende Prägekraft zugeschrieben wurde.

Seit etwa zwei Jahrzehnten nun werden lokal oder national gebundene Lebensweisen im Zusammenhang der Globalisierung zunehmend in Frage gestellt. Einige sprechen gar von der Auflösung aller stabilen sozialen und räumlichen Lebensstrukturen in ein informationstechnisches »globales Dorf« (McLuhan/Powers 1992) oder in globale »Bewegungsströme« (Urry 2001). Wenn sich alle Menschen der Beschränktheit ethnisch oder national fixierten Denkens und Fühlens bewusst würden, so könnte sich neben der ökonomischen Globalisierung ein kultureller Kosmopolitismus (Ohmae 1990) ausbreiten. Auf diese Art könnte der alte Traum Immanuel Kants (1784) vom Weltbürgertum doch noch wahr werden, und »alle Menschen werden Brüder«, wie es Ludwig van Beethoven in seiner neunten Symphonie pathetisch formulierte.

Doch die Bilder in den täglichen Nachrichtensendungen sprechen eine andere Sprache. Ethnische Konflikte und bewaffnete Auseinandersetzungen innerhalb und zwischen Nationalstaaten nehmen eher zu als ab. Handfeste Interessenauseinandersetzungen um Importzölle und Landwirtschaftssubventionen lassen die Liberalisierung des Welthandels samt der dafür einberufenen internationalen Konferenzen scheitern. Die Einreisebestimmungen und Migrationskontrollen vieler Länder werden eher härter gefasst als aufgeweicht, wie das eingangs zitierte Beispiel der USA zeigt. Religiöse und ethnisch-kulturelle Intoleranz nehmen einerseits vielleicht in ihrem Gesamtumfang ab, sie sind aber andererseits auf bemerkenswerte Weise allgegenwärtig, wie der Fall von Zinédine Zidane zeigt. Das multi-kulturelle Zusammenleben wird in allen Großstädten der Welt immer mehr zu einer Selbstverständlichkeit, gleichzeitig wird aber auch die Bedrohung durch fanatischen Terrorismus allgegenwärtiger. Offensichtlich reicht das Bild von der zunehmenden Globalisierung oder Kosmopolitisierung der Welt alleine nicht aus, um die komplexen Veränderungsprozesse zu beschreiben.

Gegen eine solche einseitige Betonung von Globalisierungstendenzen haben sich bereits frühzeitig verschiedene Autoren ausgesprochen. Roland Robertson (1992 und 1994) prägte den Begriff der *Glokalisierung*, mit dem er Tendenzen der Globalisierung und der gleichzeitigen Lokalisierung in den Blick nimmt. Ulrich Beck (1999) wandte sich gegen eine allzu globale »Weltmarkt-Metaphysik« (196f.) und brachte gegen den »totalisierenden Universalismus« einer unterstellten Welteinheitskultur den Vorschlag eines »kontextuellen Universalismus« (141ff.) vor. Der kontextuelle Universalismus akzeptiert, dass es neben der eigenen Weltsicht und dem eigenen Referenzmaßstab auch noch andere Kulturen gibt, die sich selbst als universell oder zumindest als den relevanten Bezugspunkt denken. Seit den neunziger Jahren hat sich in den Sozial- und Geisteswissenschaften insgesamt eine Forschungsrichtung entwickelt, die unter den Begriffen *Transnationalisierungsforschung* und *Transnationalismus* zusammengefasst wird. Die vier eingangs zitierten Szenen liefern gute Beispiele für Transnationalismus. Im Mittelpunkt stehen dabei wirtschaftliche, kulturelle, politische und soziale Beziehungen und Verflechtungen, die die Grenzen der Nationalstaaten überschreiten, aber nicht in erster Linie zwischen den Staaten bzw. Regierungen entwickelt werden. Gleichzeitig handelt es sich um soziale Beziehungen, Netzwerke und Sozialräume, die nicht global und erdumspannend, gleichsam überall und »de-lokalisiert« vorhanden sind, sondern die sich zwischen sehr spezifischen Orten und Plätzen über nationalstaatliche Grenzen hinweg aufspannen.

Auf der *Mikroebene* bezieht sich Transnationalismus etwa auf die Haushalte von Migrantenfamilien, die über längere Zeiträume und über Ländergrenzen hinweg sehr intensive Beziehungen pflegen, z. B. durch regelmäßige Geldüberweisungen, durch tägliches oder wöchentliches Telefonieren, durch Hin- und Herwechseln von Familienmitgliedern zwischen den Orten in verschiedenen Ländern. Internationale Migration wird einerseits von nationalstaatlichen Regelungen nach wie vor sehr stark strukturiert, etwa durch Green-Card-Programme, durch das jeweilige Staatsbürgerschaftsrecht, durch die Einbürgerungspolitiken. Andererseits entzieht sie sich aber auch – z. B. durch nicht-dokumentierte Migration, durch informelle Geldtransfers und durch transnationale soziale Netzwerke – zunehmend der direkten staatlichen Steuerung. Gleichzeitig ist diese internationale Migration nicht global und »de-lokalisiert«. Transnationale Migration findet jenseits der globalen und auch jenseits der nationalen Ebene statt.

Auf einer *Mesoebene* beziehen sich die transnationalen Verflechtungen auf Non-Profit- und Profit-Organisationen, die in verschiedenen Ländern oder gar Kontinenten tätig sind. Besonders die großen internationalen Konzerne haben zwar an Gewicht gegenüber den Nationalstaaten gewonnen, weshalb man von einer sinkenden Bedeutung ihrer nationalen und lokalen Bindungen sprechen könnte. Aber sie sind andererseits nach wie vor von den jeweils geltenden lokalen Marktzutrittsregeln, von Steuerbestimmungen und von den jeweiligen Arbeitskräftepotentialen und Arbeitskulturen abhängig. Internationale Nicht-Regierungsorganisationen (INGOs) haben zwar in den letzten zwei Jahrzehnten ihre grenzüberschreitenden Aktivitäten größtenteils unabhängig und teilweise auch gegen Nationalstaaten ausgebaut. Aber auch sie werden nicht selten – wenn auch indirekt – durch staatliche Ressourcen alimentiert und zielen auf die Beeinflussung des Verhaltens eben dieser Staaten. Auch hier geht es also um organisatorische Beziehungsgeflechte *zwischen* bzw. jenseits der globalen und der nationalen Ebene.

Schließlich haben sich auch auf der *Makroebene* langfristiger und verfestigter institutioneller Arrangements neue grenzüberschreitende Wirklichkeiten herausgebildet, die einerseits den beschriebenen Glauben an eine sozial-räumliche Aufteilbarkeit der Welt in säuberlich getrennte souveräne Nationen erschüttern, andererseits aber auch auf die – unter Umständen sogar gestiegene – Bedeutung von Nationalstaaten und Nationalgesellschaften verweisen. So hat sich etwa auf der Ebene der Vereinten Nationen bei aller politisch-organisatorischen Schwäche dieses wahrhaft globalen Zusammenschlusses ein Mindestkanon an Menschenrechten und an Mindestnormen der

Arbeits- und Beschäftigungsbedingungen etabliert, gegenüber dem Nationalstaaten nicht mehr einfach als völlig unabhängige Souveräne auftreten können. Dies wird durch den Einsatz internationaler Schutztruppen unter UNO-Mandat in bestimmten Staaten Afrikas oder im Nahen Osten belegt, aber auch etwa durch den Rechtfertigungszwang, dem alle in der UNO vertretenen Staaten im Hinblick auf die Einhaltung der Mindeststandards bezüglich Kinderarbeit oder Gewerkschaftsfreiheit ausgesetzt sind. Während auf der einen Seite also die Souveränität der Nationalstaaten eingeschränkt wird, spielen diese andererseits aber doch für den Normenbildungsprozess und auch für die Implementierung vieler Bestimmungen eine entscheidende Rolle.

Solche *Prozesse der Transnationalisierung* stehen im Fokus der folgenden Kapitel. Damit wird ein besseres Verständnis des komplizierten Zusammenspiels von Grenzauflösungen und von gleichzeitigen neuen Grenzbildungen angestrebt. Es soll eine Betrachtungsperspektive *zwischen* zwei Extrempositionen entwickelt werden. Auf der einen Seite wird die Behauptung einer durchgängigen Globalisierung, die einem Tornado gleich die bestehenden Nationalstaaten und Lokalstrukturen hinwegfegen werde, als zu global und ergänzungsbedürftig angesehen. Auf der anderen Seite wird die Annahme als zu romantisch und realitätsfremd zurückgewiesen, es gäbe noch irgendeinen Ort auf dieser Welt, der sich selbst genügen könnte und an dem die alten Illusionen der menschlichen Machbarkeit der Welt und der sozial-räumlichen Kontrollierbarkeit noch umgesetzt werden könnten. Die Transnationalisierung der sozialen Welt wird dabei als Herausforderung und als Chance betrachtet. Wer die komplexen Wechselwirkungen von Globalisierung, Transnationalisierung, Regionalisierung und anderen Formen der Internationalisierung versteht, kann angemessene Strategien für sein Alltagsleben, für das Handeln in Organisationen und für das Verhalten im öffentlichen und politischen Raum entwickeln.

Durch Ferntourismus, Dienstreisen, Arbeitsmigration und Auslandsstudium entstehen grenzüberschreitende Kontakte, Freundschaften und soziale Netzwerke. Die entsprechenden Migranten halten über tausende von Kilometern durch Telefongespräche, Geldüberweisungen und Besuche engen Kontakt zu ihrer Großfamilie und Herkunftsregion. Unternehmen, Nicht-Regierungsorganisationen und diplomatische Korps verschicken ihre Fachkräfte rund um den Erdball. Innerhalb von Menschengruppen, die in so genannten Diasporas über verschiedene Länder der Welt verstreut leben, bilden sich feste, institutionalisierte Wertorientierungen und Verhaltensregelmäßigkeiten heraus, die über Generationen Bestand haben können. Dies gilt für Gruppen jüdischen Glaubens ebenso wie für Islam-Gläubige, die durch den gemeinsamen Bezug auf die *Umma* geeint sind. All diese Phänomene werden hier als *Transnationalisierung von Vergesellschaftung* oder als *Transnationalisierung von Sozialräumen* bezeichnet.

Transnationalisierung unterscheidet sich von Globalisierung dadurch, dass Erstere zwar grenzüberschreitende, aber nicht globale im Sinne von »überall präsente« Phänomene bezeichnet. Transnationalisierung unterscheidet sich von der Intensivierung zwischenstaatlicher oder intergouvernementaler Beziehungen dadurch, dass es dabei nicht um Beziehungen zwischen Regierungen und Staaten als korporativen Akteuren geht, sondern um alltagsweltliche, organisationsbezogene und um institutionalisierte Verflechtungsbeziehungen zwischen individuellen und kollektiven Akteuren. Die Transnationalisierung der Welt genauer zu betrachten kann zu einem tieferen Verständnis der Wandlungsdynamiken am Beginn des 21. Jahrhunderts führen. Wer ein Verständnis für die tatsächliche Transnationalisierungsdynamik der Welt entwickelt, dem erschließen sich besser die komplexen Wechselwirkungen zwischen ökonomischen, politischen, sozialen und kulturellen Phänomenen auf der lokalen, mikro-regionalen, nationalen, makro-regionalen und globalen Ebene.

Der soziale Wandel am Beginn des 21. Jahrhunderts kann dadurch besser erfasst werden, dass die *Internationalisierung*[5] der Vergesellschaftungsbezüge genauer als nur mit dem Schlagwort der Globalisierung analysiert und dass hierbei vor allem die *Transnationalisierung* der sozialen Welt als ein entscheidender Aspekt der sich verändernden Raumbezüge des Sozialen begriffen wird. Während die »große Transformation« zur Industriegesellschaft (Polanyi 1978)

5 Der Begriff Internationalisierung wird hier in dem ganz allgemeinen und übergreifenden Sinne benutzt, wie ihn auch z. B. Smelser (2003: 645) definierte, nämlich als die Zunahme von die Grenzen von Nationalstaaten und Nationalgesellschaften in irgendeiner Weise übergreifenden Beziehungen ohne spezifische »Bezugnahme auf nationale oder andere Grenzen«. Erst nach Fertigstellung dieses Manuskripts erschien das sehr lesenswerte Buch von Mau (2007), welches sich umfassend mit der hier angesprochenen Gesamtthematik befasst.

noch – zumindest größtenteils – von den sich befestigenden Nationalstaaten gesteuert bzw. strukturiert wurde, vollzieht sich die Internationalisierung der menschlichen Verflechtungsbezüge gegenwärtig ohne einen vergleichbaren alleinigen oder wirkungsmächtigen Souverän. Die einzige noch verbliebene Hegemonialmacht USA erkennt zunehmend ihre Macht- und Hilflosigkeit – sowohl im Irak, als auch an den Küsten Mississippis und Floridas. Bei China und Indien mit ihren jeweils über eine Milliarde Menschen handelt es sich eigentlich um alte Großreiche, die in das viel zu enge Korsett von Nationalstaaten gepresst wurden. In ihnen wie auch in anderen Ländern wird das Problem der gesellschaftlichen Integration zu einem nicht unerheblichen Teil regional unterhalb und transnational oberhalb des Nationalstaates gelöst.

Angesichts dieser Situation ist die Versuchung groß, mit einem einfachen plakativen Modell von Globalisierung in Defaitismus und Zynismus zu verfallen. Danach strauchelt das Raumschiff Erde immer stärker, ist unlenkbar geworden und steuert in die Anarchie eines entfesselten »Turbokapitalismus«.[6] Nimmt man dieses Szenario ernst, so bleibt als Handlungsstrategie eigentlich nur noch die innere Einkehr und spirituelle Reflexion oder das Lamentieren bei einer Flasche guten toskanischen Weines. Am anderen Extrem eröffnet sich die Perspektive eines Berufsoptimismus, der den Politiker im *muddling through* stabilisiert und den – jetsettenden – Intellektuellen emphatisch die gute Weltbürgergesellschaft und einen leicht beschwingten Kosmopolitismus beschwören lässt. Aber auch ein solcher (realitätsferner) pragmatischer Zweckoptimismus ist nicht sehr tragfähig. Dagegen kann ein tieferes Verständnis der Internationalisierungsdynamiken von Vergesellschaftung und vor allem der Transnationalisierung der sozialen Welt helfen, die Herausforderungen *und* auch die Chancen, die Gefahren *und* auch die Hoffnungen des gegenwärtigen Wandels besser auszutarieren. Die Kantsche Idee eines Weltbürgertums und die aktuellen Überlegungen zu einem »kontextuel-

6 Der Begriff des Turbokapitalismus geht auf Edward Luttwak zurück, der 1999 ein Buch mit diesem Titel veröffentlichte. Luttwak ist dabei kein prinzipieller Gegner des Kapitalismus, sondern tritt vielmehr für einen »kontrollierten Kapitalismus« (Luttwak 1999: 63) ein, in dem der freie Markt gewissen Beschränkungen unterliegt. Der Begriff des Turbokapitalismus wird aber auch von globalisierungskritischen Autoren, wie Elmar Altvater und Birgit Mahnkopf, verwendet (Altvater/Mahnkopf 1999).

len Universalismus« können nur dann zu einem »geerdeten« Kosmopolitismus führen, wenn die real sich entwickelnden transnationalen Beziehungsgeflechte in ihren vielfältigsten sozialen, kulturellen, politischen und ökonomischen Dimensionen wahrgenommen werden. Dabei stellt der Begriff des Wahrnehmens auf zwei Aspekte ab: auf das »zur Kenntnis nehmen« und auf das »als Handlungsgelegenheit nutzen«. Gerade in der Transnationalisierung der sozialen Welt erwachsen die Grundlagen und Möglichkeiten zu einer – wenn nicht globalen, so doch zumindest – *transnationalen Bürgergesellschaft* heran. Dieses Buch beschreibt verschiedene Aspekte dieser Transnationalisierung der sozialen Welt.

Zunächst wird in Kapitel 2 anhand einiger Beispiele dargelegt, dass heute vielfältige Entwicklungen *jenseits von Globalisierung und Nationalstaat* zu beobachten sind. Zwar nehmen grenzüberschreitende Phänomene und Beziehungen unweigerlich an Bedeutung zu, aber die meisten dieser Wandlungstendenzen dehnen sich nicht zu etwas Globalem im »erdumspannenden« Sinne aus, sie verbinden vielmehr viele verschiedene Orte miteinander. Damit ist auch das klassische Zeitalter der Nationalstaaten als der eigentlichen Souveräne des öffentlichen und kollektiven Lebens endgültig vorbei. Aber die Menschen sind weder auf sich als Einzelne in einer globalisierten Welt zurückgeworfen, noch sind sie hilflos den Fängen internationaler Konzerne ausgeliefert. In ihrem alltäglichen Handeln, durch neue Formen von Organisationen und durch die Entwicklung neuer sozialer Institutionen weben immer mehr Menschen mit an transnationalen Beziehungsgeflechten, die sozialen Halt und neue gesellschaftliche Orientierungen geben.

In Kapitel 3 wird diese *Transnationalisierung der sozialen Welt in der Praxis* an verschiedenen Beispielen aus eigenen Forschungen und Erfahrungen erläutert. Besonders durch grenzüberschreitende Arbeitsmigration werden transnationale Beziehungen massenhaft und täglich neu geschaffen und stabilisiert. Dies lässt sich am Beispiel transnationaler Familien wie der von *Doña Rosa* zeigen. Transnationalisierung findet aber auch in und durch Organisationen statt. Grenzüberschreitende Konzerne arbeiten manchmal sehr zentralistisch und stark auf das Stammsitzland fixiert. Manchmal sind sie aber auch nur lose Verbindungen von über viele Länder verteilten Produktionseinheiten. Wieder andere internationale Unternehmen tendieren dazu, sowohl stark dezentralisiert und an die jeweiligen nationalen Gegebenheiten angepasst als auch sehr stark zwischen diesen Einheiten koordiniert zu arbeiten. Solche transnationalen Organisationen finden sich nicht nur im Profit-Bereich, sondern vielleicht sogar noch stärker bei Non-Profit-Organisationen.

Nach der Darstellung dieser Beispiele für Transnationalisierungsprozesse wird in Kapitel 4 genauer gefragt, was denn das eigentlich Neue an dieser Art von gesellschaftlichen Verbindungen ist. Dies führt unmittelbar dazu, über das Verhältnis von Raum und Sozialem eingehender nachzudenken. In der Globalisierungsdebatte wurde der etwas übertriebene Standpunkt vertreten, das Räumliche, die konkreten Orte und die Raumbindungen aller Sozialbeziehungen schlechthin würden immer mehr an Bedeutung verlieren. Die Transnationalisierungsthese behauptet genau das Gegenteil: Das Räumliche verliert nicht an Bedeutung, vielmehr gewinnt es teilweise sogar an Relevanz für die Vergesellschaftung. Um diese komplexen Veränderungen der Beziehungen zwischen geographischen Räumen und Sozialräumen besser zu verstehen, lohnt eine eingehendere Beschäftigung mit den Raumvorstellungen der Menschen und den Raumkonzepten der Wissenschaften. Die Gegenüberstellung von absoluten und relativen Raumvorstellungen erweist sich dabei als hilfreich für die Unterscheidung von Formen der Internationalisierung von Vergesellschaftung.

Eine solche systematische Differenzierung von insgesamt sieben Internationalisierungstypen wird in Kapitel 5 entwickelt. (1) Die *Inter-Nationalisierung* bezieht sich dabei hauptsächlich auf die zwischenstaatliche Ebene und die Intensivierung der Beziehungen zwischen Nationen. (2) Die *Supra-Nationalisierung* ist eine Form der Internationalisierung, in der – wie z. B. in der Europäischen Union – nationalstaatliche Hoheitsrechte zum Teil auf eine geographisch-räumlich weiter gefasste Ebene übertragen werden. Dies muss keineswegs zu einer Auflösung der darin einbezogenen Nationalstaaten und Nationalgesellschaften führen. (3) Vielmehr findet gegenwärtig auch eine Form der *Re-Nationalisierung* des Politischen und des Sozialen statt, die sich z. B. im Entstehen sehr vieler neuer Nationalstaaten in den vergangenen zwei Jahrzehnten ausdrückt. (4) Unter *Globalisierung* werden hier in einem engeren Verständnis solche Phänomene und Beziehungen gefasst, die tatsächlich mehr oder weniger den gesamten Globus betreffen – wie z. B. der Klimawandel. (5) Gerade Letzterer ist ein prägnantes Beispiel für ein globales Phänomen mit sehr spezifischen lokalen Ursachen einerseits und sehr unterschiedlichen lokalen Wirkungen andererseits. Diese Internationalisierungsaspekte werden unter dem Begriff der *Glokalisierung* zusammengefasst. (6) Eine weitere Form der Internationalisierung bezieht sich auf diasporische Vernetzungsstrukturen, die länderübergreifend, aber nicht global sind und in denen eine deutliche Zentrum-Peripherie-Konstellation vorliegt. Viele Unternehmen funktionieren nach diesem Muster. Auch sind z. B. die diplomatischen Dienste der Nationalstaaten ja nicht globalisiert, sondern befinden sich in einem klaren *Diaspora-Internationalisierungs*-Verhältnis. (7) Schließlich ist die *Transnationalisierung* von Sozialbeziehungen und Vergesellschaftung allgemein zu nennen, die sich nicht durch ein klares Zentrum-Peripherie-Verhältnis wie im Falle der Diaspora-Internationalisierung auszeichnet, sondern bei der mehr oder weniger gleich starke oder gleichberechtigte Einheiten über verschiedene Länder hinweg dauerhaft und stark miteinander verbunden sind.

Nachdem diese verschiedenen Formen von Internationalisierung erörtert wurden und somit Begriffe wie Globalisierung und Transnationalisierung einen spezifischeren und systematischen Inhalt bekommen haben, werden in Kapitel 6 Beispiele für Forschungen über Transnationalismus aus verschiedensten Wissenschaften gegeben. Dabei zeigt sich, dass entsprechende erste theoretische Konzepte und empirische Befunde schon seit den sechziger Jahren entwickelt wurden – es geht also durchaus nicht um ein völlig neues Forschungsfeld. Gerade die Geschichtswissenschaft hat viele Belege dafür geliefert, dass transnationale Phänomene selbst genauso alt sind wie die Nationalstaaten und Nationalgesellschaften. Was aber ist dann neu und besonders bedeutsam an dieser Perspektive? Die Antwort in diesem Kapitel: Verschiedene wirtschaftliche Entwicklungen (z. B. intensivierter Handels- und Finanzkapitalfluss), technische Innovationen (z. B. schnelle und billige Kommunikations- und Transportmöglichkeiten), soziale Herausforderungen (z. B. zunehmende internationale Migration wegen der sich öffnenden Arm-Reich-Schere) und kulturelle Veränderungen (z. B. Präsenz bestimmter Kulturprodukte, Film und Fernsehen, Wertewandel) markieren seit dem ausgehenden 20. Jahrhundert einen qualitativen Umschlag hin zu einer Intensivierung von Transnationalisierungsprozessen.

Vor diesem Hintergrund werden in Kapitel 7 die Überlegungen zu den Raumkonzepten (Kapitel 4) und den unterschiedlichen Typen von Internationalisierung (Kapitel 5) mit den Erfahrungen aus den verschiedenen Wissenschaftsdisziplinen zu einem wissenschaftlich präziseren Modell von Transnationalisierung zusammengeführt. Dabei wird das Konzept von Sozialräumen ausführlicher vorgestellt und von traditionellen Konzepten wie z. B. »Gemeinschaft« und »Gesellschaft« abgegrenzt. Es werden drei Typen von Sozialräumen unterschieden: die alltägliche Lebenswelt auf der Mikroebene, die Organisationen auf einer mittleren Ebene und soziale Institutionen auf einer Makroebene. Schließlich wird in diesem Kapitel an Beispielen aus der Forschung belegt, wie sehr sich diese drei Sozialraumtypen für das Verstehen und Erklären von Transnationalisierungsprozessen eignen.

Abschließend wird in Kapitel 8 nach den praktischen Konsequenzen gefragt, die sich aus dem vorgestellten Transnationalisierungsverständnis ergeben. Dies geschieht am Beispiel des Bereiches, von dem alle erwachsenen Menschen direkt betroffen sind: der Erwerbsarbeit. Es wird gefragt, welche Möglichkeiten einer grenzüberschreitenden transnationalen Regulierung von Arbeit und Erwerb bestehen. Ohne in blinden Optimismus zu verfallen wird ein doch hoffnungsvoller Blick auf die sich entwickelnden transnationalen Netzwerkstrukturen von Erwerbsregulierung geworfen. Auch wenn kein einzelner übermächtiger Souverän auszumachen ist – wie es früher der Nationalstaat war –, lassen sich doch vielfältige Stränge eines immer stärkeren *Gewebes aus »harten« und »weichen« Regulierungen, Akteurskonstellationen und sozialen Bewegungen* ausmachen. Diese entstehenden *Texturen transnationaler Erwerbsregulierung* bilden gleichsam das Fangnetz und das Auffangnetz, in das die Internationalisierung der Wirtschaft und der Unternehmen eingewoben ist.

Diese Bestandsaufnahme führt schließlich zu der Frage nach den möglichen praktischen Folgerungen. Getreu dem chinesischen Sprichwort »Es ist besser, ein Licht anzuzünden, als über die Dunkelheit zu schimpfen« werden in einem Nachwort einige Vorschläge gemacht, wie mit dieser neuen Komplexität der Transnationalisierung der sozialen Welt umgegangen werden kann.

2 Jenseits von Globalisierung *und* Nationalstaat

Der Mensch ist von Natur aus ein soziales Wesen. Für sein körperliches und geistiges (Über-)Leben ist er auf andere Menschen angewiesen. Waren dies zunächst die Artgenossen seiner Kleingruppe oder seines Stammes, so haben sich diese »menschlichen Verflechtungsbeziehungen« (Norbert Elias) im Laufe der Menschheitsgeschichte sachlich immer weiter ausdifferenziert und räumlich immer weiter ausgedehnt. Vor allem seit dem letzten, dem 20. Jahrhundert, bezieht sich das soziale Eingebundensein der Menschen immer stärker auf den gesamten Globus. Die Umweltverschmutzungen an einer Stelle des Planeten können an Tausende Kilometer entfernt gelegenen Plätzen verheerende Auswirkungen haben. So hängen zum Beispiel extrem hohe Kohlendioxyd-Emissionen in den USA über den Mechanismus der Erderwärmung ursächlich mit Überschwemmungen und Dürren in Indonesien oder Afrika zusammen. Geraten extrem risikobehaftete Technologien, wie zum Beispiel die Genmanipulationen an Pflanzen und Tieren oder die Kernkraft, auch nur an einem Ort dieser Welt außer Kontrolle (wie Letzteres z. B. in Tschernobyl in der Ukraine), so können davon schnell alle Erdenbewohner in irgendeiner Art und Weise betroffen sein.

Gefährliche Krankheitserreger – dies zeigen die Erfahrungen mit HIV und mit der Vogelgrippe – verbreiten sich im 21. Jahrhundert wegen der milliardenfachen täglichen grenzüberschreitenden Bewegung von Tieren, Menschen und Gütern mit rasanter Geschwindigkeit und ohne reelle Chancen auf nationalstaatliche Abschottung. Islamistisch begründete Terroraktionen in New York City, Madrid oder London wirken sich auf der ganzen Welt aus: an den Börsenplätzen durch fallende Aktienkurse, bei den Fluglinien durch sinkende Kundenzahlen und erhöhte Sicherheitsaufwendungen, in islamischen Ländern durch ausbleibende Touristen, bei Islam-Gläubigen durch dumpfe Verdächtigungen bis hin zu Hassattacken auf Moscheebesucher.

Noch nie zuvor waren technische, wirtschaftliche, kulturelle und soziale Vorgänge an einem beliebigen Ort dieser Welt so eng verwoben mit gesellschaftlichen Voraussetzungen, Ereignissen und Folgewirkungen an anderen Plätzen und in weit entfernt liegenden Regionen. Noch nie in der bisherigen Menschheitsgeschichte waren sich so viele Menschen bewusst, dass sie wechselseitig und global aufeinander angewiesen sind. Niemals zuvor waren die Möglichkeiten für alle Erdenbewohner so groß, von Ereignissen und Lebensweisen aus jeder beliebigen Region Kenntnis zu erhalten. Globalisierung hat in diesem Sinne nicht nur in der »materialen Sachwelt«, sondern auch in den Wahrnehmungswelten der Handelnden stattgefunden.

Dieses zunehmende Aufeinander-Angewiesensein birgt Risiken, aber auch große Chancen. Häufig werden entweder nur die negativen Seiten, nur die neuen Bedrohungen oder aber nur die positiven Möglichkeiten und neuen Verheißungen gesehen. Über hundert Millionen Menschen leben als Arbeitsmigranten in einem anderen als ihrem Herkunftsland, und die meisten von ihnen schicken ihren Familienangehörigen in anderen Teilen der Welt regelmäßig Geld. Häufig ist diese internationale Arbeitsmigration eine wichtige Chance – für die Stabilisierung der Haushaltseinkommen und Ökonomien in den Herkunftsländern, für die persönliche Entwicklung der Migrantinnen und Migranten und für die Kultur und Wirtschaft in den Ankunftsregionen. Für die Beschäftigten und Arbeitssuchenden in den Ankunftsregionen freilich kann diese Arbeitsmigration auch als Bedrohung durch Billiglohnkonkurrenz und als Druck auf die bestehenden Lohnniveaus wahrgenommen werden – wie dies etwa in Europa im Zusammenhang der Dienstleistungsrichtlinie oder in anderen Ländern am Thema eines einheitlichen Mindestlohnes diskutiert wird.

Der angepasste ökologische Tourismus wie zum Beispiel in Costa Rica oder Indien schafft Menschen in dünn besiedelten, landschaftlich schönen Gebieten neue lokale Erwerbsquellen und bereichert die Ferntouristen mit neuen sozial-kulturellen und Landschaftserfahrungen. Unmittelbar daneben lauern allerdings immer auch die Gefahren, dass diese Art positiver Globalisierung umschlägt in ein ökologisches, ökonomisches oder soziales Desaster – etwa durch zunehmende Kinderprostitution, wachsende Abhängigkeiten von Wechselkursen oder Einschleppen neuer Krankheitserreger und Schädlinge. Die globale Allgegenwart von Informationen und Nachrichtenbildern ermöglichte die geistige und materielle Solidarität von Milliarden von Menschen mit den Tsunami-Opfern, und sie macht es diktatorischen Regimen immer schwerer, auf Dauer unbeobachtet zu bleiben. In ähnlicher Weise sehen sich auch große internationale Unternehmen immer stärker einer Prüfung und Kontrolle durch eine kritische globale Öffentlichkeit ausgesetzt. Wer Turnschuhe oder T-Shirts durch Zwangsarbeit von Kindern herstellen lässt, muss heute damit rechnen, dass er sehr schnell weltweit so »geächtet« werden kann, wie vor einigen Jahrhunderten der Viehdieb an den Pranger gestellt wurde.

Durch die weltweite Vernetzung sind die Menschen also im Guten wie im Schlechten immer stärker aufeinander angewiesen. In den vergangenen Jahrzehnten haben sich die grenzüberschreitenden Bewegungen von Waren, von Kapital, von Menschen und von Informationen enorm intensiviert. Der Begriff »Globalisierung« selbst, den es erst seit etwa 1960[1] gibt, ist ein Ausdruck dafür, dass die Menschen sich dieser zunehmenden weltweiten Verflechtungszusammenhänge immer stärker bewusst werden. Die Globalisierungsdiskussion der letzten zwanzig Jahre hat das Bewusstsein dafür geschärft, dass sich die Verbreitung bestimmter Risiken wie Klimaveränderungen oder nuklearer Verwüstungen überhaupt nicht durch formale Grenzen nationalstaatlicher Souveräne und von Nationalgesellschaften kontrollieren oder gar aufhalten lässt. Auch bestimmte Informationen, Musikhits oder Erfolgsfilme liegen geradezu global »in der Luft«, wenn über erdumspannende Radio- oder Fernsehsender Nachrichten oder Konsum- und Kulturmuster bis in das entlegenste Dorf übertragen werden. Schließlich sind bestimmte neue Informations- und Kommunikationstechniken wie Mobiltelefone oder das Internet in buchstäblich jedem Winkel des Erdballs anzutreffen. Auch wenn diese Techniken in Armutsregionen Afrikas, Russlands oder Chinas nur für sehr kleine und wohlhabende Bevölkerungsschichten überhaupt zugänglich sein mögen – sie sind ein wesentliches Element des immer dichter werdenden globalen Gewebes zwischenmenschlicher Wirkungs- und Abhängigkeitsbeziehungen. Und dennoch bleibt die Globalisierungsdebatte sehr häufig allzu global.

1 Als erstes bedeutendes Wörterbuch bot *Webster's Dictionary* im Jahre 1961 eine Definition von Globalisierung an (Waters 1995: 2). Altvater und Mahnkopf (1999: 20) weisen jedoch darauf hin, dass der Begriff der Globalisierung erst in den neunziger Jahren weitere Verbreitung gefunden hat. So wurden 1980 in den wichtigsten ökonomischen Zeitschriften nur 50 Titel gefunden, in denen der Begriff »global« oder »Globalisierung« vorkam, während es 1990 bereits 670 waren. Im Juli 1999 ergab die Suche nach dem Stichwort »Globalization« bei der Internet-Buchhandlung amazon.com eine Liste von 415 Buchtiteln.

2.1 Einwände gegen die Globalisierungsthese

Trefflich lässt sich darüber streiten, was an dieser Globalisierung tatsächlich qualitativ neu sei. Betrachtet man zunächst etwa die Summe aller Güter und Dienstleistungen, die zu Beginn des 21. Jahrhunderts zwischen den fast zweihundert Staaten dieser Welt aus- und eingeführt wurden, so hat sich dieser weltweite Warenhandel *im Verhältnis* zur weltweiten Produktion von Gütern und Dienstleistungen insgesamt im 20. Jahrhundert gar nicht so dramatisch verändert (Hirst/Thompson 1996; Wortmann et al. 1998). Zu Beginn des 21. Jahrhunderts deuten einige Befunde allerdings in die Richtung eines schnelleren Wachstums des Welthandels als der Weltproduktion (WTO 2005). Der Großteil dieses internationalen Warenhandels ist gar nicht im eigentlichen Sinne global, sondern konzentriert sich auf den Austausch zwischen einigen Wirtschaftspolen, vor allem zwischen Europa, den USA, Japan und einigen stark entwickelten Regionen Lateinamerikas und Asiens.[2]

Neben der Bedeutung des internationalen Warenhandels kann man zweitens auch den Anteil internationaler Migranten[3] an der Weltbevölkerung analysieren, um das tatsächliche Ausmaß der Globalisierung zu bestimmen. Wie sich hier zeigt, ist allerdings das relative Ausmaß der internationalen Migration im Verhältnis zur Gesamtbevölkerung der Welt in den vergangenen hundert Jahren nicht so dramatisch angestiegen, dass alleine hieraus eine qualitativ neue Phase der Globalisierung abgeleitet werden könnte. Mindestens ebenso tiefgreifend waren die Umschichtungen zwischen den Siedlungsgebieten der verschiedenen Stämme in Europa während der großen Völkerwanderungen zwischen dem vierten und siebten Jahrhundert. Der Großteil der sich danach etablierenden mittelalterlichen Ordnung war das Ergebnis von Wanderungsprozessen.[4]

2 Eine ausschließlich aus westeuropäischen, nordamerikanischen und asiatischen Ländern zusammengesetzte Gruppe von 16 Staaten wickelt über 60 Prozent aller weltweiten Exporte ab, während Schwellen- und Entwicklungsländer einen relativ geringen Anteil am Exportmarkt haben (Woyke 2004: 162).

3 Aus Gründen der sprachlichen Einfachheit wird im Folgenden jeweils nur die männliche Sprachform verwendet, auch wenn gleichermaßen Frauen und Männer bezeichnet werden sollen.

4 Interessanterweise war eine ethnische oder gar nationale Zuordnung den Menschen dieser Zeit (noch) weitgehend unbekannt; den Zusammenhang von ethnischer (Selbst-)Zuschreibung und sedentärem Leben betont Malcolm Todd: »Die Entste-

Im Zusammenhang der »demographischen Wende« und der weit reichenden Industrialisierungsprozesse in der zweiten Hälfte des 19. Jahrhunderts verließen viele Millionen Menschen Europa, um vor allem auf dem neuen Kontinent Amerika eine neue dauerhafte Bleibe zu finden. Zwischen 1820 und 1930 wanderten allein von Deutschland fast sechs Millionen Menschen in die USA (Rößler 1992: 148). Für ganz Europa wird die Bruttoauswanderung für diesen Zeitraum auf etwa 55 bis 60 Millionen Menschen geschätzt (Bade 2000: 141ff.). Diese, in ungefähr einem Jahrhundert kumulierte Auswanderung, entspricht immerhin etwa einem Viertel der europäischen Gesamtbevölkerung von ca. 270 Millionen um die Mitte des 19. Jahrhunderts. Während der Hauptperiode der europäischen Auswanderung nach Übersee von 1906 bis 1910 verließen *jedes Jahr* etwa 1,389 Millionen Menschen den Kontinent, das entspricht etwa 0,313% der damaligen Gesamtbevölkerung Europas von 448 Millionen Menschen (vgl. Bade 2000: 143; Fisch 2002).

Vor dem Hintergrund der intensiven Migrationswellen im Mittelalter und vor einem Jahrhundert relativieren sich jedoch die gegenwärtigen internationalen Wanderungsbewegungen. Die von der Internationalen Arbeitsorganisation der Vereinten Nationen für den Beginn des 21. Jahrhunderts geschätzten etwa 175 Millionen internationalen Migranten (definiert als alle außerhalb ihrer Geburtsländer Lebenden) machen – als aufgelaufene Bestandsgröße, nicht als jährliche Fließgröße! – weniger als drei Prozent der gegenwärtigen Weltbevölkerung aus (ILO 2004: 7). Für Deutschland mit einer vergleichsweise hohen Migrantenpopulation betrug die Bruttoauswanderung im Jahre 2002 nur etwa 0,76% und die Bruttozuwanderung etwa 1,02% der Wohnbevölkerung. Das Migrationssaldo hat sich also im historischen Vergleich leicht erhöht. Dies allein stellt jedoch keine dramatische Veränderung dar und lässt den Befund einer neuen Qualität von Globalisierung nicht zu.

Ein drittes Argument gegen die These der Globalisierung ist

hung eines Bewusstseins für kommunale Identität könnte sich erst bemerkbar gemacht haben, als man sich auf einem erkennbaren Territorium sicher niedergelassen hatte. Es wäre zu einfach, unsere heutige Auffassung von Identität und Ethnizität auf Menschen zu übertragen, die für diese Begriffe keine Bedeutung hatten. Selbst ein so offensichtlich einheitliches Volk wie das der Westgoten sah sich wahrscheinlich selbst nicht als ethnische Einheit, bevor sie in Spanien ein stabiles Reich errichteten« (Todd 2002: 144).

schließlich, dass sich das Prinzip staatlich verfasster Hoheitsgebiete als extrem überlebensfähig erwiesen hat: Wir haben heute mehr Nationalstaaten als noch vor dreißig Jahren. Im Jahre 1950 zählten die Vereinten Nationen insgesamt 60 registrierte Mitgliedsstaaten. Zwanzig Jahre später waren es 127 Staaten, und im Jahre 2005 werden immerhin 191 Staaten als unabhängige Souveräne bei der UN geführt.[5] Allein schon diese Entwicklung zeigt, dass eine Vorstellung von Globalisierung verfehlt wäre, die darunter vor allem das Verschwinden von Nationalstaaten verstünde. Nationen, Nationalstaaten und Nationalgesellschaften spielen ganz offensichtlich auch im 21. Jahrhundert noch eine sehr wichtige, vielleicht sogar eine noch bedeutsamer werdende Rolle.

Gegen eine solche Vorstellung von Globalisierung als dem stetigen Bedeutungsverlust der Nationalstaaten machte die in Frankreich und den Niederlanden gescheiterte Abstimmung über eine europäische Verfassung im Jahre 2005 den politischen und sozialen »Eigensinn« und die nachhaltige Bedeutung von nationalgesellschaftlich verfassten Interessen und Identitäten deutlich. Dass die Ideen nationaler Unabhängigkeit und staatlicher Souveränität im 21. Jahrhundert keineswegs an Attraktivität verloren haben, zeigt sich auch an den nach wie vor starken Bestrebungen bestimmter ethnischer Gruppen und Gebiete, etwa im Baskenland und Katalonien, in Tschetschenien und in Kurdistan, im Punjab oder in Sri Lanka, sich als unabhängige Regionen oder als souveräne Staaten zu konstituieren.

Saskia Sassen, eine profilierte Globalisierungsforscherin, hat sogar für das internationale Finanzsystem und die internationalen Finanzkapitalströme gezeigt, dass der Nationalstaat mit der Globalisierung durchaus nicht an Bedeutung verliert, sondern »die entscheidende Institution darstellt, die die Rahmenbedingungen für den ökonomischen Globalisierungsprozess sicherstellt« (Sassen 1998: 345). Nationalstaaten haben also als »Rahmensetzer« für internationale Bewegungen von Kapital, Gütern, Menschen und Informationen und häufig auch als korporative Akteure in diesem Internationalisierungsprozess eine enorme Bedeutung. Die Weltbank, die sich fast zwei Jahrzehnte lang einseitig auf die aktivierende Rolle der Privatwirtschaft im Entwicklungsprozess orientiert hatte, musste im Jahre 2005 eingeste-

5 Vgl. die entsprechende Website der Vereinten Nationen: ⟨http://www.un.org/Overview/growth.htm⟩; Stand der hier zitierten Zahlen: 3. März 2006.

hen, dass sie lange Zeit die fundamentale Bedeutung der Staaten als Hauptakteure der Bestimmung von Rahmenordnungen und Infrastrukturen unterschätzt habe.[6] Selbst in dem relativ stark abgestimmten und einheitlichen Wirtschaftsraum der Europäischen Union haben die unterschiedlichen staatlichen Strategien, vor allem die Steuer- und Wirtschaftsförderungspolitiken, einen sehr großen Einfluss auf die Lenkung von Investitionsströmen. Dies zeigt sich etwa an dem wirtschaftlichen Erfolg Irlands und an der Reaktion der Mehrheit der EU-Staaten auf die Ankündigung vieler neuer EU-Beitrittsländer, ihre Unternehmenssteuern drastisch zu senken (Jacobs et al. 2004).

Ein vierter Einwand gegen die Vorstellung einer schrankenlosen Globalisierung bezieht sich auf die damit häufig verbundenen Vorstellungen, geographisch-räumliche Entfernungen verlören völlig an Bedeutung und das menschliche Leben fände zunehmend »virtuell« und »enträumlicht« statt. Wenn im Internet oder über globale Nachrichtenmedien viele Informationen überall verfügbar sind, dann – so die Annahme – verlören Orte und Plätze zunehmend ihre strukturierende Kraft. Einige Autoren wie Manuel Castells (1996 und 1998)

6 »Unabhängig von der Beteiligung privater Investoren liegt die Verantwortung für Reformen und Regulierung in den einzelnen Sektoren nach wie vor bei den Regierungen. Dazu gehört auch das Management der politischen und ökonomischen Aspekte der Reformen. Gerade Reformen im Bereich der Infrastruktur stellen politische Prozesse dar, man muß daher immer mit Gegenreaktionen rechnen. Die ›Verlierer‹ einer Reform werden versuchen, verlorene Privilegien zurückzuerobern, während die ›Gewinner‹ das Gefühl haben können, sie hätten nicht wirklich etwas gewonnen: Vielleicht befürchten sie, daß aus dem Verzicht in der Gegenwart nicht automatisch Vorteile für die Zukunft folgen, oder daß private Firmen am Ende den Großteil der Zugewinne einstreichen könnten. [...] In den neunziger Jahren stand die Bekämpfung der Armut im Vordergrund, im damaligen Verständnis setzte dies den Ausbau öffentlicher Dienstleistungen voraus. Das wichtigste Ergebnis dieser Strategie waren die Millenniums-Entwicklungsziele der Vereinten Nationen, bei denen die Bekämpfung der Armut, Gesundheit und Bildung im Mittelpunkt stehen. Tatsächlich investieren die Länder Lateinamerikas heute ca. acht Prozent ihres BIP (und damit deutlich mehr als ostasiatische Staaten, Länder mit mittlerem Einkommen oder China) in den Bereichen Gesundheit und Bildung. Im Hinblick auf die Infrastruktur ging man davon aus, daß die Privatwirtschaft die notwendigen Maßnahmen durch Effizienzsteigerungen refinanzieren könnte, daß sich die Investitionen amortisieren und damit ausreichende Gewinne sichergestellt würden. Inzwischen sehen das allerdings einige Experten anders« (Fay/Morrison 2005: 8 und 10; vgl. auch Schirm 2006: 22).

oder John Urry (2001) sprechen von der »De-Lokalisierung« der meisten für den Menschen wichtigen Dinge: Die gleichen Informationen sind überall auf der Welt abrufbar; der absolut geschmacksgleiche Hamburger oder die identische Cola lassen sich im Zeitalter der »McDonaldisierung« überall auf der Welt konsumieren.

Aber auch diese These der Globalisierung als einer angeblichen »Enträumlichung des Sozialen« ist nicht haltbar. Denn es sind sehr konkrete Orte, an denen sich Gewalt und Krieg, Dürren und Überschwemmungen, Wohlstand und Armut bündeln. Auch wenn »virtuelle Räume« als Chat-Rooms im Internet an Bedeutung gewinnen, auch wenn sich globale Metropolen wie New York City, London, Frankfurt oder Hongkong in vielen Aspekten als Verdichtungsräume und Umschlagplätze von Geld, Waren, Informationen, Kulturen und Menschen ähnlich sein mögen: Die Raumbindung allen menschlichen Lebens lässt sich nicht aufheben. Menschen können heute schneller sehr große Raumdistanzen überwinden. Sie können verschiedene weit auseinander liegende Plätze fest in ihre Lebensroutinen einflechten. Sie können ihre eigene Lebenswelt zwischen mehreren Plätzen aufspannen. All dies bedeutet aber nicht, dass Globalisierung einfach zu einer De-Lokalisierung des menschlichen Lebens führt. Vielmehr geht Globalisierung offensichtlich mit einer *Konzentration bestimmter Dinge an bestimmten Plätzen* einher: Internationale Finanzkapitalströme bewegen sich hauptsächlich zwischen wenigen Knotenpunkten (vgl. Sassen 1998; Derudder/Taylor 2005). Die Film- ebenso wie die Automobilproduktion sind hochgradig örtlich konzentriert. Fast alle wirtschaftlichen Aktivitäten sind sehr stark »geclustert«, also räumlich verdichtet angesiedelt. Auch und gerade unter Globalisierungsbedingungen hat der lokale kleine Stadtteil als Wohn- und Lebensquartier eine große Bedeutung (vgl. insgesamt Held et al. 1999; Cohen/Kennedy 2000).

Ein letztes Argument gegen eine allzu einfach verstandene Globalisierung bezieht sich schließlich auf die Vorstellung, hierdurch würden alle Menschen im Selbstlauf nach und nach zu aktiven »Weltbürgern« und zu multikulturell versierten und toleranten Kosmopoliten. Globalisierung verknüpft zwar – wie Anthony Giddens formulierte – die Einzelschicksale der Menschen stärker mit Ereignissen, die sich sehr weit von ihnen entfernt abspielen.[7] Globalisierung *ermöglicht*

7 »Globalisierung [...] als Intensivierung weltweiter sozialer Beziehungen, die entfernte Orte auf eine Art und Weise verbinden, in der lokales Geschehen durch

den Menschen auch grundsätzlich, weltweite Informationen und Ereignisse aufzunehmen und beim eigenen Handeln zu berücksichtigen. Globalisierung *kann* die Einsicht fördern, dass die eigene Lebensweise und Kultur, die eigene Sprache und die Essgewohnheiten, die Glaubensvorstellungen und das politische System, in dem man lebt, als eben nur jeweils *eine* von sehr vielen Möglichkeiten wahrgenommen werden, wie die Menschen ihr Zusammenleben gestalten können. Hierin liegt eine sehr große Chance für Toleranz und für einen bewussteren Umgang mit der »Artenvielfalt menschlicher Lebenspraxis«. Aber daraus erwächst nicht automatisch der souveräne und tolerante Weltbürger. Denn viele Menschen empfinden diese zunehmende Vielfalt und Komplexität der erlebten Welt auch als eine Überforderung oder gar als eine Bedrohung. Sie flüchten sich in allzu einfache Welterklärungen und Handlungsschemata, wie die Zunahme fundamentalistischer Strömungen im Islam und auch in einflussreichen religiösen Sekten in den USA und Lateinamerika und die (Re-)Vitalisierung nationalistischer oder ethnischer Bewegungen zeigt. Grundsätzlich brauchen alle Menschen Wertorientierungen und ethisch-moralische Standpunkte. Deshalb ist auch die in den Sozialwissenschaften lange vorherrschende Idee kritisch zu hinterfragen, der zufolge der Modernisierungsprozess immer auch ein Säkularisierungsprozess sei, an dessen Ende dann der laizistische aufgeklärte Weltbürger ohne religiöse, ethnische oder nationale Leidenschaften stehe.[8] Ein solcher Weltbürger wird weder aus dem Prozess der Modernisierung automatisch entstehen noch aus der Asche der im Globalisierungsprozess (angeblich) verbrannten nationalen und ethnischen Bindungen hervortreten (Leggewie 2001).

Ulrich Beck hat den Kosmopolitismus als sozialwissenschaftliches und gesellschaftspolitisches Konzept in seinen vielfältigen Formen behandelt (Beck 1998 und 2004). Er versteht darunter vor allem die Anerkennung von kultureller Andersartigkeit. Kosmopolitismus entsteht demnach durch eine vertikale und eine horizontale Öffnung des nationalgesellschaftlichen »Containerdenkens«. Vertikal findet eine Öffnung »nach oben« z. B. in die Richtung Europas und tenden-

Ereignisse geprägt wird, die viele Meilen entfernt auftreten, und umgekehrt.« (Giddens 1990: 64).

8 Die angesprochenen Fragen von Modernisierung und Säkularisierung, vor allem des Stellenwertes von Moral und Religion können hier nicht ausführlicher behandelt werden (vgl. hierzu z. B. Casanova 1994; Joas 1999 und 2004; Leggewie 2005).

ziell in die Richtung Weltbürgertum statt. Horizontal findet eine Öffnung »zu den Seiten« statt, indem sich nationale Wirtschaften, Bildungssysteme und Gesellschaften miteinander vermischen. Kosmopolitismus wird einerseits als Alternative zu dem vertikal hierarchischen Denken in Kategorien der Überlegenheit bestimmter Nationen oder ethnischer Gruppen verstanden. Andererseits unterscheidet sich dieses Konzept auch von der Vorstellung universeller Gleichheit, welche die Andersartigkeit entweder leugnet oder als zu überwinden betrachtet. Kosmopolitismus geht also von der nicht auflösbaren Unterschiedlichkeit und Andersartigkeit der Menschen und Menschengruppen aus und fordert bzw. lebt die wechselseitige Anerkennung und Toleranz.

Wie kompliziert und widersprüchlich diese Anerkennung sein kann, zeigt sich etwa bei der Frage von Vielehen oder Mädchenbeschneidungen ebenso wie bei den Konflikten im Nahen Osten oder zwischen Indien und Pakistan, in denen ethnische, soziale, politische, kulturelle und wirtschaftliche »Andersartigkeiten« fast nicht mehr entwirrbare Knäuel von sich überlagernden Sozialgruppen und Sozialräumen entstehen lassen. Auch der Vergleich z. B. der US-amerikanischen »Bindestrich-Identitäten« (Irish-American, African-American etc.) und der »europäischen Identität«, die gleichsam auf die fortexistierenden nationalen Identitäten »aufgesattelt« ist, macht die Schwierigkeiten eines allgemeinen, philosophisch oder gesellschaftspolitisch begründeten Konzeptes von Kosmopolitismus deutlich (Delanty/Rumford 2005). So wenig wie die Globalisierung ist auch die Kosmopolitisierung eine einheitliche und geradlinige Entwicklung der Vergesellschaftung.

Gegen ein allzu einfach gestricktes Globalisierungsverständnis – so zeigt sich zusammenfassend – lassen sich viele Einwände erheben. Wir befinden uns nicht auf einem einfachen und geradlinigen Weg zur »Weltgesellschaft«. Der Ausbreitung des »kapitalistischen Weltsystems« (Immanuel Wallerstein 1986) auf der ökonomischen Ebene folgt nicht geradewegs die kulturelle und soziale Globalisierung im Sinne des Zusammenwachsens der Völker und Erdteile zu einem *global village*, einem globalen Dorf. Erst recht erscheint die politische Globalisierung im Sinne des mehr oder weniger automatischen Entstehens eines Weltbürgertums, einer Weltbürgergesellschaft oder gar einer Weltregierung als wenig realistische Gegenwartsbeschreibung und als wenig wahrscheinliches Zukunftsszenario.

Vieles spricht dafür, dass *Globalisierung* in vielerlei Hinsicht eine »zu globale« Wahrnehmungs-Chiffre ist. David Held et al. (1999: 1) haben gewarnt, dass »Globalisierung Gefahr läuft, das Klischee unserer Zeit zu werden, wenn es dies nicht bereits ist: die große Idee, die alles umfasst von den globalen Finanzmärkten bis zum Internet, die aber wenig substantielle Einsichten in die gegenwärtigen menschlichen Lebensgrundlagen gibt.« Der Globalisierungsbegriff ist also nicht grundsätzlich »falsch«; er kann *per definitionem* ja nur »nichts sagend«, »punktuell angemessen« oder »insgesamt erklärungsmächtig« sein. In diesem Sinne ist der Globalisierungsbegriff eher »punktuell angemessen«, er bedarf der *Ergänzung*, nicht der *Ersetzung*. Diese Ergänzung kann aber nicht einfach die alte Idee vom Nationalstaat und der Nationalgesellschaft sein. Denn der Globalisierungsbegriff ist ja vor allem deswegen nicht völlig unbrauchbar, weil er auf ganz wesentliche Prozesse des sozialen Wandels vor allem der letzten zwei bis drei Jahrzehnte verweist. Die vorherrschenden Ideen des 18. bis 20. Jahrhunderts von souveränen Nationalstaaten und von homogen-integrierten nationalen »Container-Gesellschaften« beschreiben nicht angemessen die tatsächliche Lage der Welt. Sie geben in ihrer klassischen Form auch keine guten Handlungsprogramme für die Gestaltung der Zukunft ab. Trotz vielfältig zu beobachtender Revitalisierung nationaler Bewegungen ist das Zeitalter der klassischen Nationalgesellschaften endgültig vorbei.

2.2 Das Zeitalter der klassischen Nationalgesellschaften ist vorbei

Vor allem im 19. und 20. Jahrhundert erlebte die Menschheit den Aufstieg und Siegeszug der Nationalstaaten und Nationalgesellschaften. Nach oft jahrhundertelangen Auseinandersetzungen, Schlachten und Kriegen bildeten sich mehr oder weniger befestigte Territorialgebiete heraus, in denen ein wie auch immer nach innen hin legitimierter Staat erfolgreich das »Monopol legitimer physischer Gewaltsamkeit« (Max Weber) für sich beanspruchen konnte.[9] Geographische

9 »Staat ist diejenige menschliche Gemeinschaft, welche innerhalb eines bestimmten Gebietes [...] das Monopol legitimer physischer Gewaltsamkeit für sich (mit Erfolg) beansprucht« (Weber 1976: 822).

Grenzlinien wurden vermessen und markiert. Auch die Angehörigen der einzelnen Staatsgebilde bekamen eine Markierung: ein Reisedokument oder einen Pass, der sie als Angehörige eines ganz bestimmten Nationalstaates auszeichnete. Auf diese Weise gewannen die modernen Nationalstaaten gegen Kirchen und private Organisationen das »Monopol auf die legitime Möglichkeit zur räumlichen Mobilität« (Torpey 2000: 1). Schon seit dem Mittelalter waren Dokumente in Gebrauch, die Menschen benötigten, um einen Ort zu »passieren«. Aber diese Vorformen unserer heutigen Passdokumente wurden in der Regel von Landesherren oder Kirchenfürsten ausgestellt und wurden »nur« für die Mobilität niederer Stände *innerhalb* der entsprechenden Gebiete benötigt.[10]

Für lange Reisen mussten die Menschen »frei«, also nicht Sklaven oder Leibeigene sein und über die nötigen Zeit- und Geldressourcen verfügen. Die Hauptgefahr lag für die Menschen bis zum 18. Jahrhundert nicht darin, an irgendeiner nationalen Grenze zurückgewiesen zu werden – systematische Zugangskontrollen gab es nur zu den befestigten Städten, an denen man hauptsächlich wegen ansteckender Krankheiten, fehlender Ressourcen und versteckter Waffen abgewiesen wurde. Die eigentliche Gefahr des Reisens lag in den häufigen Überfällen im »Niemandsland« zwischen den Städten. Systematische Vermessungen, Dokumentationen und Auszeichnungen der Territorialgebiete wurden zwar in Asien, Amerika und Afrika schon im Rahmen der kolonialen Eroberungen vorgenommen. Aber erst zu Beginn des 20. Jahrhunderts hat sich das heute übliche Verfahren durchgesetzt, nach dem theoretisch alle Menschen ein für sie ausgestelltes Passdokument besitzen (können), welches ihnen eine »Staatsbürgerschaft« dokumentiert und ihre grenzüberschreitende Mobilität entsprechend der jeweiligen nationalstaatlichen Restriktionen ermöglicht.[11]

10 Erst im Spätmittelalter wurde die Unterscheidung zwischen »Einheimischen« und »Fremden« auf die »nationale Ebene« gehoben (soweit man damals schon von Nationalstaatlichkeit sprechen kann). So erließ z. B. Louis XIV. im Jahre 1669 ein Edikt, welches seinen Untertanen verbot, das französische Territorium ohne Erlaubnis zu verlassen (gegen diese Art von Mobilitätsbeschränkungen richtete sich nicht zuletzt die Französische Revolution; vgl. Torpey 2000: 18-21).

11 »Solche Dokumente [zur Identifikation von Personen] haben natürlich schon vorher existiert, aber ihre allgemeine Verbreitung innerhalb ganzer Gesellschaften [...] stand noch bevor. Als sie jedoch schließlich für (fast) jeden verfügbar geworden waren, bildeten sie zugleich die Grundvoraussetzung für die rechtmäßige Be-

Der moderne Nationalstaat festigte sich in Europa vor allem nach der Französischen Revolution. In den meisten anderen Regionen der Welt ist er ein Produkt der post-kolonialen Zeit. In Lateinamerika entwickelte er sich nach der Unabhängigkeit von Spanien in oft zwei Generationen währenden blutigen Kämpfen bis zur Mitte des 19. Jahrhunderts. In Afrika und anderen ehemaligen Kolonialgebieten fand der mit vielen Hoffnungen auf wirtschaftliche und politische Entwicklung verbundene Prozess des *nation building* häufig erst um die Mitte des 20. Jahrhunderts statt. Mit dem Nationalstaat entwickelte sich auch die Idee von mehr oder weniger homogenen und integrierten Nationalgesellschaften. Diese sollten sich durch eine einheitliche Sprache, gemeinsame Wertorientierungen, manchmal durch gleiche ethnische Abstammung und mindestens aber ein starkes Wir-Gefühl auszeichnen. Noch zu Beginn des Ersten Weltkrieges war es in Europa für fast alle Menschen, auch für viele kritische Intellektuelle und Künstler »süß und ehrenvoll, für das Vaterland zu sterben«.[12]

Mit den Kriegserfahrungen selbst stellte sich dann allerdings bei vielen auch eine erste Verunsicherung im Hinblick auf Patriotismus und Nationalismus ein. Aufgrund der Verbrechen des Nationalsozialismus hatte die Mehrheit der Deutschen seit dem Ende des

wegung im territorialen Raum. Dies war nicht immer so – ansonsten wären die großen Migrationen, durch die viele Gegenden der Welt erst bevölkert wurden, sehr eingeschränkt verlaufen, wenn nicht unmöglich geworden. Wo das Recht zur Autorisierung von Bewegung vor der Entwicklung des modernen Staatssystems [...] von bestimmten sozialen Gruppen kontrolliert wurde, waren diese Gruppen ebenso häufig private Einrichtungen wie politische Autoritäten. [...]. Zu Zeiten der Leibeigenschaft lag die rechtliche Möglichkeit des Leibeigenen zur Mobilität in den Händen seines Grundherrn, der die Rechtsprechung über ihn ausübte. Die Sklaverei brachte, auch ohne tatsächliche Fesseln, die Macht der Sklavenhalter mit sich, ihren Sklaven Bewegungsfreiheit zu gewähren. Als die modernen Staaten sich weiter entwickelten und Zwangsarbeitssysteme wie Sklaverei und Leibeigenschaft untergingen, beschnitten die Staaten und das internationale Staatensystem die Macht privater Einrichtungen, Bewegung zu autorisieren und zu verbieten, und eigneten sich diese selbst an« (Torpey 2000: 7f.; vgl. auch http://en.wikipedia.org/wiki/Passport, Zugriff 2. 8. 2007).

12 Im Geiste dieses klassisch-antiken Spruches *dulce et decorum est pro patria mori* gingen noch viele Wissenschaftler und Künstler in den Ersten Weltkrieg wie z. B. Charles Pégny für Frankreich und Ernst Jünger für Deutschland. Selbst Georg Simmel (1917: 29) stellte zufrieden fest, »daß erst mit diesem Krieg auch unser Volk endlich eine Einheit und Ganzheit geworden ist«.

Zweiten Weltkrieges mindestens bis zur Fußballweltmeisterschaft 2006[13] ein gebrochenes Verhältnis zu nationalen Symbolen wie der Nationalhymne oder -flagge. Wie stark aber insgesamt auch am Anfang des 21. Jahrhunderts noch die nationale Idee ist, zeigt sich bei den meisten Sportveranstaltungen rund um den Globus oder auch etwa nach der Katastrophe, die der Hurrikan Katrina in New Orleans im Jahre 2005 angerichtet hatte: Die US-amerikanische Regierung zögerte, den betroffenen Menschen schnell Hilfsangebote aus anderen Ländern zukommen zu lassen, weil es einer nationalen Schande gleichkäme, wenn sich die einzige verbliebene Weltmacht von anderen Nationen helfen lassen müsse.

Selbst in Einwanderungsländern, deren Bevölkerung sich aus Menschen unterschiedlichster ethnischer, regionaler oder kultureller Herkunft zusammensetzt, wie etwa in den Vereinigten Staaten von Amerika oder Australien, dominierte noch bis in die 1980er Jahre die Idee, dass all diese unterschiedlichen Gruppen in einer Art riesigem »Schmelztiegel« zu einer neuen Nation bzw. zu einer integrierten Nationalgesellschaft zusammenwachsen würden. Das Bild immer homogener werdender Nationalgesellschaften bestimmte das 19. und 20. Jahrhundert so sehr, dass diese praktisch zur höchsten und modernsten Form des Zusammenlebens von Menschen überhaupt avancierten. Nicht ganz unschuldig daran waren die Sozialwissenschaften, die zeitgleich mit der modernen bürgerlichen Nationalgesellschaft entstanden und dieser praktisch die entscheidenden Stichworte für ihre Selbstbeschreibung lieferten. Die vor allem mit Namen von in den USA tätigen Politikwissenschaftlern wie Lucian Pye und Sidney Verba (1965) verbundenen Theorien und Rezepte politischer Modernisierung, die den Entwicklungsländern Asiens, Afrikas und Lateinamerikas nach dem Zweiten Weltkrieg nahegebracht wurden, basierten fast ausnahmslos auf der (normativen) Idee des *nation building*. Hiermit war die Herausbildung von wirtschaftlich-funktional differenzierten und politisch-kulturell integrierten Nationalstaaten und Nationalgesellschaften verbunden.

Das Leitbild mehr oder weniger homogener Nationalstaaten und Nationalgesellschaften widersprach eigentlich schon immer den tatsächlichen gesellschaftlichen Gegebenheiten. So war etwa die französische Sprache noch im 17. Jahrhundert im Gebiet der späteren fran-

13 Zur Diskussion um das neue »Wir-Gefühl« in Deutschland vgl. z. B. die Zeitschrift *Das Parlament* (Nr. 42) vom 16. Oktober 2006.

zösischen Republik eine Minderheitensprache.[14] Das Lateinische war in Europa, ebenso wie das Arabische im Nahen Osten, eine Art *Lingua Franca*, ein universelles Verständigungsmittel für die gebildeten und reisenden Bevölkerungsschichten. Dagegen sind nationalstaatlich verfasste Gesellschaften mit einer einheitlichen Nationalsprache als wesentlichem Bestimmungsmoment einer gemeinsamen Kultur eine sehr junge »Erfindung«, die sich bis heute nur für eine Minderheit der Erdbevölkerung durchgesetzt hat. Wo Unterschiede zwischen der Leitidee nationalgesellschaftlicher Homogenität und der Wirklichkeit sozial-kultureller Vielfalt registriert wurden, qualifizierte man Letztere häufig als »traditional und noch nicht modern«, als »unterentwickelt« oder als »auf dem Weg zur Moderne« (ab).

Anstatt das Leitbild der einheitlichen Nationalgesellschaft einer kritischen Überprüfung zu unterziehen, wurde lange Zeit die vorfindliche gesellschaftliche Wirklichkeit zum Sündenbock erklärt. Danach waren die postkolonialen Länder noch nicht so weit, und die postsozialistischen Länder mussten sich schlicht »nachholend modernisieren«. Seit etwa einem Jahrzehnt aber nun wird dieses Modell homogener nationaler »Container-Gesellschaften« selbst massiv in Frage gestellt. Zwar gibt es zum Beispiel in den meisten europäischen Staaten jeweils eine einheitliche »Amtssprache«, aber selbst hier wird dieses Prinzip in verschiedenen Regionen (z. B. Katalonien oder dem Baskenland) wieder relativiert. Umgekehrt gewinnt das Spanische in den USA als zweite, halboffizielle Sprache an Bedeutung. In Indien und vielen südostasiatischen Ländern existieren seit der Unabhängigkeit und bis heute jeweils verschiedene Amtssprachen nebeneinander.[15] Dass nicht nur die Sprache, sondern auch etwa die vorherrschenden Glaubensvorstellungen oder Festtage, die populären Sportarten oder Kleider-Traditionen, die Essgewohnheiten und die Begrüßungszeremonien zwischen den Menschen nach

14 Im 17. Jahrhundert war im Süden Frankreichs und in den Dialektgebieten des Nordens die französische Hochsprache so wenig verbreitet, dass Reisende über Verständigungsschwierigkeiten berichteten (vgl. Berschin et al. 1978: 214).

15 Der *Ethnologue*, eine internationale Enzyklopädie der Sprachen der Welt, verzeichnet für Indien 415 dort gesprochene Sprachen, Amtssprachen sind Hindi und Englisch sowie 22 weitere regional verbreitete Sprachen. In Singapur gibt es vier Amtssprachen: Chinesisch (Mandarin), Malayisch, Tamilisch und Englisch. Auf den Philippinen sind Philippinisch und Englisch Amtssprachen, und in Brunei Malayisch und Englisch (vgl. ‹http://www.ethnologue.com/country_index.asp?place=Asia›, Zugriff 14. 3. 2006).

subnationalen Regionen sehr stark variieren können, zeigen noch heute relativ alte und als vergleichsweise homogen vorgestellte Nationalstaaten wie Spanien (Vergleich von Galiziern, Basken, Katalanen und Kastiliern), Deutschland (Vergleich von Preußen, Schwaben, Franken und Bayern) oder Frankreich (Vergleich von Korsen, Bretonen, Walisern und Alemannen).

Die Welt in säuberlich getrennte und mehr oder weniger homogene Nationalstaaten und Nationalgesellschaften aufzuteilen, erscheint im 21. Jahrhundert also als immer problematischer. Wie Daniel Bell (1987) es formulierte, ist der Nationalstaat zu klein für die großen Probleme der Menschheit und zu groß für die kleinen Probleme der Menschheit geworden.[16] Dies heißt keineswegs, dass er keine Bedeutung mehr hätte. In seinem Namen werden weiterhin viele blutige Kriege geführt. Auch fühlen sich fast alle Menschen in irgendeiner Weise einer Nationalgesellschaft zugehörig. Nun könnte man annehmen oder behaupten, dass dies alles nur Übergangsphänomene seien auf dem Weg zur »Weltgesellschaft«, die sich im Zuge von Globalisierung und Postkolonialismus unaufhaltsam entwickle. Eine solche Sichtweise, nach der sich das Zusammenleben der Menschen von kleinen partikularen hin zu immer größeren universellen Einheiten bewege, wird aber den vielfältigen und auch widersprüchlichen Veränderungsprozessen im neuen Jahrhundert nicht gerecht.

Die Menschen brauchen und suchen Einheiten, denen sie sich zugehörig fühlen können, die es ihnen erlauben, zwischen dem Eigenen und dem Fremden, zwischen »Wir« und »Ihr« zu unterscheiden. Auch international operierende große Konzerne wie Ford, Nestlé, Volkswagen oder Microsoft haben durchaus auf Nationalstaaten bezogene Interessen und Strategien. Sie haben Beschäftigte, die sehr stark durch Familie, Freunde, Kultur und vielleicht ein Haus an bestimmte Orte gebunden sind. Internationale Konzerne sind ebenso wenig wie INGOs einfach »footless organisations«, die sich völlig ungebunden und beliebig um den Erdball bewegen. Nationalstaaten und Nationalgesellschaften sind immer noch und werden auch in Zukunft für die Prozesse der Selbst- und Fremdwahrnehmung, für das praktische alltagsweltliche Leben, für Organisationen und für soziale Institutionen eine wichtige Bezugseinheit sein. Gleichwohl sind die

16 »[...] der Nationalstaat wird zu klein für die großen Probleme und zu groß für die kleinen Probleme des Lebens« (Bell 1987: 13f.).

Zeiten eines naiven oder unschuldigen Nationalismus für immer vorbei.[17]

2.3 Der verlorene Einzelne in der globalisierten Welt?

Der Nationalismus des 19. und 20. Jahrhunderts hatte sehr vielen Menschen einen fraglos gegebenen Identifikationsrahmen geboten. Auf die Frage ›Wer bist Du, wo kommst Du her?‹ konnten die meisten Menschen schnell eine Antwort finden: ›Ich bin Italiener‹ oder: ›Ich komme aus der Türkei‹.[18] Die wohl wichtigste gesellschaftliche Institution für die Erzeugung dieses Wir-Gefühls ist das öffentliche und nationalstaatlich verfasste Schul- und Erziehungssystem. Noch in der zweiten Hälfte des 20. Jahrhunderts erhoffte man sich vom staatlichen Bildungssystem neben den ökonomischen und politisch-kulturellen Modernisierungseffekten vor allem eine sozial-kulturelle Nationenbildung. In der modernisierungsorientierten Türkei unter Kemal Atatürk wurde die Trennung von Staat und Kirche gerade mithilfe des Erziehungswesens durchgesetzt. Hier wie auch in anderen eigentlich multi-kulturellen Nationalstaaten, wie etwa Spanien, wurden alle anderen als die Nationalsprache systematisch aus dem Erziehungssystem verbannt (wie etwa das Kurdische, Baskische oder Katalanische). Selbst in einem Land wie Indien mit über 1 Milliarde Menschen und mehr als 400 noch in Gebrauch befindlichen Sprachen existiert auf der nationalen Ebene neben dem Englischen nur das Hindi als offizielle Amtssprache.

Lateinamerikanische Länder wie Mexiko, Guatemala, Kolumbien oder Brasilien weisen ebenfalls eine sehr große Zahl noch lebendiger

17 Thomas Risse (2002: 269) resümiert die Forschung über transnationale Akteure folgendermaßen: »Die Bedeutung grenzüberschreitender Interaktionen, auch hinsichtlich nicht-staatlicher Akteure – etwa multinationale Unternehmen, INGOs, Wissenschaftsnetzwerke und Verfechter von Netzwerken – kann im Zeitalter der GL nicht mehr ernsthaft angezweifelt werden. Allerdings wäre es voreilig, das Ende der zwischen-staatlichen Welt, wie wir sie kennen, zu verkünden.«

18 Die zu erwartende Anschlussfrage: »Und bist Du Türke, Kurde oder Armenier?« wurde lange Zeit als nur vorübergehendes Ungemach angesehen, das im historischen Gedächtnis der Völker verblassen würde, wenn man nur hartnäckig genug den Völkermord an den Armeniern verleugnen und die Existenz eines kurdischen Volkes abstreiten würde.

Sprachen auf, aber jeweils nur eine Amts- und Schulsprache. In den ehemals sozialistischen Ländern Mittel- und Osteuropas wurde dieser Prozess der nationalgesellschaftlichen Homogenisierung – etwa im ehemaligen Jugoslawien und der Tschechoslowakei oder in Rumänien – mit mindestens ebenso entschlossener Gewalt durchzusetzen versucht. Unter der Ägide des Nationalismus wurde die große Furcht vor politischer Zersplitterung, sozialer Desintegration und vor der Instrumentalisierung interner Differenzierungen durch auswärtige Mächte von national-bürgerlichen Kräften ebenso geteilt wie von antikolonialen national-revolutionären Bewegungen oder modernisierungstheoretisch inspirierten Politikberatern.

Dieser Wunsch nach nationalgesellschaftlicher Homogenisierung und nach einem klaren und geteilten Wertebezugsrahmen erlebt nun im 21. Jahrhundert einerseits eine Relativierung und andererseits geradezu eine Stärkung und Renaissance. Zunächst wollen *regionalistische Bewegungen* den geographischen Bezugsrahmen für politische und kulturelle Selbstbestimmung *unterhalb* des Nationalstaates auf der Ebene ihrer ethnischen Gruppe ansiedeln. Das Baskenland fordert kulturelle und letztlich politische Autonomie von Spanien und Frankreich. Die Tschechoslowakei teilte sich in zwei souveräne Nationalstaaten. Kurdistan ist um eine wie auch immer geartete föderative Autonomie von der Türkei, dem Irak, dem Iran und Syrien bemüht. In Taiwan unterstützen viele politische und gesellschaftliche Kräfte einen Nationenbildungsprozess zur Unabhängigkeit von Festland-China. Indien und Indonesien unterliegen ebenfalls starken regionalistischen und separatistischen Spannungen.

Eine zweite Antwort auf das Scheitern der Leitidee von nationalgesellschaftlicher Kultur- und Wertehomogenität sind *fundamentalistische religiöse Bewegungen*, die häufig nicht unterhalb, sondern oberhalb des geographischen Bezugsrahmens von Nationalstaaten agieren. Islamistische wie auch christlich-fundamentalistische Bewegungen wollen sich nicht damit abfinden, innerhalb gegebener nationalstaatlicher bzw. territorialer Grenzen nur eine unter vielen sozial-kulturellen Gemeinschaften zu bilden. Vielmehr wird hier die Idee nationalgesellschaftlicher Homogenität transformiert in eine übernationale und/oder zivilisatorische Beglückungsbewegung.

Eine dritte Antwort auf das Scheitern der für die letzten zwei Jahrhunderte charakteristischen nationalgesellschaftlichen Homogenisierungsbemühungen ist schließlich das *Ausgrenzen und Ausblenden* bestimmter geographischer Zonen und Bevölkerungsteile aus den jeweiligen nationalstaatlichen Projekten. In vielen Ländern der Welt gibt es (wieder) so genannte *no-go-areas* als Zonen, für die das staatliche Kultur- und Gewaltmonopol keine Wirksamkeit beansprucht und/oder durchsetzen kann oder will. Dies gilt für bestimmte Ghettogebiete in US-amerikanischen Großstädten (und zeigte sich z. B. auch bei dem weitgehenden Versagen staatlicher Hilfsmaßnahmen nach den Verwüstungen des Katrina-Hurrikans in New Orleans). Es gilt ebenso für brasilianische *favelas* wie für Coca-Anbauregionen in Kolumbien und Bolivien (Dombois 1997) sowie für umkämpfte Gebiete in Kasachstan, dem Irak und für ganze Teile Afrikas (Little 2003).

Nach den gescheiterten Projekten nationalgesellschaftlicher Homogenität findet sich der Einzelne in einer zunehmend globalisierten Welt also keineswegs (nur) im Ozean eines universalisierten Wertepluralismus wieder. Vielmehr entwickeln und verstärken sich jenseits nationalstaatlicher Vergesellschaftungsbezüge neue Formen regionaler und transnationaler Integration. Welche Herausforderungen ergeben sich hieraus? Entsteht in den nationalstaatlich organisierten Sozialräumen ein nicht mehr integrierbarer Werte- und Normenpluralismus? Oder war die Idee multikultureller Gesellschaften nur eine problematische Idee einiger Gutmenschen, der heute eine verstärkte Orientierung auf einen Grundwertekanon entgegengehalten werden muss? Diese Fragen lassen sich nur beantworten, wenn die Natur der gegenwärtigen Transnationalisierungsdynamiken genauer untersucht wird.

2.4 Die Welt in den Fangarmen internationaler Konzerne?

Die lange Zeit vorherrschende Idee nationalstaatlich verfasster Gesellschaften implizierte auch die Vorstellung, dass alle für den einzelnen Bürger wirklich wichtigen Dinge im Zugriffsbereich des politischen Systems durch demokratische Willensbildung und Entscheidung reguliert werden könnten. Auch diese Idee des nationalgesellschaftlichen Projektes wird nun durch die Globalisierung immer weiter ausgehöhlt. Das Erwerbsschicksal vieler Menschen und auch die wirtschaftliche Zukunft ganzer Regionen werden immer stärker von international tätigen Unternehmen beeinflusst. Deren Verhalten und Entscheidungen sind nur begrenzt durch Regulierungen von und im Sinne von Nationalstaaten beeinflussbar. Solche Unternehmen fühlen sich häufig in erster Linie ihren international zusammengesetzten Kapitalgebergruppen gegenüber verantwortlich. Ein Eindruck der Ohnmacht stellt sich nicht nur bei dem einzelnen Bürger und Arbeitnehmer, sondern auch bei Kommunen und sogar bei Nationalstaaten ein.

Persönliche Schicksale und lokale Entwicklungschancen sind immer stärker von globalen Fernwirkungen beeinflusst. Die lokalen Auswirkungen globaler Entwicklungen und umgekehrt die globalen Auswirkungen lokaler Entwicklungen manifestieren sich aber nicht nur auf der Ebene internationaler Unternehmen. Das Schmelzen der Polkappen und die tiefgreifenden Veränderungen von Wetter und Klima in vielen Regionen der Welt hängen mit durchaus lokalisierbaren menschlichen Eingriffen wie etwa dem Kohlendioxyd-Ausstoß zusammen. Dieser konzentriert sich zu etwa 80 Prozent auf die reichen kapitalistischen Industrieländer Nordamerikas und Nordwesteuropas. Und diese lokal verursachten globalen Veränderungen haben wiederum lokal sehr unterschiedliche Wirkungen. Wenn angesichts solcher global-lokalen Wechselbeziehungen die Nationalgesellschaften offensichtlich nicht mehr die angemessene Tribüne für Problemlösungen abgeben können, wo und wie können dann Antworten auf solche Herausforderungen des 21. Jahrhunderts gefunden werden? Erscheint angesichts dieser realen Probleme der allgemein gehaltene Appell an die Weltbürger- oder Weltzivilgesellschaft nicht wie das laute Pfeifen im dunklen Wald?

Wenn schon der vergleichsweise kleine, nur etwa eine Viertelmilliarde Menschen umfassende und wirtschaftlich, politisch und sozial relativ homogene Kulturraum Europa mehr als ein halbes Jahrhundert bis zum heutigen Stand der europäischen Einigung benötigte: Wie viele Jahrhunderte müssen dann vergehen, bis sich die sechs oder dann sieben bis acht Milliarden Menschen dieser Welt auf Problemlösungsmechanismen für die globalen Herausforderungen geeinigt haben? Wenn schon die Europäische Union es bisher »nur« bis zu einem höchst komplizierten Stand von gemeinsamen Problemdefinitionen und Entscheidungsverfahren gebracht hat und noch nicht einmal in der Lage ist, sich eine europäische Verfassung als Mindestplattform zu geben: Wie soll aus der UNO eine Weltregierung werden, wenn sie – wie im Irak-Krieg, in Tschetschenien oder im Falle Tibets – von einzelnen mächtigen Nationalstaaten bei wichtigen, alle Menschen und Staaten dieser Welt betreffenden Fragen, schlicht ignoriert oder in die Ecke gestellt werden kann? Auf all diese Fragen gibt es keine einfachen und schnellen Antworten. Die Perspektive auf die Transnationalisierung der sozialen Welt kann dabei helfen, die skizzierten Fragen neu bzw. anders zu formulieren.

2.5 Transnationalisierung und andere Internationalisierungsformen

Der Blick auf die Transnationalisierung unserer Welt im 21. Jahrhundert ist vielversprechend und zugleich ernüchternd. Er lenkt die Aufmerksamkeit auf die Vielfältigkeit und Widersprüchlichkeit der Raumbezüge des Sozialen. Er kann gleichzeitig aber auch Mut und Hoffnung geben, weil er die Möglichkeiten neuer Vergesellschaftungsbezüge und Abstimmungsmechanismen aufscheinen lässt. Vor hundert Jahren antworteten verschiedene Klassiker soziologischen Denkens auf die Frage, was denn eigentlich die moderne bürgerlich-kapitalistische Gesellschaft angesichts der Auflösung traditionaler Strukturen durch Urbanisierung, Individualisierung und Rationalisierung überhaupt noch zusammenhalte, mit einer schlichten, aber erklärungsmächtigen Denkfigur: *Es ist gerade die Vielfalt und Ausdifferenzierung der neuen Lebensweisen, die neuen Zusammenhalt stiftet.* Für Emile Durkheim (1930) waren es die neuen Formen gesellschaftlicher Arbeitsteilung, die den Übergang von einer rein mechanischen zu einer organischen Solidarität der Gesellschaftsmitglieder begründeten. Für Georg Simmel (1908) war es gerade die Vielfalt der sozialen Kreise, denen moderne Menschen angehören. Diese Vielfalt sozialer Kreise ermöglicht einerseits Individualisierung, weil jeder Einzelne seine Zugehörigkeiten sehr unterschiedlich kombiniert. Sie ermöglicht gleichzeitig neue Formen des Zusammenhalts, die durch die Vielfalt der sozialen Kreise entstehen.

Simmels Gedanke erscheint für die heutige Zeit und bezogen auf das Problem internationaler Vergesellschaftung von größter Bedeutung: In vormodernen, nicht individualisierten Gesellschaften wird der Zusammenhalt zwischen den Menschen vor allem durch Traditionen und quasi geerbte, unverrückbare Standeszugehörigkeit begründet. In der modernen, stärker individualisierten bürgerlichen Gesellschaft gehören die Menschen – teils durch Traditionen, teils durch eigene Entscheidungen und Leistungen – sehr vielen unterschiedlichen sozialen Kreisen an. Sie gehören nicht lebenslang einer Zunft oder einem Meisterbetrieb an, sondern sind für bestimmte Zeiten in von ihnen gewählten Erwerbsorganisationen tätig. Sie pflegen nicht in erster Linie einen »standesgemäßen Umgang«, sondern sind ihren Neigungen und Interessen entsprechend im Sportverein, dem Tanzclub oder der »Kegelbruderschaft« aktiv. Sie sind Mitglied im Briefmarkenclub oder Taubenzüchterverein, sie gehören zur Schrebergartengemeinschaft oder zum Kneipenstammtisch. Sie musizieren mit Gleichgesinnten oder treffen sich in religiös-spirituellen Selbsterfahrungsgruppen. Sie gehen sonntagmorgens in die von ihnen gewählte Kirchengemeinde oder zum Golfen.

All dies stiftet Gemeinschaft und ist Teil von Vergesellschaftung. Diese Integration in und durch sehr verschiedene soziale Gruppen erlaubt gleichzeitig jedem Menschen, einzigartig in der jeweiligen Kombination seiner sozialen Kreise zu sein. Der gesamtgesellschaftliche Verflechtungszusammenhang der Menschen ergibt sich nicht vorwiegend daraus, dass alle *einem* großen sozialen Kreis angehören, sondern umgekehrt durch die Vielheit der sozialen Kreise, denen jeder Einzelne angehört. Jeder Einzelne ist also nicht wie ein Sandkörnchen im großen Topf der Nationalgesellschaft, sondern wie ein Faden in dem komplexen Sozialgewebe der Gesellschaft, welches gerade dadurch zusammengehalten wird, dass jeder einzelne Faden mit sehr vielen anderen Fäden »verkettet« ist. Simmels Bild der sozialen Kreise lässt sich heute auch auf die Dynamik der Internationalisierung von Vergesellschaftung anwenden. Die verschiedenen Formen der Internationalisierung unserer sozialen Welt erzeugen neben neuen Differenzierungen und zentrifugalen Kräften auch neue Bindungskräfte.

Gerade die Transnationalisierung der sozialen Welt ermöglicht auf neuer Stufe die Integration von Vielfalt und die Vielfalt von Integration. Die hierauf bezogenen Diskussionen und Veröffentlichungen haben sich in den vergangenen zehn Jahren zu einer vielversprechenden Forschungsperspektive entwickelt. In einem sehr weit gefassten Begriffsverständnis bezieht sich Transnationalisierung dabei auf die sozialen, kulturellen, politischen und wirtschaftlichen *Beziehungen und Interaktionen*, die sich unterhalb bzw. oberhalb der Ebene zwischenstaatlicher und intergouvernementaler Beziehungen zwischen mehreren Orten in verschiedenen Nationalstaaten und Nationalgesellschaften abspielen, ohne den gesamten Globus zu erfassen. *Transnationalism* als in den 1990er Jahren vor allem in den USA entstandenes Forschungsprogramm bezieht sich in diesem weiteren Sinne dann auf »die kulturellen, wirtschaftlichen und politischen Verbindungen zwischen Menschen und Institutionen, in denen die Bedeutung der Geographie bei der Identitäts- und Kollektivitätsbildung an Gewicht verliert und neue Möglichkeiten der Zugehörigkeit über Grenzen hinweg geschaffen werden«.[19]

Da Transnationalisierung in einem so weit gefassten Verständnis leicht Gefahr läuft, zu einem ähnlich diffusen Begriff zu werden wie der Terminus Globalisierung, wird hier erstens für eine explizite Unterscheidung von *Typen* der Internationalisierung und zweitens für eine Differenzierung von *Intensitätsgraden* der Transnationalisierung plädiert. Transnationalisierung in einem engeren Sinn und auf höherem Intensitätsniveau meint dann die Zugehörigkeitsgefühle, kulturellen Gemeinsamkeiten, Kommunikationsverflechtungen, Arbeitszusammenhänge und die alltägliche Lebenspraxis sowie die hierauf bezogenen Organisationen und gesellschaftlichen Ordnungen und Regulierungen, die sich in relativ dauerhaften und pluri-lokalen, die Grenzen von Nationalstaaten überschreitenden *sozialen Gebilden und Sozialräumen* niederschlagen.

Während die Begriffe *Transnationalism* und *Transnationalismus* eher eine Strukturperspektive zum Ausdruck bringen, soll mit dem Terminus *Transnationalisierung* weniger das Ergebnis als vielmehr die Dynamik von Vergesellschaftung als etwas Prozesshaftes betont werden. *Transnationalisierung* ist dabei ein historisch nicht völlig neuer, wohl aber in den vergangenen Dekaden im Kontext zunehmender internationaler Bewegungen von Gütern, Menschen und Informationen sich ausweitender und vertiefender *Prozess der Herausbildung relativ dauerhafter und dichter pluri-lokaler und nationalstaatliche Grenzen überschreitender Beziehungen von sozialen Praktiken, Symbolsystemen und Artefakten*. Diese emergenten grenzüberschreitenden gesellschaftlichen Formationen können eine vorwiegend ökonomische, soziale, kulturelle oder politische Dimension haben – in aller Regel ist ihre Dynamik aber durch komplexe Wech-

19 Levitt 2001a: 202; für weitere Definitionen vgl. Khagram/Levitt 2005; Levitt et al. 2003; Pries 2006a; Vertovec 2003a und 2004.

selwirkungen zwischen diesen Dimensionen bestimmt. Deshalb ist Transnationalisierungsforschung vor allem auch ein interdisziplinäres Unternehmen, in dem politikwissenschaftliche, soziologische, anthropologische, wirtschaftswissenschaftliche, raum- und regionalwissenschaftliche, historische, sozialpsychologische und rechtswissenschaftliche Aspekte und Fragestellungen behandelt werden.

Transnationalisierung im hier verstandenen Sinn bezieht sich also in erster Linie auf menschliche »Verflechtungsbeziehungen« (zu diesem Begriff vgl. Elias 1986), die sich nicht mehr einfach in unser seit der *Pax Westfalica* geltendes Ordnungsschema einfügen lassen. Nach den Glaubensauseinandersetzungen zwischen Katholiken und Protestanten war im Westfälischen Frieden von 1648 das wichtige Prinzip *cuius regio eius religio* verbindlich vereinbart worden. Danach sollten alle in dem geographischen Herrschaftsraum eines Landesherren Lebenden den gleichen Glauben praktizieren, nämlich den »ihres« Fürsten. Der Höhepunkt dieser *Westfälischen Ordnung* war das »kurze 20. Jahrhundert« (Eric Hobsbawm 1996) mit seiner Leitidee kulturell mehr oder weniger homogener Nationalgesellschaften in eindeutigen nationalstaatlichen »Containern«. Man kann hier von dem Konzept einer *doppelt exklusiven Verschachtelung von Sozialraum und geographischem Raum* sprechen: In *einem* geographisch zusammenhängenden Territorium gibt es demnach nur *einen* und nicht mehrere Sozialräume (als Gesellschaften oder Gemeinschaften) und, umgekehrt, nimmt jeder Sozialraum *einen* und nur genau *einen* geographischen Raum ein (Pries 1997b).

Diese jahrhundertealte Leitidee der Pax Westfalica, die trotz aller gewaltsamen Auseinandersetzungen eine Erfolgsgeschichte im mehr oder minder friedlichen Zusammenleben der Menschen begründete, muss im 21. Jahrhundert nun nicht aufgegeben, wohl aber differenziert werden. Das Stichwort der multikulturellen Gesellschaft zeigt, dass in einem geographischen Raum unterschiedliche sozialräumliche Verflechtungszusammenhänge neben- und miteinander existieren können. Umgekehrt – und dies ist der Ansatzpunkt der hier zu entwickelnden Transnationalisierungsthese – entstehen auch dauerhafte und dichte sozialräumliche Verflechtungszusammenhänge, die über mehrere nationalstaatliche Räume bzw. Territorien hinweg aufgespannt sind.

Diese transnationalen menschlichen Verflechtungszusammenhänge bewegen sich unterhalb oder jenseits der Ebene der internationalen Beziehungen zwischen Staaten. Sie können in internationalen Unternehmen entstehen und diese gegebenenfalls zu transnationalen Konzernen werden lassen. Sie können sich im Rahmen internationaler Migration aus Migrationsnetzwerken entwickeln. Sie können sich aber auch aus dem Zusammenhang grenzüberschreitender Nicht-Regierungs-Organisationen, politischer oder religiös-kultureller Beziehungen heraus als eigenständige Sozialräume stabilisieren. Schließlich können stabile transnationale Verflechtungsbeziehungen auch die Basis für das Entstehen oder die Festigung grenzüberschreitender krimineller und terroristischer Organisationen sein.

Damit sind Transnationale Sozialräume immer wichtiger werdende soziale Formationen, die in sehr unterschiedlichen Kontexten und mit sehr unterschiedlichen Bestimmungen entstehen. Ganz allgemein sind sie weder gut noch schlecht, sind sie weder eine Bedrohung noch die neue große Hoffnung – sie sind schlicht die Realität einer immer größeren Anzahl von Menschen. Gerade deshalb ist es so bedeutsam, ihre Entstehungsgründe und Wirkungszusammenhänge näher zu untersuchen und zu diskutieren. *Transnationalisierung der sozialen Welt* verweist auf wichtige reale Veränderungen in den Raumbezügen des Sozialen, im Zusammenleben der Menschen. Gleichwohl sollte Transnationalisierung nicht als neuer modischer *catch-all*-Begriff verwendet, sondern vielmehr systematisch mit anderen Formen der Internationalisierung verknüpft werden. Erst dann lassen sich die damit verbundenen Herausforderungen und Chancen für lokale, nationale und supranationale korporative Akteure und die Menschheit insgesamt angemessen abschätzen.

Als *von unten* wachsende Tendenz realer menschlicher Verflechtungsbeziehungen kann die Transnationalisierung der sozialen Welt auch ein wichtiges oder vielleicht das wichtigste Ferment im widersprüchlichen Prozess der Herausbildung einer real existierenden transnationalen oder gar Weltbürgergesellschaft sein. Um ein besseres Verständnis der Formen menschlichen Zusammenlebens im 21. Jahrhundert zwischen Globalisierung, Transnationalisierung, nationaler und lokaler Vergesellschaftung zu gewinnen, sind eine angemessene Konzeption und differenzierte Begriffe für die verschiedenen gegenwärtigen Internationalisierungsprozesse notwendig. Doch bevor diese eher konzeptionellen Überlegungen vorgestellt werden, geht es im Folgenden zunächst darum, schlaglichtartig einige konkrete Formen der gegenwärtigen Transnationalisierung darzustellen.

3 Transnationalisierung der sozialen Welt in der Praxis

Die Transnationalisierung der sozialen Welt entwickelt sich – so wurde argumentiert – jenseits der zwischenstaatlichen Beziehungen und jenseits globaler Tendenzen wie der Zunahme weltweiter Finanz- und Informationsströme. Die Transnationalisierung wird natürlich von den jeweiligen nationalstaatlichen Politiken – z. B. den Einwanderungs- oder Handelsrestriktionen – und auch von globalen Ereignissen oder Tendenzen beeinflusst – z. B. den durch das Internet gegebenen Kommunikationsmöglichkeiten. Unter diesen gegebenen Bedingungen entwickelt sie durch das Handeln von Menschen und Organisationen eine eigene Dynamik. Sie lässt sich weder durch die traditionellen nationalstaatlichen noch durch suprastaatliche oder zwischenstaatliche Regelwerke und Mechanismen hinreichend steuern oder kontrollieren. Dies zeigt sich besonders im Bereich der alltäglichen Lebenswelten internationaler Arbeitsmigranten und im Bereich transnationaler Organisationen.

Die Bedeutung der internationalen Migration für das genauere Verständnis der gegenwärtigen Internationalisierungsprozesse und speziell für eine Konkretisierung und Ausdifferenzierung des häufig sehr »globalen« Globalisierungsbegriffs unterstreicht z. B. Adrian Favell (2001: 397): »Die generellere Botschaft hier ist, dass Globalisierungstheoretiker Migration und Mobilität nicht als eine Art Basis für spekulative Metaphern nehmen sollten, aus der sie neue Theorien schaffen, sondern als ein sehr reales Phänomen, durch das wir die große Frage der Globalisierung empirisch operationalisieren können.« Das im Folgenden zu behandelnde Beispiel der internationalen Migration eignet sich vor allem, um das Entstehen transnationaler »Verflechtungsbeziehungen« und Sozialräume im alltagsweltlichen Handeln der Menschen und durch ihre primären sozialen Netzwerke, vor allem den Familien, zu verfolgen.

3.1 Transnationale Arbeitsmigration und Alltagswelten

Seit Jahrhunderten und häufig sogar seit Jahrtausenden gibt es die verschiedensten Bereiche und Beispiele für menschliche Aktivitäten und Lebensräume, die die Grenzen der jeweiligen Stämme, Reiche oder Nationalstaaten überschreiten. Hierzu gehören etwa die religiös motivierten Missionierungen der katholischen Kirche oder anderer Glaubensgemeinschaften, die seit über tausend Jahren bezeugt sind. Der Handel zwischen Stadtgemeinschaften, Völkern und Ländern und die entsprechende soziale Gruppe der Kaufleute zu Land und zu Wasser gehören ebenso und schon seit Jahrtausenden zu den grenzüberschreitenden Aktivitäten der Menschen. Ebenso lange schon führten und führen länger andauernde kriegerische Auseinandersetzungen zu Massenflucht und Aufnahmesuche in anderen Reichen und Regionen sowie zu territorialen und Bevölkerungs-Eroberungen. Darüber hinaus ist aber auch die »freiwillige« Arbeitsmigration über Ländergrenzen hinweg seit Jahrtausenden bekannt.

Diese historisch bekannten und dokumentierten grenzüberschreitenden Beziehungen waren in der Regel keine kurzfristigen Ausnahmeerscheinungen, denen danach Perioden ohne jeden Kontakt zwischen den Plätzen, Völkern und Regionen gefolgt wären. Vielmehr hinterließen alle diese Kontakte und Austauschbeziehungen ihre Spuren: in der Sprache, in den Essgewohnheiten, in der Musik, in Liebes- und Paarbeziehungen und schließlich in gemeinsamen »Unternehmungen« von Menschen verschiedener regionaler Herkunft oder in grenzenüberschreitenden Aktivitäten einer Gruppe. Alle heute zu beobachtenden transnationalen Verflechtungszusammenhänge sind also nicht völlig neu. So berichtet Robert Smith (1997) etwa über die vielfältigen Kontakte, die italienische Arbeitsmigranten in den USA schon im 19. Jahrhundert mit ihren Herkunftsgemeinden aufrechterhielten. In den USA wurden Feste zu Ehren der Dorfheiligen der jeweiligen Herkunftsgemeinden organisiert. Über Briefkontakte kontrollierten italienische Arbeitsmigranten in den USA nicht nur die Feldbestellungen in ihrem Heimatdorf, sondern auch die Treue der dort verbliebenen Verlobten oder Ehefrau. Ähnlich intensive grenzüberschreitende Beziehungen sind für polnische und skandinavische Arbeitsmigranten belegt.[1]

1 Vgl. z. B. Morawska 1998; Smith 2001; Lucassen 2006; zu Rückwanderungen auch Patel 2004.

Was also unterscheidet transnationale Arbeitsmigration im 21. Jahrhundert von derjenigen vor hundert oder zweihundert Jahren? Vor allem sind es neue Möglichkeiten der Überbrückung von geographischen Raumdistanzen. Hierzu zählen vor allem neue Kommunikations- und Transporttechnologien, die eine qualitativ neue Situation im Vergleich etwa zur Massenauswanderung um die Wende vom 19. zum 20. Jahrhundert begründen. Zwar gab es bereits 1858 eine kabelgebundene transatlantische Telegraphenverbindung.[2] Ein erstes Telefongespräch zwischen Frankfurt am Main und New York mithilfe eines Telegraphenseekabels fand am 3. Februar 1927 statt (vgl. Wessel 1998: 86). Aber erst 1956 wurde das erste öffentlich zugängliche, dauerhafte transatlantische Fernsprechseekabel in Betrieb genommen (ebd.: 102). Während des gesamten 20. Jahrhunderts hatten Ländergrenzen überschreitende Ferngespräche allerdings für Privatpersonen und zumal für Arbeitsmigranten weitgehend den Charakter von kurzen Notruf- oder Gratulationssignalen.

Die kontinuierlichen Verbesserungen von Qualität, Schnelligkeit, Zugänglichkeit und Preisen des internationalen Telefonierens mündeten seit dem Ende des 20. Jahrhunderts, gleichsam mit einem Umschlagen dieser vielen Einzelveränderungen, in eine neue Qualität der Fernkommunikation. Selbst für wirtschaftlich nicht besonders gut gestellte Arbeitsmigranten wurde es dadurch fast überall auf der Welt möglich, wöchentlich zumindest einmal mit Familienmitgliedern und Freunden auch über weite Entfernungen in Kontakt zu treten. Zusammen mit der zunehmenden Verbreitung des Internets ergeben sich seit Beginn des 21. Jahrhunderts qualitativ neue Formen der »virtuellen Kopräsenz« von Menschen auch über sehr große Distanzen. Dies lässt sich an den kleinen Shops für den Verkauf internationaler Telefonkarten und für das (inzwischen häufig internetbasierte) relativ preiswerte Auslandstelefonieren ablesen, die es schon in fast jeder mittelgroßen Stadt in den Ankunftsregionen der Arbeitsmigranten gibt. Wer einsame und ärmliche Dörfer oder kleine Städte in den Herkunftsregionen der Migranten besucht, wundert sich über die Konzentration an Telefon- und Internetcafés, die technisch auf hohem Niveau ausgestattet und zumindest in den Abendstunden meistens ausgebucht sind.

Nicht selten findet man in solchen Dörfern auch vergleichsweise

2 Vgl. Neutsch (1998: 50); diese erste transkontinentale Verbindung musste allerdings schon nach einem Monat zunächst wieder eingestellt werden.

moderne Reisebüros, die vor allem Billigflugreisen in die wichtigsten Städte anbieten, in die sich die Migrationsströme in den Ankunftsregionen ergießen. Neben den modernen Kommunikationstechnologien ist der qualitativ verbesserte Transport mittels Flugzeug oder auch komfortablen Bussen und professionalisierten Gepäckdienstleistern ein zweites wichtiges Merkmal der neuen Infrastrukturen, die die grenzüberschreitende Migration im 21. Jahrhundert ganz wesentlich erleichtern. Ein drittes Element sind schließlich die gegenwärtigen Möglichkeiten der Geldüberweisungen, die im Vergleich zu der Situation vor noch zwei Jahrzehnten relativ sicher, schnell und preiswert sind. All diese neuen Elemente nehmen transnationalen Kommunikations- und Austauschbeziehungen den Ausnahmecharakter und ebnen die Unterschiede zwischen lokalen und transnationalen Sozialbeziehungen tendenziell ein.

Natürlich haben direkte face-to-face-Kontakte für zwischenmenschliche Beziehungen nach wie vor eine ganz entscheidende Bedeutung. Dies zeigen z. B. die Erfahrungen von großen internationalen Unternehmen bei dem Versuch, die Ausgaben für die Auslandsreisen von Führungskräften nachhaltig dadurch zu reduzieren, dass mehr Kommunikation und Entscheidungen über internationale Telefon- und Videokonferenzen organisiert werden sollten. Nur sehr selten nahm der Umfang von Auslandsreisen ab, auch wenn die neuen Kommunikationstechnologien genutzt wurden. Für komplexe Sachthemen und schwierige Verhandlungen wird die physische Kopräsenz als unverzichtbar erachtet (vgl. Reichwald/Möslein 2001). Gleichwohl ermöglichen die neuen Kommunikations- und Transporttechnologien, bereits bestehende intensive soziale Beziehungen und auch komplexe Austauschprozesse zwischen sehr weit voneinander entfernten Plätzen über sehr lange Zeiträume aufrechtzuerhalten. Hiermit sind neue Möglichkeiten für die Verbreitung und Intensivierung transnationaler Sozialräume gegeben, wie sich im Folgenden an dem Beispiel einer mexikanischen Migrantenfamilie zeigen lässt.

3.2 Die Familie von Doña Rosa und andere transnationale Lebenswelten

Ein gutes Beispiel für die Existenz solcher transnationaler Sozialräume und transnationaler Lebensverläufe ist die Großfamilie der mexikanischen Arbeitsmigrantin Doña Rosa (vgl. Abbildung 1).[3] Doña Rosa selbst und die inzwischen drei Generationen ihrer Nachkommenschaft leben zwischen den USA und Mexiko – und hier größtenteils zwischen dem Bundesstaat Puebla in Mexiko und dem Großraum von New York City. Die alleinerziehende Doña Rosa arbeitete lange Zeit in einem kleinen Dorf der Mixteca-Poblana, einer trockenen und armen Region im Süden des Bundesstaates Puebla. In den sechziger Jahren verkaufte sie selbstzubereitete Lebensmittel auf Märkten, vor allem auf dem wöchentlichen Viehmarkt in der Nachbargemeinde. Diese Esswaren bereitete sie selbst zusammen mit ihrem ältesten Sohn Antonio und der ältesten Tochter Aurora in den Nächten vor den Markttagen vor. Ihre anderen drei Kinder wurden in dieser Zeit häufig von Doña Rosas Eltern versorgt.

Die zweitälteste Tochter Guadelupe war gerade dreizehn Jahre alt, als ein aus einem Nachbardorf stammender Arbeitsmigrant von einem Aufenthalt aus New York City zurückkehrte und nach einer Ehepartnerin Ausschau hielt. Guadelupe half ihrer Mutter beim Getränkeausschank, sie gefiel dem jungen Mann, und dieser hielt um ihre Hand an. Doña Rosa ließ ihre Tochter Guadelupe nur unter der Bedingung heiraten und mitgehen, dass ihr ältester Sohn Antonio das neue Paar in die USA begleite. Auf diese Weise wurden bereits in den sechziger Jahren die ersten persönlichen und Arbeitsbeziehungen nach New York geknüpft. Als Guadelupe ihr zweites Kind gebar, kehrte sie zusammen mit ihrem Ehemann in ihr Heimatdorf zurück, beide wollten, dass ihre Kinder in Mexiko erzogen würden. Von dem ersparten Geld ihrer Arbeit in der Bekleidungsindustrie New Yorks eröffneten sie ein Geschäft.

3 Mehrere Mitglieder der Familie von Doña Rosa wurden im Rahmen einer größeren Untersuchung zur Arbeitswanderung zwischen Mexiko und den USA (vgl. Pries et al. 1998) interviewt. Auf den ausdrücklichen Wunsch der Interviewten hin wurden die Namen nicht geändert. Doña Rosa wurde zu Beginn der 1920er Jahre geboren (das genaue Geburtsjahr konnte sie nicht angeben); vgl. ausführlicher Herrera 2001 und 2002.

Abbildung 1: Die transnationale Familie von Doña Rosa[4]

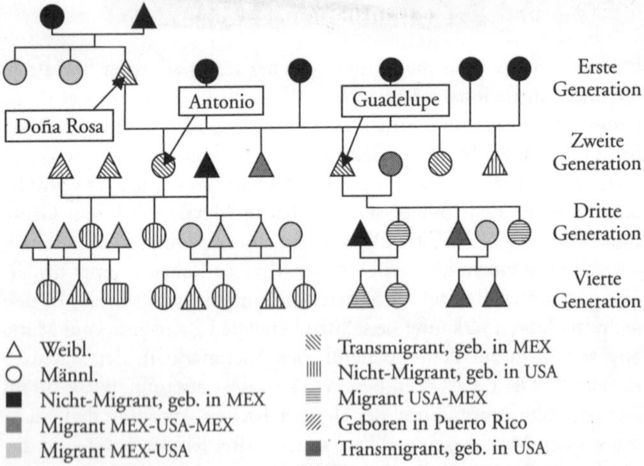

(ausgearbeitet von Fernando Herrera, angepasst von Ludger Pries)

Der älteste Sohn Doña Rosas, Antonio, der seine Schwester Guadelupe nach New York begleitet hatte, arbeitete ebenfalls eine Zeit lang in einem »sweatshop«, also einem kleinen Bekleidungsbetrieb, in dem T-Shirts oder Hosen zusammengenäht werden. Antonio hatte in Mexiko bereits sehr viele Erfahrungen in den unterschiedlichsten Tätigkeitsbereichen gesammelt (Hühnerausnehmen auf dem Wochenmarkt, Assistent eines Verkaufsagenten, fahrender Verkäufer von Heiligenbildchen im Norden Mexikos etc.). In New York wechselte er von seiner Arbeit in der Bekleidungsindustrie später in eine Beschäftigung in einer Restaurant-Küche. Nachdem er hier viele Kenntnisse und etwas Geld erworben hatte, eröffnete er zusammen mit seiner Schwester Guadelupe in Yonkers (Bundesstaat New York) ein Spezialitätenrestaurant mit Angeboten aus der regionalen Küche der Mixteca-Poblana. Sonntags verkaufte Antonio in den neunziger Jahren in der Regel mexikanisches Essen an seine (vorwiegend ohne Aufenthaltspapiere in New York arbeitenden) Landsleute, die sich im Norden Manhattans am Hudson-River zum Fußballspielen trafen (Ende

4 Der als Rechteck dargestellte Nachkomme von Antonio ist ein noch nicht geborener »Migrant« der vierten Generation.

der neunziger Jahre gab es immerhin etwa 70 mexikanische Fußballmannschaften, die in einer eigenen Liga um einen Jahrespokal spielten). Das von Guadelupe und Antonio gemeinsam in den siebziger Jahren aufgebaute Restaurant wurde auch Ende der neunziger Jahre noch von Antonio betrieben, und seine Schwester Guadelupe war weiterhin Mitbesitzerin. Obwohl sie inzwischen vorwiegend in Puebla/Mexiko lebte, verbrachte sie jedes Jahr mehrere Monate bei ihrem Bruder in Yonkers. Guadelupes Mann wurde inzwischen im Heimatdorf als erster Rückkehrmigrant zum Gemeindepräsidenten gewählt und kümmerte sich vorwiegend um das dort eröffnete Geschäft.

Doña Rosa hatte zwar zum Interviewzeitpunkt ihren Lebensmittelpunkt inzwischen in der Mixteca-Poblana, aber ähnlich wie ihre Tochter Guadelupe flog sie regelmäßig nach New York, um den anderen Teil ihrer Familie zu besuchen. Wurde irgendwo in der weitläufigen Nachkommenschaft ein Kind geboren, fuhr sie für den notwendigen Zeitraum dorthin um zu helfen. Als ihre älteste Tochter Aurora in der mexikanischen Gemeinde mit finanzieller Unterstützung der Großfamilie ein kleines Hotel aufbaute (aus der Beobachtung heraus, dass gerade bei vielen der in den USA lebenden mexikanischen Arbeitsmigranten speziell zu den Dorffesten eine große Nachfrage nach angemessenen Hotelunterkünften besteht) und mit dessen Führung einige Probleme hatte, kam Doña Rosa – damals gerade in New York lebend – nach Mexiko zurück, um bei der Geschäftsführung des Hotels zu helfen.

Neben dem Hotel betrieb Aurora noch ein Restaurant in der Gemeinde, welches sie von dem ersparten Geld aufbauen konnte, das sie bei ihrem anderen Bruder Ricardo in dessen kleinem Hotel in der Gemeinde verdient hatte. Der jüngste Sohn von Aurora lebte bei ihr in Mexiko. Er wurde in den USA geboren und besitzt also – wie auch viele andere der Nachkommenschaft von Doña Rosa – die US-amerikanische Staatsbürgerschaft. Dies gilt auch für ihre älteste Tochter, die inzwischen in New York mit einem mexikanischen Migranten verheiratet war und schon selbst eine Tochter hatte. Aurora selbst besaß schon seit 1984 die US-amerikanische Staatsbürgerschaft und konnte deshalb – ebenso wie die meisten ihrer Großfamilie – ungehindert zwischen beiden Ländern reisen. Das bereits erwähnte kleine Hotel von Ricardo wurde von einer zu Beginn der siebziger Jahre in New York City geborenen Tochter mexikanischer

Migranten aus der Mixteca Poblana geleitet. Diese besaß die US-amerikanische Staatsbürgerschaft, kam aber zum Studium nach Puebla, der Hauptstadt des gleichnamigen Bundesstaates zurück. Sie heiratete einen mexikanischen Migranten in New York – wo sie zusammen mit ihrem Ehepartner langfristig leben würde, in den USA, in Mexiko oder transnational, konnte sie zu dem Zeitpunkt des Interviews noch gar nicht absehen.

Die komplexen Strukturen und die Geschichte der Großfamilie von Doña Rosa können hier nicht einmal annähernd dargestellt werden. Auch sind die meisten Mitglieder der Familie Doña Rosas hinsichtlich ihrer Berufskarrieren sicherlich überdurchschnittlich erfolgreich. Dennoch können die wenigen hier präsentierten Informationen einige für den Transnationalisierungszusammenhang bedeutsame Aspekte verdeutlichen. Internationale Arbeitsmigration erfolgt in der Regel als Kettenwanderung und im Rahmen sozialer Netzwerke. Erreicht internationale Migration eine bestimmte Größenordnung, so schafft sie eigene neue Nachfragestrukturen (z. B. nach mexikanischen Lebensmitteln und Restaurants in New York), die wiederum mehr Migration nach sich ziehen (cumulative causation, vgl. Massey et al. 1993, 1994 und 1998). Neue Nachfragstrukturen entstehen auch in den Herkunftsgemeinden der Migranten (z. B. nach kleinen Hotels für Auswanderer oder transnationale Migranten). Trotz – oder vielleicht gerade wegen – des Besitzes der US-amerikanischen Staatsbürgerschaft fühlt sich ein Teil der Arbeitsmigranten und ihrer Nachkommen für zumindest einen Teil ihres Lebens in das Herkunftsland der Vorfahren gezogen. Gerade *weil* die doppelte Staatsbürgerschaft problemlose Hin- und Herbewegungen ermöglicht, können die Menschen je nach ihren sozialen, kulturellen, wirtschaftlichen und politischen Erfordernissen die ihnen bekannten und vertrauten Regionen in beiden Ländern als ihren natürlichen Aktionsraum begreifen und nutzen.

Im Falle der Familie von Doña Rosa lebt nach immerhin vier Generationen noch ein Teil in den USA (hauptsächlich im Großraum New York) und ein anderer Teil in Mexiko (größtenteils in der Mixteca-Poblana-Region). Viele Familienmitglieder der drei Nachkommengenerationen wechseln häufiger ihren Wohnsitz zwischen diesen beiden Gebieten. Sie können nicht genau angeben, wo sie ihren Ruhestand und Lebensabend verbringen wollen. Sie können für sich die Vor- und Nachteile beider Länder benennen, und ihre Gewichtung dieser verschiedenen Aspekte kann sich durchaus erheblich je nach Lebenslage ändern. Gefragt nach den Plänen für die fernere Zukunft schätzen einige z. B. die Effizienz des US-amerikanischen Gesundheitssystems, andere den sozialen Zusammenhalt und die Kultur der Mixteca-Poblana fürs Älterwerden. Diese transnationalen Migranten fühlen sich »irgendwie dazwischen«. Wenn einige Verwandte argumentieren, sie sollten doch eine klare Entscheidung treffen, sie müssten für sich wissen, wo sie hingehörten, so antworten sie: »Niemand von uns wird gezwungen, sich für den Vater *oder* die Mutter zu entscheiden, also wieso sollte ich gezwungen werden, mich zwischen Mexiko und den USA zu entscheiden?«.

Man könnte eine solche Haltung als eine sich nicht allzu sehr festlegende Lebensstrategie interpretieren. Vielleicht haben einige der transnationalen Migranten (oder ihrer Elterngeneration) versucht, »richtige Amerikaner« zu werden und dabei gemerkt, dass ihre internalisierte mexikanische Geschichte und Kultur sich als stärker erwiesen haben. Oder sie haben existentielle negative Integrationserfahrungen in den USA und gleichzeitig Erwartungsenttäuschungen bei ihren Reintegrationsversuchen in ihrer mexikanischen Gemeinde gesammelt. Einige Mitglieder der Großfamilie von Doña Rosa haben sich weitgehend zu Einwanderern in den USA entwickelt. Andere kann man als Rückkehrmigranten bezeichnen, die nach einem oder mehreren längeren Aufenthalten »auf der anderen Seite« nun definitiv ihren Lebensmittelpunkt dauerhaft in der Heimatregion Puebla eingerichtet haben. Aber eine dritte Gruppe wird auch weiterhin als transnationale Migranten leben. So sind letztlich alle Familienmitglieder auf die eine oder andere Art und mehr oder weniger intensiv in den transnationalen Sozialraum einbezogen, den sie durch ihre eigene Lebenspraxis immer wieder reproduzieren und mitbegründen.

Die Geschichte von Doña Rosa und ihrer Familie ist sicherlich nicht repräsentativ für das Schicksal der Mehrheit der Arbeitsmigranten zwischen Mexiko und den USA. Die meisten der Mitglieder dieser Großfamilie waren hinsichtlich ihrer Erwerbskarrieren entweder in den USA, in Mexiko oder im transnationalen Raum zwischen bzw. jenseits dieser eindeutigen Zuweisungen überdurchschnittlich erfolgreich. Es sind vielfältige Beispiele dokumentiert, in denen Arbeitsmigranten sehr schlechte Erfahrungen in ihrem Ankunftsland machten, in denen Familien dauerhaft auseinandergerissen wurden, die ökonomischen Migrationseinkünfte relativ schnell und folgenlos wieder aufgezehrt waren und die sozio-kulturellen Wirkungen der Arbeitsmigration auf die Migrierenden selbst und ihre Familien in der Gesamtbilanz eher negativ waren. Ebenso gibt es viele Beispiele für mehr oder weniger gelungene dauerhafte Integration und Assimilation von Migranten in den Ankunftsräumen oder für deren erfolgreiche Rückkehr in die Herkunftsregion. Auch bei den transnationalen Migranten lassen sich Erwerbsverläufe nachweisen, die man eher als gescheiterte Einwanderungs- oder Rückkehrer-Karrieren bezeichnen muss.

In unseren eigenen Untersuchungen war der Fall von Doña Rosas Familie ein vergleichsweise komplexes und gelungenes Beispiel der Entwicklung dauerhafter transnationaler Beziehungen, die sich in einem recht stabilen transnationalen Sozialraum verdichteten. Dieser bildet für die beiden jüngeren Generationen sogar einen gleichsam natürlichen Bestandteil ihrer Lebenswelt. Ihnen und den meisten der Interviewten erschien er in erster Linie als eine Erweiterung ihrer Handlungs- und Strategiemöglichkeiten und als eine Differenzierung ihrer Möglichkeiten der Selbst- und Fremdverortung. Und in genau diesem Sinne ist dieses Beispiel transnationaler Migration durchaus auf andere Migrationszusammenhänge übertragbar. Inzwischen liegen recht viele Studien vor, die diese alltagsweltlichen Aspekte von Transnationalisierung durch internationale Migration beleuchten. Nur einige davon können hier kurz erwähnt werden.

Für die Inselgruppe der Kapverden hat zum Beispiel Carling (2003) eine interessante Analyse über die komplexen Beziehungen der einzelnen Inseln in verschiedene Regionen Europas und Nord- sowie Südamerikas vorgelegt. Dabei berücksichtigt er sowohl die Aspirationen der auf den Kapverden lebenden Menschen (im Sinne des Wunsches nach Migration in ein bestimmtes Land), als auch die Ströme der Geldüberweisungen und die bereits existierenden Verwandtschaftsbeziehungen zwischen den einzelnen Inseln und bestimmten Regionen in Europa und Amerika. Es ist erstaunlich, wie lokal fokussiert selbst bei einer so vergleichsweise kleinen Region (die einzelnen Inseln haben meistens weniger als 100.000 Einwohner) diese transnationalen Beziehungen sind: Während z. B. für die bevölkerungsreichste Insel Santiago die *remittances* nur eine geringe Bedeutung haben, hängen andere Inseln wiederum – und zwar bevölkerungsreiche wie -arme – gleichsam am Tropf der Geldrücküberweisungen von Familienangehörigen.

Interessante Beispiele für transnationale alltagsweltliche Beziehungen in internationalen Migrationsprozessen liefert auch das Schwerpunktheft 4 der Zeitschrift *Current Sociology* (Schuerkens 2005), wobei sich einige Beiträge direkt mit transnationaler Migration beschäftigen. Dumitru Sandu (2005) zeigt am Beispiel rumänischer Dörfer mit hoher Migration auf, dass konzentrierte Pendelbewegungen im Sinne zirkulärer und temporärer Migration wesentlich durch die jeweiligen dörflichen Strukturen und weniger durch individuelle Entscheidungen bestimmt sind. Petra Dannecker (2005) weist am Beispiel der Migration von Bangladeshi-Frauen nach Malaysia nach, dass neue transnationale Räume sehr stark durch geschlechtsspezifisch strukturierte Netzwerke gebildet werden; dies hängt nicht zuletzt auch mit den entsprechenden Politiken der Aufnahmeländer sowie der männlichen Migranten zusammen. Eric Popkin (2005) beschreibt die komplexen transnationalen Prozesse ethnischer Identitätsbildung und -entwicklungen bei guatemaltekischen Maya-Migranten nach/in Los Angeles, die von einer stärkeren Betonung ethnischer Wurzeln in Guatemala bis hin zu deren Auflösung in einer Latino-Community reichen. Schließlich stellt Anja Weiß (2005) Ergebnisse einer Untersuchung zur Transnationalisierung sozialer Ungleichheitsstrukturen am Beispiel von drei nach Qualifikationen sehr unterschiedlichen Migrantengruppen dar; für hochqualifizierte Arbeitsmigranten bestehen weder in der Ankunftsregion (hier: Deutschland) noch in anderen Ländern große Beschäftigungs- und Aufenthaltsprobleme; sie können sich im Extremfall als Kosmopoliten bewegen und fühlen; die weniger Qualifizierten sind wesentlich stärker von den wohlfahrtsstaatlichen bzw. protektionistischen Regelungen der Herkunfts- und Ankunftsstaaten abhängig; noch prekärer stellt sich die Situation für Migrantinnen und Migranten aus Regionen (z. B. Afrikas) dar, in denen Staatlichkeit im westlichen Sinne nicht (mehr) existiert.

Für die – zu einem nicht unerheblichen Teil ohne gültige Arbeits- und Aufenthaltsdokumente erfolgende – Arbeitsmigration aus Mittel- und Osteuropa in deutsche und andere westeuropäische Haushalts- und häusliche Pflegetätigkeiten liegen inzwischen ebenfalls sehr interessante Studien vor (Alt 2003; Lutz 2002). Danach gibt es ein sehr breites Spektrum von auf Bekanntschafts- oder gar Verwandtschaftsbeziehungen beruhendem informellen *networking* bis hin zu marktlich organisierter Vermittlung von Haushalts-, Au-pair- und

Dienstmädchen oder Altenpflegerinnen. Auf Seiten der Unterstützung suchenden Haushalte werden z. B. über Nachbarschaftskontakte Erfahrungen mit solchen Haushaltsdienstleisterinnen ausgetauscht. Bei bestehendem Bedarf leiten dann die betroffenen Arbeitsmigrantinnen die Nachfrage in ihre Herkunftsregion bzw. häufig in ihr primäres soziales Netzwerk weiter. Die »neuen« Arbeitskräfte reisen in der Regel als Touristinnen z. B. nach München ein und sind zunächst befristet in einem Haushalt oder in der Betreuung einer akut pflegebedürftigen Person beschäftigt. Aus solchen provisorischen und zeitlich begrenzten Aufenthalten ergeben sich dann sehr häufig im Laufe der Zeit komplexe transnationale Dienstleistungsstrukturen: Für die Touristenvisumserneuerung, aber auch zur Arbeit in dem eigenen Haushalt der Herkunftsregion begeben sich die Migrantinnen z. B. für befristete Zeit in ihr Herkunftsdorf zurück – allerdings bereits mit einer festen Absprache über ein neues Arbeitsarrangement in der Zukunft. Ist eine Arbeitsmigrantin verhindert oder krank, so schickt sie als Ersatz – nicht zuletzt, um den Arbeitskontakt nicht zu verlieren – eine Person ihres Vertrauens an ihrer statt. Auf diese Weise erzeugt Migration neue Migration, werden transnationale Netzwerke gefestigt.

Ähnliche Mechanismen sind auch für die polnisch-deutsche Arbeitsmigration dokumentiert. Dies betrifft etwa die Arbeit auf Baustellen in Deutschland oder anderen westeuropäischen Ländern (Cyrus 2001). Ein interessanter Fall ist die Region Oberschlesien, weil hier aufgrund der historischen Entwicklungen im 20. Jahrhundert viele der dort lebenden Menschen sowohl die polnische als auch die deutsche Staatsbürgerschaft besitzen. Viele von ihnen fühlen sich weder als »rein polnische« noch als »rein deutsche« Bürger. Nachdem aus der Region Oberschlesien schon im Zuge der Industrialisierung Deutschlands seit der zweiten Hälfte des 19. Jahrhunderts sehr viele Arbeitsmigranten z. B. in das Ruhrgebiet zogen (und von dort angesichts der nationalistischen Spannungen im Zuge des Ersten Weltkrieges entweder weiter- oder zurückwanderten), erfolgte vor allem nach der »Implosion des realen Sozialismus« und den damit erleichterten Reisemöglichkeiten eine Intensivierung der transnationalen Beziehungen und Bewegungen. Ewa Palenga-Möllenbeck (2005 a und 2005 b) beschreibt auf der Grundlage biographischer Interviews, wie Menschen und Familien zwischen Oberschlesien und Deutschland ihre Lebensidentitäten und Erwerbsverläufe entwickeln.

Zusammenfassend lassen sich die hier erwähnten Beispiele grenzüberschreitender Wanderungsprozesse nur sehr schwer mit dem allgemeinen Konzept von Globalisierung oder einem einfachen Verständnis von Auswanderung erklären. Denn es handelt sich dabei zum Teil tatsächlich um eine *von unten* wachsende Transnationalisierung der realen zwischenmenschlichen Verflechtungsbeziehungen. Die zunehmende Internationalisierung der Welt findet also nicht nur in Form von Finanzkapitalströmen oder von intensiveren zwischenstaatlichen Austauschprozessen statt. Sie entwickelt sich gerade auch als eine Transnationalisierung der sozialen Welt im alltäglichen Arbeiten und Entscheiden von Menschen. Gerade am Beispiel der internationalen Arbeitsmigration lässt sich verdeutlichen, wie eine wachsende Anzahl von Menschen und Familien ihr Leben in transnationalen Sozialräumen *wahr-nehmen* im doppelten Sinne des Wortes: Sie nehmen einerseits die für sie relevante alltägliche Lebenswelt als ein Ensemble von mehreren Plätzen und Orten *zur Kenntnis*, welches sich über Ländergrenzen hinweg erstreckt. Andererseits bestimmt dieser transnationale Sozialraum nicht nur ihre »Weltsicht« und Weltdeutung, sondern konstituiert auch ihren *Aktionsraum*, den sozialen und geographischen Raum ihrer Handlungsmöglichkeiten, ihrer Erwerbsverläufe und -strategien ebenso wie ihrer Familienstrukturen und Lebensprojekte. Dabei steht die Entwicklungsdynamik transnationaler Sozialräume durch die alltäglichen Lebenswelten der Migranten häufig in sehr enger Wechselwirkung zu internationalen Organisationen. Hier gewinnen transnationale Organisationen eine zunehmende Bedeutung.

3.3 Die Transnationalisierung von Organisationen

Lange vor dem Entstehen moderner Nationalstaaten und Nationalgesellschaften existierten dauerhafte organisationale Verflechtungen, welche die Grenzen zusammenhängender Territorialgebiete überschritten und diese miteinander verbanden. Dies betrifft die alten Imperien (wie das antike Rom) oder Großreiche (wie China oder Indien), aber auch die Kolonialreiche (wie den Commonwealth oder Spanien) und die Welthandelsstädte (wie Venedig, Antwerpen oder Amsterdam). Eine der ersten grenzüberschreitenden Organisationen war sicherlich die katholische Kirche, die im selbstdefinierten Auftrag der Missionierung »Dependancen« in sehr vielen Regionen der Welt errichtete. Mindestens ebenso wichtig waren und sind die grenzüberschreitenden Handelsorganisationen und internationalen Transportlinien. Hierzu zählt etwa die 1254 gegründete Deutsche Hanse, die zunächst als ein Zusammenschluss von Kaufleuten zur Durchsetzung gemeinsamer Interessen vor allem im grenzüberschreitenden Handel fungierte. Sie entwickelte sich im Mittelalter zu einem wichtigen Städtebund, dem zeitweise fast 200 europäische Städte (vor allem Hafen-, aber auch im Landesinnern angesiedelte Städte) angehörten. Mit Lübeck hatte die Hanse zwar ein Verwaltungszentrum und vor allem mit dem dort ansässigen Appellationsgericht ein Zentrum für die Konfliktschlichtung. Ansonsten aber war die Hanse – verglichen etwa mit der katholischen Kirche – ein eher dezentral organisierter Zusammenschluss souveräner Städte (Braudel 1986). Auf die historische Bedeutung grenzüberschreitender Verflechtungsbezüge und vor allem der unterschiedlichen geographischen Formen von hierfür relevanten Plätzen haben sehr eindrucksvoll Lewis/Wigen (1997) hingewiesen (vgl. ausführlicher hierzu Kapitel 4).

Während der kolonialen Expansion in der zweiten Hälfte des zweiten Jahrtausends und vor allem mit der Verbreitung der Dampfschiffe seit dem 18. Jahrhundert entwickelten sich die Schifffahrtslinien zu mächtigen Organisationen, die praktisch alle weltweit relevanten Handelsplätze miteinander verbanden. Auch die Verwaltungen der großen Kolonialreiche wurden zunehmend zu sehr komplexen grenzüberschreitenden und pluri-lokalen Organisationen, die – wie im Falle Spaniens – über mehr als drei Jahrhunderte die zentrifugalen Interessen und Kräfte an den verschiedensten, tausende von Kilometern und Monate von Seereisen voneinander entfernten Plätzen zusammenzubinden in der Lage waren (Pietschmann 1998). Sowohl die spanische als auch die britische Kolonialverwaltung hatten sehr spezifische Verwaltungspolitiken und organisatorische Strategien um zu verhindern, dass die jeweiligen örtlichen Repräsentanten ihrer Interessen z. B. in Indien oder *Nueva España* sich allzu sehr mit den dortigen einheimischen Bevölkerungs- und Interessengruppen »verbrüderten«. So wurden z. B. Verwaltungsbeamte regelmäßig nach einigen Jahren wieder ausgetauscht oder es wurden strikte Verhaltensregeln des Nichtumgangs mit der einheimischen Bevölkerung erlassen.

Während diese vormodernen grenzüberschreitenden Organisationen auf den Warenhandel und Personen- sowie Gütertransport und auf die politisch-militärische Aufrechterhaltung der jeweiligen Imperien konzentriert waren, entwickelten sich im 19. und vor allem im 20. Jahrhundert neue Formen grenzüberschreitender Organisationen wie z. B. diplomatische Korps, international arbeitende politische oder wissenschaftliche Stiftungen und vor allem internationale Unternehmen. Es ist interessant, dass diese relativ neuen Organisationen ähnliche Regeln gegen die »Fraternalisierung«, die »Verbuschung« und das »going native« ihrer Auslandsmitarbeiter anwenden wie früher die kolonialen und traditionellen Organisationen. Die enorme Bedeutung z. B. internationaler Unternehmen zeigt sich daran, dass zu Beginn des 21. Jahrhunderts etwa 80 Prozent aller ausländischen Direktinvestitionen den 500 größten internationalen Unternehmen der Ländertriade EU, Japan und USA gehörten (Deutscher Bundestag 2002). Inzwischen haben sich auch in Ländern wie China, Indien und Taiwan sehr große international tätige Unternehmen herausgebildet. Dadurch haben die Möglichkeiten von Transnationalisierung durch Organisationen erheblich zugenommen.

In der zweiten Hälfte des 20. Jahrhunderts wuchs schließlich auch die Bedeutung grenzüberschreitender Non-Profit-Organisationen (NPOs) und INGOs erheblich an. Das Yearbook of International Organizations führt für das Jahr 2003 immerhin 20 851 INGOs auf (Union of International Associations 2004: 33). Alleine beim *Economic and Social Council* (ECOSOC) der Vereinten Nationen sind 2 719 Nicht-Regierungs-Organisationen als Lobby-Organisationen registriert. Das United Nations Department of Public Information (DPI) ist mit 1 558 INGOs assoziiert.[5] All dies zeigt, dass grenzüberschreitende Organisationen heute eine kaum zu überschätzende Bedeutung für die Internationalisierung von Vergesellschaftung haben. Aber sind alle internationalen Organisationen auch automatisch globale Organisationen oder transnationale Organisationen?

5 Quellen: für ECOSOC: vgl. ⟨http://www.un.org/esa/coordination/ngo/⟩, Zugriff 19. 4. 2006; für DPI: vgl. ⟨http://www.un.org/News/Press/docs/2005/ngo584.doc.htm⟩, Zugriff 19. 4. 2006. Diese beiden UN-Unterorganisationen (ECOSOC und DPI) sind die, die bei den UN am stärksten mit Nicht-Regierungs-Organisationen zusammenarbeiten. Möglicherweise gibt es INGOs, die sowohl bei ECOSOC als auch bei DPI registriert sind, so dass nicht einfach beide Zahlen zusammengezählt werden können, um die Gesamtzahl zu erhalten.

Anders als z. B. die auf kulturelle und politische Aspekte ausgerichtete Globalisierungsdebatte war die Diskussion über grenzüberschreitend tätige wirtschaftliche bzw. Profit-Organisationen schon immer sehr empirisch ausgerichtet und differenziert. Dabei wurden in empirischen Studien in Bezug auf internationale Unternehmen verschiedene Typen von internationalen Organisationen identifiziert (vgl. ausführlicher Kapitel 6.2). Diese Internationalisierung von Unternehmen entwickelte sich normalerweise von einem klar definierten Stammsitz in einem eindeutigen »Heimatland« aus. Vor allem zur Ausweitung und Verbesserung des Vertriebes in neuen nationalen oder regionalen Märkten, später dann auch zur dortigen örtlichen Produktion wurden ausländische Vertriebsbüros und »Zweigniederlassungen« eröffnet. Hieraus entwickelten sich immer kompliziertere internationale Kooperationsverflechtungen innerhalb und zwischen Konzernen. Die deutsche Automobilindustrie ist ein gutes Beispiel für diese Unternehmens-Internationalisierung.

Über viele Jahrzehnte hinweg wurden Pkw gerade unter dem Gütesiegel »made in Germany« überall auf der Welt verkauft. Schon in den fünfziger Jahren wurden hierzu Vertriebszentren z. B. von Volkswagen und Mercedes-Benz in wichtigen Ländern eröffnet. Wenn die Nachfrage auf diesen neuen Absatzmärkten sehr stark anstieg oder wenn die betreffenden Staaten z. B. durch sehr hohe Importzölle den Export fertig produzierter Güter erschwerten, erweiterten diese Unternehmen ihre Vertriebsstätten häufig um Montagewerke. Diese wurden später zu Produktionsstätten erweitert, die alle wesentlichen Produktionsstufen (z. B. Rohbau, Lackiererei, Teile- und Endmontage) integrierten. Teilweise wurden hierzu bereits bestehende lokale Unternehmen aufgekauft, teilweise wurden auch neue Produktionsstätten »auf der grünen Wiese« errichtet.

Diese Situation, in der die »Mutterkonzerne« mit ihrer Konzernzentrale das eindeutige Machtzentrum innerhalb der so internationalisierten Unternehmen darstellten, änderte sich vor allem in den vergangenen zwanzig Jahren ganz erheblich, und zwar nicht nur für die deutschen Automobilkonzerne. Denn während die beschriebene vorhergehende Konstellation mit einem nach den vorhandenen Produktions-, Umsatz- und Beschäftigtenressourcen klar gegliederten Zentrum-Peripherie-Verhältnis für vergleichsweise standardisierte Produkte sinnvoll war, erwies sie sich als wenig flexibel für Produkte und Dienstleistungen, die an die jeweiligen landes- und lokalspezifischen

Bedingungen angepasst werden mussten. Genau diese Notwendigkeit aber ergab sich mit der Ausweitung und Ausdifferenzierung der Märkte. Erfolgreich war nur, wer seine Güter und Leistungen an die kulturell, sozial oder wirtschaftlich bedingten Kundenpräferenzen und an die möglicherweise anderen technischen Standards und Anforderungen der Länder flexibel anpassen konnte.

Bei Autos etwa gibt es in Ländern mit Großfamilienstrukturen eine klare Nachfrage nach entsprechenden Limousinen und vielleicht weniger nach teuren Sport- oder Kleinwagen. Zudem müssen in sich entwickelnden Ländern z. B. Lateinamerikas vielleicht die Fahrwerkkonstruktionen wegen der schlechten Straßenverhältnisse und häufiger tropischer Regenfälle oder die Motorkonstruktion wegen des Betriebes auf mehreren tausend Metern Höhe wesentlich andere sein als in Westeuropa oder den USA. In Indien und China sind für Großlimousinen die hinteren Sitzplätze und nicht der Fahrersitz besonders üppig auszugestalten, weil diejenigen Kunden, die ein solches Fahrzeug kaufen, in der Regel auch einen persönlichen Chauffeur haben. Bei Nahrungsmitteln gibt es ebenso bedeutsame regionalspezifische Produktanforderungen wie bei persönlichen Hygieneartikeln (Shampoos, Seifen oder Babywindeln). Die Stromversorgung und -spannung wechselt nach Ländern und Kontinenten. Die Einkommensstruktur und die entsprechenden Produktpräferenzen der Bevölkerung sind nach Regionen und Ländern sehr unterschiedlich.

All diese Faktoren machen die beobachtbare tendenzielle Entwicklung von einer rein vertriebsorientierten Internationalisierung hin zu einer produktionsorientierten Internationalisierung verständlich. Passen die in anderen Ländern aufgebauten Zweigbetriebe nun aber ihre Produkte und Leistungen sehr stark an die spezifischen lokalen Besonderheiten an, so sind fast keinerlei Synergieeffekte mehr mit dem »Mutterunternehmen« zu erzielen: Das Rad muss immer und überall wieder neu erfunden werden. In jedem Land muss eine eigene Forschungs- und Entwicklungsabteilung eigene oder zumindest sehr stark angepasste Produkte entwerfen. Einzelteile und komplexere Komponenten können nicht mehr in großen Serien für alle Standorte weltweit produziert werden, sondern es wuchert eine nicht mehr überschaubare Teile- und Variantenvielfalt.

Auch die Produktionssysteme, also die technisch-organisatorisch-soziale Art und Weise der Leistungserstellung wird unter diesen Umständen je nach Land sehr stark variieren. Mit dem Hinweis auf unterschiedliche Ausbildungs- und Berufssysteme (und natürlich die unterschiedlichen Produkte) werden z. B. die Produktionssysteme des Unternehmensstammsitzes als nicht brauchbar für die Auslandsniederlassungen angesehen. Bei einer sehr weit entwickelten Dezentralisierung der Produkt- und Produktionsfestlegung und einer entsprechend großen Autonomie der einzelnen Standorte ohne klare gemeinsame Richtlinien bzw. ohne starke Koordination zwischen den Unternehmenseinheiten spricht man häufig von einer *multinationalen* Unternehmenskonstellation. Ist dagegen die Koordination zwischen den Unternehmensteileinheiten schwach und folgt die Verteilung der Ressourcen (z. B. Umfang der Produktionskapazitäten, Beschäftigung, relevantes Wissen, Betriebskultur, Verhandlungsmacht) einem deutlichen Zentrum-Peripherie-Verhältnis, so wird dies in der internationalen Organisationsforschung als internationale oder als *fokale* Unternehmenskonstellation bezeichnet. Ist dieses Zentrum-Peripherie-Verhältnis deutlich ausgeprägt und gleichzeitig die Koordination zwischen den Unternehmensteilen sehr stark, so wird eine solche internationale Unternehmensstruktur als *global* bezeichnet.

Neben diesen bereits seit längerem bekannten und in verschiedenen Wissenschaftsdisziplinen gut erforschten Typen internationaler Organisationen gewinnt vor allem seit den neunziger Jahren die Beschäftigung mit dem Typus *transnationaler* Organisationen in den Sozialwissenschaften an Bedeutung. Transnationale Organisationen werden dabei dadurch charakterisiert, dass sie eine sehr *dezentrale* und nur wenig dem Zentrum-Peripherie-Schema folgende *Verteilungsstruktur und gleichzeitig sehr starke Koordinationsprozesse* aufweisen. Auf diese Weise verbinden transnationale Organisationen die Vorzüge einer starken Dezentralisierung (maximale Anpassung an die jeweils spezifischen lokalen Bedingungen) mit den Vorteilen einer starken Koordination (Ausnutzen aller Synergieeffekte in Bezug z. B. auf Kapazitätsauslastung, Wissensnutzung etc.). Transnationale Unternehmen können auf diese Weise der »Quadratur des Kreises« näher kommen, einen gut organisierten und stark koordinierten Austausch von Wissen zwischen allen Standorten mit einer optimalen dezentralen Ausrichtung auf die spezifischen lokalen Bedürfnisse zu kombinieren. Sie fungieren gleichsam als Ventilatoren, welche einerseits lokales Wissen und Innovationsimpulse auf transnationaler

Ebene verbreiten und andererseits generalisierte Erfahrungen mit neuen Produkten, Technologien, Produktionssystemen und anderen Innovationen aus dem transnationalen Organisationszusammenhang wieder in lokale Kontexte verteilen (vgl. Bartlett/Ghoshal 1989 und Doz et al. 2001).

Zwar besteht in Bezug auf Profit- und auf Non-Profit-Organisationen durchaus Unklarheit darüber, in welchem Ausmaß tatsächlich transnationale Organisationen bestehen. Einige Studien zeigen, dass die meisten internationalen Unternehmen nach wie vor ein sehr klares strategisches sowie ein Machtzentrum besitzen und keineswegs wirklich dezentralisiert sind (Welge/Holtbrügge 2003; Meier 1997). Andererseits ergeben sich gerade bei komplexen internationalen Organisationen, die aus Zusammenschlüssen oder Aufkäufen von Unternehmen hervorgegangen sind, nicht selten sehr differenzierte multipolare Strukturen. Solche Unternehmen haben nicht nur ein eindeutiges Zentrum, in dem sich alle Macht und alle Ressourcen (wie z. B. Produktionseinrichtungen und Forschungs- und Entwicklungskapazitäten) zusammenballen. Denn die zunehmende Internationalisierung wirtschaftlicher Aktivitäten treibt sehr häufig auch die Dezentralisierung der Produktionskapazitäten voran.

Große Automobilzuliefer-Unternehmen wie z. B. Visteon (mehr als 50 000 Beschäftigte an 170 Standorten in 24 Ländern), Faurecia (ca. 60 000 Beschäftigte an 160 Standorten in 28 Ländern) oder Bosch (ca. 242 400 an ca. 260 Standorten in über 50 Ländern)[6] haben inzwischen durch Zukäufe und Fusionen ihren Aktivitätenbereich so weit ausgedehnt, dass die große Mehrheit der Produktion, des Umsatzes und der Beschäftigung nicht mehr in dem ehemaligen Stammsitzland konzentriert ist. Diese Tendenz ergibt sich nicht zuletzt aus den Vorgaben der Automobilendhersteller wie z. B. BMW, Volkswagen, Ford oder Renault[7] für ihre Zulieferer, auch mit eigenen –

6 Quellen: für Visteon: ⟨http://www.visteon.com/about/fastfacts.shtml⟩; Zugriff 19. 4. 2006; für Faurecia: ⟨http://www.faurecia.com/pages/about_faurecia/key_figures.asp⟩; Zugriff 19. 4. 2006; für Bosch: ⟨http://www.bosch.com/content/language1/html/2222.htm⟩ (Die angegebenen Zahlen beziehen sich auf den Gesamtkonzern, nicht nur auf die Sparte Kraftfahrzeugtechnik); Zugriff 19. 4. 2006

7 Für das weltweit erfolgreichste Hersteller-Unternehmen Toyota stellt sich die Situation auch zu Beginn des 21. Jahrhunderts noch etwas anders dar; Toyota ist in Bezug auf die Konzentration der Produktionskapazitäten weiterhin ein sehr viel stärker japanisches Unternehmen, als etwa Volkswagen ein auf Deutschland konzentriertes Unternehmen ist: Noch im Jahre 2002 entfielen etwa zwei Drittel der

zumindest kleinen – Werken oder sogar mit Konstruktionsbüros an allen Pkw-Montagestandorten weltweit präsent zu sein. Weil die Pkw-Endhersteller Lagerkosten einsparen wollen, halten sie nur sehr kleine Puffer- und Lagerbestände von Teilen und Komponenten vor und erwarten von ihren Zulieferern, dass diese sehr flexibel, schnell und vor Ort auf schwankenden Abruf der Zulieferteile und eventuell auch auf Teileänderungen reagieren können. Auf diese Weise geraten zumindest die Zulieferer komplexerer Komponenten und Module in einen starken Internationalisierungssog.

3.4 Der Volkswagen-Konzern als transnationale Organisation?

Wie stark sich die relative Bedeutung inländischer und ausländischer Standorte in Bezug auf Produktion, Absatz, Umsatz, Beschäftigung und Investitionen in einem Unternehmen im Laufe der Zeit ändern kann, zeigt sich an der Entwicklung des Volkswagen-Konzerns (vgl. Abbildung 2). Schon bald nach dem Ende des Zweiten Weltkrieges wurde aus dem während des Nationalsozialismus rein national (und nationalistisch) ausgerichteten Betrieb ein multinationales Produktionsunternehmen. Dabei lässt sich Volkswagen in einer ersten Phase als *distributionsorientierter multinational-fokaler Konzern* charakterisieren: Auf der Basis eines Stammproduktes, des VW-Käfers, wurden ein weltweiter Vertrieb und später Produktionsstandorte in vielen Ländern aufgebaut. Die Produktionskapazitäten wurden sehr stark internationalisiert und dezentralisiert – insofern kann man von Volkswagen als einer multinationalen Organisation sprechen. Die Produktpolitik und die generelle Geschäftsstrategie aber wurden weiterhin in der Unternehmenszentrale in Wolfsburg – in den Hochzeiten mit über 60 000 Beschäftigten auf einem einzigen Firmengelände die größte Produktionsfabrik der Welt – entwickelt und umgesetzt. Dies entspricht eindeutig den Merkmalen einer fokalen oder globalen Organisation.

Vor allem seit den siebziger Jahren (Ölpreiserhöhungen 1972 und folgende Absatzkrise) gewann die Ausweitung der bestehenden und

Pkw-Weltproduktion von Toyota auf Japan (vgl. ⟨www.oica.net⟩) – Volkswagen dagegen produziert bereits seit Mitte der achtziger Jahre mehr als ein Drittel seiner Pkw im Ausland.

der gezielte Aufbau weiterer ausländischer Produktionsstandorte große Bedeutung. Damit veränderte sich Volkswagen zu einem *produktionsorientierten multinational-globalen Konzern.* Denn die vorher wichtigen und bereits in den 1950er Jahren aufgebauten Auslandswerke in Brasilien, Mexiko und Südafrika dienten vor allem dazu, die entsprechenden Märkte als Absatzgebiete zu erschließen. Dies war nicht zuletzt wegen der in diesen Ländern vorherrschenden Importbeschränkungen notwendig: Auf fertig montierte importierte Autos wurden Importsteuern von bis zu einhundert Prozent des Fahrzeugneuwertes erhoben. Dies machte die Produktion in den jeweiligen Ländern zu einer notwendigen Voraussetzung, um zu akzeptablen Preisen und entsprechend in größeren Mengen Fahrzeuge absetzen zu können. In dieser produktionsorientierten Internationalisierungsphase gerieten für das Management die Auslandsstandorte zunehmend auch als Mosaiksteine weltweiter Produktionsverflechtungen in den Blick. Um eine möglichst gute Auslastung aller Produktionsstandorte sicherzustellen und gleichzeitig möglichst große Stückzahlen in den einzelnen Standorten zu produzieren, wurden alle Fertigungsstätten in eine stärkere weltweite Arbeitsteilung einbezogen. Die Produktion von Teilen, Komponenten und auch ganzen Pkw-Modellen wurde nun systematischer unter den Gesichtspunkten der Skalenökonomie und der Auslastung auf Konzernebene zentral geplant und gesteuert. Insofern ist diese zweite Phase durch eine engere Koordination der immer stärker dezentralisierten Produktions- und Beschäftigungs-Ressourcen gekennzeichnet (vgl. Abbildung 2).

Ähnlich wie die Krisenjahre 1973/74 den Kulminationspunkt des Übergangs von der distributionsorientierten multinational-fokalen Phase hin zur produktionsorientierten multinational-globalen Phase markieren, verdichtete sich dann in den Jahren nach 1992 wiederum ein qualitativer Wechsel. Nach einem kurzen und vor allem durch die deutsche Vereinigung bedingten Inlandsboom ging die Inlandsnachfrage so stark zurück, dass alle deutschen Automobilunternehmen eine starke Globalisierung ihrer Aktivitäten einleiteten. Für Volkswagen läutete dies den qualitativen Umschlag von der multinational-globalen Phase hin zu einer noch nicht abgeschlossenen Entwicklung ein, in der sich der Konzern *zwischen einer multinational-globalen und einer transnationalen Organisation* ansiedeln lässt. Hinsichtlich des Internationalisierungsprofils äußert sich dies zunächst in einer massiven Ausweitung der internationalen Aktivitäten allgemein (neues

Werk in Changchun/China 1991, Joint Venture mit Ford in Palmela/Portugal ab 1991, Kooperationen und Entwicklung eigener Fertigungen in der Tschechischen Republik, Polen und Ungarn, Taiwan, Malaysia, Indonesien, Philippinen, vgl. Pries 1999c).

Abbildung 2: Entwicklung der Auslandsaktivitäten von Volkswagen 1948-2006

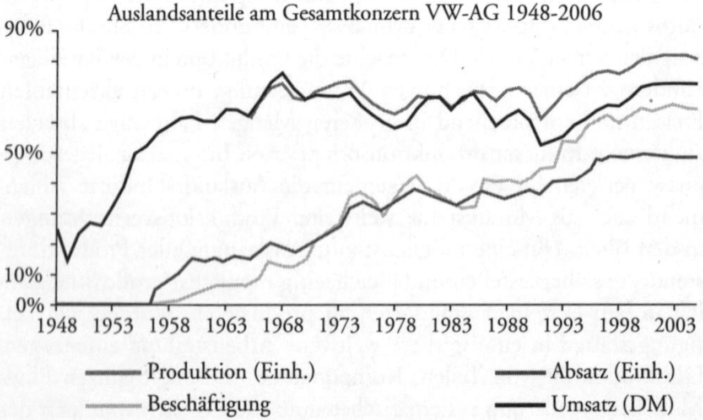

Quelle: Div. Geschäftsberichte, Volkswagen AG.

Dieser Wandel im Internationalisierungscharakter von Volkswagen zeigt sich aber auch an qualitativen Funktionsverschiebungen zwischen Ländern und Standorten. In mehrfacher Hinsicht relativiert sich tendenziell die Bedeutung des Standortes Wolfsburg als eindeutigen Konzernzentrums. Dies zeigt sich an der bereits in den neunziger Jahren einsetzenden Verringerung des relativen Anteils der Beschäftigung in Wolfsburg im Verhältnis zur Gesamtbeschäftigung im Konzern; seit dem Jahre 2007 verliert aufgrund von Veränderungen des Aktienrechts (Fall des Volkswagengesetzes) und der Aktienstruktur (Übernahme großer Anteile durch Porsche) auch die Regionalfixierung auf das Land Niedersachsen an Gewicht; schließlich wird auch an Verschiebungen in der konzerninternen Funktionsteilung die Gewichtungsverschiebung zwischen Standorten im Konzernverbund deutlich. So wurde z. B. bereits 1995 beschlossen, zum ersten Mal in der Konzerngeschichte den Produktionsanlauf eines neuen Volkswagen-Pkw-Modells nicht in Deutschland, sondern in

Mexiko zu realisieren: Die Produktion des so genannten *New Beetle* wurde in dem Volkswagenwerk Puebla/Mexiko vorbereitet und erfolgreich aufgenommen, obwohl dieses Modell noch in keinem anderen Volkswagenwerk jemals hergestellt worden war. Bis zu diesem Zeitpunkt war es üblich, in den ausländischen Produktionswerken nur solche Modelle herzustellen, die vorher schon erfolgreich und seit längerer Zeit im Stammwerk in Wolfsburg montiert worden waren. Dem Werk in Puebla/Mexiko wurde nicht nur die Verantwortung für den weltweiten Vertrieb des *New Beetle* zugeschrieben, sondern auch für die technische Weiterentwicklung dieses Modells. Hierfür wurde die Abteilung für technische Entwicklung erheblich ausgeweitet.

Ähnliche Entwicklungstendenzen lassen sich auch bei anderen Automobilunternehmen feststellen. So haben z. B. BMW in Spartanburg/USA und DaimlerChrysler in Tuscaloosa/USA jeweils ein Produktionswerk aufgebaut, in dem Fahrzeugtypen hergestellt werden, die in anderen Standorten noch niemals produziert worden sind und für die diese Standorte ähnlich wie im Falle Volkswagen eine weltweite Produkt- und Produktionsverantwortung übernehmen. Im General Motors- und im Ford-Konzern sind umgekehrt im gleichen Zeitraum der neunziger Jahre in Deutschland (Rüsselsheim und Köln) jeweils strategische Forschungskompetenzen konzentriert worden, die für die jeweiligen Unternehmen weltweite Entwicklungsverantwortungen (z. B. im Bereich Kleinwagen oder Antriebstechnologien) übernehmen. Die erfolgreiche Kooperation zwischen Renault und Nissan war zwar genauso wenig wie die Fusion von Daimler-Benz und Chrysler ein »Merger unter Gleichen«. Gleichwohl führten diese Zusammenschlüsse zu einer Dezentralisierung von Ressourcen bei gleichzeitiger Zentralisierung der Unternehmensleitung und Koordination der Einzelstandorte. Zusammengefasst zeigen viele Entwicklungstendenzen in der Weltautomobilindustrie eine gewisse Transnationalisierung im hier verwendeten engeren Sinne von starker Dezentralisierung bei gleichzeitig starker Koordination.

3.5 Transnationale Profit- und Non-Profit-Organisationen

Solche Veränderungstendenzen lassen sich auch in anderen Branchen und für andere Typen von Profit-Organisationen beobachten. Internationale (globale) Unternehmen, die sehr rigide und straff von einem Kommandozentrum aus gesteuert werden, können zwar unter bestimmten Umständen eine kurzfristig sehr effiziente Produktion von Gütern und Dienstleistungen erreichen, aber sie können sich nur schwer an die jeweils sehr spezifischen Bedingungen von Ländern und Kulturen anpassen. Letzteres fällt internationalen (multinationalen) Unternehmen leichter, die im Hinblick auf die Verteilung von Ressourcen und Entscheidungskompetenzen stark dezentralisiert sind. Wenn diese Unternehmen aber nicht sehr intensiv untereinander koordiniert sind, können kaum Synergieeffekte zwischen den verteilten Standorten, etwa im Hinblick auf die Auslastung von Produktionskapazitäten oder die Nutzung von lokal generiertem Wissen, genutzt werden. Je stärker und intensiver die grenzüberschreitenden Verflechtungsbeziehungen zwischen und innerhalb von

Kasten 1: McKinsey als internationale Partnerschaft

»Die Organisation von McKinsey ist in ihrer weltweiten Struktur und der personellen Besetzung darauf ausgerichtet, eine ›one Firm‹, also eine in sich geschlossene Gesamtfirma zu bilden. Dies bedeutet ein einheitliches Leistungs- und Qualitätsniveau sowie einen freien Austausch von Know-how und Mitarbeitern – lediglich durch den Grundsatz der Wahrung der Vertraulichkeit eingeschränkt. McKinsey arbeitet als Gesellschaft US-amerikanischen Rechts mit einer Zentrale in New York und gleichberechtigten lokalen Büros. Die Firma ist voll im Besitz der rund 900 Partner, die zurzeit fast 100 verschiedenen Nationalitäten angehören und alle aktiv in der Beratungsarbeit stehen. Die Direktoren wählen alle drei Jahre aus ihrer Mitte einen Managing Director, der die Firma global vertritt. Scheidet ein Partner aus der Firma aus, so werden seine Anteile zurückgekauft. Diese Eigenfinanzierung sieht McKinsey als wesentliche Voraussetzung für eine objektive, von jeder fremden Einflussnahme unabhängige Beratungstätigkeit. Bei McKinsey gibt es keine Vorstände und keine strengen Hierarchien, sondern gleichberechtigte Partner, die sich als eigenverantwortliche Unternehmer verstehen. Die einzelnen nationalen Büros stehen unter der Leitung eines Direktors der Firma, der zusammen mit den übrigen Partnern in seinem Büro Strategie und Aktivitäten in der Region steuert.«

Quelle: ⟨http://www.mckinsey.de/profil/firm/globalesnetzwerk.htm⟩, Zugriff 23.03.06

Profit-Organisationen sind und je stärker deren Leistungserstellung nicht von jeweils nur lokal zugänglichen Ressourcen (z. B. bestimmten Rohstoffen), sondern von geteiltem Wissen bestimmt ist, umso wichtiger wird es, internationale Organisationen in die Richtung einer Transnationalisierung, also starker Dezentralisierung bei gleichzeitig starker (dezentraler) Koordination zu entwickeln.

Ein häufig zitiertes Beispiel in diesem Zusammenhang ist – neben Unternehmen wie Nokia, Hewlett Packard oder Sony Ericsson – die internationale Unternehmensberatung McKinsey (vgl. Kasten 1). McKinsey ist in der Rechtsform einer Partnerschaft organisiert, wie sie z. B. aus dem Bereich von Anwaltskanzleien bekannt ist.[8] Jede internationale Partnerschaft zeichnet sich *per definitionem* durch eine grenzüberschreitende, sehr stark dezentrale und pluri-lokale Organisationsstruktur aus. McKinsey ist zwar formal in der Rechtsform einer *Incorporation* registriert, hebt aber in der Außendarstellung sein »Partnerschaftliches Führungsmodell« besonders hervor (vgl. Abbildung 3). Das Beratungsunternehmen hat über 90 Büros in 51 Ländern, die sehr selbständig und unabhängig arbeiten – es gibt keine klar auszumachende Unternehmenszentrale. Die Selbstbeschreibung verweist auf die wichtigsten Elemente der zuvor diskutierten Merkmale einer transnationalen Organisation.[9]

Die bei McKinsey Beschäftigten lassen sich insgesamt vier Statusgruppen zuordnen: (1) Junior-Berater, (2) Senior-Berater (beide Gruppen zusammen werden als Agenten bezeichnet), (3) Principals, (4) Directors (beide Gruppen werden zusammen als Partner bezeichnet). Entscheidungsprozesse in der Organisation erfolgen weitgehend nach dem »Bottom-up-Partnerprinzip«, das allerdings aufgrund der Größe der Organisation von »Top-down-Hierarchie-Elementen durchsetzt« ist. Dies zeigt sich zum Beispiel daran, dass der Managing Director zwar »von allen Directors auf drei Jahre gewählt« wird, andererseits aber »Top-down-Personalentscheidungen treffen kann« (Wilkesmann 2007: 179). Sichtbar ist dies auch im Organigramm von McKinsey (Abbildung 3).

8 Für Deutschland wurde 1995 das Partnerschaftsgesellschaftsgesetz verabschiedet. Danach entspricht eine *Partnerschaft* rechtlich ungefähr einer offenen Handelsgesellschaft; sie kann aber nur von Freiberuflern (Berater, Ärzte, Rechtsanwälte etc.) gewählt werden. Zur Situation und Diskussion von *partnership law* in anderen Ländern vgl. z. B. unter diesem Stichwort ⟨http://ssrn.com/⟩.

9 ⟨http://www.mckinsey.com/aboutus/locations⟩, Zugriff 30. 7. 2007.

Abbildung 3: »Partnerschaftliches Führungsmodell« von McKinsey

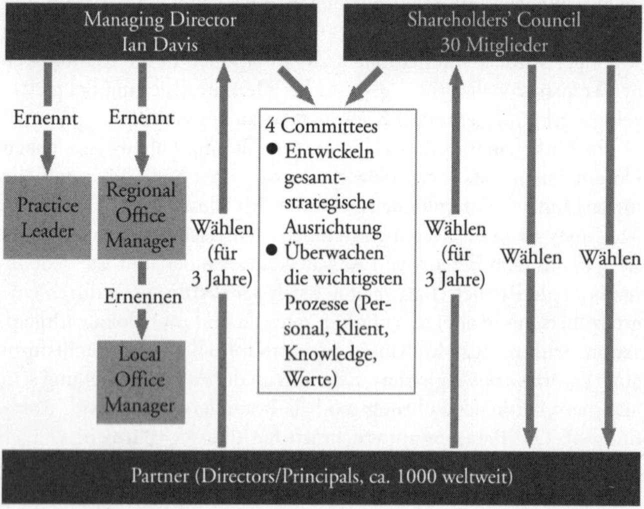

Quelle: McKinsey

Die internationale Organisationsform von McKinsey scheint nun relativ gut an die Anforderungen einer wissensintensiven, über viele Länder verteilten und in verschiedenen Wirtschaftsbranchen und Sachthemen aktiven Beratungsorganisation angepasst zu sein. Sie kommt dem beschriebenen Idealtypus einer transnationalen Organisation sehr nahe, in der die weitgehende lokal-regionale Autonomie die optimale Anpassung an die jeweils gegebenen Umweltbedingungen erlaubt und die starke grenzüberschreitende Koordination die optimale Nutzung aller weltweit vorhandenen Wissensressourcen ermöglicht.[10] Jedes einzelne McKinsey-Beratungsbüro kann nur dann effizient tätig werden, wenn es sich darauf verlassen kann, zu einem bestimmten Sachthema »auf Zuruf« (und in der Regel innerhalb von 24 Stunden) aus den anderen weltweit verteilten Büros schnell und umfassend informiert zu werden. Erfahrungen zum grenzüber-

10 Zu dem schon bei Max Weber (1976) prominenten Konzept des Idealtypus und den erkenntnistheoretischen sowie methodologischen Aspekten von Typenbildungen vgl. Pries 1997c.

schreitenden Wissensmanagement in großen Organisationen zeigen, dass eine solche umfassende Wissensweitergabe nicht selbstverständlich, häufig sogar die Ausnahme ist. Denn sie kostet die abgebenden Büros Zeit und sie würde auch zu einer Wissens- und Machtkonzentration führen, wenn nicht alle beteiligten Organisationseinheiten auf unbedingte Gegenseitigkeit vertrauen könnten. Um eine »Versäulung« der Organisation nach Büros, Ländern, Branchen oder Sachgebieten zu vermeiden, werden Projekte in der Regel von gemischten Teams bearbeitet.

Ähnliche Anforderungen wie im Falle McKinsey existieren bei den Profit-Organisationen auch für internationale Organisationen im Bereich der Informations- und Kommunikationsmedien. So müssen grenzüberschreitend erscheinende Printmedien wie z. B. die türkischen Tageszeitungen Cumhuriyet, Hürriyet und Milliyet einerseits sehr spezifisch die lokal-regionalen Interessen und Erwartungen ihrer Leserschaft, die über verschiedene Länder verteilt lebt, berücksichtigen und andererseits eine sehr starke und effiziente Koordination des wöchentlichen bzw. täglichen, über verschiedene Länder verteilten Zeitungserstellungsprozesses organisieren (Rauschelbach 2005; für das Fernsehen vgl. schon Sepstrup 1990). Ähnlich komplexen Anforderungen sehen sich internationale Radio- oder TV-Sender wie z. B. CNN oder Al Dschasira ausgesetzt. Internationale Schulen und Universitäten schließlich operieren in besonderer Weise in komplexen Umwelten, da zumindest die Primar- und Sekundarausbildung überall auf der Welt relativ starken staatlichen Regulierungen unterliegt. Entsprechend müssen sich internationale Erziehungsorganisationen (wie z. B. die Europa-Schulen, die Internationalen Schulen oder renommierte Universitäten wie die University of Chicago) den jeweiligen nationalen Rahmenbedingungen anpassen und gleichzeitig ihr grenzüberschreitendes Wissensmanagement und Image stärken, was durchaus Entwicklungstendenzen in Richtung einer Transnationalisierung fördert (Adick 2003).

Auch für den Bereich der NPOs gibt es viele Beispiele für Organisationen, die verschiedene Charakteristika des Idealtypus transnationaler Organisationen aufweisen. Hierzu können etwa die Organisationen Attac, Greenpeace, Oxfam und Médecins Sans Frontières gerechnet werden.[11] Sie zeichnen sich dadurch aus, dass sie pluri-

11 Vgl. Hierzu ⟨www.attac.org/⟩; ⟨www.greenpeace.org⟩; ⟨www.oxfam.org.uk⟩ und

lokal in vielen Ländern Aktivitäten entfalten und keine traditionellen hierarchischen Strukturen aufweisen. Die lokalen Aktionseinheiten haben dabei im Rahmen gemeinsamer, durchaus stark zentral koordinierter Kampagnen eine relativ große Autonomie der Beteiligung an diesen Aufgaben und deren Ausgestaltung. Während ähnlich wie bei den Profit-Organisationen auch im Bereich der NPOs viele eher hochgradig zentralisierte und entweder stark oder schwach koordinierte Organisationen existieren (dies gilt für den Bereich politischer Parteien ebenso wie für viele traditionelle Hilfsorganisationen), gibt es auch bei diesen Organisationen durchaus starke Wirkungskräfte in Richtung transnationaler Organisationen. So müssen z. B. internationale Hilfsorganisationen einerseits sehr effizient mit den Spendengeldern und anderen Ressourcen umgehen und dies auch zentral gegenüber ihren Kooperationspartnern genau dokumentieren. Andererseits müssen sie sich sehr flexibel auf die lokalen Bedingungen und Gepflogenheiten in den Empfängerregionen der Hilfsmaßnahmen einstellen.

Zusammengefasst zeigt sich, dass sowohl im Bereich der alltäglichen Lebenswelten – etwa von Arbeitsmigranten – als auch im Bereich von internationalen Organisationen – und zwar im Profit- wie im Non-Profit-Bereich – grenzüberschreitende und dauerhafte Verflechtungsbezüge von immer größerer Bedeutung sind, die nicht auf der Ebene interstaatlicher oder intergouvernementaler Beziehungen angesiedelt sind. Transnationale alltägliche Lebenswelten und transnationale Organisationen sind (Ideal-)Typen von transnationalen Sozialräumen, und sie können sich gegenseitig stabilisieren und fördern. So hängt etwa die Verbreitung von transnationalen Organisationen des internationalen Zahlungsverkehrs sehr stark mit den transnationalen sozialen Praktiken der Arbeitsmigranten zusammen. Wo dauerhaft sehr viele *remittances* zu versenden sind, entstehen hierfür die unterschiedlichsten Formen formeller und informeller Organisationen. So verdankt die in den USA entstandene, aber inzwischen in sehr vielen Ländern arbeitende *Western Union* als Geldtransfer-Organisation ihren Erfolg ganz wesentlich den relativ hohen Gebühren, die sie für Geldüberweisungen von lateinamerikanischen Arbeitsmigranten erhebt. Das traditionelle, aus Pakistan stammende infor-

⟨www.msf.org/⟩; zu transnationalen NGOs allgemein vgl. Keck/Sikkink 1998; Tarrow 2005; Beispielorganisationen in Pries 2007.

melle Geldüberweisungssystem der *Hawala* dagegen konnte – nachdem es zunächst regional auf Asien begrenzt war – vor allem wegen der in den USA tätigen pakistanischen und indischen Arbeitsmigranten zu globaler Bedeutung gelangen.[12] Gerade das *Hawala*-System hat einen ausgeprägt transnationalen Charakter, weil es auf keinerlei Organisationszentrum angewiesen ist, sondern den Geldtransfer dezentral über Ländergrenzen hinweg auf der Basis von (meistens telefonischen) Anweisungen zwischen Personen abwickelt, die einander vertrauen und selbst wiederum in komplexere Warenhandels- und Devisengeschäfte involviert sind. Gerade für Arbeitsmigranten ohne gültige Aufenthaltspapiere oder ohne eigene Bankverbindung bietet das *Hawala*-System viele Vorteile.

Während so aus dem alltäglichen lebensweltlichen Handeln der Arbeitsmigranten eine massive Nachfrage nach den Diensten transnationaler Organisationen erwächst, stützen und fördern gut ausgebaute transnationale Organisationen wiederum diese transnationalen Alltagswelten, indem sie wichtige Dienstleistungen »maßgeschneidert« in einer Kombination aus starker Dezentralität (die Geldüberweisungen werden oft selbst im kleinsten Dorf ausgezahlt) und starker Koordination (der Transfer wird normalerweise innerhalb von 24 Stunden vollzogen) anbieten. Transnationale Sozialräume entwickeln sich also im 21. Jahrhundert in komplexen Wechselbeziehungen zwischen alltagsweltlichen und organisationalen *Bedürfnissen* einerseits und alltagsweltlichen und organisationalen *Möglichkeiten* ihrer Befriedigung andererseits. Transnationale Sozialräume sind immer weniger eine nur randständige Welt kleiner elitärer Gruppen (z. B. kosmopolitisch orientierter Intellektueller oder jetset-gewöhnter Künstler). Sie sind für hunderte Millionen Menschen von wachsender Bedeutung. Dies muss keineswegs heißen, dass diese Menschen sich auch selbst als transnational bezeichnen oder sich als in einem transnationalen Sozialraum lebend wahrnehmen. Dennoch können transnationale Sozialräume unser traditionelles Verständnis von Sozialräumen als an einen zusammenhängenden geographischen Ort gebundene soziale Formationen infrage stellen. Gleichzeitig verweisen sie aber auch – gegen alle globale Rhetorik von der »Enträum-

12 Zur Western Union vgl. ⟨www.westernunion.com/⟩; das Hawala-System wird ausführlich beschrieben in einer Interpol-Website: ⟨http://www.interpol.int/Public/FinancialCrime/MoneyLaundering/hawala/default.asp⟩, Zugriff 23. 6. 2006.

lichung« alles Sozialen – auf die fortbestehende und vielleicht sogar noch wichtiger werdende Bedeutung von Plätzen und Orten. Dies lädt zu einer genaueren Reflexion über das Verhältnis zwischen geographischen und sozialen Räumen ein.

4 Zum Verhältnis von Sozialraum und Flächenraum

Seit dem Ausgang des 20. Jahrhunderts gewinnen geographisch-räumliche Aspekte in der Wahrnehmung der sozialen Welt und alles Gesellschaftlichen eine größere Bedeutung. Davon zeugen die Begriffe Globalisierung, Europäisierung, Regionalisierung, »Glokalisierung« und auch Transnationalisierung. Dabei geht es immer um die Annahme, dass sich die geographisch-räumlichen Formationen des Sozialen in erheblichem Ausmaß verändern. Die für den einzelnen Menschen sozial relevanten Tatsachen und Beziehungen liegen nicht mehr unbedingt nur im direkten lokalen Erfahrungshorizont. Wir sind uns der »Fernwirkungen« von Ereignissen an sehr weit gelegenen Orten für unser Schicksal immer stärker bewusst. Dies machen die Debatten um weltweite Epidemien wie AIDS oder die Vogelgrippe ebenso deutlich wie die Diskussionen um die wirtschaftliche Globalisierung und ihre Auswirkungen auf Arbeit und Beschäftigung. Aber auch die zu erwartenden Probleme in der Energie- und Trinkwasserversorgung und die Bedrohungen durch Atom- und andere Massenvernichtungswaffen in den Händen unkalkulierbarer Mächte machen allen Erdenbewohnern letztlich die enge Verflochtenheit ihres eigenen Lebensschicksals mit Entwicklungen und Ereignissen an völlig anderen Plätzen des Globus deutlich.

Auch im engeren Lebensumfeld ergeben sich Neuschneidungen der Raumbezüge unserer Alltagswelten. Neue »Tele«-Arbeitsformen und die massive Nutzung von neuen Kommunikationstechnologien implizieren ein neues Arrangement sozialer Verflechtungsbeziehungen und Alltagspraxis im geographischen Raum. Einige sprechen gar von der »Enträumlichung« alles Sozialen und von der »Virtualisierung« der Welt. Vor allem durch das Internet entstünde ein »Cyberspace«, der den Menschen ein Leben im »Globalen Dorf« unabhängig von ihrem konkreten physisch-geographischen Aufenthaltsort ermögliche (vgl. z. B. McLuhan/Powers 1992). An den Beispielen der transnationalen alltäglichen Lebenswelt von Arbeitsmigranten und der transnationalen Organisationen zeigte sich, dass sich tatsächlich die geographisch-räumlichen Bezüge der sozialräumlichen Lebenswelt, die die Menschen wahrnehmen und in der sie sich bewegen, enorm ausgeweitet und ausdifferenziert haben.

Aber lösen sich tatsächlich die geographisch-räumlichen Bindungen der Menschen völlig auf? Die eigenen Erfahrungen und wissenschaftliche Studien zeigen das Gegenteil. Orte als Bezugspunkte für Lebenserfahrungen, für individuelle und kollektive Identitäten und für Zukunftsprojekte spielen nach wie vor eine erhebliche Rolle. Wolkenkratzer, Kathedralen oder Moscheen sind Orte kollektiver nationaler, religiöser oder ethnischer Selbst- und Fremdwahrnehmungen – ihre Zerstörung kann Spannungen und Konflikte unkontrollierbaren Ausmaßes auslösen. Obwohl innerhalb der Europäischen Union weitgehend freie Mobilität für EU-Bürger besteht, wechseln arbeitslose Menschen aus strukturschwachen Regionen (wie z. B. Süditalien und den östlichen deutschen Bundesländern) nicht automatisch ihren Wohnort und ziehen nach Irland, wo eventuell eine Arbeitskräfteknappheit besteht. Angesichts der erheblichen Wohlfahrtsgefälle auf der Welt spiegelt die Zahl von weniger als drei Prozent der Weltbevölkerung, die über die Landesgrenzen hinweg wandert und einen neuen Wohnsitz in einem anderen Land sucht, eine erstaunliche Ortsbindung der allermeisten Menschen und gleichzeitig auch die bestehende Abschottung der meisten Länder und Regionen gegen Migranten wider.

Die Frage nach dem Verhältnis von geographischen Räumen und sozialen Lebensräumen ist offensichtlich komplizierter, als die einfache Metapher von der »Enträumlichung« des Sozialen und von der Verschmelzung der Menschen in einem »globalen Dorf« vermuten lässt. Ist Globalisierung z. B. vor allem als geographisch-räumliche *Erweiterung* (wirtschaftlich-marktlich geleiteter und) sozial relevanter Wirkungs- und Bindungszusammenhänge zu verstehen? Oder soll damit eher angezeigt werden, dass geographisch-räumliche Grenzen im Sinne einer »Enträumlichung« generell ihre Bindungswirkungen verlieren? Obwohl offensichtlich Raumaspekte für das Verständnis wesentlicher gegenwärtiger sozialer Wandlungsprozesse bedeutsam sind, wird in der allgemeinen und auch in der wissenschaftlichen Diskussion über Internationalisierung nur selten explizit über Begriffe und Konzepte des Raumes gesprochen. Es ist bisher z. B. nicht zur Entwicklung einer beachtenswerten Soziologie oder Sozialwissenschaft des Raumes gekommen.[1] Dies ist umso verwun-

1 Dies konstatieren auch Maresch/Werber 2002, die meinen, dass der Raum erst am Beginn des 21. Jahrhunderts im öffentlichen Diskurs und auch in »Wissenschaft, Philosophie und Kunst derzeit wiederentdeckt wird« (ebd.: 8).

derlicher, als in den vergangenen fünfzehn Jahren die Zwillingsschwester der Raumkategorie, nämlich die Zeitlichkeitsdimension, in den Sozialwissenschaften eine äußerst erfolgreiche Karriere zu verzeichnen hatte. Biographie- und Lebenslauf-Forschung, die Berücksichtigung der *trajectories* von Organisationen und nationalstaatlichen Wohlfahrtssystemen, die Untersuchung spezifischer (Veränderungen von) Arbeitszeit-, Freizeit- und Lebenszeit-Muster(n) oder auch die gezielte Kontrolle von Zeitvariablen wie Alter, Kohorte und Periode als unabhängige Größen für die Erklärung sozialer Ereignisse gehören heute schon fast zum Allgemeingut sozialwissenschaftlicher Forschung und Theorie.

Warum war mit diesem Aufstieg der Zeitlichkeitsdimension nicht auch eine entsprechend stärkere explizite Thematisierung der Raumkategorie des Sozialen verbunden? Vielleicht ist die in den neunziger Jahren modische Annahme von der »Enträumlichung« des Sozialen eine Erklärung: Wenn geographisch-räumliche Bezüge für unsere alltagsweltlichen Lebenszusammenhänge, für Organisationen und für Gesellschaften keine ausgeprägte Strukturierungs- und Wirkungskraft mehr besitzen – warum sollte man sich dann noch mit den Raumaspekten des Sozialen beschäftigen? Wenn wir alle schon oder bald im »globalen Dorf« oder in der »Weltgesellschaft« leben, warum dann noch eine sozialwissenschaftliche Theorie und Erforschung des Raumes? Um der geographisch-räumlichen Dimension von Vergesellschaftung auch und gerade im 21. Jahrhundert einen ihr gebührenden »Platz« zu geben, soll im Folgenden gezeigt werden, dass dieser Raumdimension tatsächlich eine grundlegende Bedeutung für die sozialwissenschaftliche Untersuchung von Gegenwartsphänomenen und -problemen zukommt.

Im »Mittelpunkt« steht dabei die These, dass sich die mit dem Aufstieg der bürgerlichen Gesellschaft verbundene doppelt exklusive Verschachtelung von Sozialraum und Flächenraum, die im Konzept von Nationalstaat und Nationalgesellschaft ihren »Kulminationspunkt« fand, in einem beachtlichen Ausmaß relativiert. Allein die letzten zwei Sätze machen deutlich, wie stark alles menschliche Denken auf Raumkategorien zurückgreift: wir »räumen« einem Thema einen »Platz« ein, wir stellen etwas in den »Mittelpunkt«, wir »vertiefen« einen Gedanken, wir identifizieren »Kulminationspunkte« gleichsam als Gipfel. Was aber verstehen wir unter Raum und Räumlichem? Dass diese Frage von Menschen an Menschen in einer spezifischen Symbolsprache gerichtet wird, zeigt schon, dass es hier wesentlich um das Verhältnis zwischen dem Räumlichen und dem Sozialen geht. Im Folgenden werden zunächst Raumkonzepte und Raumtheorien aus der Sicht verschiedenster Wissenschaften skizziert. Einige für diesen Problemzusammenhang von Raum und Sozialem relevante Aspekte der Theorien des Sozialen als Grundlagen jeder Sozialtheorie werden daraufhin kurz beleuchtet.[2]

4.1 Raumkonzepte in den Wissenschaften

Einen interessanten Zugang zu Raumkonzepten bietet zunächst ein Blick auf die Herkunftsgeschichte des Raumbegriffs.[3] Etymologisch leitet er sich von dem Verbum »räumen« ab, was soviel bedeutet wie »Platz schaffen, leer-, freimachen; verlassen, fortschaffen« (Dudenredaktion 1963: 553). Schon hier sind wichtige unterschiedliche (Be-)Deutungen des Terminus angelegt: Räumen kann im Kontext nomadischer oder siedlerischer Lebensformen so viel meinen wie »Sachen, z. B. Bäume, beiseite schaffen, um sich einen Ausschnitt der Erdoberfläche nutzbar zu machen«, es kann aber auch das Gegenteil meinen im Sinne von »einen vorher besetzten Platz freimachen, aufgeben«, schließlich kann der Begriff auch weniger auf eine erdoberflächliche Extension und mehr auf die für menschliche Lebenszusammenhänge wichtigen »Sachen« orientiert sein und so viel anzeigen wie »Dinge von einem Ort zu einem anderen Ort verbringen, Dinge an ihren Platz bringen«.

In der Alltagssprache versteht man unter Raum normalerweise einen von Boden, Seitenbegrenzungen und einer Decke umschlosse-

2 Die generelle Diskussion über das Verhältnis zwischen Sozialtheorie und Gesellschaftstheorie und über die Abgrenzung des spezifischen Gegenstandes der Soziologie, die ja schon bei Georg Simmel (1908) und Max Weber (1976) einen wichtigen Platz einnahm, kann hier nicht behandelt werden (vgl. neuerdings Lindemann 2006).

3 Viele der hier entwickelten Argumente wurden zuerst auf dem Soziologiekongress 1998 in Freiburg i. Br. vorgetragen, der den bezeichnenden Titel »Grenzenlose Gesellschaft?« trug (Verhandlungen des 29. Kongresses der Deutschen Gesellschaft für Soziologie, des 16. Kongresses der Österreichischen Gesellschaft für Soziologie, des 11. Kongresses der Schweizerischen Gesellschaft für Soziologie; vgl. auch Pries 1999d).

nen Teil eines Gebäudes. In der Mathematik dagegen ist ein Raum allgemein ein nach Länge, Breite und Höhe ausdehnendes Gebilde, in dem spezifische Punkte durch die Kombination von Zahlenwerten der Koordinaten x, y und z dargestellt werden können. Ein mehr als dreidimensionaler Raum, der unsere Anschauungs- und Einbildungskraft in der Regel übersteigt, lässt sich dann als Menge aller Punkte 1 ... n bezeichnen, die jeweils durch Kombinationen reeller Zahlenwerte ($a_1/b_1/c_1/.../x_1$; $a_2/b_2/c_2/.../x_2$; $a_n/b_n/c_n$ ... x_n) auf den Achsen a, b, c ... x darstellbar sind. Grundsätzlich gilt, dass ein »abstrakter« Raum ohne natürliche Extension und menschliche Intervention nur in der Vorstellungswelt des reflektierenden Subjekts existiert – aber auch in diesem Fall hat das Erkenntnissubjekt seine »Anschauungsformen« in und durch tätige Auseinandersetzung mit der realen Umwelt von Dingen und Artefakten gewonnen.

In der wirklichen Welt hat für die Menschen alles Räumliche (und Zeitliche) eine soziale Dimension und alles Soziale eine räumliche (und zeitliche). Zwar wird manchmal (z. B. in der Geologie und Teilen der Geographie) von dem »natürlichen Lebensraum des Menschen« als gleichsam vorsozialem Tatbestand gesprochen. Aber selbst da, wo Naturlandschaft noch nicht Kulturlandschaft im Sinne menschlicher Intervention und Transformation ist, kann sie vom Menschen nur in interessierter (Nutzungs-)Absicht wahrgenommen werden. Sie erfährt so auch als von Menschen »unberührter Naturraum« eine soziale Zurichtung und Strukturierung. Deshalb ist Raum, sobald Menschen davon sprechen, immer schon gedachter, gemachter, zugerichteter, angeeigneter oder unter Nutzen- und Nutzungsaspekten wahrgenommener Raum, ist also eigentlich immer schon *Sozialraum*. Ganz allgemein kann man deshalb unter *Raum eine in und durch menschliche Aktivitäten strukturierte Lagerelation von Elementen* verstehen. Mit dieser Bestimmung ist zunächst ein allgemeines sozialwissenschaftliches bzw. »menschenwissenschaftliches« (Norbert Elias) Raumverständnis formuliert. Dieses lässt sich explizit absetzen etwa von philosophisch-idealistischen Raumkonzepten kantianischer Prägung, wonach der Raum »ebenso wie die Zeit eine a priori gegebene und notwendige Voraussetzung zur Sinneswahrnehmung, eine ›Anschauungsform‹ (Kant) des erkennenden Subjekts [ist], die zur Ordnung der Wahrnehmungsinhalte dient« (Blotevogel 1995: 734). Da der Raum diesem Verständnis zufolge unendlich ist und er auch keinen empirisch fassbaren Gegenstand sowie keine spezifischen

Eigenschaften eines solchen repräsentiert, handelt es sich nicht um einen empirischen, sondern um einen apriorischen Begriff.

Schon hier wird deutlich, wie vielschichtig der Raumbegriff im Alltagsleben und auch in den Wissenschaften verwendet wird. Blotevogel (1995) unterscheidet insgesamt sieben verschiedene Raumkonzepte. Das wohl nach wie vor umfassendste Werk über wissenschaftliche Konzeptionen des Raumes hat Alexander Gosztonyi (1976) vorgelegt. Er unterscheidet insgesamt 29 verschiedene Raumauffassungen, die er aus einer systematischen Betrachtung aller Wissenschaften von der Astronomie und Mathematik bis zur Philosophie und den Gesellschaftswissenschaften gewonnen hat. Gerade weil unser gesamtes Denken im Allgemeinen und die Vorstellungen von der Internationalisierung von Vergesellschaftungsbezügen im Besondern einerseits so stark von Raumvorstellungen geprägt sind, andererseits aber nur selten expliziter über diese reflektiert wird, sollen die von Alexander Gosztonyi (1976: 36-51) identifizierten Raumkonzepte hier etwas ausführlicher referiert werden.

Als (1) *Erlebnisraum* bezeichnet Gosztonyi den Raum, »in dem sich der Mensch in [gleichsam] ›natürlicher‹ Weise vorfindet. Er bezieht den Erlebnisraum unreflektiert – also ohne besondere Gliederung, Strukturierung oder Koordination der Raumpartien – auf sich, d. h. sowohl auf seinen Leib als auch auf seine Psyche, und bewegt sich in ihm« (Gosztonyi 1976: 36). Dieser Erlebnisraum ist für Gosztonyi »primär in zweifachem Sinne: Er ist jene Raumart, die der Mensch [in seiner Ontogenese] – als Kleinkind – zuerst ›erobert‹; [und] er ist methodisch primär, [weil er] die Grundlage jeder weiteren Raumerfahrung« bildet (ebd.). Als (2) *gestimmten Raum* charakterisiert Gosztonyi eine Raumvorstellung, die seit der Existentialphilosophie Bedeutung erlangte. Der *gestimmte Raum* ist der vom Menschen emotional erlebte Raum. Als solcher ist er ein Aspekt des *Erlebnisraumes*, und zwar der im Hinblick auf das affektive Raumerleben des Ich bezogene. »Der [3] *Wahrnehmungsraum* ist der Raum, der durch die verschiedenen Arten der Wahrnehmung [also nicht nur die affektiven] erschlossen wird. Er hängt somit sowohl von den Sinnesorganen als auch von jenen Bewußtseinsfunktionen ab, die zum Zustandekommen der Wahrnehmung beitragen (z. B. ergänzende Vorstellung, Deutung der Sinnesdaten, Gedächtnisleistung u. a.). In den Wahrnehmungsraum werden auch die Erfahrungen des Raumes aufgenommen, die durch Bewegung gemacht werden. [...] Der Wahrnehmungsraum ist [...] die Summe der sinnlichen Raumerfahrung, die im Bewußtsein als ›Raum‹ gegenwärtig ist« (ebd.: 37).

»Der [4] *Sinnesraum* ist der Raum unmittelbar sinnlicher Raumerfahrung.

Er bildet die Basis des Wahrnehmungsraumes. Er stellt die räumliche Struktur des Sinnesfeldes dar. Das Sinnesfeld ist die Gesamtheit aktuell erfahrener Sinneseindrücke« (ebd.). Hier unterscheidet Gosztonyi den Sehraum, den Hörraum, den Tastraum, den Nahraum und den Fernraum sowie den Flächenraum (als den Raum des Sinnesfeldes, in dem alles nebeneinander und ohne Tiefengliederung erscheint wie etwa beim »verlorenen Blick«) und den Tiefenraum (ebd.: 37ff.). »Der [5] *Bewegungsraum* ist der Raum, der durch Eigenbewegung erschlossen oder erobert wird. [...] Im engeren Sinne bedeutet ›Bewegungsraum‹ den für die Ausführung von Bewegung freistehenden Raum. ›Bewegungsraum‹ im weiteren [...] Sinne ist konstitutiv für den Wahrnehmungs- und Anschauungsraum. Die Bewegung ist von vornherein raumerschließend, durch Bewegung ›schafft‹ man sich Raum und erfährt den Raum. [...] Der [6] *Leibraum* – oder der leibliche Raum – ist der Raum, den der Mensch als Leibwesen einnimmt. Im engeren Sinne ist er der Raum, der durch die Haut begrenzt ist. Im weiteren Sinne gilt er aber als die Summe aller ›Räume‹, die auf Grund der Leiblichkeit konstituiert oder auf diese bezogen werden« (ebd.: 39).

»Der [7] *Umraum* ist der Raum, der den Menschen umgibt und in dem er lebt, den es zu erfahren und zu erobern gilt. Er kann als ein Gegenüber in bezug auf den Menschen, auf seinen Leib bzw. auf den Leibraum verstanden werden. [...] Der [8] *Aktionsraum* ist der Raum, in dem Handlungen vollzogen werden oder der durch Handlungsvollzüge erst entsteht. Er ist bei der Erweiterung des Erlebnisraumes sowohl des Kleinkindes als auch des Erwachsenen von großer Bedeutung. Durch eigene Aktionen erfährt der Mensch die Räumlichkeit und damit den Raum im hohem Maße. [...] Der [9] *Erscheinungsraum* wird als Begriff in einem zweifachen Sinne verwendet. [...] Er ist [einerseits] der Raum aller Erscheinungen (Phänomene). Er bestimmt ihre räumliche Ordnung und die räumliche Struktur der Gegenstände, insofern diese zur Erscheinung gelangen. Nicht der Raum ›erscheint‹ also, sondern die Gegenstände« (ebd.: 40). Er ist andererseits der Raum, »der dem Betrachter bzw. dem Wahrnehmenden, der keine kombinative Denktätigkeit in der Wahrnehmung durchführt, ›einfach‹ vorliegt« (ebd.: 40f.). »Die beiden Sinnesdeutungen des Begriffes decken sich offensichtlich nicht. Im Gegenteil: Erscheinungsraum im ersten Sinn setzt eine bestimmte erkenntnistheoretische und ontologische Sicht der Welt (so z. B. bei Kant), im zweiten Sinne hingegen gerade eine unreflektierte Einstellung zum Raum voraus. Der [10] *phänomenale Raum* ist im Sprachgebrauch verschiedener Disziplinen (z. B. in der Geometrie und in der Physik) gleichbedeutend mit Erscheinungsraum im zweiten Sinne. Will man also mit dem ›Raum‹ nicht die innere Struktur des Raumes bezeichnen, so verwendet man den Ausdruck ›phänomenaler Raum‹. Dieser ist also der Raum, den man erfährt, wenn man nicht seine besondere – geometrische oder physikalische – Struktur untersucht« (ebd.). Der [11] *Gegenstandsraum* ist der Raum »wahrgenommener oder erfahrener Gegenstände. Falls die Gegenstände als bloße Erscheinungen verstanden werden, so fällt der Begriff des Gegenstandsraumes mit dem des Erscheinungsraumes im ersten Sinn zusammen« (ebd.: 41).

»Der [12] *Erfahrungsraum* ist wiederum ein Begriff, der in zweifachem Sinne gebraucht wird.« Er ist zum einen der Raum, »in den alle erfahrbaren Gegenstände einzuordnen sind oder von dem her die räumliche Ordnung der Gegenstände zu bestimmen ist«. Er ist zum anderen der Raum, »der erfahrbar ist oder in Erfahrung – z. B. der Gegenstandswelt – sich herauskristallisiert. [...] Der Erfahrungsraum im zweiten Sinne bedeutet also jeden Raum, der durch vorwissenschaftliche oder wissenschaftliche Erfahrung ermittelt wird. [...] Der [13] *Orientierungsraum* ist der durch mehr oder weniger abstrakte Bezüge festgelegte Raum. Die Bezüge können durch persönliche Anhaltspunkte (Zimmer, Wohnhaus, Straße usf.), geographische Gegebenheiten (Sonnenlauf, Landschaft) oder Konvention (Maßstäbe, Längen-, Breitengrade) festgelegt sein. Jeder Mensch lebt in einem Ordnungsschema, in dem die Orientierungspunkte und -richtungen teils individuell festgelegt, teils von der allgemeinen Raumordnung übernommen werden. Ohne Orientierungsraum wäre keine räumliche Kommunikation möglich« (ebd.: 42). »Der [14] *Anschauungsraum* ist ein Begriff, der beinahe in jeder Epoche und bei jedem Denker eine andere Deutung erfahren hat und noch erfährt. [...] Zum Anschauungsraum gehören der erlebte und erfahrene Raum, der Wahrnehmungs- und der Gegenstandsraum, ferner die Raumorientierung. Er ist also der Raum, der erlebt, wahrgenommen, durch Messung, Bewegung und Aktion erfaßt und festgelegt und durch Setzung von Anhaltspunkten zur Orientierung ausgegliedert wurde. Er ist somit ›mehr‹ als der Wahrnehmungsraum, denn zu seiner Konstituierung reicht die bloße Wahrnehmung nicht aus, obwohl diese zu den wichtigsten Voraussetzungen seiner Konstituierung gehört. Er ist ferner der Erfahrungsraum, insofern dieser durch Reflexion erschlossen und durchgestaltet wurde. [...] Der [15] *Vorstellungsraum* ist der Raum, der in der Vorstellung figuriert. Er ist bei der *ergänzenden* Vorstellung räumlicher Gebilde wichtig (nicht-gesehene Seite eines Hauses wird *mit*wahrgenommen)« (ebd.: 43).

»Der [16] *geometrische Raum* ist der durch Festsetzung (Definition) geometrischer Elemente (z. B. Punkt, Gerade, Ebene), ferner von Operationsregeln und Konstruktionen konzipierte Raum. Er wird durch Operation bzw. Konstruktion erzeugt, wobei die effektive [...] Konstruktion durch mathematische Operationen ersetzt werden kann.« Insofern »kann man festhalten, daß der geometrische Raum auch ohne Bezug auf die materielle oder die anschauliche Wirklichkeit bestehen kann und in jeder seiner Formen geeignet ist, eine mögliche Struktur des abstrakten – nur gedachten – Raumes zu modellieren« (ebd.: 43f.). »Der [17] *metrische Raum* ist der durch geeignete

Maßbestimmung festgelegte Raum. [...] Der metrische Raum ist der Raum, der den Raum der Geometrie mit dem der Physik ›verbindet‹ [...] Der [18] *physikalische Raum* ist der Raum, der durch die physikalische Forschung erschlossen bzw. bestimmt wird. Seine Struktur ist von verschiedenen physikalischen Größen abhängig [...] Er ist der Raum, in dem die Naturgesetze zur Geltung kommen und in dem sich physikalische Ereignisse abspielen. Er ist jedoch nicht einfach der ›Behälter‹, in dem physikalische Vorgänge stattfinden, sondern hängt sowohl in seiner Beschaffenheit als auch in seinem Wesen einerseits von diesen Vorgängen, andererseits von den Mitteln ab, mit deren Hilfe man diese Vorgänge beschreibt (Metrik, Raumgeometrie). Als Ganzes gilt er als der kosmische Raum« (ebd.: 44). »Der [19] *physische Raum* ist von dem physikalischen zu unterscheiden. Der Ausdruck wird meistens verwendet, um den Begriff des Raumes der Materie oder der Gegenstände oder des Erfahrungsraumes gegen einen besonderen Raumbegriff abzugrenzen. Er ist der Raum der Natur im weitesten Sinne, jedoch nicht der Raum der Physik, welcher nur durch besondere Forschung erschließbar bzw. konzipierbar ist. Der physische Raum ist hingegen der Inbegriff räumlicher Bezüge alles Materiellen« (ebd.: 46).

»Der [20] *relative Raum* ist der Raum, der durch die gegenseitige Lage der Raumpunkte oder Gegenstände bestimmt wird. [...] Der Begriff des relativen Raumes schließt die Vorstellung in sich, dass der Raum allein durch Raumrelationen bestimmt ist, gibt jedoch keinen genauen Hinweis auf die Beschaffenheit der Struktur selbst. [...] Der [21] *absolute Raum* ist der Raum, auf den alle physikalischen Raumphänomene und Raumrelationen bezogen sind. Er wird als unbeweglich und unveränderlich gedacht. Er ist durch Erfahrung nicht zugänglich, er wird vielmehr als ein festes Bezugssystem postuliert« (ebd.). »Der [22] *Realraum* ist ein Begriff, der weit gefaßt und als Gegensatz zum Begriff des abstrakten Raumes gedacht ist. Er ist [...] der Raum, den der Mensch konkret erfährt und ohne Abstraktion oder Spekulation bestimmt. [...] Der Realraum ist also der Raum, in dem der Mensch lebt und der ihm in seiner praktischen Erfahrung begegnet. Er ist der Raum der materiellen Welt« (ebd.: 46f.). »Der [23] *konkrete Raum* ist ein Begriff, der mit dem Begriff des Realraumes zusammenfällt. Von ihm muß man die Begriffe aller idealen Raumbestimmung (geometrischer, mathematischer, abstrakter Raum) abheben« (ebd.: 47). »Der [24] *ideale Raum* ist der Raum, der nur gedacht werden kann. Die Idealität des Raumes wird durch erkenntnistheoretische oder ontologische Überlegungen bestimmt. Je nach Bestimmung kann er dann den geometrischen, den mathematischen oder philosophisch konzipierten Raum bedeuten. Er kann z. B. ideal in dem Sinne sein, daß er als Bedingung der räumlichen Wahrnehmung der Erscheinungen gefaßt wird (Kant). – Der ideale Raum ist nicht immer als Gegensatz zum Realraum gedacht« (ebd.).

»Der [25] *abstrakte Raum* ist der Raum, den sowohl die Erfahrung als auch die abstrakte Kombination und die Denkfähigkeit konzipieren. Er ist der Raum, der der Erscheinungswelt und der physikalischen Welt, den Phänomenen und den Gegenständen, der Geometrie und der Physik zugrunde liegt. [...] Jede Raumart weist im übrigen abstrakte Züge auf, und der Raum als Ganzes kann nur abstrakt gefaßt werden. [...] Im engeren Sinne ist der abstrakte Raum jener Raum, in dem das Räumliche durch Denkoperationen nachgebildet oder erzeugt wird, also der Raum der Mathematik und der Geometrie« (ebd.: 47f.). »Der [26] *mathematische Raum* ist jener Raum, der nur durch mathematische Operationen beschrieben werden kann. Seine Untersuchung richtet sich in erster Linie darauf, *wie* dieser Raum strukturiert ist, nicht aber, welche Seinsweise er hat. Über seine Seinsweise hat die Beantwortung der Frage nach der Beziehung zwischen Mathematik und materieller Wirklichkeit zu entscheiden. Falls diese Wirklichkeit in der Weise strukturiert ist, wie dies die Mathematik beschreibt, so ist auch der mathematische Raum in einem bestimmten Sinne real. Er ist aber primär (im logischen Sinne) ideal, d. h. er existiert nur als ein gedachter Raum, der geeignet ist, mittels der mathematischen Analyse seiner Struktur den Raum der Physik oder der materiellen Wirklichkeit zu modellieren« (ebd.: 48). »Der [27] kosmische Raum ist der Raum des Weltalls« (ebd.: 50). »Der [28] *Gesamtraum* ist der Raum der gesamten Wirklichkeit. [...] Er faßt also nicht die anderen Begriffe zusammen, sondern bedeutet den Raum, den das Weltall einnimmt. Insofern kann er auch mit dem Begriff des absoluten, des physikalischen oder des physischen Raumes zusammenfallen oder als der Raum des Universums gelten« (ebd.). »Der [29] *metaphysische Raum* ist der Raum, der durch metaphysische – d. h. die Erfahrung übersteigende – Überlegungen oder Spekulationen konzipiert wird« (ebd.).

Die hier skizzierten Raumvorstellungen ließen sich noch weiter ergänzen, und sie können nach jeweils interessierenden Kriterien gruppiert werden. In ihrer ganzen »Breite« machen sie bewusst, wie stark das gesamte Welterleben der Menschen von Raumvorstellungen »durchdrungen« ist. Ein großer Teil aller sprachlichen Ausdrücke hat eine solche Raumdimension, wie die im übertragenen Sinne im vorhergehenden Satz benutzten Begriffe »Breite« und »durchdrungen« verdeutlichen. Es ist also große Vorsicht geboten, wenn im Zusammenhang der Globalisierungsdiskussion von der »Enträumlichung« des Sozialen gesprochen wird. Neben der allgemeinen Sensibilisierungsfunktion bieten die Raumüberlegungen von Alexander Gosztonyi mit der Unterscheidung eines absoluten und eines relativen Raumverständnisses einen wichtigen Denkvorschlag auch für die aktuelle

Suche nach angemessenen Charakterisierungen der Internationalisierung von Vergesellschaftungsprozessen.

Diese Gegenübersetzung absoluter (bzw. essentialistischer) und relativer Raumkonzepte ist nicht neu, sie durchzieht seit mindestens drei Jahrhunderten die wissenschaftliche Raumdiskussion. In der klassischen Mechanik wurde eine Vorstellung vom Raum als eines von konkreten Dingen freien, gleichwohl real-empirisch existierenden »Behälters« entwickelt. Für Isaac Newton war der Raum ein unendlicher, homogener, »leerer« und vom Vorhandensein von Gegenständen unabhängiger absoluter »Behälter«. Gegen diese Raumvorstellung hatte schon Georg Wilhelm Leibniz die Anschauung entwickelt, der Raum besitze keinerlei eigene existentielle Qualität, sondern sei nur ein »System von Lagerelationen materieller Objekte« (Blotevogel 1995: 734). Albert Einstein kritisierte das essentialistische Konzept des Raumes als eines »Containers« und als einer »gewissermaßen der Körperwelt übergeordnete[n] Realität« (Einstein 1960: XIII). Mit Einsteins Relativitätstheorie verlor diese Containervorstellung – zumindest in den Naturwissenschaften selbst – zugunsten einer relationalen Perspektive entscheidend an Bedeutung. In dieser wird der Raumbegriff in eine generelle Theorie des Zusammenhangs von Raum, Zeit und Materie integriert und als »Lagerungs-Qualität der Körperwelt [...], als eine Art relationale Ordnung körperlicher Objekte« (Läpple 1993: 33) aufgefasst.

Bis heute bestimmt die ganze Vielfalt an Raumverständnissen zwischen dem Extrem einer essentialistischen Position (»der Raum als absolute Einheit mit ihm eigenen Wesensmerkmalen und Eigenschaften«) und dem anderen Extrem eines relationalen Konzeptes (»der Raum als System von Lagerelationen zwischen den konkreten Dingen der physisch-materialen und sozialen Welt«) das Welterleben der Menschen und auch die wissenschaftlichen Reflexionen über den Raum (Gregory/Urry 1985). Hier wird davon ausgegangen, dass beide idealtypischen Raumkonzepte *nicht in einem Ausschließlichkeits- oder Ersetzungsverhältnis zueinander* stehen, sondern dass sie sich je nach Verwendungszusammenhang *wechselseitig ergänzen* können. Nicht das eine oder das andere Modell ist »richtig« oder »falsch«, sondern beide haben ihre spezifische Daseinsberechtigung. Auch wenn ein relationales Raumerleben und -verständnis seit dem 20. Jahrhundert stark an Bedeutung gewonnen hat, so macht dies doch eine essentialistische Raumvorstellung nicht obsolet: Trotz Internet und

»Cyberspace« sind alle Menschen in ihren wesentlichen Erfahrungen an ihren »Körperbehälter« gebunden. Trotz aller Relativierungen nationalstaatlicher »Container-Gesellschaften« definieren sich die meisten Menschen auch über ihre Zugehörigkeit zu einem nationalen und ethnischen »Behälter«.[4] Die Gegenüberstellung essentialistischer und relationaler Raumvorstellungen ist – so wird im folgenden Kapitel 5 gezeigt – hilfreich, um verschiedene Formen der Internationalisierung von Vergesellschaftungsprozessen systematisch zu unterscheiden. Zunächst aber ist das sozialwissenschaftliche Verständnis des Raumes und seiner Beziehung zum Sozialen zu vertiefen.

4.2 Das Soziale und der Raum

Fruchtbarer als eine mathematische, physikalische, geographische oder idealistische Konzeption des Raumes erscheint aus sozialwissenschaftlicher Sicht seine Fundierung in einer pragmatisch-evolutionären Perspektive, die an der Frage ansetzt, wie Menschen eigentlich entwicklungsgeschichtlich (phylo- und ontogenetisch) zu Raumvorstellungen gelangen. Hierauf antwortet Günter Dux in Anlehnung an die Forschungen von Jean Piaget zu den Phasen kindlicher Entwicklung, der Zwang zum Lernen als dem »komplementäre[n] Prinzip der instinktiven Verhaltensregulierung« (1982: 36) folge für den Menschen aus dem Bedürfnis, negative Erfahrungen zu vermeiden, die sich aus der Eigenständigkeit der Objektwelt ergeben können. Durch diese Erfahrungen bilde sich die Gegenlage von Subjekt und Objekt heraus (ebd.: 83ff.). Diese wiederum sei die Basis für die Entwicklung von Raumvorstellungen überhaupt: »Objekt- und Raumschema können sich deshalb nur gemeinsam ausbilden« (ebd.: 251). Nach Dux verläuft die Ontogenese des menschlichen Raumschemas auf der Grundlage von erfahrungsgesättigten Vorstellungen über die Beziehungen zwischen Grenzen und Dauerhaftigkeit (ebd.: 88).

4 Zur Anwendung der Differenzierung zwischen essentialistischen und relationalen Konzepten auf die Frage der Ethnisierung bzw. ethnischen Identitätskonstruktionen am Beispiel indischer Migrantengruppen in Hongkong vgl. Plüss 2005. Allgemein zu einem Konzept von Ethnizität zwischen unreflektiertem oder strategisch eingesetztem Essentialismus und einem alles verflüssigenden radikalen Konstruktivismus vgl. Brubaker 2004.

»Erst dadurch, dass die Objekte in eine Gegenlage zum Akteur gebracht werden, bildet sich der Raum aus, und zwar in einer ganz spezifischen Weise: Das sich mitbildende Subjekt rückt im »Hier« seiner Position an die Grenze des Raumes, der dadurch zum Aktionsfeld seiner Tätigkeit wird. Erst aus dieser Position heraus lassen sich auch die Beziehungen der übrigen Objekte zueinander in der Einheit des Raumes bestimmen« (ebd.: 89).

Aus einer solchen evolutionären Begründung des Raum-Verständnisses ergibt sich also, dass Raumvorstellungen in der tätigen Auseinandersetzung des Menschen mit Dingen, Sachen und anderen Menschen entstehen – und nicht als »reine Anschauungsformen« des reflektierenden Bewusstseins. Alle menschlichen Raumvorstellungen sind vielmehr erfahrungs- und wahrnehmungsbasierte Konstruktionen von Anordnungsbeziehungen zwischen Elementen. Diese (Vorstellungen von) Anordnungsbeziehungen haben einerseits immer eine *flächenräumliche Dimension*, insofern sie sich auf Merkmale wie Entfernung, Ausdehnung, Verteilung, Dichte, Richtung, Differenz, Grenze, Inklusion und Exklusion von Elementen beziehen. Sie haben aber gleichzeitig immer auch eine *soziale Dimension*, insofern die Elemente, deren Anordnungsbeziehungen flächenräumlich gedacht, konstruiert und strukturiert werden, in das Tätigsein der Menschen eingebettet sind und für sie eine je spezifische Relevanz und Qualität besitzen. Deshalb haben diese Elemente – handele es sich um naturgegebene Dinge, um menschliche Artefakte, um soziale Klassen- oder Schichtpositionen oder um Symbole – immer einen *genuin auf menschliche Praxis bezogenen Interessen- und Aneignungsbezug*. Schließlich haben alle menschlichen Raumvorstellungen eine *Zeitlichkeitsdimension*: Sie sind selbst historisch gewachsen und wandelbar, und jede Positionsveränderung im Raum kostet Zeit, jede Bewegung ist Wandel in Raum und Zeit.

Diese drei Raumdimensionen führen zu der analytischen Unterscheidung zwischen *Flächenraum*, *Sozialraum* und *Zeitlichkeitsraum*, wobei alle drei Begriffe unterschiedliche Perspektiven auf die eine Welt bzw. den einen Raum als Extension und Lagerelation des menschlichen Welterlebens anzeigen sollen. In diesem Zusammenhang ist interessant, dass die verschiedenen Wissenschaftsdisziplinen in der Regel nur eine oder maximal zwei Dimensionen behandeln, aber nicht die genuine Verschränkung aller drei Wirklichkeitsebenen thematisieren. In dem Sammelband *Nowhere. Space, Time and Modernity* resümieren die Herausgeber Roger Friedland und Deirdre Boden (1994: 3):

»Wie die Ergebnisse der modernen Physik zeigen, koexistieren Raum und Zeit und entwickeln sich gegenseitig durch Handlungen, die sowohl im physischen wie auch im geistigen Leben neue Dimensionen erzeugen. Ihre wechselseitigen Bezüge und Verweise sind in der Tat so eng verknüpft, dass es problematisch ist, sie in der Theorie voneinander getrennt zu denken. In den meisten Bereichen der Sozialwissenschaften wird jedoch genau so verfahren.«

Dieses Urteil ist sicherlich nicht nur für die USA angemessen. Auch in Deutschland gibt es nur wenige Versuche, Raum, Zeit und soziales Handeln in einem Theoriemodell oder zumindest in einem gemeinsamen *konzeptionellen* Rahmen zu integrieren. Jenseits der bereits älteren Versuche aus den Geistes- und Sozialwissenschaften (vgl. z. B. den Sammelband klassischer Texte von Dünne/Günzel 2006) sind interessante Beiträge hierzu die Arbeiten von Norbert Kuhn (1994), Benno Werlen (1997), Gabriele Sturm (2000), Martina Löw (2001) und Markus Schroer (2006). Hier muss eine Konzentration auf einige wenige definitorische Hinweise zu den Begriffen Flächenraum, Sozialraum und Zeitlichkeitsraum genügen.

Unter *Flächenraum* wird hier zunächst ganz allgemein eine physikalisch-geometrische Extension und Lagerelation von Elementen verstanden. Mathematisch lässt sich z. B. ein dreidimensionaler Raum als Menge von Tripeln (x, y, z) reeller Zahlen beschreiben, die sich als Koordinaten voneinander unterscheiden und zueinander in Beziehung stehen. Jedes Tripel als Kombination aus drei Koordinatenwerten repräsentiert dabei jeweils einen Raumpunkt. Der analytische Begriff Flächenraum nun soll die Perspektive auf die räumlichen Verteilungs- und Anordnungsmuster, also auf die Lagerelationen repräsentieren. Von Raum und Räumlichkeit zu sprechen, führt in dieser Perspektive unmittelbar zur Assoziation mit Begriffen wie Verteilung, Verdichtung, Vernetzung, Richtung, Distanz, Ausdehnung, Grenze, Territorium, Ort, Platz sowie Inklusion und Exklusion, die in aller Regel Lagebeziehungen als Eigenschaften und als Prozesse gleichzeitig thematisieren.

In den Sozialwissenschaften insgesamt hat sich nach Meinung von Blotevogel (1995: 734) »in den letzten Jahrzehnten das relationale Raumkonzept weitgehend durchgesetzt. [...] Der Raum wird in der Regel als zwei- oder dreidimensionaler metrischer Ordnungsrahmen erdoberflächlich lokalisierter Objekte aufgefaßt (abstrakter Relationalraum).« Diese These bedarf sicherlich einer näheren empirischen Überprüfung. Angesichts der weitgehenden Ausblendung der Raumproblematik aus der Soziologie wäre es lohnend zu untersuchen, welche impliziten essentialistischen oder relationalen Raumvorstellungen sich in wichtigen theoretischen und empirischen Studien aufzeigen lassen. In diesem Zusammenhang scheint die These Norbert Kuhns durchaus beachtenswert und eventuell auf eine immer noch große Bedeutung von Behälter-Raumkonzepten anwendbar, »dass naturwissenschaftliche und philosophische Raumbegriffe für die gesellschaftstheoretischen Raumvorstellungen konstitutiv sind bzw. unkritisch übernommen werden. [...] Philosophische, physikalische und mathematische Raumbegriffe führen in den Gesellschaftswissenschaften z.T. ein längeres Leben als in diesen selbst und bilden insofern ein Hindernis für die Entwicklung einer gesellschaftswissenschaftlichen Raumtheorie« (1994: 8f.). Auch deshalb ist eine Differenzierung von Flächenräumen, Sozialräumen und Zeiträumen von großer Bedeutung (vgl. Tabelle 1).

Tabelle 1: Zentrale Aspekte von Flächenraum, Sozialraum und Zeitlichkeitsraum

Raumdimension	*Ausprägungen*		
Flächenraum	essentialistischer Raum		relationaler Raum
Sozialraum	Artefakte-Raum	Praxis-Raum	Symbol-Raum
Zeitlichkeitsraum	clock-time		subjektive Zeit

Der Begriff *Sozialraum* stellt auf die Inhalte und Qualität der Elemente ab, deren Lagerelationen Gegenstand der Reflexion sind bzw. sein sollen. Er bezieht sich auf Lagerelationen von sozialen Elementen als solchen, die allein durch menschliche Aktivitäten ihre entsprechende Bedeutung erlangen und strukturiert werden. In Bezug auf diese Elemente ist eine Unterscheidung von drei idealtypischen Formen sinnvoll: Artefakte, soziale Praxis und symbolische Repräsentationen. Somit wird mit Sozialraum ein relationales Ordnungsgefüge von Artefakten, sozialer Praxis und Symbolsystemen bezeichnet, welches sich als handlungsstrukturierend sowohl im Bewusstsein der

Menschen als auch in den von ihnen geschaffenen Objekten niederschlägt und reproduziert.

Zunächst einmal kann es sich bei den Anordnungsbeziehungen um Lagerelationen von *Artefakten* bzw. Sachen handeln, wobei die folgende Unterscheidung Hans Lindes zwischen Dingen und Sachen brauchbar erscheint: »Als *Sachen* bezeichnen wir im folgenden – im Unterschied zu naturgegebenen *Dingen* – alle Gegenstände, die Produkte menschlicher Absicht und Arbeit sind.«[5] Für diese durch Menschen geschaffenen, manipulierten oder absichtsvoll wahrgenommenen Dinge als Sachen wird im Folgenden der Begriff Artefakte verwendet, weil er eindeutiger als im üblichen Sprachgebrauch die Begriffe Dinge und Sachen auf die »Künstlichkeit« bzw. Geschaffenheit der gemeinten Gegenstände hinweist. Die Differenzierung zwischen Dingen im Allgemeinen und der hier interessierenden Teilmenge der Artefakte bzw. Sachen im Besonderen ermöglicht zumindest zweierlei: Für die Soziologie sind ausschließliche Betrachtungen der Lagerelationen von bzw. zwischen naturgegebenen Dingen weitgehend uninteressant, sie gehören – als wissenschaftliche Reflexionen – in den Bereich der Geographie. Insofern ermöglicht die Unterscheidung zwischen Dingen und Artefakten eine genauere Bestimmung des »Territoriums« soziologischer Raumreflexionen: Diese beziehen sich auf die Lagerelationen nicht von Dingen, sondern von Artefakten (und sozialer Praxis und Symbole). Solche auf Artefakte orientierten Lagerelationen können z. B. Wohn-Räume, städtische Siedlungs-Räume oder Arbeitsplatz-Räume sein. Um die Gegenüberstellung von »naturgegebenen Dingen« und »durch menschliche Absichten und Arbeit entstandenen Sachen« zu betonen, werden Letztere hier als Artefakte und ihre Anordnungsbeziehungen als *Artefakte-Räume* bezeichnet.[6]

5 Linde 1972: 11, Hervorhebung im Original; zur Diskussion des Verhältnisses von Natur und Kultur vgl. auch Werlen 1997, vor allem Kapitel 6, und Weichhart 2003.

6 Die hier von Hans Linde übernommene Gegenüberstellung von »naturgegebenen Dingen« und Artefakten dient der Betonung des (sedimentierten oder aktuellen) sozialen Bearbeitungs-, Wahrnehmungs- und Verwertungsbezuges aller Artefakte für den hier interessierenden Zusammenhang von Artefakten, sozialer Praxis und Symbolsystemen. Für das allgemeine Verhältnis von Natur und Gesellschaft betonen Jahn/Wehling (1998: 82) zu Recht: »Natur und Gesellschaft existieren nicht als separate Entitäten außerhalb eines Vermittlungsverhältnisses: Natur kann nicht ›an sich‹ [...] erfahren oder erkannt werden. [...] Doch ebenso wenig stellt die Gesellschaft einen Substanzbegriff für eine von Natur unabhängige und getrennte Entität

Ein zweiter Typus von Elementen, die soziologisch bedeutsame Lagerelationen bilden können, sind *soziale Praktiken* als tätige Auseinandersetzung der Menschen mit anderen Menschen, mit der Natur und reflektierend mit sich selbst. Anknüpfend an die »zeitgeographischen« Arbeiten Hägerstrands hat sich Giddens (1985) vergleichsweise ausführlich mit dem Verhältnis von (Flächen-)Raum, Zeit und sozialen Beziehungen auseinandergesetzt. Die für ihn zentralen Konzepte von »locales« und von »regions« bzw. »regionalisation« beziehen sich dabei auf den Raumbezug der sozialen Praktiken:

»Locales verweisen auf die Betrachtung des Raumes als *Hintergrund* von Interaktion, wobei der Hintergrund der Interaktion wiederum wesentlich ist für die nähere Bestimmung ihres *Kontextes.* [...] Die Bandbreite des Begriffes locales reicht von einem Raum in einem Haus, einer Straßenecke, der Produktionsstätte einer Fabrik oder Ortschaften oder Großstädten bis hin zu den territorial abgegrenzten Gebieten von Nationalstaaten. Aber locales sind charakteristischerweise internal *regionalisiert,* und die regions in ihrem Inneren sind von entscheidender Bedeutung für die Herausbildung des Kontextes von Interaktion. [...] ›Regionalisierung‹ sollte nicht als bloße örtliche Bestimmung im Raum verstanden werden, sondern als Verweis zur Aufteilung von Zeit und Raum in Bezug auf routinisierte soziale Praktiken« (ebd.: 271 f., Hervorhebung im Original, vgl. auch S. 283).

Im Sinne des doppelten Bezuges seiner Strukturations-Theorie reproduzieren sich die routinisierten sozialen Praktiken der Menschen in Raum-Zeit-Relationen, die durch jene wiederum konstituiert und neu produziert werden. Lagerelationen im Sinne von Raum-Relationen (oder wie hier bei Giddens zumindest sprachlich erweitert: als Raum-Zeit-Relationen) können sich also nicht nur auf Artefakte, sondern auch auf soziale Praktiken beziehen bzw. durch diese konstituieren – man kann diese auch als *Praxis-Räume* bezeichnen. Ein Beispiel hierfür ist das Konzept des *behavioral setting* (R. G. Barker) als einer »Verhaltensregulation, die aus einer räumlich-materiellen (und sozialen) Milieubedingung entsteht und zu invarianten, d. h. von den Individuen unabhängigen Verhaltensmustern führt (z. B. Restaurantbesuch oder Gottesdienstteilnahme)« (Blotevogel 1995: 737).

Drittens schließlich können die Elemente, deren Ensemble in einer sozialwissenschaftlichen Raumperspektive als Lagerelationen von Belang sind, auch aus *symbolischen Repräsentationen* bestehen.

dar.« Zu ergänzen ist, dass Natur gleichwohl als unabhängig vom Menschen bestehend gedacht werden kann.

Stand beim vorhergehenden Elemente-Typus das empirisch beobachtbare Verhalten und Handeln der Menschen in seinen raumstrukturierenden und raumstrukturierten Aspekten im Vordergrund, so geht es hier vor allem um mentale und symbolische Raumstrukturierungen. Vor allem in der (Sozial-)Psychologie stehen die subjektiven Raumideen und Raumproduktionen der Menschen im Vordergrund. In dieser vom Menschen als Subjekt der Raumkonstruktionen ausgehenden Perspektive ist der »Lebensraum« eine Flächenextension, die – subjektiv zu (re-)konstruierende – Verhaltens-, Handhabungs- und Aneignungszwänge und -chancen eröffnet. Erwähnenswert sind in diesem Zusammenhang die Konzepte der *mental maps*, also kognitiver Landkarten der auf Erfahrungen, Assoziationen oder Projektionen beruhenden emotionalen oder normativen »Besetzung« von Lokalitäten, Orten, Territorien und Entfernungen. Die durch symbolische Repräsentationen konstituierten Lagerelationen können auch als *Symbol-Räume* bezeichnet werden.

Die skizzierte Unterscheidung von drei wesentlichen typischen Elementen der durch menschliche Aktivitäten strukturierten Lagerelationen soll nicht dazu verführen, die menschliche Lebenspraxis selbst in drei Teile zu zergliedern. Denn alle drei Raumtypen, der Artefakte-Raum, der Praxis-Raum und der Symbol-Raum, sind nur verschiedene typisierte analytische Aspekte des einen – holistisch gedachten bzw. zu denkenden – *Sozialraumes*. Ganzheitlich ist dieses Konzept von Sozialraum in Bezug auf diese drei wesentlichen Elemente-Typen: Artefakte, soziale Praxis und symbolische Repräsentationen. Spezifisch ist dieses Konzept gleichzeitig, weil es auf Lagerelationen und damit auf die räumlichen Aspekte des Sozialen abstellt. Wenn wir von Sozialraum sprechen, so meinen wir immer das Verhältnis von Sozialem und Raum bzw. Sozialem und Flächenraum: Soziales wird immer auch in einer flächenräumlichen Dimension strukturiert – ihm wohnt also eine Lagerelation inne. Gleichzeitig existieren für den Menschen flächenräumliche Extensionen immer nur als Lagerelationen von für ihn relevanten Elementen, die hier idealtypisch als Artefakte-Raum, Praxis-Raum und Symbol-Raum bezeichnet wurden.

Schließlich muss im Sinne einer genuinen Raum-Zeit-Verschränkung der Flächenraum und der Sozialraum in eine Beziehung zur Zeit, ihrer Extension, ihren Eigenschaften und Strukturen, kurz zum *Zeitlichkeitsraum* gestellt werden. In dem von Anthony Giddens

(1984) vorgeschlagenen Strukturationsbegriff ist diese Zeitlichkeitsdimension alles Sozialen angedeutet. Man kann die Lagerelationen von Artefakten, sozialer Praxis und symbolischen Repräsentationen nur verstehen und erklären, wenn diese gleichzeitig »zeiträumlich verortet«, wenn also ihre historische Gewordenheit und Konstruktion mitreflektiert wird. In diesem Sinne sind die Giddensschen Ausführungen zu Raum und Regionalisierung zu verstehen: »›Regionalisierung‹ sollte nicht als bloße örtliche Bestimmung im Raum verstanden werden, sondern als Verweis zur Aufteilung von Zeit und Raum in Bezug auf routinisierte soziale Praktiken« (1985: 272). In dieser Perspektive hat z. B. Benno Werlen (1997) für die Geographie die Giddenssche Strukturationstheorie in seinem Konzept des »Geographiemachens« weiterentwickelt.

Ähnlich wie beim Flächenraum lässt sich auch in Bezug auf den Zeitlichkeitsraum des Sozialen ein essentialistisches bzw. absolutistisches von einem relationalen bzw. relativistischen Zeitkonzept unterscheiden. Während Ersteres von einer »objektiv« gegebenen Zeit und der Möglichkeit ihrer Messung als »clock-time« ausgeht, betont Letzteres die Abhängigkeit der Zeit und des Zeiterlebens von den handelnden Menschen. Gesellschaften »pulsieren« gleichsam in ihrem je eigenen Zeitlichkeitsraum, wie vergleichende Studien etwa zwischen asiatischen und europäischen Ländern zeigen (Shimada 1994; Hofstede 2006). Auch innerhalb einer gegebenen (National-)Gesellschaft und bei gegebenen Akteuren formen sich unterschiedliche subjektiv erlebte Zeitlichkeitsräume aus. So erfahren wir z. B. langweilige Lern- oder Arbeitssituationen, bei denen die Zeit »sich wie ein Brei dahinquält«; und wir durchleben interessante Arbeitsaufgaben oder intensive Liebessituationen, in denen »die Zeit wie im Flug vergeht«.

Wie die verschiedenen, hier nur skizzierten Aspekte des Verhältnisses von Flächenräumen, Sozialräumen und Zeitlichkeitsräumen für eine sozialwissenschaftliche Analyse des Verhältnisses von Raum und Sozialem fruchtbar gemacht werden können, hat Georg Simmel bereits zu Beginn des 20. Jahrhunderts einfühlsam und eindringlich aufgezeigt. Es waren nicht zuletzt die mit Urbanisierung sowie neuen Telekommunikations- und Transportmöglichkeiten verbundenen Erfahrungen, die ihn zu einer systematischen Reflexion über die »Soziologie des Raumes« (1903) bewegten.

4.3 Georg Simmel und die Soziologie des Raumes

In seinem Aufsatz »Soziologie des Raumes« von 1903 benennt Georg Simmel fünf »Grundqualitäten der Raumform«, wobei sich die Überlegungen insgesamt – entsprechend seinem allgemeinen Verständnis einer Formalen Soziologie – auf den Raum als absoluten *und* essentialistischen Sozialraum beziehen. Die erste Grundqualität ist die der *Ausschließlichkeit des Raumes*: In dem »einen einzigen allgemeinen Raum« gibt es viele »einzelne Räume« als »Stücke« oder Elemente desselben, die sich aber selbst gegeneinander ausschließen und »von denen keiner jemals mit einem anderen zusammenfallen kann; [...] In dem Maße, in dem ein gesellschaftliches Gebilde mit einer bestimmten Bodenausdehnung verschmolzen oder sozusagen solidarisch ist, hat es einen Charakter von Einzigartigkeit oder Ausschließlichkeit, der auf andere Weise nicht ebenso erreichbar ist. Gewisse Verbindungstypen können ihrer ganzen soziologischen Form nach sich nur so verwirklichen, daß innerhalb des Raumgebietes, das eine ihrer Ausgestaltungen erfüllt, für keine zweite Platz ist. Von anderen dagegen kann eine beliebige Zahl – soziologisch gleich gearteter – denselben Umfang erfüllen, indem sie gegenseitig gleichsam permeable sind« (ebd.: 223). Als Beispiel für einen sozialen Verbindungstyp der Ausschließlichkeit des Flächenraumes nennt Simmel den Staat, während etwa die Zünfte und idealtypisch die Kirche der zweiten Art von Verbindungstypen bzw. gesellschaftlichen Formationen zugerechnet werden, weil ihr Raumverhältnis nicht eines der Ausschließlichkeit ist. Es wird deutlich, dass Simmel von Anbeginn zwischen essentialistischen »Verbindungstypen« mit einem flächenräumlichen Ausschließlichkeitsanspruch und relationalen »Verbindungstypen«, die im gleichen Flächenraum »gleichsam permeable« neben- bzw. übereinander bestehen können, unterscheidet. Für Simmel bilden bestimmte Flächenextensionen (wie z. B. »nationalstaatliche Territorien«) die sich wechselseitig ausschließenden »Behälter«, innerhalb derer wiederum »soziale Verbindungstypen« entweder der Ausschließlichkeit oder der Permeabilität existieren können.

Das zweite Raum-Charakteristikum ist für Simmel seine *Begrenzungsfunktion*, die er allerdings als sozial gemachte versteht: »Immer fassen wir den Raum, den eine gesellschaftliche Gruppe in irgendeinem Sinne erfüllt, als eine Einheit auf, die die Einheit jener Gruppe ebenso ausdrückt und trägt, wie sie von ihr getragen wird. Der Rahmen, die in sich zurücklaufende Grenze eines Gebildes, hat für die soziale Gruppe sehr ähnliche Bedeutung wie für ein Kunstwerk. [...] So ist eine Gesellschaft dadurch, daß ihr Existenzraum von scharf bewußten Grenzen eingefaßt ist, als eine auch innerlich zusammengehörige charakterisiert« (ebd.: 226). Da der natürliche Flächenraum eigentlich keine Grenzsetzungen kennt, sondern höchstens für Grenzziehungen prädestinierte oder sich anbietende, etwa topographische oder klimatische Besonderheiten, »macht die trotzdem bestehende unbedingte Schärfe der einmal gesetzten physischen Grenze die formende Macht des gesellschaftlichen Zusammenhanges und ihre von innen kommende Notwendigkeit ganz besonders anschaulich. [...] Die Grenze ist nicht eine räumliche Tatsache mit soziologischen Wirkungen, sondern eine soziologische Tatsache, die sich räumlich formt« (ebd.: 227 und 229). Gerade der letzte Gedanke lässt sich als klare Absage an jede Form eines Geo-Determinismus und einer ethnisch-naturalistisch definierten Raumkonstruktion lesen.

Die dritte besondere Bedeutung des (Flächen-)Raumes für das Soziale und die Soziologie ergibt sich für Simmel aus seiner Fähigkeit und Eigenschaft der *Fixierung sozialer Verbindungen*. Die Flächenextension des Raumes schafft gleichsam den Fokus, in dem sich menschliche Verflechtungszusammenhänge verdichten können. »Die Bedeutung als Drehpunkt soziologischer Beziehung kommt der fixierten Örtlichkeit überall da zu, wo die Berührung oder Vereinigung sonst voneinander unabhängiger Elemente nur an einem bestimmten Platze geschehen kann« (ebd.: 230). Als Beispiel für diese Fixierungsdimension des Flächenraumes nennt Simmel den Bau von Kapellen oder Kirchen in der Diaspora, wie ihn vor allem die katholische Kirche in ihrer Missionierungsexpansion planmäßig und systematisch betrieb. In Lateinamerika etwa errichtete sie solche »symbolischen Flächenräume« regelmäßig auf den Pyramiden und Kultstätten der indigenen Bevölkerungsgruppen, was die wirksamste Art der Raum-Eroberung war. Besagte das zweite Argument, dass die Strukturierung von Flächenextensionen nicht unabhängig von sozialen Strukturierungen existiert, so behauptet Simmel hier umgekehrt, dass Soziales nicht jenseits seiner Fixierung im geographischen Raum gedacht werden kann.

Die Tatsache, dass soziale Beziehungen durch den Flächenraum modifiziert werden, »daß zwei Vereinigungen, durch die genau gleichen Interessen, Kräfte, Gesinnungen zusammengehalten, ihren Charakter danach ändern werden, ob ihre Teilnehmer sich räumlich berühren oder voneinander getrennt sind« (ebd.: 232f.), bildet als *sinnliche Nähe von Distanz* einen vierten Aspekt der soziologischen Bedeutung des (Flächen-)Raumes. Insofern zwischenmenschliche Beziehungen entweder »rein sachlich-unpersönliche« (wie etwa wirtschaftliche oder wissenschaftliche Interaktionen) oder umgekehrt »ganz auf die Intensität des Gemüts gestellte« (wie etwa die von Liebenden) sind, lassen sich – so Simmel – flächenräumliche Distanzen noch am ehesten »durch die Mittel des indirekten Verkehrs und noch mehr durch die der Phantasie« überwinden. »In dem Maße, in dem diese Extreme ihre Reinheit verlieren, wird die örtliche Nähe erforderlicher« (ebd.: 232).

Dabei ändert sich die »räumliche Spannungskapazität einer Vergesellschaftung« mit dem »vorhandenen Maße der Abstraktionsfähigkeit« (ebd.: 233). Grundsätzlich nimmt die Chance zur sozialen Indifferenz und Distanz mit der flächenräumlichen Enge ab und umgekehrt mit der Entfernung zu, wobei allerdings nach Simmel auch der Entwicklungsgrad des Bewusstseins der beteiligten Akteure (»primitiv« versus »intellektuell«) interveniert: »In Wirklichkeit ist die Bedeutung des Raumintervalls nur, daß es die Erregungen, Reibungen, Attraktionen und Repulsionen ausschaltet, die die sinnliche Nähe hervorruft, und so in dem Komplex der vergesellschaftenden Seelenvorgänge den intellektuellen die Majorität verschafft« (ebd.: 235). Dass mit der räumlichen Entfernung nicht unbedingt intellektuell-rationale Handlungsformen an Bedeutung gewinnen müssen, zeigt die Vorurteilsforschung deutlich: »Erregungen« und »Repulsionen« können sehr wohl mit zunehmender geographischer und damit sinnlicher Distanz anwachsen (Vorurteile gegen ausländische Mitbürger z. B. beziehen sich selten oder zumindest nicht notwendig auf die jeweils aus sinnlicher Nähe bekannten Ausländer).

Während sich die bisher vorgestellten Bedeutungen des Raumes für die Soziologie gleichsam auf die Statik sozialer Beziehungen im Flächenraum bezogen, hebt Simmel die Möglichkeit der *flächenräumlichen Bewegung der Menschen* als fünften und letzten Aspekt hervor. Simmel behandelt zunächst den Zusammenhang zwischen der flächenräumlichen Bewegung (etwa Nomadenvölker) oder Ortsgebundenheit (etwa moderne Nationalgesellschaften) eines sozialen Verflechtungszusammenhangs und seiner jeweiligen Vergesellschaftungsformen. So bringt er z. B. – in sicherlich allzu vereinfachender Weise – den »Despotismus des Mannes« mit nomadenhafter Vergesellschaftung und einen hohen Grad an sozialer Binnendifferenzierung mit »sedentären Gruppen« zusammen. Danach widmet er sich der Frage, »wie das Wandern eines Teils auf die Form der ganzen, sonst sedentären Gruppe wirkt« (ebd.: 239) und unterscheidet – nach der jeweiligen Gruppe der Wandernden – die positiven, funktionellen und zentripetalen Kräfte der Raumbewegungen (etwa bei Studierenden, Geschäftsleuten, Arbeitern, Lehrenden) von dem eher antagonistischen Kräften dienenden Umherschweifen (z. B. der Vagabunden und Abenteurer).

Simmel verweist einerseits auf die historische Bedeutung des Wanderns für die politische Zentralisierung und Vereinheitlichung – man kann hier etwa an die deutschen Kaiser oder an die *Itinerant Justices* in England im Mittelalter denken. Er hält aber andererseits die (Notwendigkeit von) flächenräumlichen Bewegungen größerer Teile von Mitgliedern moderner Gesellschaften eher für ein Übergangsphänomen: »[...] es gelingt dem modernen Leben, das Bewußtsein der gesellschaftlichen Einheit einerseits durch jene sachlichen Gleichmäßigkeiten und das Wissen um die gemeinsamen Berührungspunkte, andererseits durch die ein für allemal fixierten Institutionen, drittens endlich durch schriftliche Verständigung herbeizuführen. Solange es aber an dieser objektiven Organisation und Technik fehlt, hat ein anderes, später zurücktretendes Mittel der Vereinheitlichung überragende Bedeutung: das Wandern« (ebd.: 240).

Vor dem Hintergrund der in den beiden vorhergehenden Abschnitten aufgezeigten Raumkonzepte ist zunächst der hohe Grad wissenschaftlicher Präzision und Differenzierung bei Georg Simmel hervorzuheben – der Text ist immerhin inzwischen über hundert Jahre alt. Je nach »Verbindungstyp« können in einem zusammenhängenden Flächenraum als »Container« nur eine soziale Gruppe mit Ausschließlichkeitsanspruch oder aber mehrere soziale Gruppen »permeabel« neben- und übereinander existieren. In dieser Vorstellung integriert das Simmelsche Raumverständnis die beiden Konzepte des Behälterraumes und des relationalen Flächenraumes – wobei Ersterem eine gewisse Vorrangstellung eingeräumt wird, wie die zitierten Textstellen zeigen. Der politisch verfasste (National-)Staat ist der flächenräumliche Behälter, in dem sich die verschiedensten Formen von Verbindungen und Vergesellschaftungen organisieren und verdichten. Diese ihrerseits begründen und bestärken wiederum den Staat als »Territorium« im Sinne einer geographischen Flächenextension mit »Identität, Namen und Grenzen«, die als »Interaktionsfeld durch eine soziale Gruppe« tatsächlich genutzt wird und auf die diese Gruppe auch einen Besitzanspruch erfolgreich anmeldet (vgl. hierzu Haller 1994: 5).

Neben dem Nationalstaat führt Simmel auch die Stadt als ein Beispiel für den Ausschließlichkeitscharakter des (Flächen-)Raumes an. Dabei werden seine Ausführungen aber widersprüchlich und verschwommen: »Einigermaßen hat die Kommune den gleichen Charakter [wie der Staat, L. P.]: innerhalb des Weichbildes einer Stadt kann es nur diese Stadt geben [...] Das Bedeutungs- und Wirksamkeitsgebiet einer Stadt – innerhalb eines Staates – endet doch nicht an ihrer geographischen Grenze, sondern mehr oder weniger bemerkbar erstreckt es sich mit geistigen, ökonomischen, politischen Wellenzügen über das ganze Land« (Simmel 1903: 223f.). Wenn hier die Stadt raumsoziologisch gleichsam als ein »undichter Behälter« vorgestellt wird, der weit über seine eigenen territorialen Grenzen hinweg Raumwirkung entfaltet, so lässt sich kritisch anfragen, ob dies nicht grundsätzlich schon zu Beginn des 20. Jahrhunderts, aber umso intensiver zu Beginn des 21. Jahrhunderts auch für den Nationalstaat und die Nationalgesellschaft gilt. Genau hier setzt ja das Transnationalisierungskonzept an und fokussiert auf soziale Verflechtungszusammenhänge, die *bei Fortexistenz* und vielleicht sogar Stärkung territorial ausschließlicher nationaler Verbindungstypen über diese hinauswachsend neue transnationale pluri-lokale Vergesellschaftungszusammenhänge und Sozialräume begründen.

Ein weiterer Gesichtspunkt der Simmelschen Raumsoziologie ist aus heutiger Sicht kritisch hervorzuheben: Wanderungen von Menschen werden als historisch bedeutsam, mit dem »Fortschritt des modernen Lebens« aber zusehends überflüssig erachtet. Der Hintergrund dieser Annahmen ist sicherlich der enorme Urbanisierungsprozess, dessen Zeuge Simmel war, und die damit verbundene Binnenwanderung von Millionen Menschen. Hierzu ist einerseits kritisch anzumerken, dass sich das »Bewusstsein der gesellschaftlichen Einheit« nicht einfach geradlinig und unidirektional von dem »kleineren Behälter« (etwa der Nachbarschaft, Gemeinde oder Stadt) auf den »größeren Behälter« (etwa den Nationalstaat oder aktuell die Weltgesellschaft) ausdehnt, sondern sich – wie die Erfahrungen um regionalistische Bewegungen und ethnische Minderheiten zeigen – entweder gleichzeitig auf sehr verschiedenen flächenräumlichen Ebenen oder sogar quer zu diesen und pluri-lokal entwickeln und verdichten kann. Andererseits hat schon die kurze Erfahrung von einem Jahrhundert seit Abfassung des Textes gezeigt, dass es »ein für allemal fixierte Institutionen« nicht gibt und dass selbst die gewaltige Erweiterung der Transport- und Kommunikationsmittel die weltweiten Wanderungsströme nicht reduziert, sondern eher noch verstärkt hat.

Schließlich kann heute nicht mehr ungefragt gelten, dass bei Simmel der Gesellschaftsbegriff vornehmlich im Sinne einer Kongruenz und doppelt exklusiven Verschachtelung von Flächenraum und Sozialraum benutzt wird. Zwar muss auch nach Simmel die Extension des geographischen Raumes nicht notwendig und immer mit der Extension sozialer Gruppen koinzidieren. Was aber die Gesellschaft als ganze betrifft, so wurde das Zusammenfallen von flächenräumlicher und sozialräumlicher Grenzziehung weitgehend vorausgesetzt: »In dem Maß, in dem ein gesellschaftliches Gebilde mit einer bestimmten Bodenausdehnung verschmolzen oder sozusagen solidarisch ist, hat es einen Charakter von Einzigkeit oder Ausschließlichkeit, der auf andere Weise nicht ebenso erreichbar ist« (ebd.: 223). Die hier deutlich werdende vorherrschende Perspektive der wechselseitigen und ausschließlichen Verschränkung von nationalgesellschaftlichen Sozialräumen und nationalstaatlichen Flächenräumen hat die Soziologie insgesamt lange Zeit bestimmt. Hiermit ist unmittelbar und explizit die Frage nach dem Verhältnis von »Verbindungstypen« wie Gemeinschaften, Gesellschaften und anderen Sozialräumen zu geographischen oder Flächenräumen angesprochen.

4.4 Gemeinschaft, Gesellschaft und andere Sozialräume

Die modernen Sozialwissenschaften sind in Europa mit den sich herausbildenden und festigenden nationalstaatlich verfassten Nationalgesellschaften entstanden. Deshalb war auch der nationalstaatlich gedachte Gesellschaftsbegriff der wesentliche Ankerpunkt für sozialwissenschaftliche Theoriebildung im 20. Jahrhundert. Der Übergang von der mechanischen zur organischen Solidarität war bei Emile Durkheim (1930) auch als Befestigung der bürgerlichen Gesellschaften in der Form moderner Nationalstaaten gedacht. Gegen die liberale Antinomie von Gesellschaft und Staat betonte Ferdinand Tönnies das Spannungsverhältnis von Gemeinschaft und Gesellschaft, wobei er den Staat zum Garanten der modernen Gesellschaft machte. Der moderne nationale Staat war für ihn die »allgemeine gesellschaftliche Verbindung, bestehend und gleichsam errichtet zu dem Zwecke, Freiheit und Eigenthum seiner Subjecte zu beschützen [...]« (Tönnies 1887: 264). Dass Gesellschaft als territorial-nationalstaatlich verfasste gedacht wird, manifestiert sich auch bei Vilfredo Pareto in seinem grundlegenden Werk »System der Allgemeinen Soziologie«:

»§ 2060. Die Elemente: – Die Form der Gesellschaft wird durch ihre Elemente determiniert, die auf sie einwirken, und wirkt ihrerseits wiederum auf diese Elemente ein. [...] Unter diesen Elementen können wir die folgenden Kategorien unterscheiden: 1. Boden, Klima, Flora, Fauna, geologische und mineralogische Bedingungen usw. 2. Andere für eine Gesellschaft zu einem gegebenen Zeitpunkt externe Elemente, d. h. die hinsichtlich des Raumes externen Einwirkungen anderer Gesellschaften auf sie, hinsichtlich der Zeit die externen Konsequenzen des vorausgegangenen Zustands dieser Gesellschaft. 3. Interne Elemente, zu denen hauptsächlich die Rasse, die Residuen (oder besser: die durch die manifestierten Gefühle), die Neigungen, die Interessen, die Haltungen gegenüber rationalem Denken und Beobachtung, der Wissenstand usw. gehören« (Pareto 1911, zit. nach Jonas 1981: 421).

Dieses Grundverständnis von Gesellschaft als mehr oder weniger einheitlichem und kohärentem Sozialzusammenhang, der an einen spezifischen Flächenraum gebunden ist und der diesen exklusiv für sich beansprucht und okkupiert, durchzieht die gesamten Sozialwissenschaften. Freiherr v. d. Heydte formulierte dies im frühen Handbuch der Soziologie: »Die ›Gesellschaft‹ umfaßt in einem geschichtlichen Augenblick jeweils die Fülle aller in diesem Augenblick vorhandenen geistig-körperlichen Beziehungen sämtlicher Menschen *in einem bestimmten Raum* zueinander« (1956: 816, Hervorhebung L. P.). In seiner Besprechung des Gesellschaftsbegriffs verweist Bülow (1969: 356) auf die »das soziale Ganze dialektisch als These (Familie), Antithese (bürgerliche Gesellschaft) und Synthese (Staat) begreifenden« Hegelschen »Grundlinien der Philosophie des Rechts«, die später von Marx aufgegriffen wurden. Interessant ist bei Bülow für unseren Zusammenhang auch der Hinweis auf die Diskussion der Frage, ob es neben der »Staatswissenschaft« überhaupt eine eigenständige »Gesellschaftswissenschaft« geben müsse. Zu Beginn des 20. Jahrhunderts wurde das Gesellschaftskonzept jenseits der flächenräumlichen Begrenzungen von Nationalstaaten nur noch als emphatischer Begriff von der »menschlichen Gesellschaft« oder der »bürgerlichen Gesellschaft« schlechthin gedacht. Die konkreten Gesellschaften aber wurden in den Sozialwissenschaften mehrheitlich als nationalstaatlich in jeweils zusammenhängende Territorien eingefasste und relativ homogene, dichte und dauerhafte Sozialverbände konzipiert.

In den Zitaten wird diese *doppelt exklusive Verschränkung von Flächenraum (Nationalstaat) und Sozialraum (Nationalgesellschaft)* deutlich: Jeder »Verflechtungszusammenhang« vom »Verbindungstyp« Gesellschaft ist mit einem territorialen Ausschließlichkeitsanspruch verbunden, es kann also in einem Territorium nur eine Gesellschaft geben. Umgekehrt benötigt jede Gesellschaft als Sozialraum zu ihrer »sozialen Fixierung« (Simmel) einen klar definierten Flächenraum, das Staatsterritorium. Dass diese Verschränkung von Flächenraum und Sozialraum auch heute noch und nicht nur in Deutschland Eingang in sehr viele Gesellschaftsdefinitionen findet, zeigt ein Blick in aktuelle soziologische Nachschlagewerke. So definiert Karl-Heinz Hillmann im *Soziologie-Lexikon*: »Als soziologischer Grundbegriff bezeichnet Gesellschaft die umfassende Ganzheit eines dauerhaft geordneten, strukturierten Zusammenlebens von Menschen innerhalb eines bestimmten räumlichen Bereichs« (Reinhold 2000: 576). Und in dem bekannten englischsprachigen Soziologie-Wörterbuch *Harper Collins Dictionary of Sociology* heißt es zum Begriff society: »1. the totality of human relationships. 2. any self-perpetuating human grouping occupying a relatively bounded territory, having its own more or less distinctive CULTURE and INSTITUTIONS, for example, a particular people such as the Nuer or a long- or well-established NATION-STATE, such as the United States or Britain« (Jary/Jary 1991: 467, Hervorhebung im Original).

Einen radikal anderen Weg der Bestimmung von Gesellschaft schlug Niklas Luhmann (1984: 555) schon recht früh vor: »Es muß in der Soziologie einen Begriff geben für die Einheit der Gesamtheit des Sozialen – ob man dies nun (je nach Theoriepräferenz) als Gesamtheit der sozialen Beziehungen, Prozesse, Handlungen oder Kommunikationen bezeichnet. Wir setzen hierfür den Begriff der Gesellschaft ein. Gesellschaft ist demnach das umfassende Sozialsystem, das alles Soziale in sich einschließt und infolgedessen keine soziale Umwelt kennt.« Mit dem Luhmannschen Gesellschaftsbegriff werden Flächenraum und Sozialraum konzeptionell entkoppelt. Für Luhmann hat Gesellschaft keine soziale Umwelt, weil sie alles Soziale – definiert im Sinne der Systemtheorie als die Gesamtheit verstehbarer Kommunikation – einschließt. Gleichwohl ist die Gesellschaft ein »System in einer Umwelt. Sie ist ein System mit Grenzen. Diese Grenzen sind durch die Gesellschaft selbst konstituiert. Sie trennen Kommunikation von allen nichtkommunikativen Sachverhalten und Ereignissen, sind also weder territorial noch an Personengruppen fixierbar. [...] und als Resultat von Evolution gibt es dann schließlich nur noch eine Gesellschaft: die Weltgesellschaft, die alle Kommunikationen und nichts anderes in sich einschließt und dadurch völlig eindeutige Grenzen hat« (ebd.: 557).

Luhmann kann den Gesellschaftsbegriff in seinen flächenextensionalen Aspekten nur so weit, nämlich auf den gesamten Globus ausdehnen, weil er ihn gleichzeitig inhaltlich extrem stark einschränkt, nämlich auf »alle Kommunikationen«. Würde man – etwa im Sinne von Hans Lindes »Sachdominanz in Sozialstrukturen« (1972 und 1982) – den Bereich des Gesellschaftlichen als den Gegenstand soziologisch relevanter Reflexionen auf sozial relevante nichtkommunikative Sachverhalte und Ereignisse ausweiten, so entschwände tendenziell die »Umwelt« von Gesellschaft, weil der gesamte Globus als von menschlichen Interventionen geformte »Kulturlandschaft« prinzipiell von soziologischem Interesse wäre. Bezieht man alle von Menschen in Sozialzusammenhängen produzierten Artefakte und Symbolsysteme in das Gesellschaftliche mit ein, so ist der ganze Globus – inklusive der von Menschen befahrenen Flüsse und Eisenbahnstrecken, der anthropogen produzierten Luftverschmutzung, der Gebäude und Telekommunikationssignale etc. – Gesellschaft. Schließt man umgekehrt Artefakte (z. B. Gebäude und Werkzeuge), einen Teil der sozialen Praxis (z. B. die Auseinandersetzung des Menschen mit seiner natürlichen Umwelt etwa in der Arbeit) und einen Teil der Symbolsysteme (z. B. Kleidung und Autos) aus dem Kommunikationsbegriff aus, so ergibt sich eine recht sonderbare »vergeistigte« Gesellschaft ohne jeglichen Bezug zu flächenräumlichen Extensionen.

Was in der Systemtheorie zunächst wie eine elegante Lösung des Problems aussieht, das Verhältnis von Sozialräumen zu Flächenräumen zu bestimmen, erweist sich letztlich als eine völlige Enträumlichung des Sozialen. In diesem Zusammenhang ist ein von dem Geographen Derek Gregory und dem Soziologen John Urry gemeinsam vorgetragenes Argument bemerkenswert. In Kritik an bestimmten Denktraditionen in der Soziologie einerseits und in der Humangeographie andererseits, den Gegenstand der eigenen Wissenschaftsdisziplin durch den isolierenden Bezug auf »das Soziale« bzw. »das Räumliche« hervorzuheben, betonen Gregory/Urry (1985: 2) einen Aspekt, der auch für die Diskussion der Luhmannschen Begründung von Weltgesellschaft relevant ist:

»Das ›Soziale‹ war getrennt vom Raum – ein grundlegender Kantianischer Dualismus –, und auf ganz ähnlich exklusive Art und Weise, wie Durkheim versucht hatte der Soziologie eine Nische zu sichern, – indem er die Erklärung sozialer Strukturen durch intrinsische soziale Prozesse zu ihrem Objekt deklarierte –, wurde die Humangeographie definiert: als Erklärung räumlicher Strukturen durch intrinsische räumliche Prozesse.«

Ohne hier in eine Diskussion über die verschiedenen Konzepte von Weltgesellschaft und Globalisierung eintreten zu können (vgl. z. B. Braudel 1986, Pieterse 1994, Sklair 1995, Stichweh 1995, Wagner 1996, Wallerstein 1985, Waters 1995 und das folgende Kapitel 5), sei nur die vielleicht konsensfähige Bemerkung gemacht, dass die »Herleitung« der Entkoppelung von Flächenraum und Sozialraum in der Luhmannschen Systemtheorie theoretisch-definitorischer Art ist und nicht als zeitdiagnostische empirische Realanalyse vorgestellt wird. So berechtigt viele Elemente der Kritik an dem traditionellen Gesellschaftsbegriff der Sozialwissenschaften bei Niklas Luhmann auch sein mögen, die »doppelt exklusive Verschränkung von Sozialraum und Flächenraum« im klassischen nationalstaatlichen Gesellschaftskonzept dadurch aufzulösen, dass man einfach die flächenräumliche Dimension alles Sozialen ausblendet, kann keine angemessene Lösung sein.

Weiterführende Kritik am Gebrauch des Gesellschaftsbegriffs und speziell an der Vorstellung der Nationalgesellschaft als eines Behälterraumes hat auch Friedrich Tenbruck geäußert. »Mit der Ausrufung einer ›Wissenschaft von der Gesellschaft‹ avancierte der neue Begriff ›Gesellschaft‹ von einem Hinweis auf die sozialen Erscheinungen zu deren Erklärungsgrund. Dies zuerst einmal durch die stille Unterstellung, daß die sozialen Erscheinungen als eine Vielfalt eigener Gesellschaften existierten, also jeweils einer bestimmten Gesellschaft zuzurechnen und folglich aus dieser zu erklären seien« (1989: 422). Die Soziologie entstand fast zeitgleich mit der Herausbildung von modernen Nationalstaaten, was nicht ohne Folgen für sie blieb. Nationalstaaten sind – so Tenbruck – die überwiegende flächenräumliche und territoriale Bezugs- und Analyseeinheit für Gesellschaften. Moderne Gesellschaften werden in der Regel als Nationalgesellschaften und nicht selten im Sinne der »Behälter«-Anschauung gedacht. In diesem flächenextensionalen Referenzrahmen von Nationalgesellschaften wurde das AGIL-Schema des Strukturfunktionalismus von Talcott Parsons[7] ebenso entwickelt wie die Theorien zur Sozialen Ungleichheit und zum Sozialen Wandel. Die sozialen und gesellschaftlichen Beziehungen jenseits der und über die Grenzen der nationalgesellschaftlichen Aussage- und Bezugseinheiten hinweg wurden dabei vor allem als Stör- und Restgrößen verstanden:

»Soziale Erscheinungen treten uns eben in ihren räumlich und zeitlich nächsten Verstrebungen und Grenzen entgegen, wo sie als Teil oder Aspekt einer Gesellschaft erscheinen. [...] Auch die Soziologie konnte allerdings die vielfältigen Verklammerungen zwischen Gesellschaften nicht völlig übersehen. Je nach Zeit und Lage nahm man von den ›Fremden‹, von ›Immigranten‹ oder ›Gastarbeitern‹ Kenntnis, stellte äußere Lagen und Einflüsse in Rechnung oder wies sogar auf Vergesellschaftungen hin, die quer über die Gesellschaften hinweg liefen. Auch darüber wurden gehaltvolle Untersuchungen vorgelegt, blieben aber stets, wenn nicht Sonderinteressen, so doch in der Frage befangen, wie diese Vorgänge von der betroffenen Aufnahmegesellschaft assimiliert und integriert werden können, oder welche ›Subkulturen‹ und ›Minoritäten‹ andernfalls in ihr entstehen« (ebd.: 424f.).

Man muss nicht mit Tenbrucks Kritik der nationalgesellschaftlichen Perspektive auf Soziales völlig übereinstimmen. Denn in den ersten hundert Jahren soziologischer Forschung war der geographische Rahmen von Nationalstaaten für die Analyse sozialer Strukturen und Prozesse realgesellschaftlich von zentraler Bedeutung und legiti-

7 Mit AGIL werden allgemein die Funktionen der vier wichtigsten sozialen Subsyteme bezeichnet: Adaptation (als Anpassung eines Systems an seine Umwelt, konkret z. B. über Wirtschaft und Geld), Goal Attainment (als Zielerreichung z. B. über Politik und Macht), Integration (als Zusammenhalt aller Systemelemente z. B. über Erziehung) und Latency (als Erhalt latenter Strukturmuster z. B. über Familie und Autorität).

mierte sich dadurch, dass ein bedeutender Teil sozialer Räume in diesem Flächenraum angemessen analysiert und verstanden werden konnte. Aber für das 21. Jahrhundert treffen Tenbrucks allgemeine Überlegungen zum Verhältnis von Gesellschafts- und Weltgeschichte sicherlich ebenso ins Schwarze wie seine konkreten Hinweise auf grenzüberschreitende Wanderungen.

Ein Beispiel für die Kombination eines nationalgesellschaftlichen »Container«-Konzeptes von Gesellschaft und eines darin verorteten relationalen Konzeptes »sozialer Räume« liefert Pierre Bourdieu (1982 und 1985). Innerhalb gegebener Nationalgesellschaften untersucht Bourdieu die »sozialen Räume«, innerhalb derer sich die »feinen Unterschiede« sozialer Ungleichheiten ausdifferenzieren. Soziale Räume versteht er dabei als Kombinationen aus sozialen Positionen (als objektiviertem Kapital) und aus Lebensstilen (als inkorporiertem Kapital) entlang der drei Grunddimensionen von Kapitalvolumen, Kapitalstruktur (ökonomisches, kulturelles, soziales und symbolisches Kapital) und zeitlicher Entwicklung dieser beiden Größen im Lebensverlauf. Damit konnte er die Zeitdimension systematisch integrieren und präsentierte ein – zumal für das Ende der siebziger Jahre – interessantes Konzept für die Erforschung sozialer Ungleichheit. Obgleich der Raumbegriff bei Bourdieu einen zentralen Stellenwert einnimmt, sucht man eine systematische Auseinandersetzung mit (sozial-)wissenschaftlichen und speziell soziologischen Raumvorstellungen dort vergeblich. Das Konzept des sozialen Raumes ist bei Bourdieu eher eine implizite flächenräumliche Assoziation des Sozialen als eine explizite Theorie des Verhältnisses von Sozialem und Räumlichem.

Dagegen hat sich Anthony Giddens (1981 und 1985) vergleichsweise ausführlich mit dem Verhältnis von (Flächen-)Raum, Zeit und sozialen Beziehungen auseinandergesetzt. Anknüpfend an die Arbeiten von Hägerstrand (1975) schlägt er die Konzepte von *locales* und von *regions* bzw. *regionalisation* vor, um die (Flächen-)Raumdimension mit seiner Theorie der Strukturierung zu verknüpfen. Nach Giddens (1981: 39f.) definieren alle Gesamtheiten (*collectivities*) so genannte *locales of operation* als physisch gegebene Orte in Verbindung mit typischen Interaktionen, die an den jeweiligen Orten stattfinden. Giddens bevorzugt den Begriff *locale* gegenüber *place*, weil es sich bei Letzterem um eine rein geographische Positionsbestimmung handelt, während *locales* aus der Sicht von Giddens maßgeblich an der Konstitution der Struktur sozialer Systeme beteiligt sind. *Locales* reichen dabei von festumrissenen Orten – wie Wohnung, Büro, Fabrik – bis hin zu groß angelegten Gebilden wie Nationalstaaten oder Weltreichen. Die Giddenssche Verbindung von Raum und Zeit in den Konzepten der *locales* als den Interaktionssettings und den *regions* als den spezifischen Raum-Zeit-Sphären routinisierter alltäglicher Lebenspraxen sowie seine These einer Neuschneidung des Verhältnisses von Raum und Zeit – vor allem durch die modernen Transportmittel – sind auch heute noch von großer Bedeutung. Sie lassen sich unmittelbar mit der Überlegung einer zunehmenden *Entschachtelung von Flächenraum und sozialem Raum* verbinden, die im Folgenden erläutert werden soll. Gerade weil die Flächenräume angesichts schnellster Fortbewegungsmöglichkeiten im Hinblick auf die Endlichkeit menschlichen Lebens (»finitude of the life-span«, ebd.: 266) und noch mehr im Hinblick auf die modernen Kommunikationstechnologien extrem stark »zusammenschrumpfen«, können sich die Sozialräume, in denen sich menschliche Alltagsroutinen von Interaktionsbeziehungen aufspannen, von den geographischen Begrenzungen ihrer »Spannweite« partiell emanzipieren.

»Partiell emanzipieren« bedeutet aber gerade, dass die Bindung alles Sozialen und aller Sozialräume an flächen- und zeiträumliche Extensionen nicht völlig aufgehoben wird, sondern dass sich das Verhältnis zwischen Flächenraum, Sozialraum und Zeitlichkeitsraum verändert. Sozialräume können sich aufgrund neuer, sie konstituierender technischer Artefakte, veränderter sozialer Praktiken und Symbolsysteme über längere Zeiträume und über weitere Flächenräume erstrecken.[8] Das Beispiel der Familie von Doña Rosa zeigt sehr anschaulich, dass intensive Sozialbeziehungen in Form alltäglicher oder zumindest wöchentlicher Telefongespräche, zweiwöchentlicher oder zumindest monatlicher Geldüberweisungen, regelmäßigen Austausches von Zeitschriften, Büchern, typischen Nahrungsmitteln und des halbjährlichen oder jährlichen Ortswechsels einiger Familienmitglieder über sehr weite Distanzen und mehrere Jahrzehnte und sogar Generationen andauern und sich noch festigen können. Diese Sozialbeziehungen bewegen sich nicht im flächenräumlichen Niemandsland, sie sind nicht »de-territorialisiert«, sondern spannen sich zwischen verschiedenen *locales* und *regions* im Sinne Giddens'

8 Als Ideenskizze zur Analyse sozialer Ungleichheiten in einer über den Nationalstaat hinausreichenden weltweiten Perspektive vgl. z. B. Weiß 2002.

auf. Dieses Verständnis ist keineswegs selbstverständlich, denn mit der Globalisierungsdebatte der vergangenen zwei bis drei Jahrzehnte entwickelte sich auch eine Denkrichtung, die die Bedeutung des Flächenraumes für die menschlichen Beziehungen und Lebenswelten grundsätzlich in Frage stellt.

4.5 De-Territorialisierung des Sozialen in *Spaces of Flows*?

Mit der Globalisierungsdiskussion fand seit etwa den achtziger Jahren in den Sozialwissenschaften und im allgemeinen gesellschaftlichen Diskurs die Idee einer De-Territorialisierung des Sozialen Verbreitung. International agierende Unternehmen wurden als »footless companies« eingeschätzt und tituliert. Es etablierte sich das Bild von den Billionen US-Dollar, die als Finanzkapital tagtäglich gleichsam grenzenlos den Erdball umspülen, ohne dass ihnen rechtliche oder andere institutionelle Hindernisse entgegenstünden oder ihnen materielle Bewegungen von Waren oder Dienstleistungen entsprächen. Die alltägliche Lebenswelt sei für die meisten Menschen – so die entsprechende Diagnose – aufgrund der täglichen globalen Nachrichtenflut und der neuen, sehr weiten Bevölkerungskreisen zugänglichen Transport- und Kommunikationsmöglichkeiten nicht mehr lokal gebunden, sondern Teil eines »globalen Dorfes«. Aufgrund dieser so verstandenen Globalisierung würden sich die Konsumgewohnheiten der Menschen genauso annähern (»McDonaldization«) wie die globalen Symbolsysteme des Internet-Englisch, der Nachrichtensendungen und der Kleidermoden.

Was für Niklas Luhmann die abstrakt-definitorische Ausweitung des Gesellschaftsbegriffes von der traditionellen »Container«-Nationalgesellschaft zur Weltgesellschaft war, das ist für viele Anhänger einer sehr globalen Globalisierungsthese und der De-Territorialisierungsthese die schlichte Ausdehnung der flächenräumlichen Bezüge alles Sozialen auf den gesamten Globus. Die dahinterstehende Annahme lautet: Wenn das Soziale und die Sozialräume nicht mehr flächenräumlich gebunden, begrenzt und fokussiert sind, dann befindet sich die ganze Welt nur noch in einem Fließprozess. Geographisch-territoriale Grenzziehungen verlieren demzufolge angesichts »schrankenloser« Kapital- und der in Echtzeit organisierten Informationsflüsse durch das Internet zunehmend ihre strukturierende Kraft. Unsere räumliche und zeitliche Welt wird »komprimiert« und »schrumpft« zunehmend zusammen, wie der bekannte Geograph David Harvey (1989) es formulierte. Und Malcolm Waters formuliert den Zusammenhang von Globalisierung und Flächenräumen kategorisch: »Wir können folglich Globalisierung definieren als einen sozialen Prozess, in dem sich *die Beschränkungen sozialer und kultureller Arrangements durch die Geographie auflösen* und in dem die Menschen sich dieses Prozesses zunehmend bewusst werden« (1995: 3, Hervorhebung L. P.).[9]

Für Martin Albrow und andere führt die Globalisierung zu einer »Abstraktion alter Konzepte territorialer Bezüglichkeit« (Albrow et al. 1997: 35). Manuel Castells (1996 und 1998) und John Urry (2001) sprechen gar davon, dass sich unsere Welt in einem mehr oder weniger grenzenlosen »space of flows« auflöse. In dieser Perspektive werden die Beziehungen zwischen Räumlichem und Sozialem praktisch zugunsten von Letzterem aufgelöst: Die Raumdimension des Sozialen verflüchtigt sich gleichsam im globalisierten Cyberspace. Was bei Luhmann das Ergebnis theoretisch-begrifflicher Gedankenspiele ist, ergibt sich für Castells und Urry als gleichsam unausweichlicher empirisch zu beobachtender Trend sozialen Wandels. Die sich aus einer solchen gesellschaftlichen Zeitdiagnose ergebenden politischen Konsequenzen formuliert Beate Kohler-Koch folgendermaßen:

»Die These von den ›entgrenzten Räumen‹ soll die Aufmerksamkeit darauf lenken, daß Territorialität und das Zusammenfallen gesellschaftlicher Funktionsräume im Staat distinkte Merkmale des westfälischen Modells sind, die durch politisches und unternehmerisches Handeln in erheblichem Ausmaß verlorengegangen sind. [...] Die theoretische Herausforderung verknüpft sich mit der These, dass Internationalisierung ein neuartiges Problem für politisches Handeln schafft, weil nicht nur die Wirkungs- und Gestaltungsräume von Regierungen auseinanderfallen, sondern die internationale Expansion von Interaktionsräumen auch zu neuen funktionalen Differenzierungen und internen Grenzverschiebungen führt« (Kohler-Koch 1998b: 11).

9 Der von Waters (1995) gemachte Vorschlag, die materiellen, die politischen und die symbolischen Austauschbeziehungen jeweils in ihrem spezifischen Verhältnis zum Raum zu untersuchen, ist grundsätzlich sehr interessant; allerdings ist die Begrenzung des materiellen Austausches auf *localities* und des politischen Austausches auf *territories* ebenso fragwürdig wie die »De-Territorialisierung« des symbolischen Austausches, wenn er diesem die Loslösung sozialer Bindungen von räumlichen Bezügen zuschreibt (ebd.: 9).

Wer vor dem Hintergrund der beobachtbaren Globalisierungstendenzen die Raumdimension des Sozialen zu einer Analysekategorie erklärt, auf die zunehmend verzichtet werden kann, der schüttet letztlich das Kind mit dem Bade aus. Die flächenräumlichen Muster von Sozialräumen werden neu strukturiert, aber die Dimension des Flächenraums bleibt für die Analyse von Sozialräumen nach wie vor relevant, *sie gewinnt sogar noch an Bedeutung*. Es sind diese neuen Konstellationen von Flächenräumen, Sozialräumen und Zeitlichkeitsräumen, die den wesentlichen Gehalt des sozialen Wandels zum Beginn des 21. Jahrhunderts ausmachen. Schon frühzeitig haben Autoren wie Scott Kirsch betont, dass »der Flächenraum nicht einfach nur (global) homogenisiert, sondern immer auch fragmentiert wurde. [...] er ist nicht einfach zusammengeschrumpft, sondern wurde transformiert« (Kirsch 1995: 532f.).

In Anlehnung an Michael Kearney argumentiert Michael Peter Smith gegen eine allzu globale Perspektive auf Globalisierung als die tendenzielle Auflösung alles Flächenräumlichen und Ortsgebundenen in einem unendlichen »Raum des Fließens«: »Während die Debatte um Globalisierung die Aufmerksamkeit auf soziale Prozesse lenkt, die weitgehend ›dezentralisiert sind von spezifischen nationalen Territorien‹, wie etwa Manuel Castells (1997) Diskussion über die in einem ›space of flows‹ stattfindenden Globalisierung(en), beschreibt die Forschung um *transnationale* Prozesse transnationale soziale Beziehungen als ›verwurzelt‹, obwohl sie über einen oder mehrere Nationalstaaten hinweg verlaufen« (Smith 2001: 3). Die Herausforderung besteht also vor allem darin, das Denken in den traditionellen Bildern der souveränen, mehr oder weniger in sich ruhenden und sich selbst genügenden und begründenden nationalen »Container-Gesellschaften« zu überwinden, ohne allerdings die Bindungskraft von Flächenräumen als Nationalstaaten, Territorien als *contested terrains*, *locales* und *regions* völlig zu leugnen.

Das Konzept der Transnationalisierung setzt genau hier an. Es geht ja – wie schon der Begriff selbst nahelegt – von einer nach wie vor bedeutenden Strukturierungskraft von Nationen und nationalstaatlich verfassten Gesellschaften aus, betrachtet aber gleichzeitig auch die neuen (und alten, aber bedeutsamer werdenden) sozialräumlichen Verflechtungen jenseits und oberhalb dieser sozial- und flächenräumlichen Verschachtelungen in Form der »Container-Gesellschaften«. Wie schwer dieser begriffskonzeptionelle Balanceakt zwischen Relativierung und Betonung der Flächenraumgebundenheit alles Sozialen ist, zeigt sich z. B. an den Überlegungen von Roland Robertson und anderen Autoren zum Konzept der Glokalisierung (vgl. dazu auch Abschnitt 5 in Kapitel 5). In einer neueren Veröffentlichung definieren Giulianotti/Robertson (2006) den Begriff der Glokalisierung in genau dem hier betrachteten Spannungsfeld von Lokalem und (enträumlicht) Globalem.

Lokale Kulturen begründen sich demzufolge nicht einfach – in einer essentialistischen Perspektive – aus sich selbst heraus, sondern gerade aus der Bezugnahme auf Anderes, auf andere lokale Traditionen und Kulturen: »Wir gehen davon aus, dass sich lokale Kulturen nicht einfach gegeneinander abgrenzen. Die Glokalisierung umfasst vielmehr auch das *Gefüge* oder die *Erfindung* lokaler Traditionen bzw. spezifischer partikularer Formen« (ebd.: 172, Hervorhebung im Original). Die Autoren verstehen unter Glokalisierung gerade die gleichzeitigen Entwicklungen hin zur globalen und zur lokalen Ebene politischer (und generell gesellschaftlicher) Beziehungen: »Glokalisierung beschreibt die gleichzeitige Umgewichtung der politischen Beziehungen in globale *und* lokale Bereiche; dies wird beispielshalber am zunehmenden Einfluss der Europäischen Gemeinschaft und der G8-Staaten einerseits und der starken Vermehrung wirtschaftlicher Initiativen und Partnerschaften auf lokaler Ebene andererseits sichtbar« (ebd.: 173, Hervorhebung im Original).

Gleichzeitig aber entwickeln sie ein Verständnis des Lokalen, welches von jeder spezifischen Bindung an einen Flächenraum gelöst wird: »Die kulturellen, ethnischen und nationalen Rahmungen, durch die Identitäten konstruiert worden sind, haben den intensiven Prozess der Deterritorialisierung unterwandert. Aus soziologischer Sicht macht es nun mehr Sinn, über das Lokale *nicht* in Begriffen des Territorialen nachzudenken. Wir ziehen es vor, das Lokale als Bündel sozialer Beziehungen zu betrachten, das üblicherweise verwurzelt ist in ethnischen oder kulturellen Identifikationsmustern sowie in dem Gefühl eines gemeinsamen Schicksals« (ebd.: 174, Hervorhebung im Original). In dieser Bestimmung des Lokalen als ein Bündel sozialer Beziehungen, die (nur) aus gemeinsamen ethnischen oder kulturellen Identifikationen und geteilten Glaubensvorstellungen bestehen, sind alle flächenräumlich fixierbaren Bezugspunkte explizit ausgeschlossen. Ähnlich wie bereits bei Niklas Luhmann und anderen Autoren scheint hier ein Konzept des Sozialen durch, welches losgelöst von

Flächenraum-Bezügen definiert wird. Dies aber erscheint vor dem Hintergrund der bisherigen Überlegungen zum Verhältnis von Flächenraum und Sozialraum als problematisch. Wie in der Einleitung zu dem bereits erwähnten und immer noch sehr lesenswerten Sammelband von Gregory/Urry (1985) betont wird, ist eine Soziologie, die das Soziale bzw. Sozialräumliche völlig losgelöst vom (Flächen-)Räumlichen behandelt, ebenso beschränkt wie eine Geographie, die das (Flächen-)Räumliche völlig isoliert vom Sozialen bzw. Sozialräumlichen betrachten wollte.

In einer historisch-geographischen Perspektive haben Lewis/Wigen (1997) in einer äußerst interessanten Untersuchung die flächenräumliche und kulturelle Konstruktion von Weltregionen untersucht. Dabei zeigt sich, dass die Selbst- und Fremdwahrnehmungen und die Selbst- und Fremdkonstruktionen sozialräumlicher Einheiten wie kultureller, religiöser, nationaler oder ethnischer Gruppen und »Zivilisationen« immer auch ge-»gründet« und be-»gründet« sind durch Bezugnahmen auf flächenräumliche Einheiten. Diese geographisch-flächenräumlichen *locales* und *regions* können die verschiedensten Formen annehmen. So werden z. B. »Container«-Sozialräume wie Imperien, Reiche oder Nationalstaaten häufig durch Flüsse, Gebirge oder größere Meere »de-finiert« (im doppelten Sinne von bestimmt und abgegrenzt). Was hierbei häufig als quasi-natürliche flächenräumliche *Begrenzung* von Sozialräumen erscheint und behandelt wird, erweist sich in der historischen Langfristperspektive als nichtnatürliche, sondern sozialräumliche Konstruktion, die sich geographisch-dinglicher Besonderheiten und flächenräumlicher Symbole und Semantiken bedient und zudem meistens in seinen flächenräumlichen Begrenzungen umstritten ist. Außerdem sind gerade die flächenräumlichen Grenzregionen zwischen »Container«-Sozialräumen nicht etwa soziales Niemandsland, sondern umgekehrt geographische Zonen mit höchster Konzentration sozialer Interaktionen und sozialräumlicher Verdichtung.

Das anschaulichste Beispiel für einen solchen Flächenraum als *locale*, der zwei sozial- und flächenräumlich unterschiedliche Containereinheiten »überbrückt« und dabei selbst wiederum einen eigenen Sozialraum konstituiert, ist vielleicht die Rialto-Brücke über den Canale Grande in Venedig (vgl. Abbildung 4).[10] Sie veranschaulicht

10 Den Hinweis auf die Rialto-Brücke verdanke ich meinem Kollegen Stefan Reichmuth, der ein Experte unter anderem für »transnationale« (bzw. genauer die Gren-

Abbildung 4: Die Rialto-Brücke in Venedig als verbindender Sozialraum

Foto: Julia Hirt

unmittelbar, dass gerade »der Raum dazwischen«, das »in between« zwischen den beiden Uferseiten des Großen Kanals, der freilich nicht Weltreiche oder Nationalstaaten voneinander trennt, eine flächenräumliche Zone hochgradig verdichteter sozialräumlicher Interaktionsbeziehungen ist. Diese Doppelnatur von flächen- und sozialräumlicher Begrenzungs- und Exklusionsfunktion einerseits und von sozialräumlicher Vermittlungs- und Inklusionsfunktion andererseits wurde in wissenschaftlichen Studien ebenso wie in der Literatur vielfältig für Grenzstädte, Grenzflüsse, für das (nur scheinbare) »Niemandsland« der Sahara und auch für ganze Meeresregionen beschrieben (zu Letzterem vgl. Bose 2002).

Martin Lewis und Kären Wigen haben in diesem Zusammenhang eine Herausforderung für die Geographie formuliert, die ebenso für die Soziologie gilt wie für die Sozialwissenschaften insgesamt: »Diese Herausforderung besteht darin, das Beste zweier kontrastierender

zen politischer Reiche überspannender) Netzwerke islamischer Schriftgelehrter im 18. Jahrhundert, aber auch für transnationale moderne Organisationen wie die Moslembruderschaft ist, vgl. Loimeier/Reichmuth 1996; Reichmuth 2000 und Reichmuth/Grundmann 2007.

Traditionen zu vereinen: eine, die die Integrität und Dauerhaftigkeit kultureller Makroregionen erkennt, und eine andere, die das Begriffsinventar zur Analyse der Zusammenhänge zwischen ihnen liefert« (Lewis/Wigen 1997: 141). Dies erfordert, die traditionell dominante Vorstellung von Sozialräumen als ausschließlich uni-lokalen Behältern zu erweitern. Sozialräume können sich auch pluri-lokal über verschiedene (andere) flächenräumlich und sozialräumlich abgrenzbare Einheiten hinweg erstrecken. Sie sind deshalb aber nicht »deterritorialisiert«, wie z. B. Giulianotti/Robertson 2006 meinen. Das Lokale sollte auch nicht in »*non*-territorial terms« (ebd.: 174) gedacht werden. Das Lokale als *locales* oder Bühne und Verdichtung von sozialräumlichen Beziehungen ist immer eine Verschränkung von Flächenraum-, Sozialraum- und Zeitlichkeitsraumbezügen.

Nur in einer solchen dreidimensionalen wechselseitigen Konstitution und Konstruktion lassen sich alle drei Aspekte der für den Menschen erfahrbaren Welt erfassen und wissenschaftlich untersuchen. Lewis/Wigen (1997) unterbreiten in ihrer historisch und geographisch weit ausholenden Untersuchung vielfältige Beispiele für eine solche analytische Perspektive. In Anlehnung an den Vorschlag von Lewis/Wigen lassen sich konkret vier kulturelle Praktiken unterscheiden, die neue Sozialräume konstituieren und gleichzeitig Flächenräume pluri-lokal überspannen:

(1) Der *Zwischenraum* (middle ground) als ein durchaus umstrittenes »Gebiet«, in dem sich keine kulturelle (oder sozialräumliche) Hegemonie herausgebildet hat; hierbei handelt es sich um einen »provisorischen, fragilen und im Wesentlichen abstrakten kulturellen Raum [...] in dem Kulturen unablässig über ungleich geteiltes Terrain verhandeln« (ebd.: 151) und in dem Diasporas von andernorts lokalisierten Sozialräumen als die wichtigen Verbindungslinien wirken, die wirtschaftlichen und kulturellen Austausch ermöglichen.

(2) Die *Diaspora* als eine flächenräumlich-lokale »Dependance« einer größeren, in der Regel flächen- und sozialräumlich integrierten und zusammenhängenden Einheit; Kennzeichen solcher Diasporas ist der dauerhafte Rückbezug auf und die Selbstdefinition durch das »Heimatland«; charakterisiert durch »den Fortbestand einer gemeinsamen Indentität über erschreckend große Distanzen, dienten solche transnationalen Gemeinschaften als wichtige Kanäle für interkulturellen Handel« (ebd.: 152; vgl. auch Cohen 1997).

(3) Als *Archipel* bezeichnet man allgemein eine Inselgruppe, die als Teil eines unter der Wasseroberfläche mit dem Festland verbundenen Gebirges

wieder aus dem Wasser herausragt; im übertragenen Sinne sind hiermit Enklaven als »Inseln« einer entfernteren gegebenen flächen-sozialräumlichen Einheit innerhalb einer anderen flächen-sozialräumlichen Einheit gemeint; Lewis/Wigen definieren Archipel als

»›Enklaven‹ einer kulturellen Gruppe wie etwa die Millionen Arabisch sprechenden Christen, die im Nahen Osten verteilt leben, oder die Mandarin sprechenden Muslime im Zentrum Chinas« (ebd.: 153).

(4) Schließlich kann man als *Kulturmatrix* einen (uni- oder pluri-lokalen) Sozialraum verstehen, in dem sich die Menschen relational entsprechend verschiedener Dimensionen wie z. B. nationaler, kultureller, sozialer, ethnischer und religiöser Zugehörigkeiten multipel verorten; diese »kulturelle Art von Matrix grenzübergreifender sozialer Praktiken« kann man mit Begriffen wie Synkretismus, Hybridität oder Patchwork-Sozialraum assoziieren; für Lewis/Wigen ist »Identität in einem Matrix-Model eine Frage der Position des Einzelnen innerhalb eines multidimensionalen Rasters« (ebd.: 152).

Zusammengefasst zeigt sich: Das Konzept der nationalstaatlich verfassten »Container«-Gesellschaft geht von einer doppelt exklusiven Verschachtelung von Flächenraum und Sozialraum aus. Diese Vorstellung ist durchaus nicht völlig falsch, sie muss aber in zwei Richtungen relativiert und ausdifferenziert werden. Zum einen können sich in ein und demselben Flächenraum sehr unterschiedliche, nicht miteinander in Beziehung stehende oder in mehr oder weniger »friedlicher Koexistenz« zueinander stehende Sozialräume befinden und gleichsam übereinander »aufstapeln«. Dies gilt für alle vier oben skizzierten Modelle: den Zwischenraum, die Diaspora, den Archipel und die Kulturmatrix. Sie alle beanspruchen als Sozialräume nicht einen exklusiven Flächenraum ausschließlich für sich, sondern teilen sich eine flächenräumliche Extension mit anderen sozialräumlichen Einheiten. Die neuere Forschung zur sozialen Ungleichheit liefert für diese sozialräumlichen Übereinanderschichtungen im gleichen Flächenraum ebenso beredte Beispiele (schon Kreckel 1983; Beck 1986; Schulze 1993) wie die Forschungen über Multikulturalität und Pluriethnizität (Waters 1990) oder Global Cities (Sassen 1991 und 1995). Natürlich haben sich schon immer unterschiedliche *soziale Sphären* in ein und demselben spezifischen Flächenraum ausdifferenziert, wie etwa ständische Lebenswelten oder soziale »Schichten«. Doch waren diese über geteilte Symbol- und Weltsichten sowie gemeinsame kulturelle und soziale Praxen direkt in einem Sozialraum miteinander verbunden. Genau dies aber gilt für die Global Cities nicht mehr: Sie sind flächenräumliche Agglomerationen völlig unterschiedlicher und nur minimal miteinander korrespondierender und sich exkludierender Sozialräume.

Neben dieser »Aufstapelung« unterschiedlicher Sozialräume im gleichen Flächenraum findet umgekehrt zunehmend auch eine pluri-lokale Ausdehnung von Sozialräumen über mehrere Flächenräume statt: Die beiden beschriebenen Sozialraumformen des *Archipel* und der *Diaspora* sind hierfür ebenso Beispiele wie pluri-lokale *Kulturmatrizen*. Im letzteren Fall entstehen transnationale Sozialräume etwa durch neue Formen internationaler Migrationsprozesse und durch internationale Organisationen. Dabei handelt es sich um soziale Räume, die keine eindeutig-exklusive, sondern eine multipolare flächenextensionale Bindung aufweisen: Die Großfamilie von Doña Rosa ist ein Beispiel für die Herausbildung eines solchen alltagsweltlichen Sozialraumes. Aber auch in und durch internationale(n) Profit- und Non-Profit-Organisationen können sich transnationale Sozialräume herausbilden.

Nur wenn man Flächenräume, Sozialräume und Zeitlichkeitsräume als systematisch-analytische Dimensionen ein und derselben menschlichen Daseinswirklichkeit betrachtet, lassen sich die verschiedenen Formen alter und neuer Arrangements von Flächen-Sozialräumen differenziert betrachten. So zeigt sich, dass ein Großteil der in der Globalisierungsdiskussion gemeinten Phänomene und Wandlungstendenzen das Prinzip der »doppelt exklusiven Verschachtelung von Flächenraum und Sozialraum« nicht grundsätzlich in Frage stellt oder überwindet, sondern schlicht deren *Erweiterung* etwa auf die Ebene der Europäischen Union oder gar der gesamten Welt betrifft. So dehnten z. B. die dampfmaschinengetriebenen Transportmittel und die elektrische Informationsvermittlung den unmittelbaren Aktionsradius der Menschen im 19. Jahrhundert revolutionär aus. Dabei handelte es sich aber vorrangig um ein extensives flächenräumliches Anwachsen der sozialräumlichen Interaktionsverflechtungen: Man konnte sich weiter und schneller verständigen und bewegen.

Die doppelte Kongruenz von Flächenraum und Sozialraum war dadurch aber noch nicht ernsthaft und massiv in Frage gestellt. Genau hier aber gewinnen seit dem Ende des 20. Jahrhunderts andere Sozial-Flächenraum-Konfigurationen erheblich an Bedeutung. Neil Brenner (1999: 41) argumentiert, dass eine doppelte Veränderung stattfindet:

»1) Die Überwindung der staatszentrierten Konfiguration einer kapitalistisch territorialen Organisationsform, die im 20. Jahrhundert die überwiegend vorherrschende war; und 2) die Herstellung neuer Strukturen von Territorialität sowohl unter- als auch oberhalb der national-geographischen Ebene.« Diese neuen Raumkonfigurationen können – so Brenner (ebd.: 69) – nicht angemessen verstanden werden als »benachbart, wechselseitig exklusiv und als sich selbst einschließende räumliche Blöcke«. Vielmehr führen diese Restrukturierungen von Flächen-Sozialraumbezügen zu sehr verschiedenen Formen der Internationalisierung von Vergesellschaftung. Im folgenden Kapitel sollen sieben verschiedene Idealtypen von Internationalisierung systematischer bestimmt werden.

5 Die Internationalisierung von Vergesellschaftung

Seit dem 18. Jahrhundert strukturierte sich die soziale Welt immer stärker nach dem Prinzip von Nationen, Nationalstaaten und Nationalgesellschaften. Dies gilt sowohl für das Denken und die Vorstellungen von sozialräumlichen Einheiten als auch für die Praxis des entsprechenden kollektiven Handelns und für die realen Austauschbeziehungen von Waren, Kapital, Personen und Informationen.[1] Danach bilden Nationalgesellschaften bekanntlich den großen Schmelztiegel, in dem sich historisch verschiedene Volksstämme und Ethnien zu einem mehr oder weniger einheitlichen und zusammenhängenden Sozialgebilde verschmolzen und geformt haben. In einem bestimmten geographischen und erfolgreich als Territorium behaupteten Raum lebt demzufolge eine soziale Großgruppe von Menschen, die sich voneinander in gesellschaftlich besonders bedeutsamen Merkmalen wie ihrem Aussehen, ihrer Sprache, ihrer Kultur und ihrer Geschichte signifikant weniger unterscheiden als sie sich im Durchschnitt von den Menschen anderer sozialer Großgruppen bzw. Nationen unterscheiden.

Selbst im 21. Jahrhundert verstehen sich natürlich nicht alle Nationalstaaten gleich intensiv auch als Nationalgesellschaften in diesem essentialistischen Containerraumverständnis. In Belgien existieren die beiden Großgruppen der Flamen und Wallonen. In Spanien wird ein nationalgesellschaftliches Zugehörigkeitsverständnis durch die Differenzierung nach den »autonomen Gebieten« (regiones autónomas) und hier vor allem den Regionen der Katalanen, der Basken und der Galizier relativiert. In vielen Regionen Afrikas existieren funktionierende Nationalstaaten weder in den Selbst- und Fremdwahrnehmungen der dort lebenden Menschen, noch durch die sichtbare erfolgreiche Behauptung der Grundprinzipien staatlicher Souveränität – wie z. B. des Prinzips eines staatlichen Monopols legitimer physischer Gewaltsamkeit. In Russland, China, Indonesien oder In-

1 Vgl. zur historischen Einordnung von Nation und Nationalstaat Langewiesche 2000; zur Begründung, warum es wenig sinnvoll ist, Transnationalismus und Transnationalisierung wesentlich vor dem 18. Jahrhundert oder wesentlich später erst im 20. Jahrhundert zu verorten, vgl. Patel 2004: 634f.

dien beanspruchen spezifische Menschengruppen unter Berufung auf ethnische, sozial-kulturelle oder historisch-politische Gemeinsamkeiten ihre Autonomie oder staatliche Unabhängigkeit. In multi-ethnischen und multikulturellen Einwanderungsgesellschaften wie den USA, Argentinien oder Australien wird eine nationalgesellschaftliche Identität gerade durch die Betonung der »Einheit in der Vielfalt« begründet.

All diese Beispiele zeigen: Nationalstaaten und Nationalgesellschaften sind keine ein für alle Mal geschaffenen unverrückbaren »Behälter«, in denen Menschen »naturgemäß« ihr Leben einrichten. Vielmehr ist die Nationenbildung und die nationale Vergesellschaftung ein dauernder und dynamischer, ein nach innen und nach außen spannungsgeladener Prozess der kollektiven Selbst- und Fremdvergewisserung sowie der Struktur- und Institutionenbildung. Auch die historischen Entstehungsbedingungen der modernen Nationalstaaten und Nationalgesellschaften unterscheiden sich von Land zu Land zum Teil ganz erheblich. Ehemalige Großreiche wie China oder Indien befestigten sich z. B. als nationale Einheiten *aus sich selbst heraus* durch einschneidende gesellschaftliche Veränderungen und Ausdifferenzierungen nach innen und die Entwicklung einer gemeinsamen Geschichte und Identität nach und gegen außen (in der Regel gegen ehemals dominante Regional- oder Kolonialmächte wie Japan und Großbritannien).

Einige Teile dieser ehemaligen Großreiche konnten sich in diesem Prozess der Nationenbildung auch abspalten und selbst als Nationalgebilde etablieren. Dies gilt etwa für Pakistan und Bangladesch. Tibet und Taiwan befinden sich in einer Zwischensituation. Viele Nationalstaaten sind auch aus dem Auflösungsprozess ehemaliger Großreiche hervorgegangen wie z. B. im Nahen Osten der Iran, Irak, Syrien und die Türkei. Eine solche Nationenbildung *durch Abgrenzung und Ablösung* von einer anderen, größeren Sozialeinheit ist schließlich auch ein durchgängiges Muster in vielen ehemals zu großen Kolonialreichen wie Holland, Großbritannien oder Spanien gehörenden Regionen. Die Philippinen und Neuseeland, Uruguay und Mexiko haben ihr Gepräge sehr stark durch die ehemaligen Kolonialmächte, deren Verwaltungsstrukturen und Kulturerbe erhalten (vgl. Pietschmann 1980).

Während bei der Nationenbildung *durch Abgrenzung und Ablösung* substantielle Gemeinsamkeiten der entstehenden Nationen –

etwa durch gemeinsame Geschichte, ethnische oder sprachliche Muster – bereits während der Zugehörigkeit zu den ehemaligen Großreichen bestanden, entwickelten sich viele Nationalstaaten in Afrika durch die mehr oder weniger aufgezwungene *Vereinigung von oben* im Rahmen ihrer vorhergehenden Kolonialgeschichte. Ein Blick auf die politische Landkarte Afrikas mit seinen vielfach mit dem Lineal gezogenen Landesgrenzen macht diesen Nationenbildungsprozess »von oben« sofort sichtbar. Ein Vergleich der traditionellen Grenzen von Stämmen und Sprachgebieten mit den im 20. Jahrhundert geschaffenen Nationalstaatsgrenzen verdeutlicht die Willkür der letztlich von außen bestimmten Nationenbildung: In keinem einzigen Fall stimmen die geographischen Raumgrenzen der Nationalstaaten mit den sozialräumlichen Grenzziehungen nach Sprachen und Stammesgebieten überein.[2] Die Vorstellung von Gesellschaften als Container-Sozialräumen reicht also offensichtlich nicht aus. Die inner- und zwischen-staatlichen Spannungen und Konflikte im Afrika des 21. Jahrhunderts sind vor allem ein Ergebnis dieser künstlichen und häufig gewaltsamen Einteilung geographisch definierter Territorialbehälter quer zu allen bestehenden sozialräumlichen Einheiten.

Schließlich hat sich eine nicht unerhebliche Anzahl von Nationalstaaten und Nationalgesellschaften *von unten* durch die meistens schmerzvolle und mühsame Vereinigung vormals kleinerer unabhängiger territorialer Sozialgebilde gefestigt. Dies gilt etwa für den insgesamt etwa ein halbes Jahrtausend dauernden Prozess der Herausbildung moderner Nationen, Staaten und Nationalgesellschaften in Europa. Das England Cromwells und das Frankreich unter Ludwig XIV. im 17. Jahrhundert sind Beispiele solcher Reichsbildungen, aus denen sich dann moderne Nationalstaaten entwickelten. Deutschland brauchte für diesen Prozess noch bis zur zweiten Hälfte des 19. Jahrhunderts. Die Heftigkeit des Nationalismus in Deutschland, der zu zwei von Deutschland initiierten Weltkriegen und zum millionenfachen Morden des Nationalsozialismus führte, hängt nicht zuletzt auch mit diesen besonderen Entstehungsbedingungen von Nationalstaat und Nationalgesellschaft zusammen.[3]

2 Vgl. hierzu die Übersichtskarte des afrikanischen Kontinents auf ⟨http://www.africamaps.com/hist1_antiquity.jpg⟩; Zugriff 28. 10. 2005.

3 Auf die unter Historikern und Sozialwissenschaftlern sehr umstrittene These eines ›deutschen Sonderweges‹ kann hier nicht näher eingegangen werden, vgl. etwa Habermas 1963; Nipperdey 1978; Wehler 2003; Elsässer 2003; Blackbourn/Eley 1980.

Zweifelsohne beeinflussen die jeweiligen Entstehungsbedingungen der Nationalstaaten auch deren innere Kohärenz und Stabilität, vor allem auch die Qualität und Prägekraft der entsprechenden Nationalgesellschaften. So sind Letztere bei dem Entstehungsmuster der Nationen *von unten* in aller Regel wesentlich stabiler und zeigen eine deutlichere Übereinstimmung von Nationalstaat und Nationalgesellschaft im Sinne der doppelten Verschränkung von territorialem Flächenraum und gesellschaftlichem Sozialraum, als dies bei den *von oben* entstandenen nationalen Gebilden der Fall ist. Insgesamt gilt, dass die Einteilung der Welt in Nationen, Nationalstaaten und Nationalgesellschaften im Sinne des essentialistischen Raumverständnisses keineswegs zu einem ein für alle Male gefundenen stabilen Verteilungsmuster von Flächen- und Sozialräumen nach Nationen geführt hat. *Nation building* und Vergesellschaftung sind dynamische und niemals abgeschlossene soziale Prozesse.

Allerdings ist gegenwärtig und auf absehbare Zeit keine Alternative zur Einteilung der Welt in Nationalstaaten und Nationalgesellschaften in Sicht. Supranationale Gebilde werden die Nationen in ihrer vergesellschaftenden Bedeutung ebenso wenig ersetzen wie subnationale Gebilde. Selbst die weltweit am weitesten vorangeschrittene supranationale Vergesellschaftungseinheit der Europäischen Union ist (bisher) nicht die vorrangige Sozialeinheit, der sich die Mehrheit der Menschen in Europa vorrangig zugehörig fühlt und in deren »Behältergrenzen« sie ihr Leben gestalten (Kaelble et al. 2002). In Bezug auf die alles Gesellschaftliche – die Wirtschaft, die Kultur, das Soziale, das Politische – am stärksten formende sozialräumliche Einheit wird es in absehbarer Zeit weder ein Zurück zu kleineren Einheiten (dem Lokalen oder der Mikro-Region) noch ein Vorwärts zu größeren Einheiten (der Makro-Region oder dem Globalen) geben. »Wir brauchen Nationalgesellschaften und internationale Vergleiche, wenn wir der ganzen verflixten neuen globalen Gesellschaft, in der wir angeblich jetzt leben, irgendwelche empirische Bedeutung geben wollen« (Favell 2001: 393).

Gleichzeitig aber – und dies soll im Folgenden im Mittelpunkt stehen – differenzieren sich mit zunehmender Internationalisierung die Raumbezüge alles Gesellschaftlichen sehr stark aus. Nationalstaat und Nationalgesellschaft sind zwar nach wie vor die wichtigste sozial-räumliche Bezugseinheit für Vergesellschaftungsprozesse, weshalb hier auch im Allgemeinen von Inter*nationalisierung* und im

Speziellen von Trans*nationalisierung* gesprochen wird. »Transnationale Studien gehen demnach den unterschiedlichen Graden der Interaktion, Verbindung, Zirkulation, Überschneidung und Verflechtung nach, die über den Nationalstaat hinausreichen – und zugleich spielt die Nation auch für sie eine bedeutsame, sogar eine definierende Rolle«[4] (Patel 2004: 628).

Nationalstaat und Nationalgesellschaft sind aber immer weniger ein fester *Behälter*, in dem sich Gesellschaft und das Soziale »autopoietisch«, also allein aus den inneren Regeln und Elementen heraus selbst (re-)produzieren. Immer weniger auch lässt sich das Bild aufrechterhalten, nach dem Nationalgesellschaften im Vergleich zu anderen Sozialeinheiten durchweg und fraglos als *homogenere* Gebilde dargestellt werden. Nur durch empirische Forschung lässt sich klären, in Bezug auf welche sozial relevanten Phänomene die Variationen *zwischen* Nationalgesellschaften tatsächlich signifikant größer sind als die Variationen *innerhalb* und *jenseits* von Nationalgesellschaften. Wenn man dagegen Vergesellschaftungsprozesse nur im Modell essentialistischer Raumbehälter denkt, dann wird man nach dem Zeitalter der Nationalgesellschaften nur die Ära der »Weltgesellschaft« oder des »Weltsystems« prognostizieren können.[5] Erst durch die *Kombination von essentialistischen und relationalen Raumvorstellungen* ergibt sich aber tatsächlich ein einigermaßen angemessenes Verständnis der Dynamik gegenwärtiger Vergesellschaftungsprozesse.

Natürlich sind im 21. Jahrhundert die Menschen überall auf der Welt immer stärker in grenzüberschreitende Verflechtungszusammenhänge eingewoben. Aber die (national)staatliche Verfasstheit des Sozialen löst sich nicht einfach auf. Über das Verhältnis der geographischen Räume zu den Sozialräumen, in denen die Menschen leben, muss gründlicher und expliziter nachgedacht werden. Dies ermöglicht auch, die unterschiedliche Betroffenheit sozialer Gruppen und Klassen durch die Internationalisierungsdynamik angemessen zu ver-

4 »Diese Definition korrespondiert übrigens mit der Logik des Präfixes *trans* in ›trans-national‹: Es verweist auf die Überschreitung der nationalen Demarkationslinien ebenso wie auf die qualitativen Veränderungen, die diese Transgression mit sich bringt. Gleichzeitig ist die *natio* – und nicht eine beliebige andere Analyseeinheit – ein Bezugspunkt« (ebd.: 633, Hervorhebung im Original).

5 Zu dieser systemtheoretisch vielleicht komplizierten, aber raumtheoretisch allzu einfachen Sichtweise des Weltsystemkonzeptes bei Niklas Luhmann vgl. z. B. Luhmann 1975 und zuletzt 1997 sowie die ihm folgende Bielefelder Schule, z. B. Stichweh 2000 und die Bilanzierung von Greve/Heintz 2005.

stehen. Grundsätzlich haben neue Informations-, Kommunikations- und Transporttechnologien die Menschen wesentlich näher zusammengebracht. Alle Bewohner der reichen industrialisierten Länder, aber auch alle Mitglieder der oberen Schichten aller übrigen Länder dieser Welt haben theoretisch die Möglichkeit, jeden Kontinent des Globus mindestens einmal in ihrem Leben zu besuchen. Die meisten Menschen können auch an dem globalen Fluss von Informationen als Konsumenten (etwa durch Fernsehen, Radio, Zeitschriften oder Bücher) und auch als Akteure (durch die Benutzung des Telefons oder Internets etwa) in irgendeiner Weise teilnehmen. Der geographische Bezugsrahmen menschlichen Handelns wird somit weiter oder global. Umgekehrt schrumpfen die Raumdistanzen menschlicher Aktivitäten und der Mobilität immer weiter. Allerdings kann nur eine Minderheit der Weltbevölkerung tatsächlich von diesen erweiterten Möglichkeiten profitieren. Die meisten Erdenbewohner haben nicht einmal die Ressourcen, sich täglich eine Zeitung zu kaufen und sich so über wichtige Dinge zu informieren. Die gesellschaftlichen Voraussetzungen und Folgewirkungen dieser *segmentierten Globalisierung von Chancen und Erwerbsmöglichkeiten* sind außerdem sehr unterschiedlich über die verschiedenen Regionen dieser Welt verteilt.

Generell lässt sich sagen, dass mit einer wachsenden räumlichen Mobilität auch größere Möglichkeiten einhergehen, mit den gesellschaftlichen Folgewirkungen von Globalisierung umzugehen: Wer sich beispielsweise einen 8-Zylinder-Pkw mit einem hohen Benzinverbrauch leisten kann, wird sich wahrscheinlich auch besser gegen die Folgewirkungen globaler Erderwärmung wappnen können. Dies wurde nicht zuletzt im Jahre 2005 bei dem Hurrikan Katrina in New Orleans sehr deutlich, als sich die weiße Oberschicht mit ihren Autos rechtzeitig vor dem Hurrikan in Sicherheit bringen konnte, während die schwarzen Unterschichten den Flutwellen aufgrund ihrer räumlichen Immobilität weitgehend hilflos ausgeliefert waren. Häufig liegt die Ironie der Geschichte darin, dass diejenigen Menschen und Regionen, die für bestimmte globale Umweltproblematiken ursächlich sehr stark verantwortlich sind, aufgrund ihrer Ressourcenausstattung auch die besseren Chancen haben, die Auswirkungen ihres eigenen Tuns auf sich selbst zu kompensieren oder ganz abzuwälzen. Diejenigen dagegen, die in der weltweiten Sozialpyramide weiter unten stehen, haben weitaus weniger Chancen, den Wirkungen globalisierter Umwelteinflüsse durch geographische Mobilität zu entkommen.

Der traditionelle Bauer im Sudan oder in Nigeria hat kaum räumliche Bewegungsmöglichkeiten, da er an den Grund und Boden als Hauptquelle seiner Erwerbs- und Lebenssicherung gebunden ist.

Allgemein werden Veränderungen in den geographischen Bezügen von Sozialräumen durch die bereits bestehenden Muster sozialer Ungleichheit verstärkt. Eine geographisch-räumliche Erweiterung von Mobilitäts- und Erwerbschancen können reiche und qualifiziertere Schichten besser für sich nutzen als Menschen mit sehr geringer Ausstattung an ökonomischem oder kulturellem Kapital. Umgekehrt sind ärmere und schlechter ausgebildete Menschen stärker von der geographischen Ausweitung bestimmter Risiken (Unwetterkatastrophen, Dürren, Gefahren atomarer Strahlung, Krankheiten) betroffen, können diesen weniger schnell und effizient ausweichen oder sich davor schützen.

Gleichzeitig haben die sich verändernden Flächenraumbezüge des Sozialen aber auch starke Rückwirkungen auf die soziale Ungleichheitsstruktur, auf das Alltagsleben der Menschen, auf die Raumbezüge und Dynamiken von Organisationen und gesellschaftlichen Institutionen insgesamt. Wenn z. B. Unter- oder Mittelschichtenangehörige ländlicher armer Gemeinden durch die Not getrieben in die internationale Migration aufbrechen, so können die Erfolgreichen unter diesen Arbeitsmigranten durch konsumtive Geldrücküberweisungen oder produktive Investitionen durchaus die angestammten Hierarchiestrukturen der dörflichen Gemeinden in Frage stellen oder sogar aus den Angeln heben.

Bei der Betrachtung der Internationalisierung von Vergesellschaftung ergibt sich das grundsätzliche erkenntnistheoretische Problem, den »objektiven« Teil der Internationalisierung von deren »subjektivem« Teil zu unterscheiden. Als »objektive Internationalisierung« sollen hier diejenigen Phänomene verstanden werden, die als grenzüberschreitende Strukturen und Ströme von Informationen, Interaktionen, Waren und Kapital gemessen werden können. Als »subjektive Internationalisierung« gelten entsprechend die veränderten Wahrnehmungen und Weltbilder der Menschen von den erweiterten Raumbezügen des Sozialen. Leider lässt sich zwischen den realen Internationalisierungsprozessen und den realen Wahrnehmungen dieser Internationalisierungsprozesse keine saubere Trennlinie ziehen. Dies hängt mit dem bekannten Thomas-Theorem zusammen: Wenn Menschen eine Situation als real definieren, dann ist diese Situation auch in ihren sozialen Konsequenzen real.[6] Wer die Welt als weitgehend schrankenlos globalisiert wahrnimmt, der wird sich entsprechend dieser Wahrnehmung und Situationsdefinition verhalten.

Vor dem Hintergrund dieser Erkenntnis gewinnt eine möglichst präzise Beschreibung und Erklärung der verschiedenen Ebenen und Aspekte von Internationalisierung besondere Bedeutung (vgl. auch Rucht 1996: 32): Die Menschen verhalten sich weitgehend danach, was sie für real halten – und gerade dadurch wird diese Wahrnehmung tatsächlich real. In diesem Zusammenhang ist bemerkenswert, dass solche Termini wie Globalisierung oder Transnationalisierung Gefahr laufen, zu neuen und modischen »Catch All«-Begriffen zu verkommen, mit denen alles erklärt werden soll und mit denen dann aber nur sehr wenig erklärt werden kann. Nicht zuletzt deshalb haben Portes et al. (1999) die Bedeutung unterstrichen, die für das Forschungsfeld der Transnationalisierung sowohl weitere empirische Analysen als auch weitere theoretisch-konzeptionelle Präzisierungen haben.

Für die Sozialwissenschaften insgesamt und speziell für die Soziologie stellen die sich verändernden geographischen Raumbezüge des Sozialen grundlegende methodologische Annahmen in Frage. Wie Wimmer und Glick Schiller (2002: 302) unterstrichen haben, wurde die Soziologie durch den so genannten »methodologischen Nationalismus« belastet, den sie definieren als »die Annahme, dass die Nation/der Staat/die Gesellschaft die natürliche soziale und politische Form der modernen Welt sei«. Dieser Annahme zufolge haben Nationalgesellschaften Grenzen, die natürlicherweise mit geographisch-territorialen Grenzen definiert werden und die durch Nationalstaaten kontrolliert werden. Wimmer und Glick Schiller (2002) unterstreichen die Bedeutung, die dieser methodologische Nationalismus etwa für das Verständnis internationaler Migrationsbewegungen hatte. Bestimmt durch das Nationalstaats-Paradigma war in der vorherrschenden Forschung internationale Migration vor allem durch das Auswanderungs-/Einwanderungsparadigma erklärt worden. Dabei wurden transnationale Migrationsphänomene entweder nicht zur Kenntnis genommen oder als vorübergehende Randerscheinungen auf dem Weg der Einwanderung und nationalgesellschaftlichen In-

6 »If men define situations as real, they are real in their consequences« (Thomas/Thomas 1928: 572).

tegration interpretiert. Die Veränderung der methodologischen Perspektive hin zur Transnationalisierungsforschung hat dann seit den neunziger Jahren das Ausmaß der bereits lange vorher bestehenden transnationalen Migrationsphänomene deutlich gemacht. Grenzüberschreitende Migration hat demnach schon sehr lange zu komplexen neuen sozialen Verflechtungen jenseits der nationalstaatlichen Grenzbeziehungen geführt.[7]

Einen sehr anspruchsvollen Entwurf einer historisch orientierten Analyse der Nationalstaaten und der Globalisierung hat kürzlich Saskia Sassen (2006) vorgelegt. Sie zeigt am Beispiel von Frankreich, Großbritannien und den USA auf, wie schon seit dem späten Mittelalter drei quasi überall auftretende institutionelle Gebilde – Territorium, Autorität und Rechte – jeweils sehr spezifisch kombiniert werden. Dies konnte, so Saskia Sassen, die Form von Königreichen annehmen, die erfolgreich den Anspruch auf weltliche Souveränität gegen andere innere und äußere Kräfte durchsetzen konnten. Vor allem aber in der Form des modernen Nationalstaates verschränken sich diese drei Faktoren zu einem sehr stabilen neuen Ganzen. Diese gleichen Prinzipien, die als einzelne schon vormoderne Reiche oder Imperien und dann als Trias vor allem den modernen Nationalstaat begründeten, können nun auch die Entwicklung der Globalisierung vorantreiben: »Der territoriale souveräne Staat, mit seiner territorialen Beständigkeit und Exklusivität, verkörpert eine Reihe von Fähigkeiten, die letztlich die Herausbildung oder Entwicklung eines speziellen globalen Systems ermöglicht, das weder Territorialität noch Exklusivität verlangt« (ebd.: 21). Als Beispiele behandelt Sassen die globalen elektronischen Finanzmärkte (die zwar keine nationalstaatliche Territorialität, wohl aber grenzüberschreitende Autorität und übernationales Recht benötigen) und die veränderten praktischen Formen von nicht mehr national gebundener *citizenship*. Unter global citizenship können dann neue Elemente von Bürgerschaft und Bürgerrechten verstanden werden, die sich zwar der nationalstaatlichen Idee der Staatsbürgerrechte bedienen, diese aber in Form etwa der Menschenrechte und anderer praktischer Bürgerrechte global ausweiten. Ein Beispiel ist der durch NGOs erhobene Anspruch und die in vielen Ländern geübte *de facto*-Praxis des Rechtes auf Ausbildung

7 Zu einer Diskussion der Konzepte von makro-regionalen »Zivilisationen« und »Kulturregionen«, wie sie Autoren von Arnold Toynbee bis Samuel Huntington entwickelt haben, vgl. Pries 1999a.

der Kinder und auf Gesundheitsversorgung auch für diejenigen Migranten, die sich ohne gültige Dokumente und damit formal ohne Staatsbürgerrechte in einem Land aufhalten.

So interessant und vielversprechend der Versuch von Saskia Sassen ist, gleichsam die gemeinsamen Elemente zu identifizieren, aus denen Nationalstaaten und der gegenwärtige Globalisierungsprozess gemacht sind, so sehr ihr zuzustimmen ist, dass De-Nationalisierung vielfältige Facetten beinhaltet (ebd.: 23) oder dass gerade die digitale Netzwerkglobalisierung mit einer Re-Territorialisierung staatlicher Autorität einhergeht (Kapitel 7): In gewisser Weise fällt das konzeptionelle Instrumentarium mit der Fixierung auf die Begriffe des Nationalen und des Globalen hinter bereits vorhandene Differenzierungen wie etwa zur Glokalisierung (Robertson 1992 und 1994) zurück. Es wäre sehr interessant, das von Sassen präsentierte historisch-empirische Material mit vorhandenen Vorschlägen zur Differenzierung von Internationalisierungsformen und zur Differenzierung des Verhältnisses von Sozialraum und Flächenraum (z. B. Brubaker 1994; Lewis/Wigen 1997; Therborn 2000; Vertovec 2000) zu reinterpretieren und so die »Erklärungsmächtigkeit« dieser verschiedenen Theorieansätze zu vergleichen.

In Anlehnung an Wimmer/Glick Schiller (2002) hat Ulrich Beck (2004: 30) vorgeschlagen, die vorher dominante nationale Perspektive durch eine Perspektive zu ersetzen, die er »methodologischen Kosmopolitismus« nennt und welche »die Zunahme der Interdependenz sozialer Akteure über nationale Grenzen hinweg« beobachtet. Noch radikaler hat John Urry in seinem Buch »Sociology beyond Societies« gefordert, den Blick auf das »Soziale als Gesellschaft« zu ersetzen durch eine Betrachtung des »Sozialen als Mobilität« (Urry 2001: 2). Nach Urry erfordert diese heutige »post-gesellschaftliche« Situation die Entwicklung einer Soziologie, die »um Netzwerke, Mobilität und horizontale Bewegungsströme organisiert ist und die auf Metaphern aufbaut, die auf Bewegung, Mobilität und kontingente Ordnungsemergenz ausgerichtet sind anstatt auf Statik, Struktur und soziale Ordnung« (ebd.: 18).

Verschiedene Wissenschaftler haben Bedenken gegen diese Art von Kritik an der Soziologie des 20. Jahrhunderts und ihrer Methodologie vorgebracht. Ihnen zufolge kann man natürlich nicht leugnen, dass das nationalstaatliche und nationalgesellschaftliche Paradigma durch die Globalisierung und durch aktuelle Neuschneidungen von sozialen und geographischen Räumen herausgefordert wird. Dennoch können die Autoren, welche den Nationalstaat entweder abwerten oder gar ganz aus dem sozialwissenschaftlichen Theorierahmen verbannen wollen, häufig keine alternativen Erklärungsmodelle vorbringen, welche systematische empirische Evidenz und Vergleiche ermöglichen. So warnt Favell davor, dass solche programmatischen Erklärungen Gefahr laufen, zu »rhetorischen Übertreibungen zu werden, jenseits jeder möglichen operationalisierbaren Untersuchung« (2001: 394; vgl. auch Esping-Andersen 2000). Um neue soziale Phänomene im Rahmen der gegenwärtigen Internationalisierung von Vergesellschaftungsbezügen systematisch untersuchen und vergleichen zu können, müssen konzeptionelle Modelle entwickelt werden, die geographische Raumbezüge mit den sozialräumlichen Bezügen von Alltagspraktiken, Organisationen und Institutionen verknüpfen.

Für immer mehr Menschen ist ihr konkretes Alltagsleben und ihre soziale Praxis, der Bezugsrahmen von Werten, Normen, Sprache und Weltsichten sowie die Bedeutung und der Gebrauch von Artefakten nicht mehr auf ein einziges und zusammenhängendes Territorium begrenzt. Diese Entwicklung sollte aber nicht zu der Schlussfolgerung verleiten, dass geographische Räume, Orte, Plätze, Geographie und Nationalstaaten generell immer mehr an Bedeutung verlieren. Wie in dem Begriff Transnationalismus angedeutet wird, bleiben Nationen als politische Einheiten und Nationalgesellschaften als nationale Sozialräume nach wie vor als grundlegende analytische Bezugseinheiten relevant. Von diesen ausgehend können Grenzüberschreitungen, Überlappungen und Verbindungsstrukturen und -prozesse von der lokalen bis hin zur globalen geographischen Ebene konzipiert werden. Diese *nach wie vor strukturierende Bedeutung von Nationalstaaten und Nationalgesellschaften* wird auch nicht grundsätzlich durch den Umstand geschmälert, dass wirtschaftliche, religiöse, militärische oder Abenteurer-Aktivitäten immer schon die Grenzen von Stämmen, Reichen oder anderen territorial verfassten Sozialeinheiten überspannten bzw. miteinander verbanden.

Zusammengefasst gilt, dass die vergangenen 200 Jahre ein System von etwa 200 weitgehend etablierten – wenn auch in verschiedenen Regionen dieser Welt immer wieder in Frage gestellten – souveränen nationalstaatlichen Gebilden hervorgebracht haben, die die Konturen und die Aufteilung der Erde, ihrer Ressourcen und ihrer Menschen strukturieren. Jackson et al. (2004: 6) unterstreichen, dass es unklug sei, den Nationalstaat als einen wichtigen Vermittlungs- und Strukturierungsfaktor für grenzüberschreitende Aktivitäten zu unterschätzen: »Die De-Territorialisierung kann begleitet sein von gleichzeitig und genauso kräftig stattfindenden Prozessen der Re-Territorialisierung.« Gerade weil die Aktivitäten von Migranten, von internationalen Unternehmen oder von NGOs auf den unterschiedlichen geographischen Ebenen (des Lokalen, Nationalen, Regionalen, Globalen) von unterschiedlichen materiellen und symbolischen Raumbezügen beeinflusst werden und weil sie in mehrdimensionale gesellschaftliche Räume eingebunden sind, müssen angemessene konzeptionelle Analyseeinheiten entwickelt werden, die diese komplexen Formationen einfangen können.

Um einen Beitrag zu dieser konzeptionellen Weiterentwicklung zu leisten, soll im Rahmen dessen, was Iztigsohn et al. (1999) und Portes et al. (1999) als das breitere Transnationalism-Forschungsprogramm bezeichnet haben, im Folgenden eine *Typologie von geographisch-gesellschaftlichen Raumkonstellationen* vorgestellt werden. Dabei wird Transnationalisierung in einer eher eng gefassten Perspektive und Definition als nur *einer von insgesamt sieben Idealtypen der Internationalisierung von Vergesellschaftung* aufgefasst. Diese Typologie von Internationalisierungsprozessen greift die erwähnte Gegenüberstellung von essentialistischen und relationalen Raumkonzepten auf. Sie geht davon aus, dass das Containermodell von Nationalstaaten und Nationalgesellschaften nach wie vor das dominante Denkmuster in den Sozialwissenschaften darstellt und dass es nach wie vor als Untersuchungsrahmen durchaus große Brauchbarkeit besitzt.

Hier gilt für das nationale Containermodell in Bezug auf Internationalisierung Ähnliches wie für die Newtonsche Mechanik in Bezug auf die Relativitätstheorie. Obwohl durch Einsteins Relativitätstheorie stark in ihrer Erklärungskraft eingeschränkt, leistet die Newtonsche Mechanik sowohl der Wissenschaft als auch uns allen im Alltagshandeln nach wie vor große Dienste. Ähnlich verhält es sich mit dem nationalgesellschaftlichen Containermodell: Es handelt sich um eine sehr spezifische Sichtweise auf eine der möglichen Kombinationsformen von Flächenraum und Sozialraum. Aber genau diese Sichtweise hat nach wie vor eine große Erklärungskraft, auch wenn sie immer stärker in den Gesamtzusammenhang sehr unterschiedlicher Internationalisierungsdynamiken gestellt werden muss. Denn am Beginn des 21. Jahrhunderts differenzieren sich die Beziehungen zwischen den geographischen Räumen und den Sozialräumen aus und werden transformiert. Die veränderten Voraussetzungen, Formen und Folgewirkungen der geographischen Konfigurationen, in denen die Menschen ihr Zusammenleben gestalten, sind selbst ein ganz entscheidender Aspekt des tiefgreifenden sozialen Wandels, den wir gegenwärtig erleben. Um diese neuen Raumkonfigurationen des Sozialen angemessen verstehen zu können, müssen die unterschiedlichsten geographischen Bezugsebenen – das Lokale, das Mikroregionale, das Nationale, das Makroregionale und das Globale – miteinander *kombiniert* werden, anstatt das Eine (z. B. das Nationale) durch das Andere (z. B. das Globale) *ersetzen* zu wollen.

Die folgende Typologie berücksichtigt die beiden weiter oben diskutierten grundsätzlichen Formen der Kombination von geographischen und Sozialräumen, nämlich essentialistische und relationale Raumkonzepte und wählt als wichtigen Bezugspunkt das nationalgesellschaftliche Paradigma (vgl. Tabelle 2). Vier der im Folgenden beschriebenen Idealtypen von Internationalisierungsprozessen knüpfen an dem essentialistischen Raumkonzept an und gehen von dem Modell der doppelten Verschachtelung von geographischen und sozialen Räumen aus. Lokale, mikroregionale, nationale, makroregionale und globale Räume sind dabei wie russische Puppen oder Zwiebelschalen ineinandergeschichtet. Nimmt man die bestehenden nationalen Containerstaaten und -gesellschaften als Ausgangspunkt, so können die Beziehungen zwischen diesen erstens *intensiviert* werden – dies wird als *Inter-Nationalisierung* bezeichnet. Die Raumbezüge des Flächen- und Sozialcontainers können allerdings zweitens auch reduziert bzw. *eingeschränkt* werden – in diesem Falle wird von *Re-Nationalisierung* gesprochen. Werden dagegen die Raumbeziehungen der geographischen und sozialen Containereinheiten *erweitert*, so kann dies drittens in Form einer *Supra-Nationalisierung* oder viertens der *Globalisierung* betrachtet werden.

Bei der zweiten Gruppe von Internationalisierungsprozessen wird im Gegensatz zu den bisher besprochenen ein relationales Raumkonzept unterstellt. Hierbei können über verschiedene geographische Raumcontainer hinweg pluri-lokale, dichte und dauerhafte Verflechtungen von sozialen Praktiken, Symbolen und Artefakten entstehen – es spannen sich dabei Sozialräume über verschiedene Flächencontainerräume hinweg auf. Wenn die dabei auftretende Netzwerkkon-

Tabelle 2: Idealtypen der Internationalisierung von Vergesellschaftungsbezügen

	Konfigurationstyp	*Charakterisierung*	*Beispiele*
Absolutistisches Raumkonzept: Wechselseitige Inklusion und Exklusion von Flächen- und Sozialraum: jeder Flächenraum entspricht genau einem Sozialraum und umgekehrt.	*(1) Inter-Nationalisierung*	(wahrgenommene) Dominanz der Aufrechterhaltung/Stärkung der Beziehungen zwischen souveränen Nationalstaaten und Nationalgesellschaften	Europäische Gemeinschaft für Kohle und Stahl (EGKS); NATO; NAFTA; WTO
	(2) Re-Nationalisierung	(Wieder-)Erstarken nationaler Container-Staaten bzw. -Gesellschaften; Stärkung bestehender Territorialgrenzen oder Aufteilung ehemals homogener Flächen-Sozialräume in neue kleinere ›Container-Staaten‹ bzw. ›Container-Gesellschaften‹	Auflösung der UdSSR oder Jugoslawiens; wirtschaftlicher Protektionismus (Agrarzölle EU und USA) und politische Abschottung (Migration)
	(3) Supra-Nationalisierung	Ausdehnung des Konzepts und Gebildes souveräner Container-Staaten und -Gesellschaften über die Flächenraumebene der Nation hinaus auf die supranationale Ebene	Europäische Kommission; Europäischer Gerichtshof; Europäische Soziologische Vereinigung (ESA)
	(4) Globalisierung	Stärkung der (Wahrnehmung von) weltweiten gesellschaftlichen Verflechtungsbeziehungen, Kommunikationen, sozialen Praktiken, Symbole, Ereignisse, Risiken, Rechte	Finanzströme; Erderwärmung; globale Diffusion von Informationen (CNN) und Technologien (Internet); ›McDonaldization‹

	Konfigurationstyp	Charakterisierung	Beispiele
Relativistisches Raumkonzept: Sozialräume als dauerhafte und dichte Interaktionsbeziehungen in unterschiedlichen Raumfigurationen. Ein Sozialraum kann unterschiedliche Flächenräume über-/umspannen, umgekehrt können sich in einem Flächenraum unterschiedliche Sozialräume ›aufstapeln‹.	*(5) Glokalisierung*	Produktion oder Stärkung des (wahrgenommenen) Zusammenhangs zwischen globalen und lokalen Phänomenen, Ereignissen, sozialen Praktiken etc.	Lokale Ursachen oder Folgen globaler Erwärmung, des globalen Internets oder globaler Symbolpräsenz (Hollywood)
	(6) Diaspora-Internationalisierung	Produktion oder Stärkung plurilokaler Sozialräume mit klar fixiertem/wahrgenommenem Zentrum bzw. Heimat	Jüdische und andere Diasporas; diplomatische Korps; globale oder fokale Unternehmen oder NGOs
	(7) Transnationalisierung	Starke und dauerhafte gesellschaftliche Verflechtungen, die in mehreren Flächenräumen verankert sind und kein klares Zentrum-Peripherie-Verhältnis aufweisen	Transnationale Familien; multinationale oder transnationale Unternehmen oder NGOs

figuration von Flächenräumen, über die hinweg sich ein Sozialraum entwickelt, eine deutliche Zentrum-Peripherie-Struktur und -Dynamik aufweist, so wird fünftens von einer *Diaspora-Internationalisierung* gesprochen. Betrachtet man die Intensivierung der Beziehungen zwischen einem oder einigen konkreten Plätzen bzw. *locales* einerseits und der globalen Ebene andererseits, so wird sechstens von *Glokalisierung* gesprochen. Im Gegensatz zur Diaspora-Transnationalisierung handelt es sich schließlich siebtens bei der *Transnationalisierung* um grenzüberschreitende dauerhafte Verflechtungsbeziehungen ohne ein eindeutiges und stabiles Zentrum.[8]

5.1 Inter-Nationalisierung

Ein erster Idealtypus der Internationalisierung von Vergesellschaftung lässt sich als Inter-Nationalisierung kennzeichnen. Er bezieht sich zunächst und vor allem auf die intergouvernementalen Beziehungen und Interaktionen zwischen souveränen Nationalstaaten und bezeichnet entsprechend die Intensivierung oder Ausweitung dieser Beziehungen. Beispiele für solche politischen und interstaatlichen Beziehungen und deren Intensivierung sind etwa die Abkommen für Arbeitsmigration und die auf dieser Basis erfolgten Migrationsbewegungen zwischen Italien und Deutschland (das erste Abkommen wurde 1955 geschlossen) oder zwischen der Türkei und Deutschland (1961). Auch der Freundschaftsvertrag zwischen Italien und Ungarn von 1927 oder die Gründung der Europäischen Gemeinschaft für Kohle und Stahl (EGKS) durch Frankreich, Deutschland, Italien und die Benelux-Länder im Jahre 1951 sowie das zum 1. Januar 1994 in Kraft getretene Nordamerikanische Freihandelsabkommen (NAFTA) zwischen Kanada, Mexiko und den USA sind

8 Die hier verwendete Terminologie von Idealtypen der Internationalisierung von Vergesellschaftungsprozessen ist nicht deckungsgleich mit der in Kapitel 6.2 vorgestellten Typologie internationaler Organisationen, auch wenn in beiden Gelegenheiten die Begriffe global und transnational Verwendung finden. Dies ist nicht einer fehlenden Aufmerksamkeit oder sprachlichen Beliebigkeit geschuldet, sondern dem Umstand, dass es sich um völlig unterschiedliche wissenschaftliche Forschungs- und Diskurstraditionen handelt. Der Leser möge also den jeweiligen Bezugsrahmen (»Idealtypen allgemeiner internationaler Vergesellschaftungsprozesse« oder »Idealtypen internationaler Organisationen«) berücksichtigen.

Beispiele für solche auf interstaatlichen Verträgen basierenden Intensivierungen von inter-nationalen Austauschbeziehungen.[9]

Das Hauptbestimmungsmerkmal dieses Idealtyps ist die Vorherrschaft oder zumindest die sehr große Bedeutung nationalstaatlicher Aktivitäten und die Wahrnehmung der inter-nationalen Beziehungen als zwischen nationalen Containergesellschaften sich entwickelnden Beziehungen. Allerdings ist dieser Idealtypus nicht auf die Aktivitäten von Staaten oder nationalen Regierungen beschränkt. Wie schon das Beispiel der Anwerbeabkommen für Arbeitsmigranten zeigt, sind zwischenstaatliche Verträge in aller Regel entweder der Ausdruck von oder die Basis für intensivierte Beziehungen auf anderen Akteursebenen als denen der Regierungen und Nationalstaaten. Der intensivierte wirtschaftliche Austausch zwischen wichtigen nationalen Handelsgesellschaften, ideologische nationale Bewegungen und Mobilisierungen, die grenzüberschreitenden Beziehungen zwischen nationalen Künstler- oder Wissenschaftlervereinigungen können ebenso Formen der Inter-Nationalisierung von Vergesellschaftung sein.

In allen diesen Fällen ist der Bezugspunkt die Interaktion zwischen flächenräumlich und sozialräumlich mehr oder weniger kohärenten nationalen Einheiten. Dieser Idealtypus der anwachsenden Bedeutung von inter-nationalstaatlichen und inter-nationalgesellschaftlichen Beziehungen hat sich historisch im Zuge der Nationenbildung selbst herausgebildet. Seine Bedeutung im gegenwärtigen Internationalisierungsprozess nimmt aber ganz offensichtlich nicht ab. Die Inter-Nationalisierung gesellschaftlicher Beziehungen kann entweder zur Verhärtung oder zur Relativierung von nationalen Containerräumen führen. Im Falle zugespitzter zwischenstaatlicher Konflikte wie etwa zwischen Indien und Pakistan oder zwischen den USA und dem Iran oder Nordkorea führt die Intensivierung der zwischenstaatlichen Spannungen zu einer Stärkung des jeweiligen nationalgesellschaftlichen Zusammenhalts. Die Intensivierung wirtschaftlicher, politischer oder sozio-kultureller Austauschbeziehungen zwischen nationalen Containereinheiten kann allerdings auch zu einer relativen Bedeutungsabnahme der daran beteiligten Nationalstaaten und Nationalgesellschaften beitragen. Beispiele hierfür sind etwa bestimmte

9 Auf die in der Politikwissenschaft vielfältigen Abgrenzungsversuche zwischen intergouvernementalen, interstaatlichen und inter-nationalen Verträgen, Vereinbarungen, Absprachen, Beziehungen etc. kann hier nicht näher eingegangen werden, vgl. etwa Hartmann 2001; Schirm 2004.

Politikfelder wie der Energiemarkt oder der Arbeitsmarkt innerhalb der Europäischen Union oder der Zusammenschluss der zentralamerikanischen Nationalstaaten Honduras, Costa Rica, Guatemala, El Salvador, Nicaragua, Belice und Panama in Fragen des freien Warenhandels und der Hochschulpolitik. In beiden Fällen haben intensivierte inter-nationale Austauschbeziehungen zu einem gewissen gemeinsamen überstaatlichen Denken und Identitätsbewusstsein geführt. Im Falle der Europäischen Union hat sich dies sogar in die Richtung der weiter unten zu behandelnden Supra-Nationalisierung entwickelt.

Inter-Nationalisierung ist wie bemerkt keineswegs auf staatliches oder intergouvernementales Handeln begrenzt. Dieser Idealtypus bezieht sich allgemein auf die Intensivierung von Beziehungen, die in erster Linie auf dem Bewusstsein oder Gedanken einer nationalstaatlichen und/oder nationalgesellschaftlichen Bezugseinheit aufbauen. Hierzu zählen im alltagsweltlichen Lebensbereich etwa das Anwachsen von Schüleraustauschen zwischen unterschiedlichen Ländern, sofern hiermit von den beteiligten Akteuren in erster Linie ein Kennenlernen anderer »Länder« als Nationalgesellschaften, ihrer Sprachen und Kulturen beabsichtigt ist. Ebenso können hierzu die Intensivierung von grenzüberschreitenden Brieffreundschaften oder von Internet-basierten Chat-Rooms gehören, die vor allem auf dem Gedanken der Stärkung von Austauschbeziehungen zwischen Sozialeinheiten beruhen, die als Nationalcontainer gedacht und wahrgenommen werden.

Auf der Ebene von Organisationen gibt es vielfältigste Beispiele für Inter-Nationalisierung. Wenn etwa die deutsche Außenhandelskammer und die chinesische Außenhandelskammer ihre Kooperationsaktivitäten bis zur Gründung einer gemeinsamen deutsch-chinesischen Handelskammer intensivieren, so liegt dem nicht der Gedanke zugrunde, beide Länder miteinander zu verschmelzen, sondern die Austauschbeziehungen zwischen den beiden Nationalgesellschaften zu fördern. Verschiedene nationale Berufsverbände wie etwa die Skilehrerverbände Österreichs, der Schweiz, Deutschlands, Frankreichs, Tschechiens und Rumäniens können ihre Kooperation intensivieren z. B. zum Zwecke, die jeweiligen nationalen Besonderheiten in Rechtsvorschriften, Skigebieten und Voraussetzungen sowie Fertigkeiten der Skiläufer auszutauschen und so die inter-nationale Mobilität der Skilehrer zwischen den unterschiedlichen Ländern zu verbessern. Wenn die Deutsche Gesellschaft für Soziologie (DGS) ihre Kooperation mit der Österreichischen Gesellschaft für Soziologie (ÖGS) und der Schweizerischen Gesellschaft für Soziologie (SGS) intensiviert und gemeinsame Soziologiekongresse aller drei Länder durchführt, so handelt es sich hierbei kaum um »Globalisierung«, wohl aber um eine starke Inter-Nationalisierung von beruflich-wissenschaftlichen und Organisations-Beziehungen.

Die kaum mehr zu überblickende Anzahl von Freundschaftsgesellschaften zwischen verschiedenen Ländern, wie etwa die Deutsch-Mexikanische Gesellschaft e. V. (mit Sitz in Hamburg), die Gesellschaft für Deutsch-Chinesische Freundschaft (mit e. V. in vielen Städten), die US-Cuban Friendship Society (mit Sitz in San Diego) oder die New Zealand China Friendship Society (mit Dependancen in vielen Städten Neuseelands) sowie die durch Website-Auftritte und das Internet ermöglichten Formen intensivierter Kooperation sind ebenfalls als Ausdruck der Inter-Nationalisierung von Sozialbeziehungen und Vergesellschaftung zu verstehen. Das explizite Ziel dieser Organisationen und das absehbare Ergebnis ihrer Bemühungen ist nicht, neue länderübergreifende oder gar globale para-staatliche Strukturen aufzubauen (im Sinne einer Supranationalisierung oder Globalisierung), sie wollen in aller Regel auch nicht nur die Interessen des einen Landes in dem anderen wirkungsvoller vertreten (Diaspora-Internationalisierung). Im Mittelpunkt dieser Aktivitäten steht vielmehr die Intensivierung des Austausches und der Verbindungen zwischen Sozialeinheiten, die als nationalstaatliche und nationalgesellschaftliche Container gedacht werden.[10]

Inter-Nationalisierung als gesellschaftlicher Prozess wird von verschiedenen Wissenschaftsdisziplinen untersucht, wobei sicherlich die Politikwissenschaft und hier der Bereich der »Internationalen Beziehungen« ein besonderes Gewicht hat. Aber auch die Wirtschaftswissenschaften und die Soziologie beschäftigen sich mit Inter-Nationalisierung. So werden etwa in der Ökonomie die Nationalstaaten als wesentliche Input- und Outputgrößen für Ressourcenströme vorausgesetzt, wenngleich es an dieser Methode tiefgreifende Kritik gibt, weil die realen Stoffflüsse dadurch nur unzureichend abgebildet wür-

10 Wie widersprüchlich und unangemessen diese Containermodelle vielfach sind, zeigt sich z. B. in den Schwierigkeiten, die fast alle Länder bei inter-nationalen Beziehungen mit der VR China einerseits und mit Taiwan andererseits oder mit Russland einerseits und mit der Republik Tschetschenien andererseits haben.

den (vgl. Albert et al. 1999). In der Soziologie lässt sich die Inter-Nationalisierung ablesen an dem Bedeutungsgewinn, den internationale Vergleiche zwischen Nationalgesellschaften in den vergangenen zwanzig Jahren erfahren haben: Ganz offensichtlich nehmen sich nationale Gesellschaften immer stärker auch bewusst durch den Vergleich mit anderen nationalen Gesellschaften wahr. Während noch bis in die achtziger Jahre die Analyse von sozialen Ungleichheitsstrukturen, von Regimen der Erwerbsregulierung und der Arbeitsmärkte oder von wohlfahrtsstaatlichen Systemen sehr stark auf einzelne Nationalgesellschaften fixiert war, gewann seitdem die ländervergleichende Forschung vor allem im europäischen Rahmen an Bedeutung. Viele gesellschaftliche Diskurse wie z. B. über die Festlegung von Arbeits- und Beschäftigungsnormen (z. B. Löhne und Arbeitszeiten, aber auch Urlaubszeiten) werden immer stärker durch Verweise auf andere (Wettbewerber-)Nationalstaaten geführt.

Wie alle diese Beispiele zeigen, besteht Inter-Nationalisierung vor allem in der fraglosen Annahme nationaler Containereinheiten und der zwischen diesen sich intensivierenden Interaktionsbeziehungen. Inter-Nationalisierung impliziert auch, dass nicht nur die internationalen Beziehungen verstärkt werden, sondern dass auch innerhalb nationalstaatlicher und nationalgesellschaftlicher Diskussionen und Konflikte sowie in der entsprechenden Wahrnehmung von Akteuren der Bezug auf andere »Nationalcontainer« eine größere Bedeutung und Präsenz erfährt. Inter-Nationalisierung ist also ein wesentlicher Aspekt der Internationalisierung von Vergesellschaftung. Sie ist nicht gleichzusetzen mit Globalisierung. Inter-Nationalisierung kann zur friedlichen Verständigung, sie wird aber nicht zwangsläufig zur Auflösung nationalstaatlicher und nationalgesellschaftlicher Containerräume führen. Wenn es sich um die Intensivierung konfliktgeladener zwischenstaatlicher oder zwischengesellschaftlicher Austauschbeziehungen handelt (neben dem bereits erwähnten Beispiel der Beziehungen zwischen Pakistan und Indien wären der so genannte Fußballkrieg zwischen Ekuador und Peru aus dem Jahre 1942 und auch die Konfliktbeziehungen zwischen der Volksrepublik China und Taiwan zu nennen), kann Inter-Nationalisierung auf mittlere Sicht auch zu einer Re-Nationalisierung und zu einer noch stärkeren Rückbesinnung auf nationalstaatliches und nationalgesellschaftliches Containerdenken führen.

5.2 Supra-Nationalisierung

Während sich bei dem Idealtypus der Inter-Nationalisierung die geographischen Bezüge der Sozialeinheiten Nationalstaat und Nationalgesellschaft nicht verändern, sondern nur die Austauschbeziehungen zwischen diesen intensiver werden, bezeichnet der Idealtypus der Supra-Nationalisierung die beobachtbare Tendenz, dass supranationale Containerräume entstehen. Im Kapitel 4 wurde dargestellt, dass sich die intensive und dauerhafte Verschränkung von Flächenraum und Sozialraum im (Konzept der) nationalgesellschaftlichen Container als historische Innovation erst in den vergangenen zwei bis drei Jahrhunderten verfestigte. Von Supra-Nationalisierung kann man immer dann sprechen, wenn diese Vorstellung einer nationalen »imaginierten Gemeinschaft« mit exklusivem Territorium auf eine größere, makroregionale Bezugseinheit ausgedehnt wird, ohne allerdings den gesamten Globus zu erfassen.

Das bisher eindrücklichste Beispiel sind sicherlich verschiedene Aspekte im europäischen Einigungsprozess, hier vor allem das Organ der Europäischen Kommission und des Europäischen Parlaments. In diesem Fall sind bestimmte Kompetenzen wie z. B. die Währungspolitik von der nationalstaatlichen Ebene an eine supranationale Ebene überantwortet worden. Der Europäische Rechnungshof und der Europäische Gerichtshof sind Ausdruck dieser geographisch-räumlichen Ausweitung der Regelungskompetenz und Souveränitätsansprüche über die Grenzen der Nationalstaaten hinaus auf die makroregionale Einheit der Europäischen Union. Supranationale Handlungseinheiten wie die Europäische Kommission, das Europäische Parlament, der Europäische Gerichtshof und der Europäische Rechnungshof haben einen signifikant anderen Charakter als nur eine Summe nationaler Einheiten zu sein, wie dies etwa im Wesentlichen für den Europarat, die Vereinten Nationen oder die Welthandelsorganisation WTO gilt. Zumindest ansatzweise ist ein supranationaler Souverän entstanden mit einem eigenen legalen, finanziellen und materiellen Unterbau – in den Worten von Sassen (2006): »mit Territorium, Autorität und Rechten. Dieser supranationale Souverän entwickelt genuin eigene Handlungslogiken, die weit über die Dynamiken internationaler Beziehungen zwischen Nationalstaaten hinausgehen«.[11]

11 Eine interessante empirische Studie zur transnationalen Mobilität in Europa hat Verwiebe 2004 vorgelegt. Er kommt zu dem Ergebnis, dass sich in den Lebensver-

Man kann Supra-Nationalisierung auch mit der Stärkung von »Integrationssystemen« vergleichen: Diese »liegen vor, wenn auf regionaler Basis zur Vorbereitung, Verabschiedung und Durchführung von politischen Entscheidungen der ausschließlich nationalstaatliche durch einen mehrstaatlichen Rahmen ersetzt wird – ggf. unter Gründung einer internationalen Organisation – und eine Konsolidierung in Form eines politischen Zusammenschlusses Ziel der beteiligten nationalen Systeme ist« (Kaiser 1969: 91). Wenn internationale Organisationen (wie z. B. der Internationale Bund Freier Gewerkschaften ICFTU oder die Internationale Soziologische Vereinigung ISA) auf der Basis nationaler Delegationen organisiert sind, können sie der hier vertretenen Typologie entsprechend als inter-nationale Organisationen bezeichnet werden. Wenn sie dagegen in finanzieller Hinsicht, in Bezug auf das Abstimmungssystem oder die Mitgliedschaftsmöglichkeiten auf der Basis individueller Mitgliedschaft und supranationaler Strukturen konzipiert sind (wie dies z. B. bei der Europäischen Soziologischen Vereinigung der Fall ist), dann können sie als supra-nationale Organisationen im hier verstandenen Sinne bezeichnet werden.

Die Entwicklung der nordamerikanischen NAFTA-Region lässt sich vor allem als Inter-Nationalisierung mit bestimmten Elementen einer wirtschaftlichen Supra-Nationalisierung charakterisieren. Denn durch NAFTA wird der mehr oder weniger freie Austausch von Waren und Dienstleistungen gefördert, der auf längere Sicht eine reale supranationale Wirtschaftszone entstehen lassen kann. Im Bereich der nicht dokumentierten Migration vor allem zwischen Mexiko und den USA gilt dies schon heute: Obwohl gerade in diesem Bereich das nationale Containerdenken vorherrscht und in der Politik immer wieder der Eindruck einer souveränen nationalen Definition

läufen transnational mobiler Europäer durchaus institutionelle Elemente eines europäischen Mobilitätsmusters nachweisen lassen: »Transnationale Mobilität innerhalb Europas ist eine Form sozialer Mobilität zwischen Nationalstaaten, die sich noch immer gegeneinander abgrenzen und zugleich unübersehbar miteinander verbunden sind. Diese Mobilität findet innerhalb eines emergenten ›Europäischen Gesellschaftstypus‹ statt« (ebd.: 191). In einer noch vor dem ersten Scheitern der Abstimmung über eine Europäische Verfassung abgefassten Studie kommt Hurrelmann (2005: 302) zu Ergebnissen, die »– trotz der spezifischen Integrationsmuster in der europäischen Gesellschaft – für eine prinzipielle Übertragbarbeit des Modells konstitutioneller Demokratie auf die EU« sprechen; vgl. auch als Überblick Kohler-Koch et al. 2004.

und Steuerung der Migrationsströme erweckt wird, leben real über zehn Millionen Arbeitsmigranten ohne gültige Aufenthalts- und Arbeitsdokumente in den USA (vgl. GCIM 2005). Sie sind längst Teil eines informellen supranationalen Arbeitsmarktes und Wirtschaftssystems, welche die USA und Mexiko, in geringerem Umfang auch Länder Zentral- und Südamerikas mit einschließen.

Im Vergleich zur Europäischen Union geben die drei an NAFTA beteiligten Nationalstaaten aber keinerlei Kompetenzen an eine supranationale Ebene ab, sondern schränken ihre nationalen Souveränitätsrechte durch freiwillige inter-nationale Verträge ein. In einem durchaus ausgeklügelten Beschwerdeverfahren können z. B. Organisationen aller drei beteiligten Staaten auf die Einhaltung der jeweils in den Ländern bereits bestehenden nationalen Vorschriften und einiger internationaler Mindeststandards drängen. Es bestehen aber keinerlei auch nur in Ansätzen den erwähnten europäischen Organen Europaparlament, Europäische Kommission oder Europäischer Gerichtshof vergleichbare Einrichtungen. Weiter gehend als die Inter-Nationalisierungstendenzen der NAFTA-Region sind die Internationalisierungsbestrebungen im Rahmen Zentralamerikas. Hier werden nicht nur der freie Austausch von Waren und Dienstleistungen, sondern z. B. auch die Anerkennung von Ausbildungszertifikaten und perspektivisch die Formulierung einer gemeinsamen zentralamerikanischen Strategie für das Hochschulwesen (hier besonders für das Qualitätsmanagement und die Zertifizierungen) angestrebt.[12]

Als supranationales Gebilde oder zumindest als sehr weit in diese Richtung weisende Konfiguration lässt sich die ehemalige UdSSR ansehen. Hier waren eine gemeinsame Außenpolitik, eine gemeinsame Wirtschafts- und Entwicklungspolitik, eine länderübergreifende Ideologie und auch eine Staatsbürgerpolitik tendenziell verwirklicht, die die alten Nationalgesellschaften zu überwinden trachteten. Während diese Supra-Nationalisierung von einem hegemonialen Zentrum – Russland – geleitet wurde, ist die Supra-Nationalisierung der Europäischen Union zumindest als plurizentrischer Prozess zu verstehen. Die Supra-Nationalisierung der Europäischen Union als das wohl am weitesten fortgeschrittene Beispiel beschränkt sich keineswegs auf die staatliche Rahmenordnung. Wie das Euro-Barometer mit seiner Befragung im Jahre 2005 erhob, fühlen sich etwa zwei Drittel der

12 Vgl. hierzu die Aktivitäten des Höheren Universitätsrates Zentralamerikas (CSUCA-Consejo Superior Universitario de Centroamérica): ⟨www.csuca.edu.gt⟩.

in der EU Lebenden Europa zugehörig. Dieser Wert ist zwar niedriger als der durchschnittliche Zugehörigkeitswert zur jeweiligen Nationalgesellschaft (91%), er dürfte aber wesentlich höher liegen als mögliche Vergleichswerte für andere zumindest in Ansätzen supranationale Makroregionen (vgl. European Commission 2005: 111ff.). Gerhards/Rössel (1999) haben interessante Untersuchungen zur Identitätsbildung und Selbstverortung von Menschen aus unterschiedlichen Regionen Deutschlands durchgeführt und die Interviewten dabei unter anderem gefragt, inwiefern sie sich eher als der konkreten Gemeinde, der Mikro-Region, Deutschland als Nationalgesellschaft und/oder Europa zugehörig fühlen. Dabei zeigt sich, dass die supranationale Ebene Europas zwar (noch) eine untergeordnete Bedeutung hat, aber durchaus eine ernstzunehmende Ebene von identifikativer Vergesellschaftung ist.

Auch für Profit- und Non-Profit-Organisationen spielt die Supra-Nationalisierung in Europa eine wichtige Rolle. Viele Berufsverbände und Gewerkschaften etwa haben ihre Aktivitäten, ihre Programmatik und ihr Selbstverständnis zu einem bereits erheblichen Ausmaß auf die Ebene der Europäischen Union ausgerichtet. Selbst da, wo sich nationale Organisationen primär auf die Lobby-Arbeit in Brüssel orientieren, kann man nicht mehr einfach von Inter-Nationalisierung sprechen, denn der Adressat bzw. »Gegenspieler« ihrer Aktivitäten ist nicht mehr ausschließlich oder hauptsächlich die Gruppe der anderen nationalen Interessenorganisationen, sondern häufig in erster Linie die emergierende supranationale Ebene der Europäischen Union selbst (vgl. Eising/Kohler-Koch 2005; Schumann 2005).

Einige Elemente des Idealtyps der Supra-Nationalisierung sind schließlich auch im Falle der Bedeutungszunahme solcher Organisationen aufzufinden, die nicht das Spektrum aller Länder der Welt abdecken, sondern wie z. B. die Afrikanische Union (AU), der Andenpakt (Pacto Andino) oder die Assoziation Südostasiatischer Nationen (ASEAN) jeweils spezifische Regionen als mehr oder weniger zusammenhängende Territorien im Sinne einer Ausweitung des nationalstaatlichen Prinzips der Einheit von Flächenraum und Sozialraum widerspiegeln. In der Praxis bewegen sich diese Organisationen in aller Regel zwischen dem Idealtypus der Inter-Nationalisierung und dem der Supra-Nationalisierung. Letzterem kommen sie immer dann näher, wenn sich die nationalstaatlichen und nationalgesellschaftlichen Selbst- und Fremdwahrnehmungen sowie Handlungsstrategien gegenüber der Definition und Herausbildung eigenständiger grenzüberschreitender Politiken, Routinen, Rituale und Institutionen relativiert. Wie die gescheiterten Abstimmungen zur Europäischen Verfassung im Jahre 2005 gezeigt haben, sind die Grenzen der Supra-Nationalisierung nicht nur auf der Ebene der politischen Systeme und Regierungen zu suchen, sondern auch im umfassenderen Sinne bei dem jeweiligen Grad der supra-nationalen Vergesellschaftung der Menschen insgesamt. In dieser Hinsicht ist außer der Europäischen Union auf mittlere Sicht kaum eine größere Region zu erkennen, in der eine Supra-Nationalisierung der Vergesellschaftung zu großer Bedeutung gelangen könnte.

5.3 Re-Nationalisierung

Der hier unter Re-Nationalisierung gefasste Idealtypus der Internationalisierung von Vergesellschaftung ist gleichsam eine »negative Inter-Nationalisierung« und die Gegentendenz zu der vorher erwähnten Supra-Nationalisierung. Re-Nationalisierung bezieht sich auf die Stärkung bestehender Nationalcontainer-Grenzen oder auf die tendenzielle (Wieder-)Errichtung solcher Containergrenzen. So kann sich Re-Nationalisierung z. B. in der Aufteilung ehemals zu einem mehr oder weniger homogenen sozial-geographischen Containerraum gehörenden sozial-räumlichen Einheiten in verschiedene autonome Territorien äußern. Als Vorläufer dieser Tendenzen treten häufig sogenannte regionalistische Bewegungen auf, die stärkere Rechte oder Autonomiespielräume für mikro-regionale oder ethnische Gruppen innerhalb von nationalstaatlich verfassten Gesellschaften fordern. Während also bei der Supra-Nationalisierung die sozial-räumlichen Grenzziehungen geographisch *erweitert* werden, findet bei der Re-Nationalisierung eine *Einengung* dieser Reichweite von flächensozialräumlichen Containereinheiten statt. Teile der Autonomiebewegungen der Basken in Spanien oder der Korsen in Frankreich sind Beispiele für solche regionalistischen und auf neue sozialräumliche Containereinheiten orientierten Tendenzen. Die Auflösung der ehemaligen Sowjetunion und des ehemaligen Jugoslawien führte ebenfalls zu einer Vielfalt von nationalen und regionalistischen Bewegungen, deren Ergebnis unter anderem die Herausbildung neuer politischer nationalstaatlicher Einheiten unterhalb des vorherigen sowjetstaatlichen Containerkonzeptes war.[13]

Re-Nationalisierung muss aber nicht notwendig zur Herausbildung neuer nationalstaatlicher Souveräne führen. Als »negative Inter-Nationalisierung« findet sie auch dort statt, wo etwa bestehende Nationalstaaten oder supranationale Einheiten wie die Europäische Union ihre Container-orientierten Interessen und Politiken stärker ausbilden und z. B. protektionistische Handelspolitiken betreiben. Dies betrifft etwa die Handelskonflikte der Europäischen Union mit der Volksrepublik China im Bereich der Textilien, die im Jahre 2005 zu einer schweren Belastung der inter-nationalen Beziehungen führten. Auch die einseitig von den USA erklärten Schutzmaßnahmen für die einheimische Stahlindustrie oder Landwirtschaft sind ein beredtes Beispiel für soziale Schließungsprozesse im Rahmen nationalstaatlicher Containergesellschaften. Dies als real wirksame Tendenz im Internationalisierungsprozess zu betonen ist gerade dann wichtig, wenn im vorherrschenden Diskurs hauptsächlich von Globalisierung oder auch von neoliberal inspirierter Liberalisierung die Rede ist.

Ganz offensichtlich haben Nationalstaaten ihre Kontrolle über Güter- und Dienstleistungsflüsse keineswegs aufgegeben oder geschmälert. Manchmal ist dieses staatliche Monopol über den Außenaustausch sogar gewachsen und bedeutsamer geworden. Häufig sind auch einfach bestimmte Formen der nationalen Containerkontrolle durch andere ersetzt worden, so etwa tarifäre Handelsbegrenzungen (z. B. direkte Einfuhrzölle) durch nicht-tarifäre Handelsbegrenzungen (z. B. Schadstoff- und Sicherheitsprüfungen). Das Erstarken von nationalen oder mikro-regionalen Sozialräumen, die Stärkung bestehender nationaler territorialer Grenzen oder die Aufteilung ehemals mehr oder weniger einheitlicher Containergesellschaften in unterschiedliche neue Nationalcontainer sind also keine altmodischen Relikte des 19. oder 20. Jahrhunderts. Sie sind vielmehr integraler Bestandteil der Internationalisierungsdynamiken auch im 21. Jahrhundert. Sie sind ein wichtiger Idealtypus der Restrukturierung von flächen-sozialräumlichen Konfigurationen. Die erwähnte Zunahme der Anzahl souveräner Nationalstaaten im Rahmen der Vereinten Nationen ist ein deutliches Zeugnis für diesen hoch aktuel-

13 Vgl. zu diesen Re-Nationalisierungstendenzen im Bereich der ehemaligen Sowjetunion z. B. die Beiträge in *Aus Politik und Zeitgeschichte*, No. 11/2006 vom 13. März 2006.

len Typus von tatsächlichen Internationalisierungstendenzen. Herfried Münkler (1999) behauptete eine Wiedererstarkung der Nation als des dominanten Modells politischer Ordnung sogar für die Nationalstaaten der Europäischen Union lange bevor das Referendum für eine Europäische Verfassung in Frankreich und den Niederlanden scheiterte.[14]

Re-Nationalisierung findet nicht nur auf der Ebene von starken politischen Großeinheiten statt. Sie kann auch auf der Ebene alltagsweltlicher Lebensvollzüge, z. B. als wieder aufkommender Nationalismus, als Fremdenfeindlichkeit oder als nationales Ressentiment in Erscheinung treten. So hat z. B. der Schülersprachaustausch zwischen Deutschland und Großbritannien in den neunziger Jahren eine deutlich rückläufige Tendenz erfahren, was nicht zuletzt daran lag, dass das Deutschlandbild britischer Schülerinnen und Schüler sehr stark von der Zeit des Nationalsozialismus bestimmt war und wenig Bereitschaft zu einem Schüleraustausch bestand. Der Streit um die Entsenderichtlinie und die zu verabschiedende Dienstleistungsrichtlinie in der Europäischen Union spiegelt einerseits den Widerstand gegen eine »Abwärtshomogenisierung« von Erwerbsbedingungen wider. Andererseits drückt er auch die nationalen Interessen von bestimmten Berufsgruppen und Gesellschaftsschichten aus.[15] In beiden Fällen geht es um die Frage, welche rechtlichen Rahmenregelungen und Arbeits- und Beschäftigungsbedingungen für die Ausführung bestimmter Arbeiten und Dienstleistungen zum Referenzpunkt gemacht werden sollen: diejenigen des die Leistungen bzw.

14 Ernst zu nehmen sind selbstverständlich auch die Gegenargumente derjenigen, die den »Mythos des Nationalstaates« grundsätzlich kritisieren; so argumentiert z. B. Walby (2003) gegen diesen Mythos, erstens gebe es mehr Nationen als Nationalstaaten, zweitens seien einige als Nationalstaaten deklarierte Einheiten eigentlich als Imperien zu charakterisieren, drittens gebe es weit mehr politische Ordnungseinheiten als die Nationalstaaten (z. B. auch die Europäische Union und organisierte religiöse Gebilde) und viertens würden sich diese politischen Ordnungseinheiten meistens überlappen und nur selten genau auf ein spezifisches Territorium bezogen sein.

15 Zur Diskussion um die im April 2006 verabschiedete Fassung der EU-Dienstleistungsrichtlinie vgl. ⟨http://europa.eu.int/comm/internal_market/services/services-dir/index_de.htm⟩ und die Linksammlung auf der Homepage des Instituts für Arbeitsmarkt- und Berufsforschung der Bundesagentur für Arbeit: ⟨http://www.iab.de/asp/X_info/dokSelect.asp⟩. Zur Entsenderichtlinie und europäischen Sozialpolitik vgl. ⟨http://europa.eu.int/comm/employment_social/labour_law/index_de.htm⟩ Zugriffe 2. 8. 2007.

Menschen entsendenden Landes oder diejenigen des die Leistung bzw. die Arbeitenden empfangenden Landes. Die überwiegende Mehrheit der beteiligten Akteursgruppen sucht in diesem Falle keine supra-nationale europäische Lösung, sondern eine Stärkung der jeweils eigenen nationalen Position.

In Afrika zeigen sich die Tendenzen einer Re-Nationalisierung im Sinne einer stärkeren flächen-sozialräumlichen Versäulung der Sozialbeziehungen an den zugespitzten Stammeskonflikten etwa in Nigeria, Mali, dem Sudan oder im Tschad. Gewisse Tendenzen zur Re-Nationalisierung lassen sich auch in den USA registrieren, wo Kampagnen wie etwa *buy American* oder *America first* bewusst auf eine Re-Nationalisierung von wirtschaftlichen, kulturellen, politischen und sozialen Beziehungen ausgerichtet sind. Auch in dem komplizierten Verhältnis zwischen der Volksrepublik China und der *Nation Building*-Strategie vieler Kräfte in Taiwan zeigt sich eine solche Tendenz zur Re-Nationalisierung bzw. Neugründung eines eigenen nationalstaatlich und nationalgesellschaftlich verfassten neuen Containers. Die für den Irak gefundene so genannte föderative Lösung mit einem schiitisch-dominierten, einem sunnitisch-dominierten und einem kurdischen Teil ist auch nur eine wohlmeinende Umschreibung für die zunehmenden Re-Nationalisierungstendenzen zwischen den drei Bevölkerungsgruppen, die unter dem ehemaligen Saddam Hussein-Regime autoritär übertüncht worden waren.

Re-Nationalisierung durchzieht alle gesellschaftlichen Bereiche und ist nicht auf das politische System begrenzt. Nationalgesellschaftliche Schließungen und Versäulungen werden immer dann wahrscheinlicher, wenn die wirtschaftliche und soziale Lage der Bevölkerungen sich verkompliziert oder verschlechtert. Re-Nationalisierung wird in aller Regel als ein probates Mittel angesehen, die eigenen Interessen zu wahren und durchzufechten. Gleichzeitig repräsentiert sie einen wichtigen Mechanismus der »Komplexitätsreduktion«: Anstatt das wechselseitige Aufeinanderangewiesensein in allen seinen Dimensionen zur Kenntnis zu nehmen und zu akzeptieren, wird häufig die Option eines »Zurück zum *Status quo-ante*« suggeriert, den es aber für die meisten Länder und Menschen nicht mehr geben kann. Die Förderung der europäischen Landwirtschaft durch EU-Subventionen für Milchproduktion oder ökologischen Landbau trägt für nichteuropäische Länder, vor allem für große Agrarländer wie Brasilien oder Chile, eindeutig protektionistische Züge. Während man also die (landwirtschaftlichen) Exportprodukte dieser Länder nicht oder nur zu nicht-wettbewerblichen Bedingungen in die Europäische Gemeinschaft einlässt, verlangt die EU gleichzeitig von diesen Ländern – z. B. im Rahmen der Welthandelsorganisation WTO – deren weitgehende Öffnung für die eigenen Industrieexporte. Eine partielle und selektive Re-Nationalisierung zum Schutz eigener Interessen können nur starke (Welt-)Mächte versuchen, allerdings wohl kaum auf Dauer erfolgreich durchsetzen.

Auf der Ebene von Organisationen zeigt sich die Re-Nationalisierung etwa in der anhaltenden national-dominierten Interessenpolitik von Berufsverbänden und Interessenorganisationen. In dem Maße, wie Globalisierung und die Internationalisierung von Wirtschaftsbeziehungen zu einer Herausforderung wird, steigt häufig nicht in erster Linie die tatsächliche internationale Öffnung, sondern das Bestreben an, die eigenen Interessen im nationalstaatlichen und im internationalen Regulierungsraum zu verteidigen: »Während sich das öffentliche Interesse auf jene NGOs konzentriert, die vernachlässigte Interessen und globale Probleme anwaltschaftlich artikulieren, ist gerade das UN-System mit NGOs bevölkert, die stark durch die Interessen von Staaten, internationalen Organisationen, Verbänden und transnationalen Unternehmen geprägt sind. Der Finanzbedarf der NGOs erhöht Kooptationsgefahren und fördert die Instrumentalisierung durch Regierungen« (Walk 2004: 167). Gerade die Re-Nationalisierung zeigt, dass die Internationalisierung von Vergesellschaftung kein einfacher geradliniger, nicht mehr umkehrbarer Prozess ist. Vielmehr handelt es sich um einen sehr vielschichtigen, oft widersprüchlichen Entwicklungsverlauf, der sogar seine Hauptrichtung ändern kann. Dies zu bedenken ist wichtig, um nicht einem allzu einfachen Denkmodell von Globalisierung aufzusitzen.

5.4 Globalisierung

Im Rahmen der hier vorgestellten Typologie von Internationalisierungsdynamiken soll Globalisierung nicht als genereller Oberbegriff verstanden werden, sondern spezifischer als *eine* ganz bestimmte Form der Internationalisierung von Vergesellschaftung. Globalisierung in diesem Sinne bezieht sich einerseits auf die Voraussetzungen, Formen und Folgewirkungen der weltweiten Verbreitung internationaler Transaktionen, Kommunikationen, sozialer Praktiken und Symbolsysteme. Andererseits bezieht sich Globalisierung aber auch auf die weltweite Wahrnehmung und das globale Bewusstsein von gemeinsamen Problemen, Risiken, Rechten, Ereignissen und Tendenzen, die die Menschheit als Ganze erfährt. In diesem Sinne hatte Anthony Giddens Globalisierung definiert als »die Intensivierung der weltweiten sozialen Beziehungen, die unterschiedliche Plätze in einer solchen Weise miteinander verbinden, dass lokale Ereignisse durch Ereignisse beeinflusst werden, die viele Meilen entfernt sich ereignen und umgekehrt« (Giddens 1990: 63, Übersetzung L. P.).

Es gibt eine Reihe von Veränderungstendenzen und Phänomenen, wie etwa nukleare Risiken oder die Herausforderungen der Gentechnologie, die Erderwärmung und Klimaveränderungen sowie die erdumspannende potentielle Verbreitung bestimmter Epidemien und Seuchen, die zwar spezifische lokale, mikro-regionale, nationale oder makro-regionale Ursachen haben, die aber in ihren Auswirkungen von allen Menschen und Ländern sowie Regionen dieses Globus in irgendeiner Weise erfahren werden. Ganz offensichtlich sind Menschen und Länder, die über vergleichsweise viele ökonomische und Wissensressourcen verfügen, besser in der Lage, auf solche globalen Herausforderungen zu reagieren. Aber auch sie werden auf die eine oder andere Weise davon betroffen sein. Deshalb bezieht sich Globalisierung zumindest teilweise und langfristig auf weltweite und überall präsente gesellschaftliche Sachverhalte und Ereignisse, Interaktionen und Kommunikationen, Risiken und Rechte. Bezüglich des Verhältnisses von Flächenraum und Sozialraum bedeutet Globalisierung die *Ausweitung* des sozial-geographischen Containers von der nationalen auf die globale, weltumspannende Ebene. Einige Autoren sprechen in diesem Zusammenhang auch von der Zusammenpressung unserer raum-zeitlichen Welten (Harvey 1989; Waters 1995: 3).

Globalisierung in dem hier gemeinten spezifischeren Sinn liegt dann vor, wenn entweder die Ursachen, die Formen oder die Wirkungen bestimmter Ereignisse nicht auf einen bestimmten Ort, eine spezifische Mikro-Region, ein Land oder eine Makro-Region beschränkt sind, sondern sich auf den gesamten Erdball als solchen beziehen. Nicht umsonst wird von »globalen Klimaveränderungen« gesprochen, denn hiermit sind bestimmte erdumspannende Gleichgewichts- und Austauschbeziehungen angesprochen. Als naturgesetzliche Zusammenhänge des Weltklimas haben diese Wechselwirkungen zwar schon immer bestanden, allerdings sind es erst in jüngster Zeit die menschlichen *Wahrnehmungen* dieser Zusammenhänge und die menschlichen Wahrnehmungen der wahrscheinlich menschlichen Beeinflussungen dieser Zusammenhänge, welche die globalen Klimaveränderungen zu einem globalen *gesellschaftlichen* Phänomen und Problem machen. Spätestens die Katastrophe von Tschernobyl im Jahre 1986 hat deutlich gemacht, dass die Risiken lokaler Atomkraftwerke sich z. B. als hochradioaktive Feinstäube im wahrsten Sinne des Wortes »wie der Wind steht« über den gesamten Erdball verteilen können. Ähnliches gilt heute für Massenkrankheiten wie AIDS oder Seuchen wie die Vogelgrippe: Sie machen an keinen nationalstaatlichen Grenzen Halt und können potentiell jeden Flecken dieser Erde betreffen.

Während die bisher beschriebenen Phänomene von Globalisierung in diesem engeren Sinne vor allem auf die globalen Wirkungen von bestimmten Ereignissen und Entwicklungen abzielen, sind andere Formen von Globalisierung eher auf quasi weltweite Präsenz bestimmter Technologien, Informationen und Bilder bezogen. Das weltweite Telefon-Kommunikationssystem, die weltweite Verbreitung von schnurloser Telephonie und vor allem die globale Präsenz des Internets sind – bei aller Relativierung im Einzelnen – Beispiele für diese Form von Globalisierung. Natürlich ist die Verbreitung der genannten Kommunikationstechnologien nach Weltregionen und Einkommensgruppen extrem ungleich verteilt, aber die prinzipielle Erreichbarkeit durch Telefon und die globale Adressierbarkeit der Menschen durch Radio und Fernsehen ist heute für fast alle Dörfer und Plätze dieser Welt gegeben.

Globalisierung bezieht sich nicht nur auf die weltweite Verbreitung von Risiken und Informationen, sondern auch auf die zunehmende globale Präsenz einiger wichtiger Erwartungen und Ansprüche der Menschen, konkret z. B. der so genannten Menschenrechte. Den Anspruch der Einhaltung bestimmter grundlegender Menschenrechte kann heute weder der Häuptling eines auch noch so entlegenen Eingeborenenvolkes noch der Präsident einer Supermacht dauerhaft negieren. Dies zeigt sich an weltweiten Kampagnen gegen die Beschneidung junger Frauen und äußerte sich z. B. im Jahre 2005 auch in den Anklagen gegen die Führer kanadischer Indianerstämme, denen die Missachtung grundlegender Rechte der Stammesmitglieder gerichtlich vorgeworfen wurde. Dass sich bestimmte Kommunikationstechniken, Bildersprachen und Symbolsysteme – etwa die Verheißungen eines guten Lebens in modernen Städten oder die Entspannung und das Glücklichsein durch Alkohol – bis in die letzten Winkel der scheinbar unberührten Inseln Polynesiens verbreitet haben, zeigt das Beispiel der Maohi-Aborigines (vgl. z. B. Thimm 2001).

Globalisierung in dem Sinne einer ubiquitären Ausbreitung bestimmter menschlicher Kulturproduktionen und als die zunehmende Omnipräsenz von Risiken und Rechten bezieht sich nicht nur auf die bisher behandelte Mikro-Ebene der alltagsweltlichen Lebenspraxis. Sie betrifft ebenso die Makro-Ebene staatlich-gesellschaftlicher Verflechtungszusammenhänge. Es gibt keine Plätze mehr auf dieser Welt, die nicht vermessen und irgendeinem staatlichen Souverän zugeordnet wären. Die Vereinten Nationen als Organisation sind insofern ein inter-nationales Gebilde, als sie auf inter-gouvernementalen Verträgen beruhen; sie sind aber insofern global, als sie alle nur denkbaren und existierenden nationalstaatlichen Containergesellschaften und Sozialgebilde dieser Welt umfassen. Als globales Gebilde spiegeln die Vereinten Nationen auch das Bewusstsein der Menschen von der einen Welt und der einen globalen Menschheit wider.

Globalisierung in dem hier gemeinten engeren Sinne bezieht sich also nur auf solche Phänomene, Beziehungen und Wahrnehmungen, die gleichsam weltumspannend und allgegenwärtig sind. So definiert z. B. Göran Therborn in dem zum Thema Globalisierung erschienenen Sonderheft der Zeitschrift *International Sociology* diese als die »Tendenzen in Richtung weltweiter Verbreitung, Beeinflussung oder Verbindung von sozialen Phänomenen oder in Richtung einer weltumspannenden Wahrnehmung unter sozialen Akteuren«.[16] Idealtypischerweise stimmt diese Definition nicht in Gänze mit den konkret beobachtbaren empirischen Tendenzen überein. Noch immer finden Beschneidungen junger Frauen statt, noch immer werden die Menschenrechte millionenfach mit Füßen getreten, noch immer gibt es einige Dorfschaften auf der Welt, die nicht einmal ein gemeinsames Telefon besitzen. Aber Globalisierung im Sinne der Ausbreitung allgemeiner Menschenrechte und des zunehmenden Bewusstseins einer

16 Therborn 2000: 154; zu den verschiedenen Aspekten der inzwischen kaum mehr überschaubaren Globalisierungsdiskussion vgl. die verschiedenen sozialwissenschaftlichen Beiträge in dem von Therborn herausgegebenen Sammelband. Vgl. auch Pries 2006c.

globalen Vergesellschaftung aller Menschen auf der Minimalplattform geteilter Risiken und Rechte sowie generalisierter Informationen und Symbole lässt sich letztlich nicht mehr rückgängig machen.

Der Siegeszug dieser wirtschaftlichen, technischen, sozialen und kulturellen Globalisierung macht sich gerade auch an den Widerständen gegen sie fest: Viele regionalistische und fundamentalistische Bewegungen lassen sich nur verstehen vor dem Hintergrund des Gewahrwerdens der alles umspannenden Globalisierungstendenzen. Die so verstandene Globalisierung führt aber weder im Selbstlauf zum aufgeklärten Weltbürgertum noch zu schnellen vereinten Anstrengungen der Menschheit, diesen Planeten und sich selbst zu retten bzw. zu verbessern. Vielmehr ist Globalisierung als weltweite Verbreitung der Wahrnehmung bestimmter Risiken und Rechte, Informationen und Bilder eher als ein »schwaches Grundrauschen« im allgemeinen Lebensvollzug der Menschen zu verstehen. Welche Wirkungsmächtigkeit diese Globalisierung im sozialen Handeln der Menschen tatsächlich entwickelt und freisetzen kann, hängt von vielen Faktoren und vor allem von den Dynamiken auch der anderen Internationalisierungsformen ab.

Hervorzuheben ist, dass Globalisierung hier als das weltweite Wirken sozial relevanter Phänomene und als weltweite Wahrnehmung unter sozialen Akteuren verstanden wird. Dieses Verständnis erscheint für unseren Argumentationsgang wesentlich angemessener als z. B. die Definition bei Sylvia Walby (2003: 530f.), die Globalisierung beschreibt als »einen Prozess zunehmender Dichte und Frequentierung internationaler oder globaler sozialer Interaktionen im Verhältnis zu lokalen oder nationalen Interaktionen«. Versteht man soziale Interaktionen als das aufeinander bezogene und sich wechselseitig beeinflussende soziale Handeln von mindestens zwei Akteuren, dann wird sofort deutlich, dass »globale soziale Interaktionen« in dem hier verwendeten engen Sinn der Begriffe »global« und »Globalisierung« prinzipiell nicht vorstellbar sind. Zwar finden soziale Interaktionen zunehmend häufiger grenzüberschreitend statt, aber sie bleiben dennoch (pluri-)lokal gebundene Interaktionen. Soziale Interaktionen können auch auf die Wahrnehmung und die Beeinflussung globaler Phänomene wie z. B. ökologischer Risiken ausgerichtet sein, der Problem- und Wahrnehmungszusammenhang dieser Interaktionen ist dann global oder glokal, aber die sozialen Interaktionen selbst sind ihrer Natur nach immer lokal oder pluri-lokal (innerhalb eines Landes oder über die Grenzen eines Landes hinweg als »transnationale« oder »Diaspora-internationale«). Dass grenzüberschreitende soziale Bewegungen nur selten angemessen als globalisierte Bewegungen bezeichnet werden können, unterstreicht z. B. Thomas Olesen (2005: 427). Zu ihrer Charakterisierung werden andere Idealtpyen von Internationalisierung benötigt.

5.5 Glokalisierung

Die bisher besprochenen vier Idealtypen der Internationalisierung von Vergesellschaftungsbezügen haben gemeinsam, dass bei ihnen die zitierte doppelt exklusive Verschränkung von Sozialraum und Flächenraum nicht aufgelöst bzw. in Frage gestellt ist. Vielmehr wurde der entsprechende geographische und sozialräumliche Containerbezug entweder ausgedehnt, eingeschränkt, oder aber in seinen Beziehungen zu anderen entsprechenden Containern gestärkt. Brenner (1999) hat das Argument vorgebracht, dass Globalisierungsforschung häufig entweder einen global-territorialen oder einen De-Territorialisierungsansatz verfolgt. Während der global-territoriale Ansatz letztlich das nationalstaatlich-nationalgesellschaftliche Containermodell auf den globalen Raum ausweitet und diesen versteht als »einen vorgegebenen territorialen Container, innerhalb dessen sich die Globalisierung entfaltet« (1999: 59), geht das andere Konzept der De-Territorialisierung davon aus, dass die Raumdimension ihre Bedeutung nach und nach vollständig verliert. In dieser Perspektive werden die althergebrachten geographischen Containerräume durch den »Cyberspace« ersetzt. Der Flächenraum verliert dann letztlich seine strukturierenden Plätze und Orte und verschwindet in der Bedeutungslosigkeit eines angenommenen grenzenlosen »Raumes der Ströme« (Urry 2001). Im Gegensatz hierzu gehen die folgenden drei Idealtypen von Internationalisierung von einem *relationalen* Raumkonzept aus, in dem sich ein Sozialraum über mehrere geographische Räume erstreckt. Die folgenden idealtypischen Konfigurationen beziehen sich also auf zusammenhängende und kohärente, dichte und dauerhafte Sozialräume, die sich über mehrere verteilte Flächenräume als Plätze und Nationalstaaten hinweg erstrecken.

Der fünfte Idealtypus von Internationalisierung ist in gewisser Hinsicht ein Ergebnis der Kritik an dem allzu globalen Globalisierungskonzept. Während in diesem Globalisierungs-Diskurs häufig das Verschwinden des geographischen Raums, die De-Territorialisierung alles Sozialen oder die »Reduktion der Begrenzungen der Geographie« (Waters 1995: 3) behauptet wurden, stellt der Begriff *Glokalisierung* (Robertson 1994) auf die Dialektik zwischen Globalisierung und Lokalisierung ab. Globale Tendenzen und Prozesse sind verknüpft mit und bezogen auf lokale Konzentrationen von Macht, Technologie, Wissen, Geld und anderen Ressourcen und Ereignissen. Wer Globalisierung nur als Prozess des tendenziellen Bedeutungsverlustes von Flächenräumen und von geographischen Grenzen überhaupt auffasst, der ignoriert die zunehmenden Bestrebungen, neue Mechanismen von Inklusion und Exklusion auf den verschiedensten territorialen Ebenen zu etablieren, oder er leugnet die lokal durchaus spürbaren Effekte von Globalisierungsprozessen.

Die bereits erwähnte globale Erderwärmung hat nicht nur lokal sehr unterschiedliche, teils dramatische Wirkungen, sie hat auch sehr spezifisch lokale Ursachen, wie z. B. den Energieverbrauch und die Mobilitätsmuster in einigen OECD-Ländern. Ähnliches gilt für die globale Verbreitung bestimmter Moden und Ernährungsgewohnheiten. Milchpulver zur Babyernährung, Musiksender und »Tele-Novelas«, Coca Cola und Hamburger sowie Telefonanschlüsse und Handys verbreiten sich zwar weltweit, sie haben aber in aller Regel durchaus lokale und lokalisierbare »Treiber«.

Globale Risiken z. B. nuklearer Katastrophen können zwar je nach Zufalls- und Wetterkonstellation theoretisch jeden Menschen dieser Welt treffen, allerdings sind die Wahrscheinlichkeiten ihres Eintreffens und vor allem die Möglichkeiten zumindest kompensierender Gegenmaßnahmen durchaus ungleich auf dem Globus verteilt. Insofern handelt es sich bei vielen dieser Probleme um lokale Verursachungen von Globalem und um die lokal sehr unterschiedliche Verarbeitung von Globalität. Ähnliches gilt für lokale Bedrohungen etwa durch die Krankheit Aids/HIV. Theoretisch kann fast jeder Mensch dieser Welt, z. B. nach einem Autounfall durch eine verseuchte Blutkonserve, von dieser Krankheit betroffen werden. Gleichwohl ist die Wahrscheinlichkeit für ein solches Ereignis tatsächlich extrem unterschiedlich verteilt. Menschen in armen Vierteln Südafrikas sind hiervon ungleich viel stärker betroffen als im Wohlstands-Europa. Unwetterkatastrophen, die ganze Landstriche in den USA verwüsten, sind dort aufgrund des enormen Ressourcenpotentials bei allem konkreten Leid der Menschen leichter zu kompensieren, als dies etwa in Zentralamerika oder Indonesien der Fall ist: Hier werden ganze Orte im wahrsten Sinne des Wortes für immer weggefegt.

Umgekehrt ist die enorme Wirtschaftsdynamik regionaler Zentren wie etwa Bangalore in Indien ein Ausdruck der weltweiten Nachfrage und globalisierten Märkte für bestimmte Software-Dienstleistungen. Nicht zuletzt spielt bei dieser Art von Lokalisierungsentscheidungen großer Unternehmen und der entsprechenden Auftragsvergabe auch die konkrete Zeitzone, in der sich Plätze befinden, eine wichtige Rolle. Große Unternehmen wählen ihre Standorte und Zulieferunternehmen u. a. auch nach dem wichtigen Kriterium der Zeitverschiebung zu den anderen Standorten aus. So etwa wurden die neuen Automobilproduktionsstandorte von BMW in Spartanburg/USA und von Mercedes Benz in Tuscaloosa/USA auch wegen des sich gerade noch überlappenden Zeitfensters der Arbeitsschichten in Deutschland und den USA ausgewählt (vgl. Pries 1999c).

Auf der alltagsweltlichen Praxisebene äußert sich Glokalisierung als Internationalisierung von Vergesellschaftungsbezügen vor allem in dem wachsenden Bewusststein, dass das eigene lokale Schicksal untrennbar mit bestimmten globalen Voraussetzungen und Entwicklungstendenzen verbunden ist. Arbeitsplätze und Produktionsstandorte sind im 21. Jahrhundert real und in der Wahrnehmung der beteiligten Akteursgruppen in einen globalisierten Wettbewerb eingebunden. Automobilkonzerne und Handyproduzenten ebenso wie Software-Entwicklungsunternehmen und Textilfabriken haben den gesamten Globus als Horizont ihrer Einkaufs- und Absatzstrategien im Blick und verhandeln an den verschiedensten Produktionsstätten mit den Beschäftigten vor diesem Hintergrund und mit Hinweis auf die Produktionsmöglichkeiten an vielen anderen Standorten auf der Welt.

Während sich so globale Strukturen und die Wahrnehmung der Globalität in den Handlungsbedingungen und Handlungsstrategien lokaler Akteure niederschlagen, können umgekehrt lokale Strategien und Handlungen sehr weit reichende globale Folgewirkungen entfalten. Dies äußert sich etwa in weltweiten Verteuerungen des Erdöls und der Benzinpreise, wenn an bestimmten Plätzen dieser Welt ein bewaffneter Konflikt sich zuspitzt oder eine Umweltkatastrophe die Förderung von Erdöl einschränkt. Natürlich hat es Fernwirkungen lokaler Ereignisse schon immer gegeben. Der gesellschaftliche Zusammenhang von amerikanischer Unabhängigkeitserklärung, Französischer Revolution, dem Einmarsch Napoleons in Spanien und den Unabhängigkeitserklärungen der lateinamerikanischen Kolonien Spaniens zeigen dies ebenso wie schon Jahrhunderte zuvor die Völkerwanderung oder gar die Kreuzzüge (von den großen Menschenbewegungen entsprechend der über die Jahrtausende sich verändernden ökologischen Bedingungen unseres Planeten ganz zu schweigen). Allerdings sind im Zusammenhang der oben beschriebenen vier Internationalisierungstypen erstens die tatsächlichen Verschränkungen zwischen lokalen Ereignissen und globalen Prozessen weitaus stärker ausgeprägt als jemals zuvor, und zweitens ist das menschliche Bewusstsein und die soziale Wahrnehmung dieser Wechselwirkungen zwischen Globalem und Lokalem erst am Ausgang des 20. Jahrhunderts tatsächlich in größerem Umfang entwickelt worden. Und auch in dieser Hinsicht gilt das Prinzip von Thomas/Thomas (1928: 572): »Wenn Menschen Situationen als real definieren, so sind sie auch real in ihren sozialen Konsequenzen.«

Eine interessante Diskussion über das Verhältnis zwischen Globalem und Lokalem findet sich in der Nr. 1/2005 der Zeitschrift *Current Sociology* (Vol. 53). In einem historischen Rückblick zeigt Bruce Mazlish (2005a) hier, dass die Beziehungen zwischen Lokalem und Globalem, zwischen Partikularismus und Universalismus sowie zwischen Kulturell-Ortsgebundenem und Kosmopolitismus bereits seit der griechischen Antike kontrovers diskutiert werden. Er warnt vor allem vor einer unkritischen Überhöhung des Lokalen und plädiert für die Stärkung eines kosmopolitischen Denkens etwa im Bereich von Gerechtigkeitsvorstellungen und Menschenrechten, in den Wissenschaften und in der Technologie (vgl. hierzu ausführlicher Kapitel 8).[17] Dass eine Relativierung des Lokalen nicht automatisch zu

17 Die Zunahme der (Wahrnehmung der) Wechselwirkungen zwischen Globalem und Lokalem wird hier als Glokalisierung bezeichnet, wobei das »Lokale« sich auf einzelne kleine Orte, auf Mikro-Regionen, auf Nationalstaaten oder auch auf Makro-Regionen beziehen kann. Damit werden hier auch solche Beziehungen als glokale bezeichnet, die Patel (2004: 634) als transnational charakterisiert: »Fragt man etwa nach den Rückwirkungen von UN-Bestimmungen auf eine bestimmte Gesellschaft, sei es im Bereich der Korruptionsbekämpfung oder des Embryonenschutzes, befindet man sich im Feld der transnationalen Geschichte; geht es schließlich um die Intensivierung globaler Kommunikation – wobei die UN als empirischer Fokus dienen könnte –, betreibt man Weltgeschichte.« Was im Einzelnen unter Transnationalisierung zu verstehen ist, wird in dem übernächsten Ab-

einem Kosmopolitismus führen muss, zeigt sich besonders an dem Typus der Diaspora-Internationalisierung.

5.6 Diaspora-Internationalisierung

Während die Internationalisierung im Idealtypus der Glokalisierung als Verschränkung zwischen dem Globalen bzw. der Globalität einerseits und dem Lokalen andererseits gedacht ist, steht bei der Diaspora-Internationalisierung die zunehmende Verschränkung zwischen verschiedenen Plätzen im Mittelpunkt, wobei einem dieser Plätze im Sinne eines sternförmigen Netzwerkes eine eindeutige Zentrumsfunktion zugeordnet wird. In diesem Sinne ist eine Diaspora als multi-lokaler, dichter und dauerhafter Sozialraum mit einem klar identifizierbaren (wenn auch unter Umständen nur imaginierten) Zentrum zu verstehen. Obwohl der Begriff Diaspora sehr unterschiedlich verwendet wird, lässt sich doch als eine gemeinsame Grundidee herausstellen, dass es sich bei einem Diaspora-Gefüge um einen geteilten Sozialraum im Sinne von religiösen, politischen oder sozial-kulturellen Selbstvergewisserungen und von dauerhaften Austauschbeziehungen handelt, die sich über verschiedene geographische Flächenräume und Ländergrenzen oder Regionen hinweg erstrecken und die einen gemeinsamen Bezug auf ein »Mutterland« oder ein »gelobtes Land« aufweisen.

Als historisch wichtigstes Beispiel für ein diasporisches Flächenraum-Sozialraumgefüge gilt natürlich die Erfahrung des Judentums von Vertreibung und Verfolgung über viele Plätze und Nationen seit 2000 Jahren und bis hin zum Völkermord durch den deutschen Nationalsozialismus. Wo immer auf der Welt sich jüdische Menschen, Gruppen und Gemeinden zusammenfanden und -finden, spielte und spielt die Berufung auf Israel als das geheiligte Land der Verheißung eine einheitsstiftende Rolle (Cohen 1997). In einem erweiterten und allgemeineren Sinne kann man als Diaspora auch das Verhältnis etwa von diplomatischen Korps zu ihrem jeweiligen Herkunftsland verstehen: Diese diplomatischen Vertretungen eines Lan-

schnitt 5.7 erläutert – hier sei nur festgehalten, dass wir unter Glokalisierung alle Beziehungen zwischen dem Globalen und dem Lokalen in seinen verschiedensten Ausformungen subsumieren, während Patel einen Teil dieser Beziehungen offensichtlich der transnationalen Ebene zuordnet (vgl. auch Patel 2003: z. B. 629).

des sind per Definition durch den Rückbezug auf das Heimatland in ihren Beziehungen zu den jeweiligen Orten und den anderen diplomatischen Niederlassungen auf der Welt bestimmt. Durch diese Berufung auf ein gemeinsames Zentrum und durch den häufigen Wechsel von einem Platz bzw. einer Landesvertretung zu einem anderen Platz bzw. zu einer anderen Botschaft entwickelt sich so etwas wie ein Korpsgeist, der als einheitsstiftendes Identitätsband diesen Typus von Diaspora-Internationalisierung kennzeichnet. Die gemeinschaftsstiftende Verflechtung dieser vielen, über Hunderte von Nationalstaaten verstreuten Botschaften und Konsulate erfolgt vor allem durch den Bezug auf das gemeinsam verbindende Zentrum des Nationalstaates bzw. Stammlandes, welches im Ausland vertreten wird.

Nicht wesentlich anders verhält es sich seit fast 2000 Jahren mit den Missionierungsdependancen der katholischen Kirche zunächst in Europa, dann in Lateinamerika und der ganzen Welt. Diaspora-Internationalisierung muss nicht immer auf diplomatischen oder religiösen Bindungen, sie kann auch auf politischer Verfolgung beruhen. So etwa verstehen sich in aller Regel die über viele Länder verstreuten politischen Flüchtlinge auch als Diaspora. Deren sozialräumliche Einheit wird über viele geographische Orte hinweg durch den Rückbezug auf einschneidende politische Ereignisse im »Heimatland« konstruiert. So bilden z. B. viele der aus dem Iran nach der Ablösung der Mossadegh-Regierung durch den Schah von Persien oder die aus Chile nach dem Sturz der Allende-Regierung und die blutige Machtübernahme des Pinochet-Regimes oder die im Zuge der chinesischen Kulturrevolution aus politischen Gründen aus ihren jeweiligen Ländern Geflohenen in aller Regel Diaspora-Netzwerke, die sich durch die gemeinsame Berufung auf das »Heimatland« definieren. Der Aufenthalt in den jeweiligen Aufnahmeländern wird dabei meistens als vorübergehend angesehen, eine Rückkehr in das »Heimatland« von der Verbesserung der dortigen politischen Verhältnisse abhängig gemacht. Entsprechend vorsichtig bzw. vorbehaltlich gestaltet sich das Verhältnis zu dem Asyl gewährenden Aufnahmeland.

Schließlich kann auch die nicht in erster Linie politisch, sondern wirtschaftlich begründete Arbeitsmigration in viele Länder einen gemeinsamen Sozialraum der Diaspora-Internationalisierung begründen. Dies gilt etwa für die dereinst sogenannte »Gastarbeiter«-Migration, bei der die Rückkehr in die Heimatländer von Anfang an von den aufnehmenden Ländern und in aller Regel auch den »Gastarbeitern« selbst eingeplant war. Dass sich dies später völlig anders gestaltete und häufig aus den zwei bis drei Jahren Arbeitsaufenthalt in Deutschland ein ganzes Leben wurde, ändert nichts an der anfänglichen diasporischen Situation. Einen Diaspora-Charakter haben die in den Ankunftsländern gegründeten Migrantenvereine immer dann, wenn sie sich in erster Linie durch den Rückbezug auf das Herkunftsland bilden (und nicht etwa vorrangig als Interessenverbände für eine verbesserte Integration im Ankunftsland wirken). In dieser Hinsicht hat z. B. Østergaard-Nielsen (2003c) eine interessante Typologie von Migrantenorganisationen vorgelegt (vgl. weiter unten Kapitel 7.4). Für den Fall indischer Migration nach Australien wurden sogar sehr unterschiedliche Diaspora-Gemeinden identifiziert, die sich durch die Berufung auf jeweils variierende Zentren (entweder traditionelle indische Regionen oder ethnische Gruppen) oder unter Berufung auf das moderne Konzept der gemeinsamen Staatsbürgerschaft konstituieren (vgl. Voigt-Graf 2004).

Steven Vertovec unterscheidet drei Bedeutungen des Diaspora-Begriffs: Diaspora als Sozialform, Diaspora als ein Typ von Bewusstsein und Diaspora als eine Form kultureller Produktion. Für ihn ist Diaspora grundsätzlich »jede Population die als ›deterritorialisiert‹ oder ›transnational‹ angesehen wird – also jene, deren kulturelle Ursprünge sich in einem anderen Land als dem des gegenwärtigen Aufenthaltes entwickelt haben, und deren soziale, politische und wirtschaftliche Netzwerke die Grenzen von Nationalstaaten überschreiten bzw. tatsächlich den gesamten Globus umspannen« (Vertovec 2000: 141). Wie bereits oben angemerkt, ist eine Vorstellung von Sozialräumen als »deterritorialisierten« Einheiten äußerst fragwürdig. Natürlich ist die Unterscheidung von Vertovec sehr hilfreich, insofern sie unterschiedliche Qualitäten der Sozialräume von Diaspora-Gebilden vorschlägt. Als Minimaldefinition von Diaspora-Internationalisierung soll hier aber gelten, dass es sich dabei nicht um deterritorialisierte, sondern um pluri-lokale Netzwerkbeziehungen handelt, die auf ein einheitliches Zentrum hin ausgerichtet sind und die sich vornehmlich auf wirtschaftliche, politische, religiöse oder soziale Gemeinschaftsbande gründen.

Eine einfache und ursprüngliche Form der Diaspora-Internationalisierung liegt in der Großfamilie, die aufgrund von Flucht oder Vertreibung oder aufgrund freiwilliger Auswanderung über verschiedene Plätze, Nationalstaaten oder Erdteile verstreut ist. Die Zugehörigkeitserfahrungen sind in diesen Fällen häufig auf den gemeinsamen Ursprungsort, etwa eine kleine Gemeinde in Oberbayern oder ein Fischerdorf in der dominikanischen Republik gegründet. Auch die Gruppe der so genannten WASP-Amerikaner in den USA (White Anglo-Saxon Protestants) kann in diesem Sinne als Diaspora-Gemeinde verstanden werden, insofern sich diese Gruppe selbst über den gemeinsamen Bezug auf die protestantischen englischen Vorfahren definiert oder von anderen so definiert wird. Auch die in multikulturellen und multiethnischen Gesellschaften wie den USA oder in Brasilien typische Frage nach den Abstammungswurzeln (Where are your roots from?) verweist auf diesen Mechanismus der Definition einer Gemeinsamkeit durch den Rückbezug auf ein einheitsstiftendes Zentrum.

Diaspora-Internationalisierung als die Zunahme solcher Verflechtungsbeziehungen bzw. die zunehmende Wahrnehmung dieser Verbundenheit mit einem einheitsstiftenden Zentrum ist durchaus kein nur vorübergehendes Phänomen, welches nach erfolgreicher Integration in dem imaginierten großen »Schmelztiegel« der Ankunftsgesellschaft tendenziell verblasst. In Deutschland ebenso wie in Brasilien und den USA hat die Ahnenforschung in den vergangenen Jahrzehnten eine erstaunliche Renaissance erlebt: Wenn die Zeiten allgemein unübersichtlicher und die Selbstvergewisserungen komplizierter werden, bietet die Rückbesinnung auf gemeinsame Wurzeln für viele Menschen offensichtlich eine wichtige Orientierung.

Der Idealtypus der Diaspora-Internationalisierung als eine spezifische Konfiguration pluri-lokaler Sozialräume mit einem klaren Zentrum kann auch auf die Internationalisierung von Organisationen angewandt werden. So findet sich z. B. in der wissenschaftlichen Literatur zu Profit-Organisationen wie Wirtschaftsunternehmen häufig die Unterscheidung zwischen einerseits globalen oder fokalen Unternehmen, die ein klares Zentrum in Form eines »Stammsitzes« oder »Mutterkonzerns« aufweisen, und andererseits multinationalen oder transnationalen Unternehmen, die eher aus einer Vielzahl von mehr oder weniger stark miteinander verkoppelten Einzelunternehmen bestehen. Gerade für internationale Produktionsunternehmen lässt sich sagen, dass sie in aller Regel eine recht deutliche Zentrum-Peripherie-Struktur aufweisen. Sie haben meistens ein eindeutig identifizierbares Stammland mit einem eindeutig auszumachenden Stammsitz.

Dies gilt für General Motors und Ford auf der Weltebene,[18] für Volkswagen und BMW genauso wie für Microsoft und IBM, für die Citibank genauso wie für die Fluglinie der Indian Airlines.

Ähnliches gilt auch für Non-Profit- und Nicht-Regierungsorganisationen, von denen einige (wie z. B. der World Wildlife Fund mit seiner Zentrale in Washington D. C./USA[19]) ein eindeutiges Referenzzentrum besitzen, während andere (z. B. Attac oder Greenpeace) wesentlich dezentraler organisiert sind. Diaspora-Internationalisierung kann sich schließlich auch auf die Vergesellschaftungsbezüge und Machtstrukturen zwischen Nationalstaaten und Nationalgesellschaften beziehen, wenn hier ein eindeutiges Ungleichgewicht und ein eindeutig einheitsstiftendes Zentrum auszumachen ist. Dies gilt etwa im Falle der Allianz, die für den Irak-Krieg unter Federführung der USA geschmiedet wurde. Es galt auch für die Machtverhältnisse im Vergesellschaftungsprozess der ehemaligen Sowjetunion, die um das einheitsstiftende Zentrum Russlands und der KPdSU in Moskau gruppiert waren.

5.7 Transnationalisierung

Die gerade beschriebene Diaspora-Internationalisierung als eine länderübergreifende Internationalisierung mit einem relativ klaren Zentrum-Peripherie-Verhältnis ist die wohl häufigste Form der Internationalisierung, sofern von relationalen Raumkonzepten die Rede ist. Als Idealtypus unterscheidet sich *Transnationalisierung* hiervon durch die eher *gleichgewichtige Bedeutung der unterschiedlichen Lokalitäten im Ländergrenzen überspannenden sozialräumlichen Beziehungsgeflecht.*[20] Insofern kann man Transnationalisierung als die Zu-

18 Hier wird eine Einschränkung der Zentrum-Peripherie-Struktur für General Motors und Ford auf der Weltebene vorgenommen, weil beide Konzerne in Europa eine durchaus multi-polarere Struktur aufweisen als auf der Weltebene. Dieser Aspekt wird weiter unten in Kapitel 8.2.3 noch eine wichtige Rolle spielen.

19 Die Website zu den beim WWF angebotenen Jobs verdeutlicht diese herausgehobene Stellung der Zentrale in Washington, vgl. ⟨http://www.resourcehire.com/clients/worldwildlifefund/publicjobs/controller.cfm⟩, Zugriffe 7. 11. 2005.

20 Hier liegt der entscheidende Unterschied zur Diaspora-Internationalisierung, bei der ein formalrechtlich definiertes (wie im Falle der internationalen diplomatischen Vertretungen von Nationalstaaten) oder ein dauerhaftes, nicht hinterfragtes und konstitutives Zentrum (wie z. B. bei der Katholischen Kirche der Papstsitz im

nahme pluri-lokaler und dezentraler, dauerhafter und dichter Sozialbeziehungen und Austauschverhältnisse betrachten, die sich über die essentialistischen Containerräume von Nationalgesellschaften hinweg erstrecken. Während bei der Glokalisierung das Verhältnis zwischen der größtmöglichen sozialräumlichen Einheit »Welt« einerseits und bestimmten Plätzen andererseits im Mittelpunkt steht und bei der Diaspora-Internationalisierung ein klares Zentrum im Verhältnis zu seinen Satelliten betrachtet wird, stehen bei der Transnationalisierung die alltagsweltlichen Sozialbeziehungen, soziale Positionierungen, geographische Projekte, die Identitäten oder Haushaltsstrategien und auch die Organisationsstrukturen im Mittelpunkt, die sich oberhalb und jenseits von Nationalgesellschaften und ohne ein eindeutiges organisierendes Zentrum entwickeln. Hier handelt es sich also nicht um eine sternförmige, sondern um eine tatsächlich netzwerkförmige Verbindungsstruktur zwischen Plätzen, die einen dauerhaften Sozialraum konstituiert.[21]

Im alltagsweltlichen Lebensbereich z. B. kann ein transnationaler Sozialraum sich herausbilden, wenn im Rahmen von Arbeitsmigration ein Teil einer Großfamilie im Land A, ein anderer Teil der Familie im Land B und vielleicht ein noch anderer Teil des großfamiliären Clanzusammenhangs im Land C lebt. Solche Konstellationen sind durchaus häufiger anzutreffen, als zunächst vermutet wird. Glick Schiller et al. (1992) und Basch et al. (1997) haben dies etwa für haitianische Familien aufgezeigt, die aufgrund ökonomischer Notwendigkeiten und politischer Verfolgung in einem sozialräumlichen Drei-

Vatikan, bei der israelischen Diaspora das »gelobte Land Palästina« oder bei politischen Exilorganisationen das Herkunftsland) existiert. Bei der Transnationalisierung ist ein solches Zentrum entweder nicht auszumachen oder es befindet sich im Prozess nachhaltiger Destruktion.

21 Eine differenzierte Diskussion unterschiedlicher Internationalisierungstypen findet sich auch bei Alison Brysk (2002a). Ähnlich wie weiter oben im Zusammenhang als Anspruch quasi globalisierter Menschenrechte dargestellt, versteht sie *globalization* als »universelles Menschenrecht und Konstruktion eines internationalen Regimes, die sozialisierende Kraft der ›internationalen Gesellschaft‹«; von dieser grenzt sie »bilaterale und multilaterale Überwachung sowie die Ausnutzung von Abhängigkeit« ebenso ab wie von Letzteren »Transnationalismus als überlappendes Set multipler Handlungsfelder mit charakteristischen Dynamiken und Widersprüchen« (Brysk 2002b: 2f.). So gut auch diese Abgrenzung in einigen Aspekten ist: Das von Brysk vorgeschlagene *transnationalism*-Konzept bleibt doch unspezifisch und zu weit gefasst, denn ein »überlappendes Set multipler (Handlungs-) Felder« kann sich auch als Supra-Nationalisierung darstellen.

eck zwischen Paris, Florida und Porto Prince leben. In Untersuchungen zur mexikanischen Migration stieß man auf komplexe Netzwerke etwa zwischen Chicago, New York City, Mexiko-Stadt und kleinen Dörfern in der Mixteca (Pries 1998a; vgl. auch eindrucksvoll Besserer 2002).

Türkische Familien können – besonders etwa, wenn Arbeitsmigration mit politischer Migration verknüpft ist wie im Falle der Kurden – sich zunächst auf verschiedene Länder Europas verteilen, z. B. Frankreich und Deutschland, aber immer noch einen Schwerpunktbezug zum Heimatland Türkei bzw. Kurdistan haben. Eine solche idealtypisch der Diaspora-Internationalisierung nahe kommende Konfiguration kann sich im Laufe der Zeit zu einem mehr oder weniger gleichberechtigten und gleichgewichtigen Netzwerk von Lokalitäten in den genannten Ländern entwickeln, wobei den unterschiedlichen Orten durchaus unterschiedliche Funktionen im sozialräumlichen Gesamtgebilde zukommen können (Gelderwerb, Kindererziehung, Altenpflege, sozial-kulturelle Selbstvergewisserung, politische Aktivität). Die meisten Arbeitsmigranten und politischen Flüchtlinge leben in einem pluri-lokalen Sozialraum, in dem sich aber meistens ein deutliches organisierendes Zentrum als Bezugspunkt im Sinne der Diaspora-Internationalisierung ausmachen lässt: Dies kann bei Einwanderung die Orientierung auf das Ankunftsland sein, bei politischen Flüchtlingen der Rückbezug auf das gemeinsame politische Projekt oder bei Rückkehrwanderern der bereits ausgearbeitete Plan, sich im Herkunftsort nach erfolgreicher Arbeitsmigration mit einem kleinen Geschäft selbständig zu machen.

Bei einem Teil von Migranten ab der zweiten oder dritten Generation ist aber eine eindeutige Prioritätensetzung und Zentrumsdefinition nicht mehr möglich und evtl. auch nicht erwünscht. Sie fühlen sich sowohl im Herkunftsort wie auch im Ankunftsland ihrer Vorfahren einerseits zu Hause und andererseits als Fremde. Sie können bestimmten Elementen der sozialräumlichen Containerbezüge in beiden Nationalgesellschaften viel Positives abgewinnen und gehen souverän mit diesen Elementen um. Während ein Teil dieser Menschen selbstbewusst und für sich selbst bereichernd die Klaviatur der vielfältigen kulturellen, sozialen und politischen Erfahrungen unterschiedlicher Nationalcontainer spielt, kann ein anderer Teil dieser Migranten allerdings auch an innerer Zerrissenheit, an Heimatlosigkeit oder Orientierungslosigkeit leiden und eventuell beruflich oder persönlich scheitern. Auf die Fragen: »Wo gehörst du hin? In welche Richtung wirst du dich künftig orientieren? Was ist dein Lebensprojekt?« antworten diese transnationalen Migranten – ähnlich wie einige Mitglieder der Familie von Doña Rosa – wahrscheinlich: »Ein bisschen hierhin, ein bisschen dorthin; was ich dann tue, entscheide ich vor Ort.« Transnationale Sozialräume sind auf der lebensweltlichen Ebene häufig mit multiplen und dynamischen Selbstvergewisserungen und Lebensprojekten verbunden, sie besitzen keine eindeutige flächenräumliche Präferenz.

Transnationalisierung als eine spezifische Form der Internationalisierung lässt sich auch auf der Ebene von Organisationen beobachten. In der wirtschaftswissenschaftlichen Literatur wurde die »transnational solution« vor allem von den beiden Autoren Christopher Bartlett und Sumantra Ghoshal (1989) diskutiert. Nach ihrer Auffassung haben zentralistisch geleitete *globale Unternehmen* den großen Nachteil, dass sie sich nur unzureichend an die jeweiligen spezifischen lokalen Gegebenheiten der Gastländer, in denen sie operieren und Erfolg haben wollen, anpassen können. Zentralistische Werte- und Kulturorientierungen sowie zentralistische Produkt- und Marktstrategien verhindern eine sensible Aufnahme und Integration der jeweiligen Gegebenheiten. Dagegen haben allzu stark dezentralisierte und multinational operierende Unternehmen den Nachteil, nur unzureichend die vorhandenen lokalen Wissensbestände zu bündeln und die auf viele Standorte verteilten Ressourcen sinnvoll und synergetisch zu nutzen. Bei solchen *multinationalen Unternehmen* ist die Unternehmenszentrale bzw. der Stammsitz genauso stark bzw. schwach wie die anderen Unternehmensteile, und es existiert keine klare und starke Koordination zwischen den einzelnen Einheiten. *Transnationale Organisationen* haben nach diesem Verständnis einerseits kein eindeutiges organisierendes Zentrum, andererseits gleichwohl starke Koordinations- und Austauschbeziehungen zwischen den einzelnen Einheiten. In dieser »Quadratur des Kreises« aus *starker Koordination und starker Dezentralisierung* erwächst die transnationale Organisation den beiden Autoren zufolge als die eigentliche Lösung im Globalisierungsprozess. Das in Abschnitt 3.5 behandelte Beispiel des Beratungsunternehmens McKinsey steht für eine Profit-Organisation, die dem Idealtypus der Transnationalisierung recht nahekommt.

Transnationale Organisationen finden sich auch im Bereich von grenzüberschreitenden NGOs und Aktionsnetzwerken. Diesem Idealtypus von Transnationalisierung kommen z. B. die Netzwerkorganisation Attac und die Umweltorganisation Greenpeace relativ nahe, wie einige Untersuchungen zeigen.[22] Danach haben beide Organisationen zwar eine konkret an bestimmten Orten auszumachende Ursprungsgeschichte, sich aber inzwischen gleichwohl so weit entwickelt, dass sehr viele und mehr oder weniger ähnlich gewichtige Aktionszentren bestehen, die etwa bei bestimmten Kampagnen durch verbindliche Koordinationsmechanismen miteinander verbunden sind.

Transnationale Sozialräume wurden in den verschiedensten Kontexten untersucht: von Migrationsnetzwerken (vgl. Portes et al. 1999 als Überblick) über Migrantenorganisationen (Østergaard-Nielsen 2001) und Wirtschaftsunternehmen (Carroll/Fennema 2002; Hirsch-Kreinsen 1997) bis hin zu informellen, kriminellen und terroristischen transnationalen Aktivitäten und Organisationen (Passas 2003; Schneckener 2002 und 2006). Michael Peter Smith (2001) unterstrich die dynamischen und »raumschaffenden« Aspekte der Transnationalisierung. Er untersuchte transnationale Sozialräume in ihrer geographischen und gesellschaftlichen Dimension und definierte Transnationalismus als »einen Ausdruck der transnational sich hin und her bewegenden Kreise von Kommunikation und lokalen, translokalen und transnationalen sozialen Praktiken, die an spezifischen Plätzen zusammenkommen zu jeweils spezifischen Zeiten und die einbezogen werden in die konfliktiven Politiken des Raummachens, der sozialen Konstruktion von Machtdifferenzialen und der Produktion individueller, nationaler und transnationaler Identitäten und der entsprechenden Felder von Unterschieden« (ebd.: 5). In Anknüpfung an die Arbeiten von Michael Kearney argumentiert Smith (ebd.: 3): »Während die Debatte um Globalisierung die Aufmerksamkeit auf soziale Prozesse lenkt, die weitgehend ›dezentralisiert sind von spezifischen nationalen Territorien‹, wie etwa Manuel Castells [...]

22 Zu Attac vgl. die Selbstdarstellung unter ⟨http://www.attac.org/index.htm⟩ und den Bericht von Grefe et al. 2003. Die globale oder transnationale Organisationsform von Greenpeace wird sehr unterschiedlich eingeschätzt, vgl. z. B. Weyler 2004; bezüglich der Organisationsstruktur heißt es auf der Website von Greenpeace in Kanada: »Jedes nationale Büro von Greenpeace [...] hat seine eigene unabhängige Struktur, basierend auf den Gegebenheiten und Gesetzen des jeweiligen Landes. Diese Büros sind Teil der internationalen Organisation von Greenpeace, sind aber unabhängig hinsichtlich ihrer Aktionen und ihrer Identität« (⟨http://www.greenpeace.ca/e/about/profile.php⟩, Zugriff 10. 4. 2006).

Diskussion über die in einem ›space of flows‹ stattfindenden Globalisierung(en), beschreibt die Forschung um *transnationale* Prozesse transnationale soziale Beziehungen als ›verwurzelt‹, obwohl sie über einen oder mehrere Nationalstaaten hinweg verlaufen.«

Die hier skizzierten sieben Typen von Internationalisierung beschreiben jeweils unterschiedliche Konstellationen von Flächenräumen und Sozialräumen. Sie sind nicht als sich gegenseitig in der Realität ausschließend oder ersetzend oder nacheinander folgend gedacht. Vielmehr existieren diese Flächen-Sozialraum-Kombinationen nebeneinander und beeinflussen sich auch wechselseitig. Wie bereits angedeutet, kann zunehmende Globalisierung etwa auch zu einer anwachsenden Re-Nationalisierung in bestimmten Regionen und bei bestimmten Bevölkerungsgruppen führen. Diaspora-Internationalisierung kann Transnationalisierungsprozesse auslösen oder wiederum eine Folge von diesen sein. Inter-Nationalisierung wiederum kann – etwa in Form von Abkommen zur Migrationskontrolle – ein Ausdruck bzw. eine Wirkung bereits vorhandener transnationaler Migrationsströme oder aber auch die Voraussetzung und Grundlage für deren Entstehung sein.

In jedem Fall wäre es verfehlt, davon auszugehen, dass sich die Flächenräume und die »Containergesellschaften« im 21. Jahrhundert immer weiter auflösen und in einem einzigen virtuellen »Cyberspace«, in einem de-territorialisierten »globalen Dorf« oder in einem unendlichen »Raum des Fließens« verflüchtigten. Umgekehrt ist vielmehr eine wachsende Bedeutung neuer und komplexerer Konfigurationen von Flächenräumen und Sozialräumen zu beobachten. Das Gesellschaftliche löst sich nicht in einem großen globalisierten Containerraum auf, sondern differenziert sich stärker in verschiedene Muster sozial-flächenräumlicher Beziehungen. Es ist eine wesentliche Herausforderung für die Sozialwissenschaften, diese Tendenzen gesellschaftlichen Wandels und der Internationalisierungsformen von Vergesellschaftung genauer theoretisch und empirisch zu untersuchen. Es wurde hier für eine vergleichsweise enge Bestimmung der Begriffe Transnationalismus und Transnationalisierung plädiert.[23]

Transnationalisierung ist demzufolge ein historisch nicht völlig

23 Vgl. ähnlich auch z. B. Patel 2003: 629. Olesen (2005: 425ff.) schlägt ebenfalls eine spezifische Verwendung des Terminus transnational vor; für den Zusammenhang der Definition transnationaler Öffentlichkeiten macht er hierfür das Netzwerkkonzept fruchtbar.

neuer, wohl aber in den vergangenen Dekaden im Kontext zunehmender internationaler Bewegungen von Gütern, Menschen und Informationen ein sich ausweitender und vertiefender Prozess. Transnationalisierung führt zur Herausbildung relativ dauerhafter und dichter pluri-lokaler und nationalstaatliche Grenzen überschreitender Verflechtungsbeziehungen von sozialen Praktiken, Symbolsystemen und Artefakten. Diese emergenten grenzüberschreitenden gesellschaftlichen Formationen können eine vorwiegend ökonomische, soziale, kulturelle oder politische Dimension haben – in aller Regel ist ihre Dynamik aber durch komplexe Wechselwirkungen zwischen diesen Dimensionen bestimmt.

Das Forschungsprogramm der Transnationalisierung konzentriert sich in einer handlungs- und akteurszentrierten Perspektive auf soziale Prozesse und auf das Entstehen transnationaler sozialer Formationen und transnationaler Sozialräume und weniger auf das makrostrukturelle subjektlose Wirken von weltumspannenden Triebkräften. Der Forschungsansatz der Transnationalisierung ist an den pluri-lokalen Wechselbeziehungen zwischen lokalen sowie zwischen lokalen, regionalen, nationalen und globalen Prozessen interessiert und nicht an der Identifikation ubiquitärer, scheinbar de-territorialisierter Flüsse von Informationen oder Kapital. Im Mittelpunkt von Transnationalisierungs-Analysen stehen alltagsweltliche Beziehungsgeflechte und grenzüberschreitende Interaktionen von Subjekten und Akteursgruppen »von unten«, die transnationalen Profit- und Non-Profit-Organisationen sowie sich herausbildende transnationale Institutionengefüge. Ausgangspunkt empirischer Analysen sind deshalb häufig soziale (Migranten und Migration), politische (Interessengruppen, Lobby- und Bewegungs-Organisationen) und kulturelle (religiöse oder ethnische Mobilisierung) Phänomene, aber auch ökonomische (Kapital- oder Handelsströme, internationale Konzerne) oder informatorische Prozesse (Nachrichten- oder Film-Produktion).

Das Internet lässt sich in diesem Zusammenhang als fast schon globalisiertes informationstechnisches Medium für die Herausbildung transnationaler Sozialräume thematisieren (oder aber auch als Medium, mit dessen Hilfe rechtsradikale Gruppen globale Re-Nationalisierungstendenzen vorantreiben wollen). Während der Globalisierungsdiskurs zunächst von der Ökonomie dominiert war, wurde die Transnationalisierungsperspektive vor allem in anthropologischen Studien entwickelt. Globalisierung relativiert idealtypisch die Bedeutung der Nationalstaaten zugunsten der Herausbildung weltumspannender Prozesse und Ordnungen (Weltwirtschaft, Weltbürger und Weltzivilgesellschaft, Weltkulturen, Kosmopolitismus). In der Transnationalisierungsperspektive ist das Verhältnis zwischen nationalstaatlichen und transnationalen Prozessen kein Nullsummenspiel, sondern eines wechselseitiger Ergänzung und Ausdifferenzierung. Schon diese kurze Gegenüberstellung verweist auf wesentliche Unterschiede zwischen dem Globalisierungsdiskurs der achtziger und neunziger Jahre und der Transnationalisierungsforschung zu Beginn des 21. Jahrhunderts. Letztere hat sich inzwischen in sehr vielen wissenschaftlichen Disziplinen als mehr oder weniger eigenständige Forschungsperspektive etabliert.

6 Transnationalismus in verschiedenen Wissenschaftsdisziplinen

Nach einigen Jahrzehnten intensiver Forschungen und Diskussionen zur Globalisierung wurde dieser Begriff immer stärker zu einem *catch-all*-Terminus, also zu einem Konzept, mit dem Alles und Jedes zusammenhing und mit dem Alles und Jedes erklärt werden sollte. Die Arbeitslosigkeit und drohender Arbeitsplatzabbau wurden ebenso der Globalisierung zugeschrieben wie umgekehrt die möglichen Chancen und Erfolge durch Warenexporte, internationale Dienstleistungsangebote und Migration. *Transnationalism* und *Transnationalisierung* als Forschungsprogramm unterliegen grundsätzlich der gleichen Gefahr, zu einem neuen alles und damit letztlich nichts erklärenden Konzept zu werden. Um einer solchen Verflachung und allzu weiten Ausdehnung des Erklärungsanspruchs vorzubeugen, wurde *Transnationalisierung hier als eine sehr spezifische Form der Internationalisierung* vorgestellt. Ihr liegt ein relationales Raumkonzept und ein netzwerkförmiges dezentrales Verteilungsgebilde von über verschiedene Nationalgesellschaften verteilten und gleichzeitig stark koordinierten sozialräumlichen Teileinheiten zugrunde.

Mit dem so geschärften Blick lässt sich nun eine etwas gründlichere, gleichwohl immer noch sehr kursorische Bestandsaufnahme von Transnationalisierungskonzepten in den verschiedensten Wissenschaftsdisziplinen vornehmen. Dabei wird sich schnell zeigen, dass Transnationalismus und Transnationalisierungsforschung durchaus keine Erfindung der neunziger Jahre sind, auch wenn sie in dieser Dekade eine starke Blüte und Beachtung erfuhren. Deutlich wird auch, dass ein solches Forschungsprogramm keineswegs auf einen bestimmten Wissenschaftszweig begrenzt oder konzentriert ist, sondern umgekehrt erhebliche Potentiale für interdisziplinäre sozialwissenschaftliche Forschung birgt. Schließlich kann man erkennen, dass in allen Einzeldisziplinen sowohl sehr enge als auch sehr weite Konzepte von Transnationalismus und Transnationalisierung Verwendung finden. Nur wenn man sich diese teilweise unterschiedlichen, teilweise sich überschneidenden Herangehensweisen und Begriffsverwendungen bewusst macht, kann ein präziseres Verständnis der Transnationalisierungsforschung sowohl innerhalb als auch außerhalb dieser Sozialwissenschaften erreicht werden.

Sanjeev Khagram und Peggy Levitt haben 2005 in einem Übersichtsartikel zur Transnationalisierungsforschung insgesamt vier verschiedene intellektuelle Wurzeln einer »Sociology of Transnationalism« ausgemacht: eine Tradition empirischer Forschungen, eine Linie theoretischer Forschungen, einen Bezugsrahmen philosophischer Debatten und eine zusammenhängende normative Diskussion. Gleichzeitig warnen die beiden Autoren davor, die jeweiligen geographischen Bezugsebenen von Internationalisierungsforschung als selbstverständlich vorauszusetzen oder anzunehmen: »Das Lokale, Regionale, Nationale und Globale sind nicht automatisch als selbstverständlich vorausgesetzte soziale Arenen, sondern vielmehr Kategorien, die als konstruierte und oft angezweifelte soziale Fakten untersucht werden müssen« (Khagram/Levitt 2005: 26). Und sie schlagen für die Fundierung einer Soziologie des Transnationalismus ein Verständnis sozialer Felder vor, die verstanden werden als »ein Set vielfach ineinander verzahnter Netzwerke sozialer Beziehungen, durch die Ideen, Praktiken und Resourcen ungleich getauscht, gestaltet und umgesetzt werden« (ebd.: 27).

Diese Unterscheidung zwischen eher empirischen, eher theoretischen, eher philosophischen und eher normativen Kontexten der Transnationalisierungsforschung sowie die vorgeschlagene handlungsorientierte Begründung der geographischen Bezugsebenen dynamisch verstandener Sozialräume bzw. »sozialer Felder« sind hilfreiche Aspekte, die bei der folgenden Sichtung der Transnationalisierungsforschung nach Wissenschaftsdisziplinen berücksichtigt wird. Gleichzeitig wird sich zeigen, dass der Gang durch verschiedene Fachrichtungen hilfreich ist, um den Transnationalisierungsbegriff und das damit verbundene Verständnis zu präzisieren. Dieser Versuch, das Modell und die Empirie der Transnationalisierung zu systematisieren (Kapitel 7), schließt sich deshalb sinnvollerweise an die Revision der Forschung nach Wissenschaftsdisziplinen an. Die Reihenfolge, in der diese im Folgenden behandelt werden, ist nicht völlig beliebig – sie ist stark am historischen Entstehungsprozess von Transnationalisierungsforschung orientiert. Sie hätte aber auch anders sein können. Es wird mit den Politikwissenschaften begonnen, weil hier schon in den sechziger Jahren sehr ausgereifte Überlegungen zum Thema entwickelt wurden. Grundsätzlich wird bei der Vorstellung der Disziplinen versucht, die systematischen Anknüpfungspunkte der jeweiligen Fächer zum Thema Transnationalisierung zu skizzieren, das konkrete Aufkommen von Transnationalismus- und Transnationalisierungsforschungen und -diskussionen in der jeweiligen Wissenschaftsdisziplin darzustellen und im Zusammenhang des hier entwickelten Transnationalisierungsverständnisses kritisch zu würdigen.

6.1 Transnationale Beziehungen in der Politikwissenschaft

In der Politikwissenschaft hat sich neben Feldern wie der »Politischen Ideengeschichte« und der »Vergleichenden Regierungslehre« relativ früh das Gebiet der »Internationalen Beziehungen« als ein Kernfach dieser sozialwissenschaftlichen Disziplin etabliert.[1] Dieses umfasst sowohl die intergouvernementalen Beziehungen zwischen den Nationalstaaten und deren jeweiligen Regierungen als auch die Untersuchung internationaler Organisationen, die ihre Entstehungsgeschichte und ihr Mandat den nationalstaatlichen Souveränen verdanken. In diesem Sinne sind die Vereinten Nationen (UN), die Weltbank (WB), der Internationale Währungsfonds (IMF), die Organisation für Wirtschaftliche Zusammenarbeit und Entwicklung (OECD), der Nordamerikanische Freihandelspakt (NAFTA), die Afrikanische Union (AU) und die Vereinigung Südostasiatischer Nationen (ASEAN) Beispiele für internationale Organisationen, die auf völkerrechtlichen Verträgen zwischen souveränen Nationalstaaten gründen.[2]

1 Warum eines der ersten und heute einflussreichsten politikwissenschaftlichen Institute für Internationale Beziehungen, die heutige School of International and Public Affairs (SIPA) der Columbia University in New York, den Begriff der internationalen Angelegenheiten bzw. Beziehungen wählte, hat Lisa Anderson (2006: 4) rekonstruiert: »Ursprünglich wurde die Fakultät ›School of Foreign Affairs‹ genannt, aber der Präsident der Universität, Nicholas Murray Butler, ein überzeugter Internationalist, der 1931 für seine Bemühungen zur Ächtung des Krieges den Friedensnobelpreis erhalten hatte, argumentierte, wie Cowan dargelegt hat, dass ›in der Lehre der Fakultät die Beziehungen zwischen Nationen einer Weltgemeinschaft im Mittelpunkt stünden und weniger die Beziehungen zwischen den Vereinigten Staaten als Nationalstaat und anderen Staaten außerhalb‹. Daher wurde die Fakultät ›School of International Affairs‹ (SIA) genannt.«

2 Vgl. als Einführung in das Gebiet der Internationalen Beziehungen Hartmann (2001); das »traditionelle« bzw. »realistische« Paradigma der Internationalen Beziehungen »umkreist die Vorstellung von staatlicher Souveränität und die konsequenter Weise daraus folgende internationale Anarchie« (Lijphart 1974, zit. nach Schmidt 2002: 9).

Neben diesen klassischen Definitionen des Gegenstandsbereiches der Internationalen Beziehungen wurden aber schon seit den sechziger Jahren andere Formen von Beziehungen in den Blick genommen, und zwar transnationale, nicht-staatliche gesellschaftliche Beziehungen. Einer der prominentesten Vertreter früher und sehr expliziter Konzepte von *transnationalen* Beziehungen ist der Politikwissenschaftler Karl Kaiser. Kaiser veröffentlichte 1969 einen Aufsatz mit dem Titel *Transnationale Politik – Zu einer Theorie der multinationalen Politik*. Unter Hinweis auf den US-amerikanischen Politikwissenschaftler James N. Rosenau,[3] mit dem er während seines Aufenthaltes in den USA von 1963 bis 1968 direkt zusammengearbeitet hatte, unterscheidet Kaiser verschiedene Typen von internationalen Beziehungen *unter Einbeziehung der jeweiligen Nationalstaaten und Nationalgesellschaften*: »Rosenau folgend sollen penetrierte Systeme als dann vorliegend angesehen werden, wenn Nichtmitglieder einer nationalen Gesellschaft direkt und bindend durch Maßnahmen, die gemeinsam mit Mitgliedern der Gesellschaft unternommen werden, entweder bei der Zuteilung ihrer Werte (allocation of values) oder bei der Mobilisierung von Unterstützung für die Verwirklichung ihrer Ziele teilnehmen« (Kaiser 1969: 90). Kaiser veranschaulicht diesen Typus penetrierter Systeme mit der folgenden Abbildung 5.[4]

Nach Kaiser bestehen nationale Systeme als pyramidale Strukturen, an deren Spitze sich jeweils die Regierung befindet. In penetrierten Systemen haben Nichtmitglieder einer Gesellschaft die Möglichkeit, an den Dynamiken der Ressourcenmobilisierung und -verteilung anderer Gesellschaften direkt und bindend teilzunehmen. Zu Zeiten des Vietnam-Krieges und der Blütezeit der Monroe-Doktrin[5] ge-

3 Vgl. Rosenau 1969 und neuerdings Rosenau 1993 und 1995.

4 Die Pyramidenstruktur der Staaten A und B und die Kreisform der nationalen Systeme bzw. Gesellschaften A und B legen durchaus unterschiedliche Interpretationen nahe: Im zweiten Fall, der Kreisschnittmenge von A und B, ist nicht zu erkennen, dass sich »Nichtmitglieder einer nationalen Gesellschaft« mit »Mitgliedern der Gesellschaft« bei der Ressourcenaufteilung oder -mobilisierung beteiligen. Denn die schraffierte Schnittmenge gehört genuin zu *beiden* Gesellschaften – im Gegensatz zu der schraffierten »kommunizierenden Röhre« zwischen Staat A und Staat B. Dem zitierten Textwortlaut kommt deshalb das Bild der Pyramiden näher.

5 Die Monroe-Doktrin geht auf die Jahresbotschaft des US-Präsidenten James Monroe (1817-1825) von 1823 zurück und richtete sich zunächst gegen Kolonisierungsversuche europäischer Mächte in Nord- und Südamerika. Jede Einmischung Europas sollte von nun an als »unfreundlicher Akt« betrachtet werden. Im Zuge des Ost-

schrieben, wollte Kaiser mit penetrierten Systemen sicherlich vor allem koloniale und neokoloniale Systeme der Beziehungen zwischen Nationalstaaten und Nationalgesellschaften bezeichnen.

Abbildung 5: Penetrierte politische Systeme nach Karl Kaiser

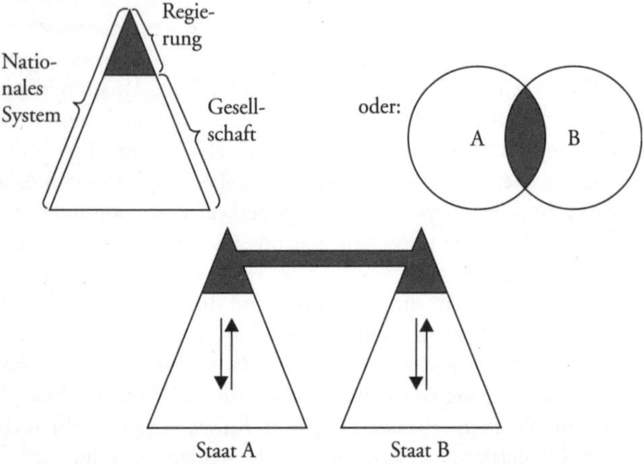

Quelle: Kaiser 1969: 90

Als zweiten Typus internationaler Beziehungen bezeichnet Kaiser (1969: 91) Integrationssysteme. Diese lägen vor, »wenn auf regionaler Basis zur Vorbereitung, Verabschiedung und Durchführung von politischen Entscheidungen der ausschließlich nationalstaatliche durch einen mehrstaatlichen Rahmen ersetzt wird – gegebenenfalls unter Gründung einer internationalen Organisation – und eine Konsolidierung in Form eines politischen Zusammenschlusses Ziel der beteiligten nationalen Systeme ist« (Kaiser 1969: 91; vgl. Abbildung 6).

Von diesen beiden Typen internationaler Beziehungen grenzt Kaiser schließlich die transnationale Gesellschaft und die transnationale Politik ab. Für Kaiser »ist die transnationale Gesellschaft weder geographisch zu verstehen, noch ist damit gemeint, dass sie die Gesamt-

West-Konflikts wurde die Monroe-Doktrin zunehmend dahingehend interpretiert, dass vor allem eine Einflussnahme des »Kommunismus« in dem als »Hinterhof« der USA angesehenen Lateinamerika zu verhindern sei.

gesellschaft der beteiligten nationalstaatlichen Systeme erfasst. Dies heißt erstens, dass sich eine transnationale Gesellschaft zwischen geographisch voneinander getrennten Gesellschaften bilden kann, zweitens, dass sie funktionell zu verstehen ist, das heißt, dass sie begrenzt wird von den Sachbereichen, die Gegenstand transnationaler Interaktion sind, zum Beispiel freier Währungsverkehr (womit also nichts über kulturelle oder pressure group-Interaktion ausgesagt würde, um nur zwei andere Sachbereiche herauszugreifen« (Kaiser 1969: 94; vgl. Abbildung 7).

Abbildung 6: Integrationssysteme nach Karl Kaiser

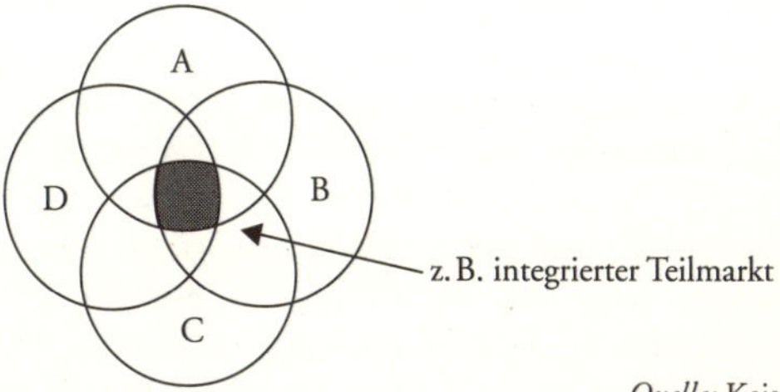

Quelle: Kaiser 1969: 91

Abbildung 7: Transnationale Gesellschaft nach Karl Kaiser

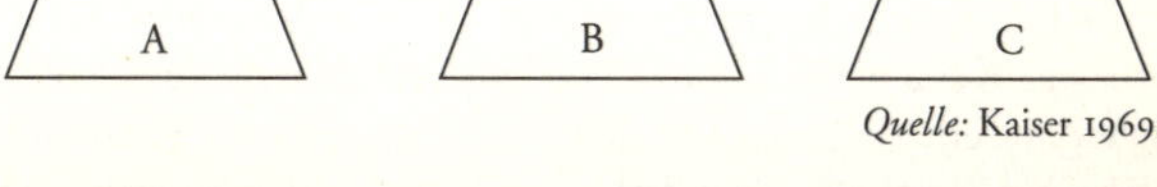

Quelle: Kaiser 1969: 94

Vor dem Hintergrund dieses Verständnisses von transnationaler Gesellschaft folgert Kaiser: »Transnationale Politik soll locker definiert werden als jene politischen Prozesse zwischen nationalstaatlichen Regierungen und/oder zwischen transnationaler Gesellschaft und Regierung(en), deren Anstoß von Interaktionen in der transnationalen Gesellschaft gegeben wurde« (Kaiser 1969: 95; vgl. Abbildung 8).

Abbildung 8: Transnationale Politik und Gesellschaft nach Karl Kaiser

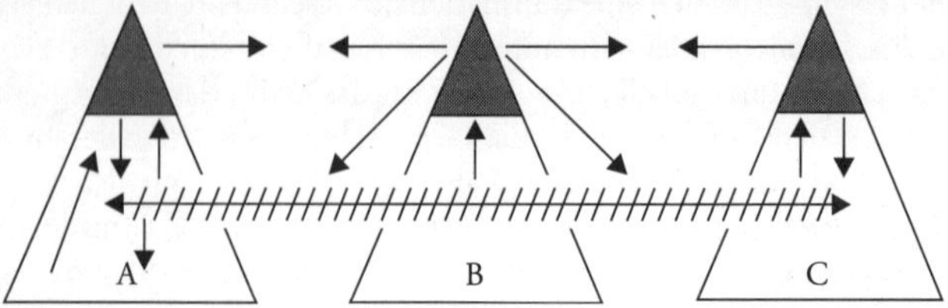

Quelle: Kaiser 1969: 95

Besonders bemerkenswert erscheint, dass Kaiser sein Verständnis von transnationaler Politik und transnationaler Gesellschaft zwar nicht explizit, aber dennoch eindeutig im Sinne einer relationalen Raumvorstellung entwickelte. Die transnationale Gesellschaft ist nicht die Summe der Nationalgesellschaften. Dies heißt erstens, dass sich eine transnationale Gesellschaft zwischen geographisch voneinander getrennten Nationalgesellschaften bildet und zweitens, dass sie funktionell zu verstehen ist. Sie wird also begrenzt von den funktionalen Sachbereichen, die Gegenstand transnationaler Interaktionen sind. Diese können sich auf den freien Währungsverkehr beziehungsweise auch auf kulturelle oder *pressure group*-Interaktionen beziehen. Dieses relationale Konzept der Kombination von sozial-funktionalen Sachbereichen und geographischen Räumen ist unmittelbar kompatibel mit der in den beiden vorhergehenden Kapiteln entwickelten Idee transnationaler Sozialräume.

Gleichwohl erscheint die Etikettierung jeder Art von transnationalen Interaktionsbeziehungen als »transnationale Gesellschaft« viel zu weitgehend. Soziale Interaktionen sind Teil von Vergesellschaftungsprozessen. Wenn hierdurch relativ dichte und dauerhafte Sozialbeziehungen mit einer eigenen sozialen Praxis, mit einem eigenständigen System von Symbolen (wie Sprache, Werte- und Normorientierungen) und mit ausdifferenzierten spezifischen Artefakten herausgebildet und verfestigt werden, so kann man von Sozialräumen sprechen. Neben der alltäglichen Lebenswelt und den Organisationen sind institutionell verfestigte (National-)Gesellschaften die bisher dauerhaftesten und für Vergesellschaftungsprozesse bedeutsamsten Sozialräume. In Karl Kaisers Aufsatz ist die Grundidee transnationaler Sozialbeziehungen hellsichtig und lehrreich vorgeführt, die Bezeichnung »transnationale Gesellschaft« erscheint hier allerdings zu breit und zu undifferenziert angelegt.

Ähnlich unspezifisch bleiben die Vorstellungen eines »transnationalen Staates« bei William Robinson (2001), der in einer historisch-materialistischen Perspektive (ebd.: 158) den Staat allgemein versteht als »Verkörperung einer spezifischen und historisch bestimmten Konstellation von Klassenkräften und -beziehungen, und Staaten sind immer in Sets von politischen Institutionen eingebettet [...] der Staat als Klassenbeziehung wird zunehmend transnational« (ebd.: 165). Dem so verstandenen *Transnationalen Staat* als multi-zentrischem und multi-dimensionalem Gebilde ordnet er alle nur denkbaren internationalen Organisationen von den Vereinten Nationen über die Weltbank und den Weltwährungsfond, die Welthandelsorganisation, die G-7-Gruppe, die Europäische Union, die Organisation für Wirtschaftliche Zusammenarbeit und Entwicklung und die verschiedensten makro-regionalen Wirtschaftspakte zu (ebd.: 166). Das Adjektiv transnational wird hier fast synonym zum Wort global verwendet; der Beitrag zur Präzisierung des Verständnisses von *transnationalism* und Transnationalisierung bleibt deshalb gering.[6]

Ein zweiter für den hier interessierenden Zusammenhang sehr lehrreicher Vorschlag zur Differenzierung Internationaler Beziehungen stammt von dem US-amerikanischen Politikwissenschaftler Stephen Krasner (1983). Er versteht unter *internationalen Regimes* allgemein spezifische Konfigurationen von nationalstaatliche Grenzen überschreitenden Prinzipien, Normen, Regeln und Entscheidungsverfahren, die für das Handeln von Akteuren in internationalen Beziehungen eine Wirkungsmächtigkeit entfalten.[7]

6 Auch bei vielen anderen Autoren, die nicht dieser polit-ökonomischen Perspektive folgen, bleibt die Verwendung des Begriffs transnational diffus; häufig wird keine systematische analytische Trennung zwischen global und transnational vorgenommen, vgl. z. B. die ansonsten sehr lesenswerten Artikel von de Swaan 1995; Beisheim/Zürn 1999; Hudson 2001; Olesen 2005; Yanacopulos 2005 sowie das Lehrbuch von Rittberger 1995.

7 »Ein Regime kann definiert werden als Set impliziter oder expliziter Prinzipien, Normen, Regeln und Entscheidungsverfahren, in dessen Umfeld sich die Erwartungen der Akteure in einem bestimmten Bereich internationaler Beziehungen einander annähern. Prinzipien sind die Überzeugung von Tatsache, Ursächlichkeit und Rechtschaffenheit. Normen sind Verhaltensstandards, manifestiert in Rechten und Pflichten. Regeln sind bestimmte, handlungsleitende Gebote und Verbote. Entscheidungsverfahren sind maßgebliche Praktiken zur Auffindung kollektiver

Den Begriff *transnational* verwendet Krasner praktisch synonym zu international und damit in einem eher breiten Sinne (vgl. z. B. Krasner 1995). Prinzipien, Normen, Regeln und Verfahren, die Nationalstaaten überschreitend Wirksamkeit entfalten, gab es eigentlich schon immer, seitdem es Nationalstaaten gibt. Für den hier interessierenden Zusammenhang ist also nicht diese Breite der Definition das große Verdienst von Krasners konzeptionellem Vorschlag, sondern die Idee, dass sich über die Nationalstaaten und Nationalgesellschaften hinweg dauerhafte und handlungswirksame *Regimes* als Muster von Wertvorstellungen und Handlungsmechanismen etablieren können, die gleichsam eine neue eigenständige und von dem Willen der einzelnen nationalstaatlichen Souveräne weitgehend unabhängige Wirkungsmächtigkeit entfalten können. Mit diesen internationalen bzw. transnationalen Regimes sind also weder einfach Staaten oder Staatengemeinschaften noch formale Organisationen und Organisationsbünde gemeint. Vielmehr stellt dieses Konzept vornehmlich auf die gemeinsame soziale Praxis von Entscheidungsverfahren und auf gemeinsame Symbolsysteme von Prinzipien, Normen und Regeln ab.

Ein dritter für den Zusammenhang von Internationalisierungsformen und von Transnationalisierung interessanter Beitrag aus der Politikwissenschaft ist das Konzept der Mehrebenenpolitikfeldanalyse. Vor allem am Gegenstand der Natur und Dynamik des europäischen Einigungsprozesses haben Fritz Scharpf (1985), Beate Kohler-Koch (1989; 1998a und 1998b), Kohler-Koch/Jachtenfuchs (1996), Thomas König et al. (1996) und Nils Bandelow et al. (2000) deutlich gemacht, dass sich die Europäische Union nicht hinreichend als ein nur intergouvernementales Aushandlungssystem verstehen lässt. Vielmehr handelt es sich um ein enorm komplexes Geflecht von zwischenstaatlichen, von suprastaatlichen und auch von transnationalen Verhandlungen und Regulierungen. Dies lässt sich an den verschiedensten Politikfeldern wie z. B. der europäischen Arbeits- und Sozialpolitik oder der europäischen Energiepolitik verdeutlichen.

Interessenaushandlungen werden häufig innerhalb der Nationalstaaten zwischen verschiedensten Akteursgruppen organisiert, um in Brüssel mit einer nationalen Stimme zu sprechen. Solche nichtstaatlichen Verhandlungen und abgestimmten Vorgehensweisen können aber auch grenzüberschreitend, transnational stattfinden, z. B.

Entscheidungen« (Krasner 1983: 2); zum Regimekonzept vgl. auch Hasenclever et al. 1997 und Mayer et al. 1995.

auf Seiten der europäischen Gewerkschaften und Arbeitgeber-Verbände oder in der Gruppe der Strom erzeugenden Unternehmen, um dann gemeinsam auf der europäischen Ebene bestimmten anderen Interessengruppen gegenüber geschlossen aufzutreten. Der europäische Ministerrat nimmt hierbei zweifelsohne die Rolle einer intergouvernementalen Verhandlungsrunde ein, während die Europäische Kommission und vor allem das Europäische Parlament in erster Linie als supranationale, genuin europäische Einrichtungen in Erscheinung treten. Die europäische Einigung als ein tief greifender historischer Prozess der Internationalisierung von Vergesellschaftung auf einer makro-regionalen Ebene lässt sich nur verstehen und erklären, wenn die verschiedenen Ebenen inter-nationaler, supra-nationaler und transnationaler Interaktionsbeziehungen und Sozialraumgestaltung gleichzeitig in den Blick genommen werden (vgl. auch Münch 2001 und Heidenreich 2006).

Durchaus skeptisch gegenüber den Legitimations- und Effizienzpotentialen der EU fasst Beate Kohler-Koch den erreichten Diskussionsstand folgendermaßen zusammen: »Kernidee ist, ›das europäische Mehrebenensystem als eine gewaltenteilige Organisation zu interpretieren, die einerseits mehrere, sich ergänzende Zugangskanäle für gesellschaftliche Interessen bietet, die andererseits ein System wechselseitiger Kontrolle von politischer Machtausübung darstellt.‹ [...] Diese Sichtweise legt es nahe, die unterschiedlichen Elemente demokratischer Repräsentation – gouvernementale, parlamentarische und assoziative Repräsentation – in je spezifischer Weise zu verbinden. [...] Gerade die empirische Analyse von Entgrenzungsprozessen macht deutlich, dass die theoretische Reflektion die gesellschaftliche Praxis noch nicht eingeholt hat und wir vor der Herausforderung stehen, die zu beobachtenden *Prozesse transnationaler und nicht-territorialer Vergesellschaftung und die Diffusität überlappender politischer Räume* auf den Begriff zu bringen« (1998b: 24f., Hervorhebung L. P.).[8]

Als vierter substantieller Beitrag aus der Politikwissenschaft seien die Arbeiten von Thomas Risse-Kappen (1995) erwähnt. Er nimmt die bereits erwähnten älteren Arbeiten zu den transnationalen Beziehungen (Karl Kaiser) ebenso wie das bereits erwähnte Konzept inter-

8 Eher skeptisch gegenüber den Transnationalismus- und den Mehrebenen-Ansätzen sind einige Anhänger eines Global-Governance-Modells; vgl. z. B. Brand 2001 und Brand et al. 2000.

nationaler Regime (Stephen Krasner) auf und schlägt eine Typologie von vier verschiedenen Formen internationaler Politik und *Governance* vor. Risse-Kappen und später auch Kohler-Koch (1998b) unterscheiden inter-nationale, supra-nationale, transnationale und globale Verhandlungssysteme, die sie als zwar machtasymmetrische, aber nicht unbedingt hierarchische Gebilde verstehen.

Das gegenwärtig wohl am weitesten ausgearbeitete politikwissenschaftliche Transnationalisierungskonzept stammt von Grande et al. (2006). Nach einer kritischen Diskussion der Global-Governance-Forschung grenzen die Autoren ihr Verständnis transnationaler Politikregime folgendermaßen ein: »Aus unserer Sicht können die Architekturen politischer Herrschaft am sinnvollsten als ›transnationale Politikregime‹ bezeichnet werden. Mit diesem Begriff wird insbesondere auf vier Problemdimensionen politischer Institutionenbildung jenseits des Nationalstaats abgestellt: erstens ihre territoriale Reichweite, zweitens die Konstellationen der beteiligten Akteure und Organisationen, drittens die Kriterien ihrer Grenzziehung und viertens ihre institutionelle Komplexität und der Grad ihrer Integration« (ebd.: 122). Hinsichtlich der ersten Dimension, der territorialen Reichweite, sei bestimmend, dass die für Nationalstaaten konstitutive Trennung zwischen einem (territorialen) Innen und Außen in transnationalen Politikregimen durch multiple und variable geographische Reichweiten ersetzt werde. Bezüglich der zweiten Dimension gelte, dass nicht nur staatliche, sondern auch nicht-staatliche Interessengruppen und soziale Bewegungen in transnationale Politikregime integriert seien. Drittens konstituierten sich Letztere durch eine spezifische funktionale Problemorientierung, die auch politikfeldübergreifend verlaufen könne. Schließlich werden transnationale Politikregime durch ihre besondere institutionelle Komplexität gekennzeichnet: Es handelt sich nicht um geschlossene Systeme, sondern vielschichtige und variable »Ensembles von – formellen und informellen – Institutionen, Organisationen, Akteuren, Beziehungen, Normen und Regeln« (ebd.: 123).

Erwähnenswert sind schließlich auch noch politikwissenschaftliche Ansätze, die die Perspektive der Internationalen Beziehungen mit der Forschung zur internationalen und transnationalen Migration verknüpfen. Myron Weiner (1985) analysierte systematisch die Zutritts- und Ausschlussregeln, welche Nationalstaaten im Zuge ihrer eigenen Souveränitätsbestimmung für (potentielle) Migranten festlegen können (vgl. auch Dittgen 1998; Faist 2000c; Weiner 1997). Internationale Migrationsströme werden von diesen nationalen *Migrationssystemen* oder *Migrationsregimes* stark beeinflusst. Da Staaten aber auf vielen Gebieten miteinander kooperieren (müssen), können sie nicht ihre migrationsrelevanten Zutritts- und Ausschlussregeln festlegen, ohne die Positionen und Interessen anderer Länder zu berücksichtigen und zu tangieren. Durch intergouvernementale Beziehungen können so bi- oder multilaterale Regelungen und schließlich auch internationale bzw. transnationale Migrationssysteme entstehen.

Aristide Zolberg und Robert Smith (1996) haben in einer historisch-strukturellen Forschungsperspektive betont, dass solche im Rahmen politischer Aushandlungen festgelegten formalen Bestimmungen nur *ein* Aspekt internationaler Migrationssysteme sind. Migrationsprozesse zwischen zwei Ländern können hochgradig formalisiert sein, und die beteiligten Länder bzw. deren Regierungen können sehr explizite politische Absichten und Ziele mit der Migration verfolgen. Viele Erfahrungen zeigen aber die relativ geringe Möglichkeit, Migrationsprozesse kurzfristig mit politischen Mitteln zu steuern. Nicht selten führen politische Steuerungseingriffe zu dem Gegenteil der intendierten Wirkungen.[9] Gerade dies verweist darauf, dass ein transnationales Migrationssystem zwischen zwei Ländern zwar auch eine politisch-legale Fundierung hat, aber nicht in erster Linie aus bilateralen formalen Regelungen besteht, sondern aus historisch gewachsenen realen Strukturen und Praktiken von Organisationen sowie individuellen und kollektiven Akteuren. In dem Maße, wie grenzüberschreitende Wanderungen in Quantität und Qualität zunehmen, bilden die daran beteiligten Herkunfts- und Ankunftsregionen sowie die dazwischen liegenden Stationen nicht mehr bloß unverbundene Orte, sondern Teile komplexer *transnationaler Ordnungs- und Funktionsgefüge* eigenständiger Qualität (vgl. Fawcett 1989; Hillmann 2000).

Gleichsam unterhalb der Ebene historisch gewachsener und institutionell verfestigter transnationaler Migrationssysteme oder Migrationsregimes hat Eva Østergaard-Nielsen (2001; 2003a; 2003b) das Wirken transnationaler politischer Praktiken von Migranten und vor

9 Dies gilt z. B. für den Anwerbestopp für »Gastarbeiter« in Deutschland von 1973 (vgl. Treibel 1999) oder das IRCA-Gesetz (Immigration Reform and Control Act) in den USA von 1986 (vgl. Bean et al. 1990).

allem transnationalen Migrantenorganisationen zwischen der Türkei, Kurdistan, Zypern, den Niederlanden und Deutschland empirisch untersucht. Unter politischen transnationalen Praktiken versteht sie »verschiedene Formen direkter grenzüberschreitender Partizipation von Migranten und Flüchtlingen an der Politik des Herkunftslandes (wie z. B. Wahlen und andere Unterstützung für politische Parteien, Teilnahme an Debatten in der Presse) wie auch deren indirekte Partizipation durch politische Institutionen des Aufnahmelandes (oder durch internationale Organisationen)« (Østergaard-Nielsen 2003a: 762). Die Autorin zeigt, dass diese transnationalen politischen Praktiken durch die Interessen der Herkunfts- und Ankunftsländer, aber auch durch globale (Menschenrechts-)Normen und durch nicht-staatliche Akteursnetzwerke institutionell kanalisiert werden.

Eine eher offensiv auf Integration orientierte, inkludierende Einwanderungspolitik (wie in den Niederlanden) kann den transnationalen Dialog der Migranten mit dem Herkunftsland schwächen (Østergaard-Nielsen 2001). Fehlender Zugang zum politischen System des Ankunftslandes wiederum beschränkt den Einfluss von Migranten auf Demokratisierungsprozesse im Herkunftsland (Østergaard-Nielsen 2003b). Die Autorin unterscheidet die politischen transnationalen Praktiken grundsätzlich danach, ob diese entweder auf die Verbesserung der Einwanderungssituation im Ankunftsland (*immigrant politics*) oder auf die Unterstützung der Innen- oder Außenpolitik des Herkunftslandes (*homeland politics*) gerichtet sind. Bei Letzterer differenziert sie (Østergaard-Nielsen 2003a: 762f.) zwischen (1) politischen Aktivitäten, die auf die Institutionalisierung des Status transnationaler Migranten (als wirtschaftlich, politisch und sozial im Herkunftsland Engagierte, aber außerhalb dessen Lebende) ausgerichtet sind (*emigrant politics*), (2) politischen Aktivitäten, die auf die verbesserte politische Teilhabe marginalisierter Gruppen im Herkunftsland abzielen (*Diaspora politics*) und (3) politischen Aktivitäten, die auf die Verbesserung der Situation in den lokalen Herkunftsgemeinden zielen (*translocal politics*).

Eine explizite und differenzierte Typologie unterschiedlicher Internationalisierungsformen hat für den Bereich der politikwissenschaftlichen Migrationsforschung auch Rainer Bauböck (2003) entwickelt (vgl. auch Glick Schiller 2005). Bauböck unterscheidet zwischen internationalen, multinationalen, supranationalen und transnationalen Beziehungen (Bamböck 2003: 704f.). Aus einer politikwissenschaftlichen Perspektive von *citizenship* heraus entwickelt er ein spezifisches Verständnis transnationaler Migration: »Diese wird nur dann transnational, wenn sie überlappende Mitgliedschaften, Rechte und Praktiken hervorbringt, die eine gleichzeitige Zugehörigkeit der Migranten zu zwei verschiedenen politischen Gemeinschaften widerspiegelt« (ebd.: 705). Ähnlich wie die »Bürgerschaft« versteht er auch Territorien als gesellschaftlich konstruierte und immer wieder in ihren Grenzen umstrittene Einheiten: »Politischer Transnationalismus [...] betrachtet die Grenzen von Staaten nicht als bloße Demarkationslinie der territorialen Jurisdiktion, sondern auch als umkämpften Schauplatz der Bestimmung politischer Identität« (ebd.: 719 f.). Anders als in der im Kapitel 5 vorgeschlagenen Differenzierung von sieben Idealtypen der Internationaliserung von Vergesellschaftung unterscheidet Bauböck nicht zwischen Diaspora-Internationalisierung und Transnationalisierung; außerdem spricht er (von der Möglichkeit) von multinationalen Beziehungen *innerhalb* von Staaten. Schließlich konzentriert er sich auf die politischen Aspekte der Beziehungen zwischen individuellen Akteuren bzw. Bürgern und dem Staat. Weder spielen Organisationen als Sozialeinheiten noch die kulturelle, ökonomische oder soziale Dimension eine große Rolle. Für den spezifischen Aspekt von *citizenship* hat Bauböck einen interessanten politikwissenschaftlichen Beitrag auch zur Transnationalisierungsdiskussion geleistet.

Zusammengefasst zeigt sich, dass in der Politikwissenschaft die Begriffe transnational, transnationale Beziehungen und Transnationalisierung einerseits in einem eher undifferenzierten, diffusen Sinne gleichsam als Synonym für jede Form nichtstaatlicher grenzüberschreitender Beziehungen verwendet werden. Andererseits liegen äußerst interessante Konzeptvorschläge vor, die an die im vorhergehenden Kapitel 5 entwickelten Überlegungen zu den sieben Idealtypen von Internationalisierung direkt anschlussfähig sind. In keiner der hier zitierten Arbeiten finden sich explizite Überlegungen zu den möglichen – essentialistischen und relationalen – Raumverständnissen. Alle skizzierten Ansätze verwenden aber ein Transnationalismus- bzw. Transnationalisierungskonzept, welches auf relationalen Raumordnungen gegründet ist. Hervorzuheben sind auch die Bemühungen, nicht nur von grenzüberschreitenden Beziehungen und Austauschverhältnissen zwischen nationalen Containergesellschaften zu sprechen, sondern mit Begriffen wie transnationale Politik, transnationale Gesellschaft oder transnationale Regimes die eigenständigen Sozialgebilde bzw. Sozialräume konzeptionell zu erfassen, die sich durch diese internationalen Beziehungen herausbilden und stabilisieren können.

6.2 Transnationale Unternehmen in den Wirtschaftswissenschaften

Auch in den Wirtschaftswissenschaften gibt es wichtige Traditionen und Beiträge für die Transnationalisierungsforschung. Einerseits findet sich in dieser Disziplin ebenso wie in anderen ein sehr laxer Umgang mit einem diffus gefassten Begriff von »transnational« bzw. »Transnationalisierung«. Andererseits hat gerade die ökonomische Unternehmensforschung sehr hilfreiche Vorschläge zur Charakterisierung spezifischer Typen von internationalen Organisationen zu bieten. Im Mittelpunkt stehen hierbei die Bemühungen, grenzüberschreitend tätige Wirtschaftsunternehmen zu charakterisieren. Howard Perlmutter veröffentlichte 1969 einen viel beachteten Aufsatz, in dem er für international tätige Unternehmen entsprechend der Verteilungsstruktur von Wertorientierungen und Strategien die Idealtypen des »ethnozentrischen«, »polyzentrischen« und »geozentrischen« Unternehmens vorschlug.

Ethnozentrische Unternehmen haben ein eindeutig identifizierbares Zentrum, von dem aus die im Stammland vorherrschende Unternehmenskultur sowie die Handlungsstrategien für alle international verteilten Standorte zentral vorgegeben werden. In polyzentrischen Unternehmen dagegen werden Werte und Strategien im Wesentlichen an den einzelnen Standorten dezentral formuliert und umgesetzt. Geozentrische Unternehmen schließlich entwickeln eine weder nur am Stammland noch einfach an den jeweiligen Standortländern ausgerichtete, sondern eine an globalen Erfordernissen und Zielen ausgerichtete Kultur und Strategie. Die von Perlmutter vorgeschlagenen drei Idealtypen wurden zwar in dieser Begrifflichkeit später nicht mehr verwendet, viele seiner Überlegungen finden sich aber noch heute in den verschiedensten Unternehmenscharakterisierungen.

Nach diesem ersten Typisierungsvorschlag von Perlmutter haben sich weitere Wissenschaftler um die genauere Bestimmung der Merkmale und Merkmalsdimensionen bemüht, die bei der Untersuchung internationaler Unternehmen am wichtigsten sind. Vor allem John Dunning hat explizite Vergleichskategorien für die Differenzierung von Typen internationaler Unternehmen herausgearbeitet. Er unterscheidet systematisch zwischen den Ressourcenstrukturen, Koordinationsmechanismen sowie den Wert- und Normorientierungen in grenzüberschreitend tätigen Leistungsorganisationen (Dunning 1979 und 1995).

In ähnlicher Weise versuchte Geert Hofstede (1978; 1997 und 2006) die Bestimmungsmerkmale herauszufiltern, anhand derer die für ein internationales Unternehmen insgesamt gültige Unternehmenskultur von den in den jeweiligen Standortländern vorherrschenden Landeskulturen unterschieden werden könne. Da er selbst als Manager bei einem großen internationalen Elektronikunternehmen (IBM) tätig war, konnte er Befragungen in weltweit allen IBM-Standorten durchführen, um die kulturellen Einstellungen und Wertorientierungen der Beschäftigten zu untersuchen. Während in dieser ersten Studie nur ein international tätiges Unternehmen erforscht wurde, fand in einer Nachfolgeuntersuchung zu Beginn der neunziger Jahre ein systematischer Vergleich der Kulturen und Wertorientierungen in mehreren internationalen Konzernen und verschiedenen Ländern statt (Hofstede 1997). Danach unterscheiden sich landesspezifische Arbeits- und Organisationskulturen vor allem nach den fünf Merkmalskomplexen Machtunterschiede, Geschlechterrollen, Umgang mit Unsicherheit, Individual-/Kollektivorientierungen und Zeitlichkeitsvorstellungen.

Michael Porter (1989) entwickelte eine interessante Vierfelder-Matrix mit den beiden Dimensionen »Konfiguration der Aktivitäten« (Merkmalsausprägungen: geographische Streuung versus geographische Konzentration) und »Koordination der Aktivitäten« (Merkmalsausprägungen: hoch versus niedrig). Auf diese Weise ergaben sich vier Idealtypen internationaler Unternehmen, die nach der geographisch-räumlichen Verteilungsstruktur ihrer Aktivitäten und nach der sozialräumlichen Integrationsintensität ihrer Koordinationsmechanismen differierten (vgl. Abbildung 9).

Die Unterscheidung von globalen, multinationalen, internationalen und transnationalen Unternehmen hat sich seit den achtziger Jahren in den Wirtschaftswissenschaften fest etabliert, auch wenn die Begriffe und Begriffsinhalte dabei etwas variieren können. Für den hier interessierenden Zusammenhang wesentlich ist die sehr spezifische und enge Definition transnationaler Organisationen. Denn in dieser langen wirtschaftswissenschaftlichen Tradition der Charakterisierung unterschiedlicher Typen internationaler Unternehmen hat das Adjektiv *transnational* jeweils eine sehr viel spezifischere Bedeutung als etwa nur grenzüberschreitende Beziehungen oder Organisationszusammenhänge zu bezeichnen. Immer geht es hierbei um die Unterscheidung von mehreren Konfigurationen (multinational, global, transnational etc.) grenzüberschreitender dauerhafter Kooperationszusammenhänge von Leistungs- bzw. Profit-Organisationen.

Abbildung 9: Vier Idealtypen internationaler Unternehmensstrategien nach Porter

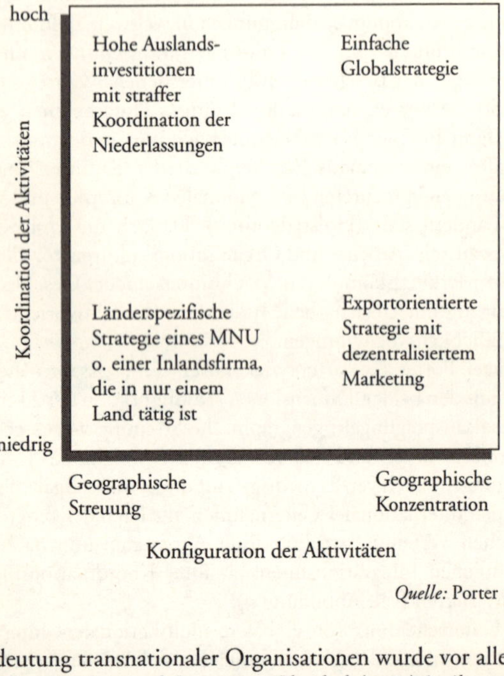

Quelle: Porter 1989: 30

Die Bedeutung transnationaler Organisationen wurde vor allem von Christopher Bartlett und Sumantra Ghoshal (1989) in ihrem vielzitierten Buch *Managing across borders: The Transnational Solution* herausgestellt. In einer Weiterentwicklung der Arbeiten von Howard Perlmutter, John Dunning und Michael Porter unterscheiden sie vier Idealtypen internationaler Unternehmen nach den Kriterien (1) der Ressourcenkonfiguration, (2) der Rolle der Auslandsaktivitäten und (3) der Bedeutung von Wissensproduktion und -transfer (vgl. Tabelle 3). Ihre klare Botschaft lautet: Unternehmen sind historisch häufig global, multinational oder international entstanden und aufgestellt, aber die große Lösung für das 21. Jahrhundert kann nur das transnationale Unternehmen bringen.

Tabelle 3: Vier Unternehmenstypen nach Bartlett/Ghoshal (1989)

Organisatorisches Charakteristikum	Multinational	Global	International	*Transnational*
Konfiguration von Werten und Fähigkeiten	Dezentralisiert und im nationalen Rahmen unabhängig	Zentralisiert und weltmarktorientiert	Kernkompetenzen zentralisiert, andere Kompetenzen dezentralisiert	*Weitgestreut, interdependent und spezialisiert*
Rolle der Auslandsniederlassungen	Erkennen und Nutzung lokaler Marktchancen	Umsetzung von Strategien der Zentrale	Anpassung und Anwendung von Kompetenzen der Zentrale	*Differenzierte Beiträge der nationalen Einheiten zu Integrierten weltweiten Aktivitäten*
Entwicklung und Diffusion von Wissen	Erwerb und Sicherung von Wissen in jeder Unternehmenseinheit	Erwerb und Sicherung von Wissen in der Zentrale	Erwerb von Wissen in der Zentrale und Transfer in Auslandsniederlassungen	*Gemeinsame Entwicklung und Nutzung von Wissen*

Quelle: Bartlett/Ghoshal 1989: 65

Ähnlich wie Bartlett/Ghoshal (1989) argumentieren auch Doz et al. (2001) in ihrem Buch *From Global to Metanational. How Companies win in the Knowledge Economy* stark normativ in der Absicht, für international tätige Unternehmen klare Handlungsanweisungen und best-practice-Vorschläge zu geben. Dabei wird die transnationale bzw. bei Doz et al. (2001) die »metanationale« Unternehmensorganisation als die ideale Lösung für ein vieldiskutiertes und grundsätzliches Organisationsdilemma bezeichnet. Einerseits müssen sich internationale Unternehmen möglichst flexibel und dezentral an die lokalen Bedingungen der einzelnen verteilten Standorte anpassen. Andererseits müssen sie durch eine möglichst verbindliche und starke Koordination der dezentralen Einheiten zu einer optimalen weltweiten Nutzung aller lokal verteilten Ressourcen und Wissensbestände gelangen.

Im Gegensatz zu diesen eher euphorischen und programmatischen Veröffentlichungen zur Zukunft transnationaler Unternehmen kommt die empirische Forschung zur realen Verbreitung der unterschiedlichen Typen internationaler Unternehmen und insbesondere zur Erklärungsmächtigkeit des Idealtyps transnationaler Organisationen zu eher ernüchternden Feststellungen. Danach sind international tätige Unternehmen, die dem Idealtypus transnationaler Organisationen nahe kommen, (noch?) eine eindeutige Minderheit. Am häufigsten finden sich Unternehmen, die eine recht eindeutige Zentrum-Peripherie-Struktur aufweisen. Wenn Unternehmen stark dezentral organisiert sind, dann sind auch in der Regel die Austauschbeziehungen und Koordinationsmechanismen zwischen den verteilten Einheiten schwach entwickelt (vgl. Meier 1997; Welge/Holtbrügge 2003: z. B. 243ff.).

In einer neueren Studie wird die Frage nach transnationalen Sozialgebilden nicht auf Unternehmensorganisationen, sondern auf informelle personelle Netzwerke von Managern bezogen. Dazu haben William Carroll und Meinderit Fennema (2002) die parallelen Beteiligungen von Managern in mehreren Vorständen der 176 größten international agierenden Unternehmen untersucht. Da diese Studie als Nachfolgeuntersuchung zu einer bereits 1976 durchgeführten Analyse für dieselben Unternehmen vorgenommen wurde (Fennema 1982), ermöglichte sie auch eine Einschätzung von Veränderungen transnationaler Netzwerkbeziehungen in der Zeit. Als »primäre Verbindungen« bezeichneten die Autoren dabei die Aktivitäten von Managern eines internationalen Unternehmens im Vorstand eines anderen, davon unabhängigen internationalen Unternehmens. Als »sekundäre Verbindungen« wurde gewertet, wenn ein externer Direktor eines internationalen Unternehmens gleichzeitig externer Direktor eines anderen, davon unabhängigen internationalen Unternehmens war. Für die untersuchten Unternehmen wurde auch zwischen einfachen und mehrfachen Personalverbindungen differenziert.

Die Globalisierungs- und Transnationalisierungsdebatten der neunziger Jahre hatten für Carroll/Fennema (2002) eine Zunahme intensiver mehrfacher und primärer Personalbeziehungen nahegelegt. Die Befunde im Hinblick auf die forschungsleitende Frage nach der Entstehung einer festen und starken transnationalen *business community* waren für die Autoren allerdings überraschend: In den zwei Jahrzehnten zwischen den beiden Untersuchungszeitpunkten 1976 und 1996 haben sich die mehrfachen Personalverbindungen und die primären Beherrschungs- und Kontrollbeziehungen tendenziell zu einfachen und sekundären Netzwerk-Informationsbeziehungen entwickelt. Dies spricht also für eine Dezentralisierung, aber nicht unbedingt für eine Intensivierung der personalen Verflechtungsbeziehungen, wie es die Transnationalisierungshypothese eigentlich nahegelegt hatte.[10]

Neben den bisher referierten Studien zu Typen internationaler (und dabei vor allem transnationaler) Unternehmen und zu transnationalen personalen Netzwerken finden die Begriffe transnational und Transnationalisierung auch in anderen Bereichen der Wirtschaftswissenschaft wie z. B. in der Politischen Ökonomie Verwendung. So hat z. B. van Apeldoorn (2002) untersucht, inwiefern sich auf der Ebene der Europäischen Union so etwas wie ein »transnationaler Kapitalismus« herausbildet. Allerdings bleibt der Begriff des Transnationalen hier weitgehend allgemein und bezieht sich eher generell auf die Etablierung eines nationalstaatliche Grenzen überschreitenden *hegemonic project* der so bezeichneten europäischen »transnationalen Kapitalistenklasse« (van Apeldoorn 2002: 9).

Zusammengefasst liefern vor allem die wirtschaftswissenschaftlichen Untersuchungen zu internationalen Unternehmen sehr detaillierte Vorschläge zu deren Charakterisierung und Typisierung. Transnationale Organisationen sind dabei ein bedeutender Bezugspunkt aller aktuellen Forschungen und Diskussionen. Daneben gibt es auch einige sehr interessante empirische Studien zur Frage, ob sich *jenseits* formaler Unternehmensorganisationen transnationale Sozialgebilde z. B. in Form von transnationalen *business communities* herausbilden. Transnationale Organisationen – so lässt sich ein kleinster gemeinsamer Nenner vieler Studien resümieren – zeichnen sich durch

10 Vgl. zu dieser Untersuchung auch die interessante Polemik über transnationale *business communities* in der Zeitschrift *International Sociology*, z. B. Nr. 3/2004.

eine dezentrale Verteilungsstruktur und durch starke Koordinationsmechanismen aus. Die Bezeichnung der anderen Idealtypen internationaler Organisationen variiert dagegen. Die Tabelle 4 fasst Kernelemente der Bestimmung der vier Idealtypen fokaler, globaler, multinationaler und transnationaler Organisationen zusammen. Da der Begriff »international« in aller Regel und auch in diesem Buch als generalisierter Oberbegriff Verwendung findet, wird der in verschiedenen Studien als »internationale Organisation« bezeichnete Idealtypus starker Ressourcenzentralisierung und schwacher Koordinationsmechanismen hier als »fokale Organisation« bezeichnet.[11]

Tabelle 4: Vier Idealtypen internationaler Organisationen

Koordination / *Verteilung*	*Koordination schwach*	*Koordination stark*
Interne Verteilung zentral (zentrale bzw. Zentrum-Peripherie-Struktur von Ressourcen, Wissen, Kultur, Interessen)	fokale Organisation	globale Organisation
Interne Verteilung dezentral (dezentrale Struktur von Ressourcen, Wissen, Kultur, Interessen)	multinationale Organisation	Transnationale Organisation

Quelle: Eigene Zusammenstellung in Anlehnung an Perlmutter 1969; Porter 1989; Bartlett/Ghoshal 1989; Hofstede 1997; Welge/Holtbrügge 2003; Doz et al. 2001

11 Erinnert sei in diesem Zusammenhang an die bereits in Fußnote 8 in Kapitel 5, S. 134, hervorgehobene äußerst unterschiedliche Verwendung der Begriffe global und transnational je nachdem, ob es sich um Idealtypen allgemeiner internationaler Vergesellschaftungsprozesse oder um Idealtypen internationaler Organisationen handelt. Global bezieht sich im ersten Falle auf den Bedeutungsinhalt »weltumspannend, ubiquitär, überall anwesend« und im zweiten Falle auf den Bedeutungsinhalt ›Zentrum-Peripherie-Verteilung und starke Koordination‹. Die Bedeutungsinhalte von transnational und Transnationalisierung im Zusammenhang von »Vergesellschaftung« und von »Organisation« variieren weniger stark, sind in letzterem Falle aber spezifischer. Vgl. hierzu auch die Ausführungen zu transnationalen Beziehungen, transnationalen Feldern und transnationalen Sozialräumen im Kapitel 7.1.

6.3 Transnationale Alltagspraxis und *communities* in der Soziologie

In der Soziologie, aber auch in der Sozial- und Kulturanthropologie und der Ethnologie haben sich seit dem Ende der achtziger Jahre vor allem bei der Erforschung internationaler Migrationsphänomene vielversprechende Ansätze einer *transnationalism-* und Transnationalisierungs-Forschung entwickelt.[12] Gingen die entsprechenden Forschungen in der Politikwissenschaft von dem Konzept internationaler und dann transnationaler *Beziehungen* aus und standen in den Wirtschaftswissenschaften transnationale *Organisationen* im Mittelpunkt, so konzentrierten sich transnationale Migrationsstudien häufig auf die Analyse grenzüberschreitender alltagsweltlicher *sozialer Praxis*, die Herausbildung transnationaler *communities* und Sozialräume. Dieser Forschungsfokus war nicht zuletzt ein Ergebnis der praktischen Feldbeobachtung von Phänomenen, die mit traditionellen Migrationskonzepten kaum mehr zu erklären waren.

Michael Kearney und Carole Nagengast (1989) hatten bei ihren soziologisch-anthropologischen Feldstudien zu den Migrationsverläufen und zur Lebenspraxis von mexikanischen Arbeitsmigranten in Kalifornien die vielfältigen Bewegungen der Menschen, aber auch von Waren und Informationen beobachtet und festgestellt, dass sich hierdurch gleichsam »transnationale Gemeinden« herausbildeten. Ähnliche Beobachtungen dokumentierten Sherri Grasmuck und Patricia Pessar (1991) in ihrer Untersuchung von Pendelmigration zwischen der Dominikanischen Republik und den USA. Traditionelle Lebensmittel wie Tortillas, Bohnen und Chili werden dabei z. B. von Mexiko oder einem anderen Herkunftsland in die USA geschickt, moderne Haushaltselektronik und Geld von den USA in die Herkunftsgemeinden transportiert. Regelmäßig (wöchentlich oder mindestens monatlich) wird über das Telefon, aber auch über den Austausch aufgenom-

12 Die generelle Bedeutung von Anthropologie und Ethnographie für die Erforschung transnationaler Migration unterstreicht Glick Schiller (2003). Andere Themenfelder aus diesen Wissenschaftsdisziplinen, wie z. B. die kulturwissenschaftlichen Arbeiten von Ulf Hannerz (1996 und 1998) zur Befestigung transnationaler Verbindungen von Kultur, Menschen und Plätzen werden hier nicht behandelt, weil der Bezug zur *trasnationalism-* und Transnationalisierungsforschung und auch die Verwendung des Begriffes *transnational* dabei insgesamt sehr unspezifisch bleiben.

mener Sprach- und Videokassetten und neuerdings über das Internet die direkte Kommunikation aufrechterhalten.[13]

Häufigere Hin- und Her- oder auch Dreiecks-Migration, der regelmäßige Austausch von Gütern und Informationen zwischen Teilen der Familien und Gemeinden in den Herkunftsregionen der Wanderer und in deren Ankunftsregionen sind demzufolge keine kurzfristige, vorübergehende Erscheinung in der internationalen Migration. Diese alltagsweltliche Lebenspraxis, dieses Zusammenhalten und Anteilnehmen über Ländergrenzen hinweg stirbt nicht einfach ab, sobald die Migranten in dem Ankunftsland »integriert« oder »assimiliert« sind. Sie bilden vielmehr einen genuinen Bestandteil durchaus kontinuierlicher Lebensläufe und Alltagswelten, deren sozialräumliche Konfiguration pluri-lokal und im hier interessierenden Fall internationaler Migration transnational ist.

Eine wichtige erste Zusammenfassung dieser aus der Migrationsforschung erwachsenden neueren Transnationalismus-Debatte haben Glick Schiller et al. (1992) und Basch et al. (1997) vorgelegt. Basch et al. (ebd., Kapitel 2) formulieren vier Annahmen: (1) Transnationale Migration ist unauflöslich mit der Entwicklung des globalen Kapitalismus und damit der globalen Kapital-Arbeit-Beziehungen verbunden; (2) Transnationalismus ist als Prozess zu verstehen, in dem Migranten durch ihre eigene Alltagspraxis und ihre sozialen, wirtschaftlichen und politischen Beziehungen soziale Felder konstruieren, die die Grenzen von Nationalstaaten überschreiten; (3) sozialwissenschaftliche Forschungsperspektiven, die an Konzepten wie Ethnie, Rasse oder Nation gebunden sind, können transnationale Phänomene weder angemessen wahrnehmen noch analysieren; (4) indem transnationale Migranten oder *transmigrants* grenzüberschreitend leben, sind sie mit den Nationenkonzepten mehrerer Staaten konfrontiert und damit auch mit entsprechend vorstrukturierten Vorstellungen z. B. von Ethnie, Rasse und Nation.

Eine prominente Bedeutung hat in diesen Studien über transnationale Migration das Konzept der *transnational community*, also der Entstehung von transnationalen Gemeinschaften bzw. Gemeinden.[14]

13 Zu den äußerst komplexen pluri-lokalen Formen des Austauschs in den verschiedenen Lebensbereichen der Arbeit, der kulturellen Reproduktion, der Erziehung, des Medienkonsums etc. vgl. z. B. Besserer 2004 und weiter unten.

14 Das englische Wort *community* drückt beides aus, während im Deutschen der Begriff Gemeinde mehr auf die formale Verwaltungseinheit abstellt und der Termi-

In einigen Studien über internationale Migration wird – teilweise sehr pragmatisch und eher implizit – die klassisch soziologische Gegenüberstellung von Gemeinschaft und Gesellschaft übernommen (z. B. bei Smith 1995) oder auf das von Benedict Anderson (1983) entwickelte Konzept der Nationalgesellschaften als *imagined communities* rekurriert. In der Regel werden die Ankunftsregionen von internationalen Migranten und deren dortige Alltagspraxis in der Perspektive einer *Extension* ihrer Herkunftsgemeinde, also als integraler Bestandteil einer von der Herkunftsgemeinde ausgehenden und gleichsam um diese als sozialräumlicher »Anker« ruhenden *transnational community* konzipiert. Transnationale Gemeinden bzw. Gemeinschaften werden als soziale Felder verstanden, die die Grenzen von Nationalstaaten und Nationalgesellschaften überschreiten und als relativ dichte und dauerhafte Interaktionsverflechtungen durch massenhafte, zirkuläre internationale Migrationsströme entstehen (vgl. Smith 1995 und 1997; Goldring 1996 und 1997).

Neben einer solchen Konzeption von *transnational communities* als Extensionen der Herkunftsgemeinden von transnationalen Migranten in die Ankunftsregionen hinein gibt es auch andere Vorstellungen von transnationalen Sozialeinheiten. So entwickelt z. B. Oscar Martínez (1998) eine differenzierte Typologie unterschiedlicher transnationaler Sozialräume, die er unter dem Begriff der *borderlands* theoretisch und empirisch entwickelt. Diese *borderlands* schließen die Herkunfts- *und* Ankunftsregionen jeweils genuin mit ein, verbinden beide miteinander, sind aber gleichzeitig auch mehr als nur die Addition aus beiden – *borderlands* besitzen eine eigene und neue Qualität, die nicht nur wie oben beschrieben aus der Ausbreitung des Herkunftssozialraumes in die Ankunftsregion besteht. Dabei folgt Martínez im Wesentlichen einem essentialistischen Raumkonzept, da er seine konzeptionellen Überlegungen ausschließlich auf den empirischen Fall der geographisch kohärenten Grenzregion zwischen Mexiko und den USA bezieht.

Für die Analyse internationaler Migrationsprozesse unterscheidet Thomas Faist (1997) eine Makro-, Meso- und Mikroebene. Die Ma-

nus Gemeinschaft gerade in der Soziologie durch die Arbeiten von Max Weber (1976) und Ferdinand Tönnies (1887) über das Verhältnis von Vergemeinschaftung und Vergesellschaftung bzw. von Gemeinschaft und Gesellschaft eine wesentlich stärkere theoretische Aufladung erhalten hat als der Terminus *community* in der angelsächsischen Soziologie.

kroebene betrifft die »politisch-ökonomisch-kulturellen Strukturen des internationalen Systems von Nationalstaaten und die Strukturen in den Herkunfts- und Zielstaaten«, und die Mikroebene betrifft »neben den jeweils individuellen Motivationen (Präferenzen), Erwartungen, Lebensentwürfe[n] und Pläne[n] potentieller Migranten auch den Grad der persönlichen Freiheit bzw. der individuellen Autonomie von potentiellen Migranten« (ebd.: 71). Die Mesoebene versteht er »als eine die beiden Ebenen verbindende Dimension die Stärke, Dichte und Form sozialer Beziehungen potentieller Migranten in den verschiedenen sozialen Einheiten in der Herkunfts- und Zielregion und die Bindungen zwischen den sozialen Einheiten« (ebd.). Durch informelle Gespräche, die Teilnahme an Sport- oder Kulturveranstaltungen, durch die Wahl in bestimmte Ehrenämter, durch Berufung auf Verwandtschaftstradition und Familienloyalitäten und durch die Mobilisierung sozialen Kapitals können auf dieser Mesoebene dauerhafte und dichte transnationale Bindungen aufgebaut werden.

Luin Goldring (1997 und 2000) schlägt den Begriff der transnationalen *sozialen Institutionen* vor. Sie untersuchte unter anderem die Bedeutung transnationaler Frauennetzwerke für die Redefinition der Rolle und Position von Frauen in ihren Herkunfts- und Ankunftsgemeinden. Diese relativ dauerhaften und zum Teil in formalen Organisationen verdichteten transnationalen Interaktionsbeziehungen können nach Goldring den Charakter einer die Länder- und Nationalgesellschaftsgrenzen überspannenden sozialen *Institution* annehmen, wenn und insofern hierdurch die soziale Positionierung von Transmigranten, die (Re-)Strukturierung von Geschlechterverhältnissen und die Entwicklung transnationaler politischer Bewegungen ganz entscheidend bestimmt wird.

Nach Auffassung von Basch et al. (1997) können sogar deterritorialisierte Nationalstaaten dadurch entstehen, dass ein Teil von Angehörigen eines Nationalstaates als Transmigranten in anderen Teilen der Welt lebt, aber »immer noch nicht außerhalb des Herkunftsstaates leben [...] weil die Mitglieder dieser Diasporas wirtschaftliche, politische, soziale und kulturelle Transaktionen tätigen, die essenziell für das weitere Überleben des Heimatstaates sind« (ebd.: 269f.; vgl. auch Glick Schiller 2004a und 2004b). Wenn z. B. ein aus Haiti stammender Arzt aus den Einkünften seiner Praxis in New York regelmäßig an seine haitianische Großfamilie Geld überweist und sich dieser wie auch seiner Herkunftsgemeinde und seinem Geburtsland gegenüber sehr eng verbunden fühlt, dann gehört dieser Arzt nach Basch et al. (1997) zur haitianischen Nation. Diese wiederum ist auf vielfältige Weise auf die nicht in den territorialen Staatsgrenzen lebenden Haitianer angewiesen, weshalb es sich nach diesem Konzept um eine deterritorialisierte Nation mit transnationalen Bezügen handelt.

Ein von Aihwa Ong und Donald Nonini (1997) herausgegebener Sammelband beschäftigt sich mit chinesischem Transnationalismus als einem über Jahrhunderte bedeutsamen Phänomen. Nach Nonini/Ong (1997) bedeutet Chinese zu sein nicht in erster Linie, in einem bestimmten geographischen Raum sesshaft zu sein oder spezifische ethnische Merkmale aufzuweisen, vielmehr handelt es sich um »eine eingeschriebene Beziehung von Personen und Gruppen zu Kräften und Prozessen, die mit dem globalen Kapitalismus und seinen Modernitäten verbunden sind« (ebd.: 4). Zwischen vielen Ländern Südostasiens (China selbst, Malaysia, Indonesien, Thailand, Japan etc.), aber auch mit den USA bestehen enge transnationale Netzwerkbeziehungen, die Ausdruck einer »Dritten Kultur« jenseits traditioneller chinesischer und moderner westlicher Kultur seien.

Diese transnationale Dritte Kultur unterscheidet sich nach Nonini/Ong vom westlich-liberalen Kapitalismus durch alternative dominante soziale Institutionen. Während dies in Letzterem die Institutionen des Marktes und großer kapitalistischer Wirtschaftsorganisationen seien, werde der chinesische Transnationalismus von clanartigen Familien-Wirtschaftsunternehmen, konfuzianischen Kulturvorstellungen und Praktiken sowie von der Fähigkeit zu transkultureller Mobilität bestimmt. Er entstehe, wenn »Gruppen sich direkt mit Problemen der interkulturellen Kommunikation konfrontiert sehen und sich herausgefordert fühlen, sich kontinuierlich zwischen verschiedenen, in gewissem Ausmaß räumlich definierten Kulturen hin und her zu bewegen« (ebd.: 11). Während die Konzepte transnationaler sozialer Alltagspraktiken und *communities* noch relativ stark auf die Erforschung mikrosozialer Prozesse abstellen, fokussiert der Erklärungsansatz einer transnationalen Dritten Kultur – ähnlich wie Luin Goldrings Vorschlag transnationaler sozialer Institutionen – in erster Linie auf makrosoziale Phänomene.

Wie breit und innovativ die aus der sozialwissenschaftlichen Migrationsforschung erwachsende und hier vor allem auf die Soziologie und die Sozialanthropologie gestützte *Transnationalism-* und Transnationalisierungs-Forschung und -Debatte inzwischen geworden sind, zeigen verschiedene Sammelbände und die fast nicht mehr zu überblickenden Einzelveröffentlichungen zum Thema. Michael P. Smith und Luis Eduardo Guarnizo (1999) argumentieren, internationale Migration sei ein wichtiger Bestandteil des neuen *transnationalism from below* – so der programmatische Titel ihres Sammelbandes. Dieser stemme sich dem *transnationalism from above* entgegen, worunter der globale Kapitalismus als die Kontrolle und Herrschaft durch das Kapital und die Nationalstaaten verstanden wird. Hiermit wird die Aufmerksamkeit auf politische, kulturelle und soziale transnationale Praktiken gerichtet, die sich in netzwerkartigen Strukturen als Reaktion auf die Transnationalisierung *von oben* entwickeln.

Nationalstaaten lösen sich nach dieser Argumentation also im Gefolge von Globalisierung nicht auf, ihre Bedeutung kann sogar noch zunehmen (etwa im Sinne des Versuchs, Migrationsströme schärfer zu kontrollieren und zu beschränken). Transnationalisierung *von oben* und Transnationalisierung *von unten* stehen demzufolge in einem dialektischen Spannungsverhältnis zueinander. Überspitzt könnte man formulieren: Nach Smith/Guarnizo gibt es eine »gute« Transnationalisierung und eine »böse« Transnationalisierung. Dass eine solche Argumentation allzu stark vereinfacht, wird schnell deutlich: Wirtschaftliche und politische Globalisierung und Transnationalisierung durch staatliche und andere formale korporative Akteure, wie z. B. internationale Unternehmen, muss nicht *per definitionem* negative Auswirkungen haben, und umgekehrt kann auch die Transnationalisierung durch informelle und persönliche Netzwerke *von unten* wie etwa im Falle transnationaler krimineller Banden und transnationaler terroristischer Vereinigungen (vgl. hierzu Kapitel 7) durchaus verheerende negative gesellschaftliche Auswirkungen haben. Trotz dieser Warnung vor allzu starken Vereinfachungen bleibt die Idee interessant, dass Transnationalisierung (und auch Globalisierung sowie die anderen in Kapitel 5 erwähnten Formen der Internationalisierung) nicht nur als Bedrohung, sondern auch als ein Schlüssel für die Lösung der großen Herausforderungen des 21. Jahrhunderts angesehen werden kann (können). Dieser Gedanke wird in den Kapiteln 7 und 8 wieder aufgegriffen.

In Studien von Thomas Faist (1995, 1999, 2000a, 2000b, 2000c) und vier vom Autor herausgegebenen Sammelbänden (Pries 1997a,

1999b, 2001a und 2005a) wird versucht, erstens die auf Nordamerika und die auf Europa bezogene Forschung und Diskussion über transnationale Migration und zweitens die auf internationale Migration und die auf internationale Unternehmen bezogene Transnationalisierungsforschung miteinander zu verbinden.[15] Im Gegensatz zu Smith/Guarnizo (1999) werden die beiden Bereiche der internationalen Migration und der internationalen Unternehmen nicht als Transnationalisierung *von unten* und Transnationalisierung *von oben* gegenübergestellt. Vielmehr zeigen die verschiedenen Beiträge, dass eine solche Einteilung – insofern sie überhaupt als sinnvoll erachtet wird – *quer* zu den beiden Wirklichkeitsbereichen der internationalen Migration und der internationalen Wirtschaftsunternehmen verläuft. In Letzteren können sich z. B. durchaus auch – und zwar sowohl auf der Management- als auch auf der Arbeitnehmerseite – *transnationale Sozialräume* im Sinne einer Transnationalisierung *von unten* entwickeln.

An anderer Stelle (Pries 1997b, 2001b) wurde vorgeschlagen, transnationale Sozialräume als einen Typus pluri-lokaler sozialer Verflechtungszusammenhänge (Elias 1986) zu verstehen. *Transnationale Sozialräume* sind relativ dauerhafte, auf mehrere Orte verteilte bzw. zwischen mehreren Flächenräumen sich aufspannende verdichtete Konfigurationen von sozialen Alltagspraktiken, Symbolsystemen und Artefakten. Sie sind weder de-lokalisiert noch de-territorialisiert. Vielmehr sind sie in verschiedenen Territorien bzw. *locales* verankert, die wiederum in andere sozialräumliche Einheiten – z. B. von nationalen Container-Gesellschaften – eingewoben sind. *Transnationale Sozialräume* emergieren zusammen mit Transmigranten (und transnationalen Konzernen), beide bedingen einander (vgl. Pries 2001b).

Damit wird transnationale Migration bzw. Transmigration als ein zwar historisch nicht völlig neuer, wohl aber in dieser Quantität und Qualität neuartiger Typus internationaler Migration durch weit mehr als nur häufige Ortswechsel und Austauschbeziehungen zwischen unterschiedlichen Sozialräumen charakterisiert. Transmigration wird nicht als kurzfristige und vorübergehende Ausnahmesituation in einer ansonsten sesshaften Lebensweise angesehen. Vielmehr

15 Bezogen auf Deutschland vgl. z. B. auch Mandel/Wilpert 1994 und Faist 1995 für Migration aus der Türkei; Cyrus 1997 und Palenga-Möllenbeck 2005a und 2005b für Migration aus Polen; allgemein Dominik et al. 1999; Han 2005; Frieben-Blum et al. 2000; Pries 2005a.

ist das physische und mentale Pendeln zwischen verschiedenen geographisch-sozialen Containerräumen selbst zu einer genuinen alltagsweltlichen Lebenspraxis der transnationalen Migranten geworden, wodurch sich eigenständige transnationale Sozialräume jenseits der nationalen und lokalen Behältersozialräume bilden (können). Nach dem menschheitsgeschichtlichen Übergang von der nomadischen zur sesshaften Lebensweise entsteht mit der Transmigration eine neue, eine *gebunden-nomadische Lebensweise*. Sie ist nomadisch, insofern sie dauerhaft nicht auf einen Platz fixiert ist. Sie ist gebunden, insofern sie in der Regel ein Wandern zwischen einigen festen Plätzen impliziert (was im Übrigen das Typische für die meisten nomadischen Lebensweisen ist) und nicht das völlig ortsungebundene Umherschweifen (z. B. des Vagabunden oder des Kosmopoliten).[16] In der Perspektive von Transnationalismus und Transmigration kann somit Migration auf eine neue Weise als eine Schlüsseldimension menschlicher Existenz zur sozialwissenschaftlichen Diagnose gegenwärtiger sozialer Transformationen schlechthin beitragen.

Einen interessanten konzeptionellen Vorschlag entwickelte auch Peggy Levitt (2001a; vgl. auch Khagram/Levitt 2005 und Levitt/Glick Schiller 2004). In Anlehnung an Ninna Sørensen (2000) versteht sie unter *transnationalism* ganz allgemein »die kulturelle, wirtschaftliche und politische Verflechtung von Menschen und Institutionen im Rahmen einer Bandbreite von Kontexten einschließlich geschäftlicher und organisatorischer Praktiken wie etwa der Auslandsinvestition und -produktion oder des interkulturellen Austausches« (Levitt 2001: 202). Sie unterscheidet drei verschiedene Niveaus von transnationalen Verbindungen, die im Rahmen internationaler Migration zwischen spezifischen Akteuren und Akteursgruppen in den Herkunftsregionen und Ankunftsregionen entstehen. Die im Hinblick auf ihre Dauer, ihren Umfang und ihre Wirkungen schwächste und allgemeinste Form bezeichnet sie als *transnationale soziale Beziehung* (ebd.: 196). Wesentlich intensiver schon sind *transnationale soziale Felder*: »In vielen Fällen ist der Umfang, die Dauer und die Wirkung der Migration so stark, dass soziale Migrantennetzwerke zu transnationalen sozialen Feldern oder öffentlichen Sphären reifen, die das sendende und das empfangende Land überspannen [...]. Diese dehnen sich über die spezifischen Kanäle der sozialen und Ver-

16 Vgl. zu diesen Unterscheidungen Merz-Benz/Wagner 2002 und Hannerz 1996.

wandtschaftsbeziehungen der in ihnen eingewobenen Personen selbst aus« (ebd.: 197). Bei einer noch stärkeren Organisierung und Institutionalisierung können dann auch transnationale *communities* entstehen: »Oft jedoch werden bestimmte Plätze innerhalb transnationaler sozialer Felder genügend stark organisiert und institutionalisiert, sodass eine bestimmte Art transnationaler Gemeinde etabliert wird« (ebd.: 199).

Der inzwischen erreichte Grad der Etablierung einer eigenständigen *transnationalism*- und Transnationalisierungsperspektive zeigt sich neben den bereits erwähnten auch an verschiedenen neueren Sammelbänden und Sondernummern einflussreicher Zeitschriften wie z. B. der *International Migration Review* oder *Global Networks*. Steven Vertovec und Robin Cohen gaben 1999 in der *International Library of Studies on Migration* den wichtigen Sammelband *Migration, Diasporas and Transnationalism* heraus. Hierin sind insgesamt 34 fast ausschließlich während der achtziger und neunziger Jahre erschienene Beiträge zu den drei Themenbereichen »Reappraising Contemporary Migration«, »Old and New Meanings of Diaspora« und »Transnationalism: Globalization from Below« zusammengefasst.

Im gleichen Jahr publizierte Steven Vertovec einen Überblicksartikel zu *transnationalism* (Vertovec 1999), in dem er ausdrücklich nicht nur von transnationalen Beziehungen und Phänomenen, sondern von *transnational social formations*, also eigenständigen transnationalen Sozialgebilden spricht. Für ihn nehmen diese transnationalen sozialen Formationen häufig die Form von ethnisch oder religiös basierten Gemeinschaften (*communities*) an. Für die weitere Transnationalismusforschung hält er sechs thematische Felder für zentral: (1) Erstellung einer deskriptiven sozialen Morphologie transnationaler Formationen (Diasporas, Netzwerke, Gemeinschaften etc.), (2) *transnationalism* als einen Typus sozialen Bewusstseins (z. B. dualer oder multipler Identifizierungen, eines Diaspora-Bewusstseins), (3) *transnationalism* als eine spezifische Art kultureller Reproduktion (weil die jeweiligen Formen der Kultur und Identität bewusst ausgewählt und konstruiert werden), (4) *transnationalism* als ein Geflecht von Kapitalströmen (z. B. mittels transnationaler Unternehmen, der Geldrücküberweisungen, von transnationalen Finanzierungs- oder Versorgungsnetzwerken), (5) *transnationalism* als eine Arena politischer Mobilisierung (z. B. durch INGOs oder transnationale soziale Bewegungen: »die Präsenz von sowohl kosmopolitischen Anti-Nationalisten als auch reaktionären Ethno-Nationalisten innerhalb von Diasporas«, ebd.: 455) und schließlich (6) die Rekonstruktion der geographischen Verortungen transnationaler Formationen an Plätzen oder Orten.

Im Hinblick auf *transnationalism* als eines Typus sozialen Bewusstseins und sozialer Identität haben Lionnet/Shih (2005) einen bemerkenswerten Sammelband zu dem Transnationalismus ethnischer Minderheiten – sie sprechen von *Minor Transnationalism* – herausgegeben. Während das traditionelle Konzept ethnischer Minderheiten diese immer am Rande einer Zentrum-Peripherie-Konstellation anordnet und in der Regel ihr »Ankommen«, ihre Akzeptanz im Zentrum forderte, schlagen die Autorinnen ein gänzlich anderes Konzept vor. Zunächst unterstreichen sie, dass die Minderheiten meistens nicht irgendwo ankommen müssten, weil sie – wie z. B. die indianischen Ureinwohner der USA – immer schon da waren, aber meistens irgendwann an den Rand gedrängt wurden. Wichtiger noch aber sei es, die horizontalen transnationalen Beziehungen zwischen unterschiedlichen Minoritäten zu stärken, anstatt immer nur auf die jeweiligen Mehrheitsgesellschaften fixiert zu sein. Hinsichtlich der von Vertovec genannten Form des *transnationalism* als einer Arena politischer Mobilisierung hat Sidney Tarrow (2005) eine umfassende Studie über transnationale soziale Bewegungen vorgelegt. Vor dem Hintergrund der Terroranschläge vom 11. September 2001 fragt er, ob damit die Konjunktur grenzüberschreitender Bewegungen zu Ende sei bzw. welche Dauerhaftigkeit der transnationale Aktivismus grundsätzlich entwickeln könne. Er kommt zu dem ernüchternden Schluss, dass transnationale soziale Mobilisierung nicht wie eine immer weiter anschwellende Flut alles verändern werde, sondern dass sie eher dem Auf und Ab der kleineren Wellenbewegungen am Strand ähnlich sei. Diese kämen und gingen, hinterließen aber durchaus ihre bleibenden Spuren.

Mit diesem Buch von Tarrow wird auch ein Forschungsdesiderat eingelöst, welches z. B. von Vertovec (2003a und 2003b) ausdrücklich betont wurde, nämlich intensiver die verschiedenen Forschungsfelder zu transnationalen Phänomenen miteinander zu verbinden, vor allem mit Untersuchungen zu transnationalen sozialen Bewegungen und zu transnationalen Wirtschaftsnetzwerken. Vertovec schlug dazu die drei Konzepte soziale Netzwerke, soziales Kapital und *embedded*-

ness (die Einbettung bestimmter Phänomene in komplexere institutionelle Rahmungen) vor. In einem weiteren die Forschungslandschaft zu transnationaler Migration und Transformation zusammenfassenden Aufsatz (Vertovec 2003b) expliziert er sein Verständnis von *transnationalism* zunächst sehr allgemein als »ein Gefüge dauerhafter grenzüberschreitender Verbindungen« (ebd.: 2) und zitiert dann Ayşe Çağlars Konzept von transnationaler Migration: »Die gegenwärtige Transnationalisierungsforschung liefert einen neuen analytischen Ansatz, der die wachsende Intensität und den Umfang zirkulärer Bewegungen von Personen, Gütern, Informationen und Symbolen deutlich macht, die durch internationale Arbeitsmigration verstärkt werden. Dieser ermöglicht die Analyse, wie Migranten ihr Leben als gleichzeitig in mehr als einer Gesellschaft eingebunden konstruieren und rekonstruieren« (Çağlar 2001: 607). Die Transnationalisierungsforschung arbeitet Vertovec (2003b) zufolge sehr stark mit Typologien, die sich (1) auf die Natur der Transnationalisierung selbst, (2) auf die Charakteristika der Migrierenden und (3) auf den Grad der Mobilität im Zusammenhang transnationaler Praktiken und Orientierungen beziehen. Transnationale Migration trägt in diesen unterschiedlichen Facetten zum Wandel von sozio-kulturellen Weltwahrnehmungen und Lebensvorstellungen, von politischen Identitäten, Grenzziehungen und Ordnungen und von Finanztransfers und lokaler Wirtschaftsentwicklung bei.

Erwähnt seien schließlich in diesem Zusammenhang noch die Arbeiten einer Gruppe von Forschern um Alejandro Portes. In einem Überblicksartikel definieren Portes et al. (1999: 217) als generelle Gemeinsamkeit der Forschungen über transnationale Migration, dass es hierbei »um eine wachsende Anzahl von Menschen [gehe], die duale Leben führen: zwei Sprachen sprechen, Heimaten in zwei Ländern haben und ihr Leben durch fortdauernden regelmäßigen Kontakt über nationale Grenzen hinweg gestalten.« In einem neueren Aufsatz fasst Alejandro Portes (2003) den Forschungsstand und die wesentlichen Punkte, über die weitgehend Einigkeit besteht, zusammen. Danach ist unstrittig, dass Transnationalismus eine neue Forschungsperspektive, aber nicht unbedingt ein neues Phänomen darstellt. Die Forschungsperspektive bezieht sich vor allem auf private Akteure und deren grenzüberschreitende Aktivitäten. Innerhalb einer Migrantenpopulation sind solche transnationalen Migranten nur eine Minderheit, ihre Aktivitäten haben aber sehr weit reichende soziale und ökonomische Konsequenzen. Die Form ihrer Aktivitäten variiert nach den sozialen Kontexten in den beteiligten Ländern. Nachdem lange Zeit vor allem qualitative Fallstudien auf den Nachweis der Existenz des Transnationalismus-Phänomens orientiert waren, kommt es vor allem darauf an, in Zukunft die Methodologie zur Erforschung transnationaler Phänomene zu entwickeln und durch umfangreichere empirische Studien deren innere Strukturen und Interaktionen mit anderen Sozialbereichen genauer zu analysieren.[17]

6.4 Transnationalisierung in den Geschichts- und Rechtswissenschaften

Die Geschichtswissenschaft ist grundsätzlich immer mit dem Problem konfrontiert, angemessene Analyse- und Bezugseinheiten in räumlich-geographischer und in zeitlicher Hinsicht zu finden bzw. zu konstruieren.[18] Vor allem seit den neunziger Jahren entwickelten sich hier vor dem Hintergrund der allgemeinen Globalisierungsdebatte intensive Bemühungen, ein spezifischeres Konzept von *transnationaler Geschichte* zu entwickeln. Dies geschah und geschieht in Auseinandersetzung mit der dominanten Tradition, Geschichte als Geschichte von Nationalstaaten und Nationalgesellschaften zu betrachten oder aber Geschichte als Weltgeschichte und als Aufeinanderfolge großer Weltreiche zu betrachten: »In den 1990er Jahren wurde das nationalgeschichtliche Paradigma außerdem durch poststrukturalistische und kulturwissenschaftliche Ansätze unterminiert. Insgesamt wurde es daher in den Vereinigten Staaten früher, hefti-

17 Neuere Arbeiten zu transnationalen Migrantenorganisationen (Portes et al. 2005) werden weiter unten im Kapitel 7 wieder aufgegriffen; vgl. als wichtige Beiträge vor der Zuwendung zur transnationalen Migrationsforschung auch Portes 1995a und 1995b sowie 1996.

18 Vgl. z. B. das Kapitel 1 in Fernand Braudels (1986) großem Werk *Sozialgeschichte des 15. bis 18. Jahrhunderts. Aufbruch zur Weltwirtschaft*; ähnlich zu dem grundlegenden Problem und in Auseinandersetzung mit Braudel vgl. Wallerstein (1974). »Vieles spricht dafür, dass wir auch in der Sozialgeschichte verstärkt über Räume nachdenken, Grenzen thematisieren und dabei die sozialgeschichtliche Bedeutung nationalstaatlicher Grenzziehungen, statt sie einfach vorauszusetzen, zur empirischen Frage machen, die je nach Zeit, Ort und Fall zu unterschiedlichen Antworten führt« (Kocka 2006: 31).

ger und nachhaltiger erschüttert als etwa in Deutschland. Neben diesen Angriffen gegen die konventionelle Nationalhistorie verdichtete und systematisierte sich seit den frühen 1990er Jahren die Debatte um die transnationale Dimension der amerikanischen Geschichte – sie ist heute weiter fortgeschritten als in Deutschland« (Patel 2003: 627).

Für diese US-amerikanische Transnationalismusforschung in der Geschichtswissenschaft bezeichnet David Thelen als einer ihrer prominenten Vertreter das Ziel der transnationalen Geschichtsschreibung »zu erforschen, wie Menschen und Ideen und Institutionen und Kulturen oberhalb, unterhalb, durch und um den Nationalstaat, wie auch innerhalb dessen sich bewegen, wie gut nationale Grenzen beinhalten und erklären, wie Menschen Geschichte erleben« (Thelen 1999: 967, zitiert nach Patel 2003: 628). In Deutschland hat Jürgen Osterhammel als einer der ersten für eine Erweiterung der Geschichtsschreibung um transnationale Gesellschaftsgeschichte geworben (2001). Eine gute Übersicht zur *transnationalen Geschichte* als Forschungsperspektive hat Kiran Klaus Patel 2004 in seiner Antrittsvorlesung gegeben, deren Gedanken wegen der damit verbundenen programmatischen Absicht etwas ausführlicher dargestellt seien.

Als die älteste nachgewiesene explizite Verwendung des Begriffs »transnational« führt Patel den Aufsatz *Trans-National America* des US-amerikanischen Essayisten Randolph Bourne von 1916 an. Bourne betont die Besonderheiten der USA als eines werdenden Einwanderungslandes, welches sich in seinem Nationalismus – sofern es überhaupt einen solchen herausbilde – ganz wesentlich von dem reaktionären Enthusiasmus in Europa unterscheide (Bourne 1916: 92). In Bezug auf die große Metapher der USA als Schmelztiegel unterschiedlicher Ethnien und Nationen betonte Bourne, dass diese große Verschmelzung ethnischer und religiöser Gruppen wenn überhaupt dann in der Zukunft erst verwirklicht werde und sicherlich zu anderen Resultaten als den zu seiner Zeit erwarteten führe (ebd.: 93). »Amerika ist keine Nation, sondern eine Trans-Nation, rundherum verwoben mit den anderen Ländern, mit vielerlei Fäden von verschiedensten Größen und Farben. Jede Bewegung, die versucht diese Weberei zu verhindern, dies Gewebe künstlich zu färben oder die Fäden wieder zu entflechten, vergeht sich an dieser kosmopolitischen Vision« (ebd.: 96).

Patel möchte die transnationale Geschichtsperspektive aber nicht auf eine solche (emphatische) kosmopolitane Vision begrenzen: »Zugleich sollte die Geschichtswissenschaft sich bemühen, den Begriff analytisch so stark wie möglich zu machen und ihn zugleich von moralischen Werturteilen freizuhalten. Besonders in der Kulturwissenschaft gibt es die Tendenz, transnationale Praktiken per definitionem als emanzipatorisch oder ›subversiv‹ anzusehen« (Patel 2003: 629). Dagegen verweist er auf die – offensichtlich keineswegs emanzipatorische – transnationale Netzwerkbildung antisemitischer Kräfte auf der europäischen Ebene. Transnationale Geschichtsschreibung bezieht sich nach Patel (ebd.) auf »Formen der Historiographie, in denen der Nationalstaat oder ein ausformuliertes Nationalbewusstsein eine gewisse Bezugsgröße darstellen; das entspricht auch der Begriffslogik von Transnationalität.« Er plädiert hiermit für ein relativ eng gefasstes Konzept: Für nationalstaatliche Grenzen überschreitende historische Phänomene, »in denen der Nationalstaat, Nationalbewegungen und Nationalismus keine wichtige Rolle spielen, wäre dann auf Termini zurückzugreifen, die keine enge begriffslogische Anbindung an das Prinzip des Nationalen haben, etwa auf Zivilisationsvergleich, globale oder inter- und transkulturell vergleichende Geschichte, vielleicht auch auf metanationale Geschichte« (ebd.: 630).

Während Patel sich einerseits also für ein nicht zu breites Verständnis von transnationaler Geschichtswissenschaft ausspricht und für ihn von einer solchen nur dann die Rede sein kann, wenn das Nationale und der Nationalstaat eine nicht unbeachtliche Rolle spielen, so wendet er sich andererseits auch gegen eine zu enge akteursbezogene und politikwissenschaftliche Definition, in der transnationale Akteure vor allem als nicht-staatliche von den in den Internationalen Beziehungen traditionell fokussierten staatlichen Akteuren unterschieden werden. Dementsprechend etwa die katholische Kirche als ersten transnationalen (weil nicht-staatlichen) Akteur in der Geschichte zu bezeichnen, hält Patel für unangemessen, denn die Kirche und der Staat waren bis zum Mittelalter in vielen Regionen der Welt keine getrennten Sozialeinheiten. Weil in erster Linie national (-staatlich) gebunden, könne die Kirche für die Perioden bis zur späten Neuzeit auch nicht die Bedeutung einer transnationalen Einheit gehabt haben.

Der Warnung Patels vor einer allzu euphorischen *transnationalism from below*-Perspektive – wie sie etwa in Teilen der Anthropologie und der Kulturwissenschaften zu finden ist – kann nur voll zugestimmt werden. Dagegen erscheint seine Charakterisierung und Kritik der Politikwissenschaft als etwas zu eng geführt. Wenn er schreibt: »Unter ›international‹ versteht die Politikwissenschaft nationsüberschreitende Beziehungen auf *staatlicher* Ebene« (Patel 2004: 629, Hervorhebung im Original), so trifft dies kaum die Begriffsverwendung für den Teilbereich der Internationalen Beziehungen, welche als Oberbegriff die transnationalen Beziehungen (im Sinne Patels) *und* auch nicht-staatliche Beziehungen (z. B. der NGOs) umfasst (vgl. z. B. Schirm 2004). Nicht zuletzt aus diesen Gründen wurde im Kapitel 5 die auf zwischenstaatliche Beziehungen fokussierte Internationalisierung als Inter-Nationalisierung gekennzeichnet. Schließlich hält Patel die »Fixierung auf institutionell verfasste Akteure« (Patel 2004: 631) für problematisch und schlägt als angemessene Forschungsperspektive vor: »Transnationale Geschichte umfasst demnach all das, was jenseits (und manchmal auch diesseits) des Nationalen liegt, sich aber auch durch dieses definiert – sei es, dass es sich daraus speist oder davon abgrenzt, dass es das Nationale erst konstituiert oder dass es sich um wechselseitige und dynamische Konstruktionsprozesse zwischen dem Nationalen und dem Transnationalen handelt. Das heißt nicht, dass sich das Transnationale in nationale Komponenten auflösen ließe. Trotzdem nimmt der Nationalstaat oder zumindest ein Nationalgefühl eine zentrale und definierende Position für die transnationale Geschichte ein« (ebd.: 632f.). Das hier von Patel vorgeschlagene Begriffsverständnis des Transnationalen ist insofern zu eng gefasst, als nur der Nationalstaat als Bezugspunkt für Transnationalität thematisiert wird; tatsächlich aber sind transnationale Phänomene, Beziehungen und Sozialräume in dem hier vertretenen Sinne vor allem nationalstaatliche Grenzen überschreitende pluri-lokale Phänomene. Nationales und Nationalstaatliches muss als ganzheitlich gedachte Entität nicht notwendig ein starkes Definitionsmerkmal des Transnationalen sein. Vielmehr sind es die in unterschiedliche Nationalgesellschaften eingebetteten Plätze als *locales* mit ihren Familien, Gemeinden, Gemeinschaften, Organisationen oder Institutionen, die zu Recht die Hauptbezugspunkte des überwiegenden Teils der sozialwissenschaftlichen Transnationalisierungsforschung sind.

Hartmut Kaelble et al. (2002: 10) haben für die Geschichtswissenschaft vorgeschlagen, unter Transnationalisierung die historische Vernetzung tatsächlicher Interaktionsbeziehungen und unter Transnationalität die Herausbildung gemeinsamer Deutungsmuster, Wahrnehmungen und Sinnhorizonte sowie Zugehörigkeitsgefühle zu verstehen. Patel definiert als Gegenstand der transnationalen Geschichte: »Während sie epochal klar umrissen ist [auf die Zeit der Nationalstaaten seit dem 18. Jahrhundert, L. P.], ist sie sektoral nicht beschränkt. Thema transnationaler Studien können die über den Nationalstaat hinausreichenden Interaktionen, Verbindungen, Zirkulationen, Überschneidungen und Verflechtungen von Menschen, materiellen Gegenständen und Institutionen jeder Art bilden, sei es in Form von sozialen Praktiken, Symbolsystemen oder Artefakten« (Patel 2004: 635).[19] Eine so verstandene »transnationale Geschichte« birgt enorme Erklärungspotentiale, wie Patel (2004) beispielhaft (1) an der historischen Erforschung von Migrationsprozessen (besonders um die Wende vom 19. zum 20. Jahrhundert, als zwischen 20 und 50 Prozent von Ausgewanderten wieder zurückwanderten), (2) an einer »zweiten Historisierung des NS-Regimes« (als eines sowohl historisch als auch während der NS-Zeit vielfältigst transnational vernetzten Beziehungsgeflechtes) und (3) an der langen Geschichte der europäischen Integration aufzeigt.[20]

Ein gutes Beispiel für eine historisch-vergleichende Studie mit einem Transnationalisierungsfokus haben Aristide Zolberg und Robert Smith (1996) vorgelegt. Sie unterscheiden verschiedene historisch gewachsene Migrationssysteme, die sich in rechtlichen Regularien wie nationalem Recht und inter-nationalen Verträgen, aber vor allem auch in grenzüberschreitenden personalen und organisationalen Strukturen und Praktiken niederschlagen. Vor allem stellen sie das »Inter-American Migration System« (gemeint ist eigentlich das auf die USA fokussierte Migrationssystem) dar und vergleichen es ansatzweise mit dem »Mediterranean-European System« (behandelt werden Belgien/Holland, Deutschland und Frankreich als Ankunftsländer und Algerien, Marokko, Tunesien und die Türkei als Herkunftsländer). Anschaulich wird z. B. für die Migration zwischen Mexiko und den USA herausgearbeitet, wie sich die historische Ent-

19 Diese Gegenstandsbestimmung transnationaler Forschung im Sinne der drei Komponenten soziale Praktiken, Symbolsysteme und Artefakte wurde bereits, wenn auch nicht von Patel erwähnt, explizit bei Pries 1999a vorgenommen.

20 Ein interessantes »Fachforum zur Geschichte des kulturellen Transfers und der transnationalen Verflechtungen in Europa und der Welt« findet sich unter der Adresse ⟨http://geschichte-transnational.clio-online.net/⟩.

wicklung der Migrationsströme bis heute in die sozioökonomischen Strukturen geradezu eingebrannt hat.

Die Zugehörigkeit der heutigen südwestlichen US-Bundesstaaten (California, Nevada, Utah, Arizona, New Mexico, Texas) zu Mexiko bis zur Mitte des 19. Jahrhunderts und das *Bracero*-Programm, mit dessen Hilfe sich die USA von 1942 bis 1964 mit insgesamt etwa 4 Millionen mexikanischen »Gastarbeitern« versorgten, beeinflussen als »objektive« historische Tatsachen noch heute in vielfältiger Weise die Wanderungsdynamik zwischen beiden Ländern. Hierdurch entstanden binationale Migrationsnetzwerke mit Millionen von Familien, die über mehrere Generationen direkt in diese Migration involviert waren. Bis heute prägt dies die sprachlich-kulturellen Strukturen, die lokalen Ökonomien und Arbeitsmärkte auf beiden Seiten der Landesgrenze. Schließlich lagern auch die formellen politisch-rechtlichen Regulierungen der Arbeitswanderung zwischen beiden Staaten sowie die Praktiken und Normalitätserwartungen von Unternehmen und Arbeitnehmern auf beiden Seiten der Grenze auf dem Fundament dieser Entwicklungen.[21] Die Studie blickt aus einer historisch-soziologischen Perspektive auch auf juristische »Tatsachen« – dies lässt die Frage aufkommen, ob auch in den Rechtswissenschaften eine Transnationalisierungsperspektive entstanden ist.

In den Rechtswissenschaften entwickelte sich mit dem modernen Nationalstaat die inzwischen traditionelle Unterscheidung zwischen staatlichem Recht und internationalem Recht. Während Ersteres von den national-staatlichen Souveränen gesetzt und kontrolliert wird, beruht das internationale oder Völkerrecht auf zwischen diesen souveränen Nationalstaaten geschlossenen Absprachen und Verträgen. Eine entscheidende Frage, die seit etwa Mitte bis Ende der neunziger Jahre zunehmend intensiver diskutiert wird, ist nun, ob sich nicht ein »Weltrecht« (Voigt 1999/2000: 21) als »dritte Rechtsordnung« (ebd.: 13) herausbildet.[22] Diese Idee eines emergierenden Weltrechts geht

21 Vgl. neben der historisch orientierten Studie von Zolberg/Smith 1996 z. B. zur US-amerikanischen Gesetzgebung Bean et al. 1990; allgemein Binational Study 1998; für den Vergleich USA–Deutschland in der Perspektive von Migrationssystemen und Wohlfahrtsstaat vgl. Kurthen et al. 1998; ein breites Spektrum zu Migration und Lateinamerika kritisch in Gabbert et al. 1999.

22 Im Frühjahr 1998 fand im Rahmen des Arbeitskreises »Regulative Politik« der Deutschen Vereinigung für Politische Wissenschaft eine Konferenz statt, die sich mit der Thematik der Globalisierung des Rechts beschäftigte und unter anderem

davon aus, dass die Ansprüche und Verpflichtungen individueller und korporativer Rechtssubjekte grundsätzlich zunächst durch die Zugehörigkeit der Staatsbürger zu einem Staatsgebilde bestimmt sind. Daneben hat sich allerdings auch bereits seit dem 19. Jahrhundert ein überstaatliches und durch Verträge und Deklarationen von staatlichen und nicht-staatlichen Akteuren eine über das staatliche Recht hinausgehende Ebene rechtlich fixierter Ansprüche und Verpflichtungen entwickelt. Dies betrifft etwa die Menschenrechte und die Minderheitenrechte, wie sie in überstaatlichen Regelungen zur Behandlung von Kriegsgefangenen oder Verfolgten festgelegt sind. Seit den achtziger Jahren haben sich nun gerade in der Europäischen Union neue, suprastaatliche Rechtsformen und Rechtstypen entwickelt, wie zum Beispiel die Bürgerschaft der Europäischen Union und gewisse, durch die Europäische Verfassungspolitik und Verfassungsgebung[23] definierte Gegenstandsbereiche wie Frieden und Sicherheit, Außenhandel und Entwicklungspolitik sowie Sozial-, Erwerbs- und Wirtschaftspolitik, die teilweise der nationalen Souveränität der EU-Mitgliedsstaaten entzogen sind und suprastaatlich auf europäischer Ebene festgelegt und überwacht werden.

Aber auch jenseits der Tendenzen des Europäischen Einigungsprozesses stellt die Internationalisierung von Vergesellschaftungsprozessen die Rechts- und Sozialwissenschaften vor neue Herausforderungen. Viele der historisch auf zwischenstaatlichen Verträgen beruhenden Grundprinzipien und allgemeinen Ansprüche und Verpflichtungen wie das Konzept der internationalen Menschenrechte basieren inzwischen auf einem so komplexen Geflecht von intergouvernementalen und formellen Verträgen, Erklärungen und Verpflichtungen internationaler Organisationen sowie den Erwartungsansprüchen der internationalen Zivilgesellschaft, dass die Frage nach einem globalen oder

der Frage nachging, ob es »bereits ein Weltrecht oder zumindest einzelne transnationale Rechtsregime gibt« (Voigt 1999/2000: 7).

23 Auch wenn die nationalen Referenden über eine europäische Verfassung nach deren Scheitern in Frankreich und den Niederlanden vorerst nicht weiter verfolgt wurden, kommt Hurrelmann (2005) in seiner differenzierten sozialwissenschaftlichen Analyse des europäischen Integrationsprozesses zu dem Ergebnis, dass das bisherige Modell nationalstaatlich begründeter konstitutioneller Demokratie grundsätzlich auf die EU übertragbar sei (ebd.: 302 f.).

Weltrecht neben dem bestehenden staatlichen und internationalen Recht sich als äußerst relevant stellt.[24]

Im Vergleich zu anderen Wissenschaftsdisziplinen hat die Transnationalisierungsperspektive weniger Eingang in die Rechtswissenschaften als in die Politik- und allgemein die Sozialwissenschaften gefunden.[25] Dies erscheint auch nachvollziehbar, weil Rechtssetzung und Rechtseinforderung zunächst nicht von staatlichen Akteuren getrennt werden kann. Insofern aber eine Internationalisierung des Rechts eintritt bzw. beobachtet wird, ist der Charakter dieser Internationalisierung im Sinne der in Kapitel 5 vorgeschlagenen Unterscheidungen eher als Supranationalisierung oder als Globalisierung gefasst. Im Rahmen einer Tagung zum Thema Weltrecht »wurde erkennbar, dass eine soziologisch reflektierte Theorie des Rechts die Funktion jenes Verfassungsstaates nicht mehr in einer detailgetreuen Gestaltbarkeit des dazugehörigen Gemeinwesens durch politische Entscheidungen erblicken kann. Unter den Bedingungen der Weltgesellschaft sieht sie den Verfassungsstaat statt dessen explizit in die Welt hinauswachsen.«[26]

Transnationalismus und Transnationalisierung im hier verstandenen Sinne beziehen sich aber gerade auf nicht-staatliche Akteure. In der hier vorgeschlagenen Begriffsverwendung wäre das europäische Recht als supranationales Recht zu verstehen. Allerdings gehen schon hierbei – wie weiter oben im Kapitel 6.1 zur Diskussion in den Politikwissenschaften angedeutet – neben inter-nationalen und supranationalen Elementen auch transnationale Dynamiken in die Rechtssetzung und die Rechtseinhaltung ein. Ein gutes Beispiel ist der in verschiedenen Politikfeldern inzwischen etablierte Mechanismus, auf der europäischen Ebene eine Richtlinie zu verabschieden, die in nationales Recht konkretisiert und übersetzt werden muss.

24 Zur Diskussion über Weltrecht und internationale Zivilgesellschaft im Rahmen des UN-Weltgipfels vgl. ⟨http://www.boell.de/en/04_thema/2316.html⟩.

25 Eine Bilanzierung der rechtswissenschaftlichen Diskussion aus deutscher und japanischer Sicht findet sich z. B. in den Dokumenten der Kongressreihe »Globalisierung und Recht – Beiträge Japans und Deutschlands zu einer internationalen Rechtsordnung im 21. Jahrhundert«, die 2005 und 2006 durchgeführt wurde: ⟨http://www.tokyo-jura-kongress2005.de/de_index.php⟩; ein Beispiel für die eher politik- und sozialwissenschaftliche Perspektive auf internationales und transnationales Recht findet sich in Albert/Lehmkuhl 2002.

26 ZiF: Mitteilungen (2/2003: 29); die Mitteilungen des Zentrums für interdisziplinäre Forschung an der Universität Bielefeld erscheinen vierteljährlich.

Hierbei fließen in aller Regel nicht nur die Bedingungen und Kräfteverhältnisse innerhalb der Nationalstaaten ein. Vielmehr beeinflussen transnationale Akteursnetzwerke die jeweilige nationale Gesetzgebung. Dies lässt sich etwa an der europäischen Richtlinie zur Einführung von Euro-Betriebsräten illustrieren, in deren nationalstaatliche Umsetzung auch europäische Gewerkschafts- und Unternehmerverbände auf europäischer wie auch auf nationalstaatlicher Ebene intervenierten.

Ein anderes Beispiel ist die Umsetzung einheitlicher europäischer Richtlinien zur Energiepolitik, in der die Rechtssetzung auf europäischer Ebene ebenso wie deren Transformation in nationales Recht von transnationalen Lobbygruppen im europäischen Mehrebenensystem mit beeinflusst wird (Schumann 2001; Bandelow et al. 2000). Am Themenfeld der Auseinandersetzung um intellektuelle Eigentumsrechte und um das Patentrecht etwa für landwirtschaftliche und pharmazeutische Produkte zeigt Shalini Randeria auf, wie transnationale Rechtselemente durch die Aktivitäten grenzüberschreitender Unternehmen und NGOs und vor dem Hintergrund ökonomischer Globalisierung in die Strukturen nationalstaatlichen Rechts eindringen. Dabei benutzen Nationalstaaten zum einen den Hinweis auf supranationale Zwänge, um bestimmte selbst durchgeführte Maßnahmen als von außen auferlegt darzustellen. Zum anderen wird auf die Widersprüchlichkeit zwischen innerstaatlichem, nationalem und internationalem Recht hingewiesen, um das eigene Nichthandeln zu legitimieren: »*Fragmentierung des staatlichen Handelns* ist eine Folge der Transnationalisierung des Rechts. Unter den Bedingungen ökonomischer, politischer und rechtlicher Globalisierung muss der Staat und staatliches Recht als zentrales, aber auch umkämpftes Terrain betrachtet werden, da innerhalb des staatlichen Rechts lokale, internationale und supranationale Rechtsordnungen miteinander interagieren und in Konflikt geraten. In dem Maße, in dem staatliches Recht seine Kohärenz verliert, entsteht ein Nebeneinander *innerhalb* des staatlich gesetzten Rechts durch die Koexistenz verschiedener transnationaler Normen, die partiell in nationales Recht inkorporiert werden« (Randeria 2003: 21, Hervorhebung im Original).

Auch wenn insgesamt der Begriff und das Konzept von Transnationalisierung in dem hier verstandenen eingeschränkten Sinn auf das Recht selbst bisher nur vergleichsweise selten bezogen wird, so finden die Begriffe transnational und Transnationalisierung durchaus und vermehrt Verwendung im Bereich der internationalen Kriminalitätsforschung, die ja mit Rechtsforschung und Rechtsprechung unmittelbar verknüpft ist. Wie Nikos Passas (1998/1999) unterstreicht, findet auch in den Rechtswissenschaften seit den neunziger Jahren eine intensive Beschäftigung mit transnationaler Kriminalität und den Möglichkeiten von entsprechenden rechtlichen und polizeilichen Anpassungsmaßnahmen statt. Während – so Passas – der Begriff transnationale Kriminalität traditionell vor allem auf die so genannte organisierte Kriminalität vom Stile der italienischen Mafia bezogen werde (etwa Drogenhandel, Menschenschmuggel oder Waffengeschäfte), dürfe man die Bedeutung, die auch korporative und staatliche Akteure als Teil transnationaler Kriminalität spielen, nicht außer Acht lassen (Passas 2000: 17). Er schlägt deshalb eine erweiterte Definition von transnationaler Kriminalität vor als »grenzüberschreitendes Fehlverhalten, welches vermeidbaren und unnötigen Schaden der Gesellschaft integriert, schlimm genug ist um staatliche Intervention hervorzurufen, und anderen Typen von kriminalisierten Handlungen ähnlich ist, die in den Ländern oder durch internationales Recht als kriminell gelten. Ein Verbrechen ist dann als transnational angesehen, wenn deren Ausführende oder Opfer in mehr als einem Land angesiedelt sind oder operieren« (ebd.: 17f.).

Passas geht von »verbrechensgenerierenden Asymmetrien« (»criminogenic asymmetries«; ebd.: 18) aus, die er als strukturelle Unterschiede und Ungleichheiten in Bezug auf die Wirtschaft, das Recht, die Politik und die Kultur bezeichnet. Solche Asymmetrien können sowohl auf der individuellen Ebene und in Nationalstaaten entstehen als auch auf der Ebene großer korporativer Akteure (einschließlich multinationaler Unternehmen und Einzelstaaten) und transnationaler Beziehungen. Am Beispiel des weltweiten Marktes für toxische Industrieabfälle erläutert Passas diese verbrechensgenerierenden Asymmetrien, wenn etwa bestimmte Unternehmen der industrialisierten Länder die schwache oder gar fehlende rechtliche Regulierung des Umgangs mit solchen Gefahrstoffen ausnutzen, um sich ihrer Giftabfälle zu entledigen – und zwar in einer Art und Weise, die zwar formalrechtlich nicht illegal, wohl aber im Hinblick auf das im Stammsitzland herrschende sowie das internationale Recht zumindest illegitim ist. Unter Bezugnahme auf Emile Durkheim (1897) und Robert K. Merton (1968) und die Devianz- und Anomietheorien unterstreicht Passas (2003: 19ff.), dass abweichendes Verhalten umso wahrscheinlicher wird, je stärker die sozialen Erwartungen der Erreichung bestimmter Güter von den realen Möglichkeiten hierzu abweichen. Hiermit konstruiert Passas eine sozialwissenschaftlich interessante Brücke zwischen Prozessen der Transnationalisierung von Vergesellschaftung und den damit zusammenhängenden transnationalen Ursachen bzw. Triebkräften für transnationale (aber auch nationale) Verbrechen.

Eine neue Brisanz erhielt die Forschung und Diskussion über transnationale kriminelle und terroristische Beziehungen und Organisationen mit den Anschlägen vom 11. September 2001. Inzwischen hat sich ein eigenständiges Forschungsprogramm zum Thema transnationaler Terrorismus entwickelt, welches nicht nur von Juristen und Kriminalitätsforschern, sondern interdisziplinär sozialwissenschaftlich angelegt ist. In expliziter Bezugnahme auf die breitere Transnationalisierungsforschung definiert Ulrich Schneckener transnationalen Terrorismus folgendermaßen: »Das Attribut ›transnational‹ bezieht sich grundsätzlich auf *grenzüberschreitende Aktivitäten nichtstaatlicher Akteure*, der Begriff ›transnationale Beziehungen‹ beschreibt demnach dauerhafte Interaktionen über Grenzen hinweg, an denen zumindest ein nichtstaatlicher Akteur beteiligt ist. [...] Übertragen auf den Terrorismus heißt dies: Während der internationale Terrorismus herkömmlicher Prägung noch einen lokalen Bezugspunkt hat, ist der transnationale Terrorist seinem lokalen Milieu ›entwachsen‹, er ist letzlich heimatlos und moderner Nomade« (Schneckener 2006: 49).

Durch den neuen transnationalen Terrorismus werden auch traditionelle transnationale Beziehungen zum Teil ganz erheblich in ihrem Charakter und ihrer Dynamik verändert. So bedient sich z. B. der transnationale Terrorismus häufig der bereits etablierten transnationalen Austauschbeziehungen und Netzwerkstrukturen, die sich im Rahmen anderer Zwecksetzungen und Sozialkontexte entwickelt haben. Dies gilt etwa für die grenzüberschreitenden Geldüberweisungssysteme, die im Rahmen von legaler und von illegaler Migration seit Jahrzehnten genutzt wurden. Das aus Pakistan und Indien bekannte traditionelle *Hawala*-System, welches Geldtransfers über große Entfernungen auf der Basis persönlicher Vertrauensbeziehungen durch einfachen Informationsaustausch und ohne die Notwendigkeit des direkten Geldtransports organisiert, wird z. B. von Migrantengruppen in den verschiedensten Erdteilen benutzt. Der transnationale Terrorismus bedient sich zum großen Teil ähnlicher Mechanismen.[27] Auf die Bedeutungszunahme transnationaler Terrorstrukturen und krimineller Netzwerke hat weder die nationale noch die transnationale Rechtsprechung und Kriminalitätsverfolgung – und wohl auch nicht die entsprechende sozialwissenschaftliche Forschung – bisher eine angemessene Antwort gefunden.[28]

6.5 Transnationalismus in raum- und regionalwissenschaftlicher Perspektive

Verständlicherweise ist die Geographie traditionell besonders intensiv mit Internationalisierungsthemen befasst. Häufig dominierte dabei eine globale und funktionalistische Betrachtungsweise, der zufolge sich mit dem Sieg und der Ausdehnung der kapitalistisch-marktwirtschaftlichen Produktionsweise die ökonomischen Austauschbeziehungen immer weiter weltweit ausrichten. Eine genuin transnationale geographische Perspektive hat z. B. Michael Peter Smith (2001) entwickelt. Nach Smith ist der »transnationale Urbanismus« nicht vorrangig eine geographische Metapher, sondern vielmehr »eine Markierung von kreuz und quer verlaufenden transnationalen Kommunikationskreisläufen und lokalen, translokalen und transnationalen sozialen Praktiken die an bestimmten Orten und zu bestimmten Zeiten zusammenlaufen und sich einmischen in die umstrittene Politik des Raumes, in die soziale Konstruktion ungleicher Machtverhältnisse und in die künstliche Schaffung von Individual- und Gruppenidentitäten bzw. nationalen und transnationalen Identitäten und die ihnen korrespondierenden Gegensätze« (ebd.: 5). Eine Stärke dieser Monographie liegt in der Verbindung einer eher soziologisch-anthropologisch basierten Perspektive auf die sozialen Alltagspraktiken, Selbstvergewisserungen, Kultur- und Machtbeziehungen von Akteuren und Akteursgruppen mit einer geographisch geschulten, also vor allem auf Raumkonzepte und Raum-

27 Vgl. hierzu etwa ⟨http://www.interpol.int/Public/FinancialCrime/MoneyLaundering/hawala/default.asp⟩ als sehr instruktive Website von Interpol.

28 Vgl. Schneckener 2006: 247ff.; zu verfassungsrechtlichen Fragen der Globalisierung und der internationalen Zivilgesellschaft vgl. auch verschiedene Beiträge in den Sammelbänden Brunkhorst et al. (2004) und Brunkhorst/Costa (2005).

aspekte des Sozialen orientierten Sichtweise und Diskussion von Konzepten wie Urbanismus, *global cities*, *locality* und *place*.

Für Michael P. Smith ist die häufig anzutreffende bloße Gegenüberstellung von Globalem und Lokalem wenig hilfreich. Er kritisiert, dass dabei das Globale in der Regel in den (angeblich) universellen ökonomisch basierten weltweiten Strömen von Geld, Macht und Informationen verortet wird, während das Lokale als eine partikulare, in sich ruhende und kulturelle Sphäre von Authentizität und geschlossenen Kulturräumen gedacht wird. Diese Vorstellung wird aber weder dem Globalen noch dem Lokalen und auch nicht dem Transnationalen gerecht. Denn Lokalität ist immer schon – und besonders unter den Bedingungen zunehmender Internationalisierung – ein komplexes, kontingentes und immer wieder umkämpftes Ergebnis politischer, sozialer und kultureller Entwicklungen und Auseinandersetzungen. Transnationalisierung ist in diesem geographischen Verständnis als *Zunahme grenzüberschreitender Strukturen und Prozesse zu verstehen, die aber gleichzeitig in lokalen und nationalstaatlichen Beziehungen fest verankert* sind. Transnationale Akteure sind – so Smith – bestrebt, ihre Diskurse und Projekte national und lokal zu begründen und zu integrieren. Transnationalisierung führt deshalb nicht zur Verflüchtigung von Grenzen im großen *space of flows*, sondern impliziert eine Neuproduktion von Grenzen, eine Reterritorialisierung. Dies zeigt sich sowohl an den so genannten Global Cities (Sassen 1991) wie auch an den neuen transnationalen sozialen Bewegungen, die fest lokal verankert und ausgerichtet sind.

Sein Verständnis eines *Transnational Urbanism* entwickelt Smith anhand von vier zentralen Dimensionen: (1) dem sozialräumlichen Wirken transnationaler sozialer, wirtschaftlicher und politischer Netzwerke, (2) der Translokalität als sozialer, wirtschaftlicher und politischer (direkter) Verbindung zwischen verschiedenen *locales* (ebd.: 19 und 169ff.), (3) der fortdauernden Bedeutung des Nationalstaates als kollektivem Akteur und (4) der Notwendigkeiten und Chancen vergleichender Analysen etwa von unterschiedlichen transnationalen Netzwerken in einer Stadt oder von Praktiken innerhalb eines transnationalen Netzwerks an unterschiedlichen Plätzen.

Für das Forschungsfeld der Transnationalisierung erscheint besonders die im ersten Kapitel seines Buches vorgenommene Abgrenzung des *transnationalism*-Konzeptes von der Globalisierungs-Metapher interessant. In Anlehnung an Michael Kearney argumentiert Smith (ebd.: 3): »Während die Debatte um Globalisierung die Aufmerksamkeit auf soziale Prozesse lenkt, die weitgehend ›dezentralisiert sind von spezifischen nationalen Territorien‹, wie etwa Manuell Castells (1997) Diskussion über die in einem ›space of flows‹ stattfindenden Globalisierung(en), beschreibt die Forschung um *transnationale* Prozesse transnationale soziale Beziehungen als ›verwurzelt‹, obwohl sie über einen oder mehrere Nationalstaaten hinweg verlaufen« (ebd.: 3f., Hervorhebung im Original).

Michael Peter Smiths Buch *Transnational Urbanism* (2001) wurde hier etwas ausführlicher skizziert, weil es systematisch und explizit zwischen Transnationalisierung und Globalisierung sowie anderen Formen der Internationalisierung differenziert und gleichzeitig eine spezifisch geographische Perspektive zu entwickeln versucht. Demgegenüber sind sehr viele Veröffentlichungen in geographischen Fachzeitschriften eher allgemein sozialwissenschaftlich ausgerichtet, mit einer bestimmten Aufmerksamkeit für Plätze und *locales*, aber ohne explizite raumwissenschaftliche Theorieperspektive. Dabei werden Migration, Unternehmen und Wertschöpfungsketten, politische Netzwerke und soziale Bewegungen häufig in einer Art und Weise zum Gegenstand gemacht, die sich kaum von der Praxis in kultur-, politikwissenschaftlichen oder soziologischen Fachjournalen unterscheidet. Wenn dann noch der Begriff »transnational« eher diffus als spezifisch verwendet wird, ist der Erkenntnisgewinn gering. Gerade bei geographisch-raumwissenschaftlichen Beiträgen zur Transnationalisierungsforschung lohnt es sich also, sehr genau diejenigen Beiträge heranzuziehen, die ausdrücklich das Verhältnis von sozial- und flächenräumlichen Beziehungen thematisieren.

Solche flächenräumlichen Bezüge spielen immer auch eine beachtliche Rolle in den eher kultur-, landes- und sprachkundlichen Wissenschaftsdisziplinen. Sehr interessante und auf einer explizierten transnationalen Perspektive beruhende Studien hat die von Stefan Reichmuth geleitete »Forschungsgruppe Islamische Gelehrten-Netzwerke seit dem 18. Jahrhundert« vorgelegt. Hier wurde z. B. anhand von Quellenstudien der Weg islamischer Gelehrter nachgezeichnet, die seit dem 18. Jahrhundert von Nordafrika über Syrien bis in den Irak wanderten und dabei jeweils für längere Zeiträume in wichtigen religiösen Zentren tätig waren. Diese »transnationalen Gelehrten« haben den Koran interpretiert und philosophisch-wissenschaftliche Arbeiten betrieben. Durch ihre Mobilität und das wechselseitige persönliche Kennen und Zitieren anderer (mobiler) Gelehrter haben sie selbst an einem komplexen transnationalen Netzwerk der Produktion und Reproduktion symbolischer Ordnungen gewoben (Reichmuth 2000 und Reichmuth/Grundmann 2007).

Eine ebenfalls auf den islamischen »Kulturraum« fokussierende Studie ist das von Peter Mandaville publizierte Buch *Transnational Muslim Politics* (2001 als zweiter Band der von Steven Vertovec koordinierten Buchreihe *Routledge Research in Transnationalism* erschienen). Mandaville verbrachte die ersten zwei Jahrzehnte seines Lebens im Mittleren Osten, bevor er nach Großbritannien kam, und er war überrascht, wie wenig die »westliche« Sichtweise und Interpretation »des Islam« mit seinen eigenen Erfahrungen übereinstimmte. Mandaville untersucht *muslim politics* als alltagsweltliche ethische und identifikative Selbstvergewisserungen, die unter den Bedingungen von Globalisierung in Auseinandersetzung mit anderen politischen Ordnungen eine – sehr wohl stark intern differenzierte – islamische (Welt-)Gemeinschaft als eine rekonzeptualisierte *umma* entstehen lässt.[29]

Mandaville entwickelt sein Verständnis von *transnationalism* in Auseinandersetzung mit verschiedenen Forschungs- und Diskurstraditionen. An der politikwissenschaftlichen *international-relations*-Forschung kritisiert er den traditionellen staatszentrierten, auf territoriale Souveränität fixierten Politikbegriff. Dieser werde neuen sozialen Massenphänomenen wie den grenzüberschreitenden Migrationsbewegungen, den transnational organisierten sozialen Bewegungen, neuen supranationalen politischen Gebilden wie der Europäischen Union, der Bedeutungszunahme globaler Städte und moderner grenzüberschreitender Transport- und Kommunikationstechnologien nicht gerecht. Mandaville nimmt auch die soziologische Globalisierungs-Debatte kritisch auf, wendet sich dabei gegen Ansätze, die Globalisierung als Homogenisierung verstehen (ebd.: 33), und unterstreicht die Nützlichkeit der von Roland Robertson entwickelten Konzepte von *globality* (»als das Bewusstsein um die Problematik der Welt als singularem Ort«, ebd.: 34) und *glocalisation* (»in der das Universale oder das Globale modifiziert und domestiziert wird durch die partikularen oder lokalen Bedingungen, die es

29 Die *umma* geht auf das 7. Jahrhundert zurück und bezeichnet die sich im Laufe der Jahrhunderte häufiger rekonstituierende Gemeinschaft der Muslime; vgl. Mandaville 2001: 70ff.

aufnehmen«, ebd.: 35). Schließlich berücksichtigt er die Erträge der sozialanthropologischen *transnationalism*-Forschung, die sehr stark auf die grenzüberschreitende Organisation und Ordnung von Bedeutungen, Symbolsystemen und lebensweltlichen Praktiken abstellt. Letztere – so Mandaville – beeinflussen politische Ordnungen nicht nur, »they actually constitute forms of politics unto themselves« (ebd.: 46).

Die mehr als dreizehn Jahrhunderte alte *umma* als (Idee einer) muslimische(n) Gemeinschaft wird von Mandaville als Beispiel einer bedeutsamen translokalen Ordnung, eines diskursiven Raumes vorgestellt, der seit jeher die Grenzen politisch-territorial verfasster Ordnungen (als Reiche oder Staaten) überspannt und als religiöser *wie auch* politischer *discursive space* im Sinne sozialer Autorität (ebd.: 59) aufgefasst wird. Die Fokussierung auf grenzüberschreitende Diskursräume und translokale Identitäten führt Mandaville dazu, eingehender die Konzepte von Hybridität, Diaspora und von *travelling theory* zu diskutieren. Gerade Letzteres erscheint Mandaville – und auch in unserem Transnationalisierungszusammenhang – als interessanter Ansatz. Edward Said hatte in seiner Analyse der Wanderung von Ideen und Theorien über verschiedene Plätze hinweg vier Stationen ausgemacht, über die sich Bedeutungszusammenhänge (Symbole, Theorien, Ideen) im Rahmen des Wechsels von einem sozialen Kontext in einen anderen verändern.[30]

Auch die *umma* könnte man nach Mandaville als eine lebende und lebendige *travelling theory* auffassen, die im Zuge von Globalisierung und Translokalisierung (vor allem der intensiven Nutzung moderner Informations- und Kommunikationstechnologien) einerseits Muslime überall auf der Welt näher zusammenbringt, andererseits aber auch den Islam stärker seine internen Differenzen und Differenzierungen wahrnehmen lässt: »Spaltung und Verschmelzung innerhalb der muslimischen Translokalität« (ebd.: 150) sind zwei Seiten desselben Prozesses. Mandaville resümiert seine Fallstudie der muslimischen Diaspora in westlichen Ländern: »Die kritische Reformierung des Islam ist ein andauerndes Projekt« (ebd.: 185), dem er durchaus optimistisch etwa im Sinne einer Erweiterung und Bereicherung von Modernisierungsdiskursen gegenübersteht. Wie stark diese »Rekonzeptionalisierung der Umma« durch die Terroranschläge des

30 Vgl. ebd.: 85ff.; diese Überlegungen haben viele Gemeinsamkeiten mit Alfred Schütz' Arbeiten über »den Fremden« und »den Heimkehrer« (1972).

11. September 2001 gebremst wird oder gar eine völlig andere Richtung bekommen kann, bleibt weiteren Forschungen vorbehalten.

6.6 Transnationalisierung in anderen Sozial- und Geisteswissenschaften

Die Transnationalisierung der sozialen Welt wird schließlich auch in anderen als den bisher skizzierten Sozial- und Geisteswissenschaften explizit als Thema theoretischer und empirischer Forschungen bearbeitet. In den Sprach- und Literaturwissenschaften werden bestimmte Typen von Erzählern und Erzählungen als (potentiell) transnationale Literatur behandelt. Hierzu werden z. B. die autobiographischen Erzählungen und Romane von Menschen gezählt, die dem Changieren zwischen verschiedenen nationalgesellschaftlichen Bezügen und den erlebten Selbst- und Fremdverortungen zwischen und jenseits nationalkulturellen Containerhomogenitäten einen großen Stellenwert einräumen. In Deutschland ist Feridun Zaimoğlu (1995) sicherlich der bekannteste Autor, der mit seinem Leben (und dem seiner Protagonisten in den Texten) zwischen türkischen, deutschen und europäischen Selbstvergewisserungen nicht nur souverän umgeht, sondern gerade diese transnationalen identifikativen Grenzüberschreitungen und das Medium seiner »Kanak Sprak« zu einer starken Identitätsressource macht.

Interessante Belege für transnationale autobiographische Erlebnisverarbeitungen und Identitätskonstruktionen finden sich aber z. B. auch bei den US-amerikanischen Bürgern, deren Eltern aus Japan in die USA eingewandert waren und die während des Zweiten Weltkrieges unter den kollektiven Generalverdacht der Kollaboration mit dem Kriegsfeind Japan gestellt wurden. Nach dem japanischen Angriff auf Pearl Harbor im Jahre 1941 wurde in den USA und auch in Kanada gleichsam eine gesamte Generation von US- bzw. kanadischen Bürgern, die Nachkommen japanischer Einwanderer waren, als potentielle Kriegsfeinde in Internierungslager (»relocation centers« und »ghost towns« z. B. in den Rocky Mountains) verbracht. Joy Kogawa hat in ihrem Roman *Obasan* (1981) die für sie als Siebenjährige prägenden Kindheitserlebnisse der zwangsweisen Umsiedlung in ein Internierungslager in Kanadas Landesinnere aufgearbeitet. Ähnlich hat John Okada in seinem Roman *No-no Boy* (1957) seine eigenen Erfahrungen der Internierung als junger Amerikaner japanischer Abstammung geschildert. Allen US-Bürgern japanischer Abstammung in den Westküstenstaaten wurden nach Pearl Habor die zwei Fragen gestellt, (1) ob sie bereit seien, in der US-Armee sich den Befehlen zu unterwerfen, wo immer dies sein möge, und (2) ob sie jeder Form von Zugehörigkeit, Loyalität oder Gefolgschaft gegenüber dem japanischen Kaiser abschwörten. Gerade solche Fragen brachten die »gespaltenen«, »hybriden« oder transnationalen Identitäten vieler japanischer US-Amerikaner bzw. US-amerikanischer Japaner zum Vorschein. Diese nordamerikanische Literatur wird nun seit den neunziger Jahren verstärkt auch in der Perspektive eines *transnationalism-approach* wissenschaftlich untersucht (vgl. z. B. Lim et al. 2006; Freitag 2003).

Aus einer interkulturellen und transnationalen Perspektive bemerkt Hiltrud Arens (2005) für die deutschsprachige Literatur von Migranten: »In den neunziger Jahren sind einige Texte entstanden, die durch ihre Erinnerungsarbeit nicht nur biographische Neuschreibungen und (Dis)Kontinuitäten erkennen lassen, sondern die die Diskussion um die deutsche Vergangenheit des 20. Jahrhunderts erfrischend um-schreiben, indem sie übergreifende nationale Ereignisse in biographische Entwicklungen von Protagonisten einfließen lassen [...]. Diese literarisch verarbeiteten transnationalen Zusammenhänge, oftmals im Rahmen von Familiengeschichte und individueller Identitätssuche erzählt, liefern neue Sichtweisen für eine notwendige Revision der kulturell und ethnisch konstruierten Homogenität Deutschlands.« Ein Ausdruck der wissenschaftlichen Konjunktur einer transnationalen Perspektive für die Literaturwissenschaft ist auch z. B. die Tatsache, dass seit 2005 an der Freien Universität Berlin ein Masterstudiengang »Transnationale Literatur- und Kulturstudien« aufgebaut wird.[31]

Gemeinsam ist den Forschungsperspektiven in den Sprach- und Literaturwissenschaften, die sich explizit auf eine transnationale bzw. eine *transnationalism*-Perspektive beziehen, dass die untersuchten Textproduktionen systematisch in einen pluri-lokalen Sozialraum

31 Vgl. ‹http://web.fu-berlin.de/presse/publikationen/tsp/2005/ts_20050409/ts_20050409_20.html›; vgl. auch z. B. ‹http://www.english.uiowa.edu/undergrad/courses/identity.html›; ‹http://www.dukeupress.edu/books.php3?isbn=3789-4›; ‹http://www.columbia.edu/cu/english/orals/contemporary_transnational.htm›; Zugriff auf alle Seiten am 5. 10. 2006.

eingebettet werden, der die Containerräume verschiedener Nationalkulturen überspannt. Die Romane und Erzählungen sind in einem solchen transnationalen Sozialraum entstanden, und sie tragen zu dessen Festigung, Ausdifferenzierung und Reproduktion vor allem dadurch bei, dass sie transnationale Symbolsysteme z. B. in der Form grenzüberschreitender Sprachelemente (Kanak Sprak), Zeichen, Mythen oder Biographien (re-)präsentieren.

Die Dekonstruktion des Mythos von der kulturellen Einheitlichkeit von Sprache lässt sich auch gut an den neueren wissenschaftlichen Diskussionen etwa über die spanische Sprache ablesen. Auch wenn die Begriffe transnational, Transnationalismus und Transnationalisierung hier (bisher) weniger explizite Verbreitung gefunden haben, lässt sich die Forschungsperspektive der Transnationalisierung von Vergesellschaftung auch in dieser Wissenschaftsdisziplin auffinden. So beobachtet Lebsanft (2004) z. B. Tendenzen einer transnationalen Regionalisierung und einer Re-Nationalisierung von Sprachstandards: »Ausgangspunkt für die Situation am Beginn des 21. Jahrhunderts ist die historisch begründete, unstrittige Tatsache, dass die von der Real Academica Española (RAE) seit dem 18. Jahrhundert kodifizierte kastilische Gemeinsprache für alle Spanischsprecher jahrhundertelang die präskriptive Norm darstellte [...]. Wir beobachten jedoch, dass seit der 2. Hälfte des 20. Jahrhunderts auf der Grundlage von regionalen bzw. staatsnational geltenden Standards regionale bzw. staatsnationale präskriptive Normen gefordert und wohl auch in Ansätzen kodifiziert werden« (Lebsanft 2004: 209).

Während man dieses Zitat für sich genommen als Tendenz der Entwicklung der spanischen Sprache von einer supranationalen, für den Bereich des ehemaligen spanischen Kolonialreiches universell gültigen *lingua franca* hin zu einer re-nationalisierten Sprachverwendung interpretieren könnte, verweist Lebsanft implizit doch auf viele Elemente transnationaler Entwicklungen. Wichtige spanischsprachige Tageszeitungen wie etwa *El Pais* berichten aufgrund ihrer zunehmend transnationalen Verbreitung in verstärktem Ausmaß auch über Entwicklungen in Regionen außerhalb Spaniens, vor allem Lateinamerikas. Für solche Berichterstattung ist die Benutzung der jeweils lokal bzw. regional gültigen und vorherrschenden Fachbegriffe wichtig, wenn mit dieser Zeitung die Leserschaft auch in diesen Regionen erreicht werden soll. Gleichzeitig – so Lebsanft – ermöglicht das

Internet eine zeitnahe und sehr stark nach Themenbereichen und Sprachregionen differenzierte Benutzung des Spanischen (ebd.: 216). Insofern lässt sich die Entwicklung der hispanischen Sprachgemeinschaft auch als Transnationalisierung beschreiben, weil eine zunehmend dezentralisierte und plurizentrische Benutzung bestimmter Ausdrücke, Redewendungen etc. mit einer zunehmend starken Koordination und verbindlichen Austauschbeziehung auf der Ebene der Gesamtsprache Spanisch kombiniert wird (Keefe/Padilla 1992, Kap. 6).

Die Fragestellung der Transnationalisierung der Ordnungen von Wissensproduktion und Wissensverbreitung als einem wesentlichen Bestandteil von Symbolsystemen hat auch Eingang in die vergleichende Erziehungswissenschaft gefunden. Christel Adick hat die Internationalisierung von Bildung und Erziehung im Bereich der Schulen und Universitäten z. B. durch transnationale Verbünde untersucht (Adick 2003). Einerseits existieren bereits seit vielen Jahrzehnten die so genannten *International Schools* auf der Sekundarschulebene, andererseits haben gerade in den vergangenen zwei Jahrzehnten große ehemals rein national ausgerichtete (vor allem US-amerikanische) Privatuniversitäten ihre Aktivitäten internationalisiert. Während Schule und Bildung nach wie vor Domänen nationalstaatlichen Handelns (oder gar wie im deutschen Fall mikro-regionalen Handelns) darstellen,[32] haben sich gleichzeitig neben diesen national ausdifferenzierten Bildungssystemen und dem gleichsam global institutionalisierten »Recht auf Bildung« vielfältige Formen transnationaler Bildung und transnationaler Organisationen entwickelt. Hierzu zählen etwa die Europaschulen und die internationalen Schulen, die sich auf der internationalen Ebene als komplexe Geflechte von transnationalen Organisationen und interstaatlichen Verträgen entwickelt haben. Die Bedeutungszunahme von transnationalen Bildungsorganisationen ist einerseits ein Ergebnis der wachsenden transnationalen Vergesell-

32 Insofern wird hier nicht die schlussfolgernde These von Adick (2003: 186) geteilt: »Das Weltmodell Schule stellt die relativ autonome pädagogische Komponente des modernen Weltsystems dar, die der Reproduktion und der subjektiven Aneignung von international kompatiblem Kulturkapital dient, das auf einem hierarchischen Weltmarkt in Lebenschancen konvertierbar ist.« Die soziale Institution Schule und staatlich organisierte bzw. garantierte Erziehung hat sich weltweit durchgesetzt, allerdings eben in erster Linie als nationalgesellschaftlich ausdifferenzierte und nationale Vergesellschaftung (mit-)garantierende soziale Institution.

schaftung (z. B. von transnational mobilen Familien bzw. transnational orientierten Bildungsstrategien von Familien). Andererseits stellen diese transnationalen Erziehungseinrichtungen auch wichtige Treiber des Transnationalisierungsprozesses selbst dar (sie befördern die transnationale Mobilität und den Austausch von Lehrenden, Lernenden, von Geldmitteln, von Bildungsplänen, Sprachen und anderen Symbolsystemen).

In der Perspektive einer Vergleichenden Erziehungswissenschaft unterscheidet Adick (2005) drei verschiedene Formen der Transnationalisierung. Erstens findet eine gewisse transnationale Konvergenz im Sinne der grenzüberschreitenden Angleichung von Prinzipien der (in aller Regel vorwiegend national ausgerichteten) Bildungssysteme statt, etwa die Verbreitung des allgemeinen Prinzips der Schulpflicht und die zumindest makroregionale Annäherung von Bildungsstrukturen und -abschlüssen. Zweitens festigen sich transnationale Bildungsorganisationen jenseits der nationalstaatlich verfassten Bildungsstrukturen wie z. B. das Internationale Bakkalaureat) und drittens entstehen auch transnationale Bildungsräume als »lebensweltliche Verknüpfung grenzüberschreitender Beziehungen und Sozialisationsprozesse« (ebd.: 247).

Neben den Sprach- und Erziehungswissenschaften hat sich die Transnationalisierungsperspektive auch als erfolgreich und fruchtbar für die Medien- und Kulturwissenschaften erwiesen. Interessante medienwissenschaftliche Untersuchungen liegen etwa zur Transnationalisierung von Popkultur, von Radiosendungen sowie der Zeitungs- und Filmproduktion vor. In Asien bilden sich z. B. transnationale Kulturräume für Popmusik heraus, etwa zwischen Plätzen in Japan und Südkorea. Vor dem Hintergrund der Rolle Japans im Zweiten Weltkrieg war japanische Musik in Südkorea lange Zeit nicht nur verpönt, sondern teilweise auch verboten. Hier bildete sich nun seit den neunziger Jahren eine grenzüberschreitende transnationale Popkultur heraus, die japanische und koreanische Elemente aufnimmt, aber auch globalisierte bzw. Weltmusik-Elemente mit verarbeitet. Vor dem Hintergrund der Verbreitung japanischer Kultur in Asien fragt z. B. Leo Ching: »Ist dies die ›kulturelle Logik‹ des japanischen Wirtschaftsimperialismus (Pax Nipponica) oder ist es die regionale Manifestation eines allgemeinen Globalisierungsprozesses, der die kulturelle Kohärenz aller Nationalstaaten schwächt?« (1996: 171). Neben dieser Frage nach dem möglichen Kulturhegemonismus einer Regionalmacht wird auch explizit die Frage der Transnationalisierung von Kultur- und Sozialräumen in Asien untersucht (vgl. z. B. Ong/Nonini 1997).

Eine transnationale Forschungsperspektive hat sich seit den neunziger Jahren auch in der Frauen- und Genderforschung entwickelt. Tanaka (2004) und Chen (2005) haben empirisch grenzüberschreitende Frauennetzwerke untersucht. Dabei zeigte sich vor allem, dass die in der Frauennetzwerkforschung unterstellten und häufig erhofften Eigenschaften netzwerkförmiger und egalitärer Kooperationszusammenhänge (z. B. Lenz 1999) sich in der Praxis deutlich komplizierter darstellten. Ilse Lenz hatte zumindest als idealtypisches Potential von Frauennetzwerken angenommen, diese könnten mit relativ begrenzten Ressourcen hohe Flexibilität und Effizienz garantieren, seien horizontal, egalitär und auf Reziprozität ausgerichtet, würden im Hinblick auf sozio-kulturelle Aspekte Gemeinsamkeiten mit Vielseitigkeit verbinden und wären auf persönliche Kommunikation und Unterstützung sowie gemeinsame Ziele orientiert. Tatsächlich zeigten sich in empirischen Untersuchungen viele Elemente von Konflikten und Exklusion in Frauennetzwerken sowie deutliche Muster von Differenzierung, Exklusivität und informellen Hierarchien (Tanaka 2004: 31). Chen (2005) konnte für Lateinamerika nur sehr schwache transnationale Bindungen von Frauenorganisationen feststellen. Generell zeigt sich in der Frauen- und Genderforschung eine ähnliche Tendenz wie in anderen sozialwissenschaftlichen Forschungsbereichen: Transnationalisierung wurde zunächst vorwiegend unter dem Gesichtspunkt einer Transnationalisierung *von unten* als Gegentendenz zur »kalten wirtschaftlichen Globalisierung« betrachtet. Inzwischen wird diese Forschung wesentlich differenzierter und auch expliziter auf die vorhandenen Transnationalismus- und Transnationalisierungskonzepte bezogen (Lenz 2005).

Zusammengefasst zeigt sich, dass der *transnationalism approach* Eingang in sehr viele wissenschaftliche Fachdisziplinen gefunden hat. Der explizite Bezug auf eine Transnationalismus- oder Transnationalisierungsperspektive findet sich nicht nur in der Politik- und den Wirtschaftswissenschaften, nicht nur in der Soziologie und Anthropologie. Er lässt sich – wie die hier nur skizzierten Studien und ein Blick in einschlägige Nachschlagewerke der Wissenschaftsdisziplinen schnell zeigen – in fast allen Sozial- und Geisteswissenschaften nachweisen. Manchmal werden die Begriffe *transnationalism* bzw.

transnational oder Transnationalisierung dabei relativ breit und diffus und fast synonym zum Begriff international verwendet. Manchmal wird er auch in einem wesentlich engeren Begriffsverständnis explizit von anderen Termini wie global, multinational oder supranational abgegrenzt. Besonders die in einem engeren Sinn verwendeten Konzepte waren in diesem Kapitel von Interesse. Es zeigte sich, dass eine solche Transnationalisierungsperspektive in fast allen relevanten Sozial- und Geisteswissenschaften in den letzten zehn bis zwanzig Jahren eine wachsende Verbreitung gefunden hat.

Häufig sind die in dieser Forschungsperspektive untersuchten Phänomene selbst dabei keineswegs alle neu. Innovativ und fruchtbar ist aber in jedem Fall der transnationale Blick hierauf. Die Unzulänglichkeiten der Nationalgesellschafts- und der Globalisierungs-Metapher (Kapitel 2), die real beobachtbaren Tendenzen einer Transnationalisierung der sozialen Welt (Kapitel 3), die genauere Unterscheidung unterschiedlicher Raumverständnisse (Kapitel 4) und von sieben idealtypischen Internationalisierungsformen (Kapitel 5) sowie schließlich die inzwischen erreichte disziplinäre Breite und Tiefe der wissenschaftlichen Forschung und Diskussion über transnationale Phänomene (Kapitel 6) laden dazu ein, das Verständnis des Sozialen und der Sozialräume, in denen wir leben, noch einmal gründlicher zu überdenken. Im folgenden Kapitel soll deshalb ausführlicher ein sozialwissenschaftliches Konzept transnationaler Sozialräume entwickelt werden.

7 Modell und Empirie der Transnationalisierung

Die bisherigen Überlegungen haben gezeigt, dass sehr viele Phänomene nicht mehr angemessen mit einem einfachen Modell nationalstaatlich verfasster Gesellschaften zu verstehen und zu erklären sind (Kapitel 2). Aber auch die einfache Behauptung einer Weltgesellschaft oder eines Weltsystems ergibt kein adäquates Modell der gesellschaftlichen Wirklichkeit. Ebenso wenig ist es hilfreich, alle Erscheinungen und Beziehungen, die den Rahmen der nationalgesellschaftlichen Container überschreiten, unter die Sammelkategorie Globalisierung zu fassen (Kapitel 3). Auch lassen sich die Bindungen, welche die Menschen untereinander und in ihrem gesellschaftlichen Austausch mit der Natur zusammenhalten, nicht mehr angemessen allein mit den Begriffen von Gemeinschaft und Gesellschaft erfassen. Ebenso wenig reicht die meistens allzu theorielos eingeführte Netzwerkmetapher aus, um die Frage nach den Kräften und Formen sozialer Adhäsion und Integration zufriedenstellend zu beantworten (Kapitel 4).

Die mehr oder weniger stabilen Gebilde multidimensionaler (sozialer, kultureller, wirtschaftlicher, politischer, technischer und ökologischer) Verflechtungszusammenhänge wurden in Kapitel 5 in der makro-soziologischen Perspektive der Internationalisierung von Vergesellschaftung betrachtet. Dabei wurden sieben Idealtypen der Internationalisierung von Vergesellschaftungsbezügen vorgestellt. Hierdurch ergab sich eine differenzierte und relativ eng bestimmte Sichtweise auf Transnationalisierung. Ein solch enges Konzept von Transnationalisierung wurde bewusst gewählt, um der Gefahr vorzubeugen, an die Stelle des oft allzu unscharf benutzten Globalisierungsbegriffs einfach einen neuen *catch-all*-Terminus zu setzen. Aber auch für ein auf diese Weise relativ eng geschnittenes Transnationalisierungskonzept gibt es – so wurde in Kapitel 6 deutlich – sehr viele und inzwischen durchaus bewährte und eingeführte Forschungsansätze in den verschiedensten Sozial- und Geisteswissenschaften.

Es liegt nun nahe, auf der Grundlage der in Kapitel 4 diskutierten unterschiedlichen Konzepte von essentialistischen und relationalen Raumvorstellungen und den sich daraus ergebenden Kombinationsmöglichkeiten von geographischen und Sozialräumen einige Idealtypen von Sozialräumen sowie deren analytische Aspekte, Bezugsebenen und Dimensionen zu unterscheiden. Dies soll im folgenden ersten Abschnitt 7.1 unter besonderer Berücksichtigung der Transnationalisierungsperspektive geschehen. Anschließend sollen jeweils für die drei Idealtypen der skizzierten Sozialräume Alltagswelt (Mikroebene), Organisation (Mesoebene) und Institution (Makroebene) Beispiele und empirische Forschungsbefunde im Hinblick auf Transnationalismus und Transnationalisierung dargestellt werden (Abschnitte 7.2 bis 7.4).

7.1 Typen, Aspekte, Dimensionen und Ebenen von Sozialräumen

Die Soziologie beschäftigt sich mit den »Arten und Formen der Vergesellschaftung« (Simmel 1908: 19). Sehr häufig wird dabei der Begriff *Gesellschaft* im Sinne eines gleichsam natürlichen und dauerhaften *Ergebnisses* dieses Vergesellschaftungsprozesses und in Verbindung mit einem essentialistischen Raumverständnis benutzt. Es ist deutlich geworden, dass die vorherrschende Verknüpfung dieses Terminus mit einem spezifischen Flächenraum – sei es mit dem nationalstaatlichen Territorium im Begriff der Nationalgesellschaft oder mit dem gesamten Globus im Begriff der Weltgesellschaft – den tatsächlichen komplexen Arten und Formen der Vergesellschaftung als Prozess nicht gerecht wird. Deshalb werden hier Sozialräume im allgemeineren Sinne als relativ dauerhafte und dichte Daseinsformen und Gestaltungsweisen von Vergesellschaftung verstanden. Wie bei Sozialräumen generell, so lassen sich grundsätzlich auch bei transnationalen Sozialräumen drei Idealtypen unterscheiden: alltägliche Lebenswelten, Organisationen und Institutionen. Diese drei allgemeinen Typen von Sozialräumen differenzieren sich vor allem nach der jeweiligen Betrachtungsebene (Mikro, Meso, Makro), aber auch nach ihrer Dauerhaftigkeit bzw. Veränderbarkeit und nach der Reichweite ihres Geltungsanspruchs aus, soziale Praxis, Symbolsysteme und Artefakte dauerhaft zu strukturieren. Als *alltägliche Lebenswelten* können im Sinne von Alfred Schütz auf der mikro-soziologischen Ebene alle die Bereiche des menschlichen Lebens bezeichnet werden, die uns als fraglos gegeben erscheinen. Alle Menschen stehen normalerweise morgens auf, nehmen Essen zu sich, tun den Tag über etwas und schlafen in der Regel nachts. Dabei erscheint ihnen in ihrer Alltagswelt als gleichsam natürlich gegeben und gar nicht zu hinterfragen, ob sie in einem Bett schlafen oder in einer Hängematte, in einem Zimmer für sich allein oder mit vielen anderen Menschen, ob sie morgens ein Reisgericht oder Baguettes, Maistortillas mit Sauce, Brot oder Cornflakes essen, ob sie als Transportmittel nur die eigenen Füße, ein Fahrrad oder ein altes Moped, eine Rikscha oder ein Kollektivtaxi, den Bus oder die Straßenbahn benutzen, ob sie in eine kleine Dorfschule oder eine große Ganztagsschule, auf das elterliche Feld oder in die anonyme Fabrik, in den Familienbetrieb oder in das staubreine Labor gehen. Diese fraglos gegebene Alltagswelt kann sich im Laufe eines menschlichen Lebens sehr wohl häufiger ändern, und doch stellen sich nach jedem größeren Lebenswechsel wieder alltägliche Routinen des Handelns und Sich-Verhaltens ein.

Organisationen sind relativ dauerhafte arbeitsteilige Kooperationszusammenhänge von Menschen mit einer mehr oder weniger klaren Zielstellung und Funktion, mit mehr oder weniger bewusst gestalteten und veränderbaren Strukturen und mit festen Mitgliedschaftsregeln, nach denen entschieden werden kann, wer zur Organisation dazugehört und wer nicht. Auch in Organisationen gibt es alltagsweltliche Routinen, aber sie füllen einerseits nicht die gesamte Alltagswelt der Menschen aus, weil Menschen ihr Leben nicht nur in einer Organisation und auch nicht nur in Organisationen verbringen. Andererseits ist das Charakteristische an Organisationen gerade nicht das fraglos gegebene, sondern gerade das immer wieder kritisch zu reflektierende und zu verändernde Zusammenwirken der Menschen. Organisationen als ein Sozialraumtypus auf der mesosoziologischen Ebene sind zwar veränderbar, aber generell doch von großer Beharrungskraft. Tritt eine Organisationsveränderung ein (z. B. eine Personalreduktion in einem Unternehmen oder eine Fusion verschiedener Organisationen), so hat dies normalerweise recht weit reichende Konsequenzen für sehr viele Menschen und auch für deren Alltagswelten.

Als *Institutionen* schließlich kann man auf einer makro-soziologischen Ebene komplexe Normen- und Handlungsprogramme wie z. B. das Zusammenleben in Familienverbänden oder die Beruflichkeit von Arbeit verstehen, die für eine sehr große Anzahl von Menschen auch über deren Zugehörigkeit zu bestimmten Organisationen hinaus Gültigkeit haben und die auch einen Großteil der alltäglichen

Lebenswelt strukturieren. Institutionen als Kulturproduktionen sind zwar das Ergebnis menschlichen Handelns und durch Prozesse der Habitualisierung, Explizierung und Formalisierung entstanden, aber sie lassen sich nicht kurzfristig und voluntaristisch wie z. B. die Regierung eines Nationalstaates abwählen oder verändern. Als gleichsam »kulturelle Gene« werden Institutionen von einer Generation zur nächsten durch Erziehungs- und Sozialisationsprozesse »vererbt« – sie haben eine im Vergleich zur alltäglichen Lebenswelt und zu Organisationen große Beharrungskraft und auch eine enorme Reichweite, denn ihr Geltungsanspruch bezieht sich auf große Sozialverbände wie z. B. Volksstämme oder Nationalgesellschaften. Man kann sogar sagen, dass die Gültigkeit und Reichweite sozialer Institutionen in dem hier gemeinten Sinn geradezu die sozialräumlichen Grenzen von modernen Gesellschaften bestimmen.[1]

Die Differenzierung zwischen den drei idealtypischen Sozialräumen von alltäglichen Lebenswelten, Organisationen und Institutionen erscheint nun für die Transnationalisierungsforschung und -diskussion sehr nützlich. Denn die Berücksichtigung verschiedener Typen, Ebenen und Niveaus transnationaler Aktivitäten kann verhindern, dass die Termini transnational und Transnationalismus allzu unspezifisch Verwendung finden. So benennt etwa Eva Østergaard-Nielsen (2003a: 761) in Anlehnung an Luis Eduardo Guarnizo (2000) und Peggy Levitt (2001) den »erweiterten Transnationalismus als eher gelegentliche Praktik«, während der »›eigentliche‹ Transnationalismus Aktivitäten beschreibt, die regelmäßig, geformt und ein integraler Lebensbestandteil eines Individuums sind«. Dieses Verständnis kommt z. B. dem Idealtypus transnationaler alltäglicher Lebenswelten sehr nahe.

Peggy Levitt (2001a: 196ff.) hat die Differenzierung von drei verschiedenen Niveaus transnationaler Beziehungen vorgeschlagen. Die hinsichtlich Dauer, Umfang und Wirkungen einfachste Form nannte sie generell *transnationale soziale Beziehungen*, intensivere transnationale Beziehungen bezeichnete sie als *transnationale soziale Felder*

1 Zur Diskussion der Begriffe Organisation, Regime und Institution für den Bereich der internationalen Beziehungen vgl. z. B. Simmons/Martin 2002. Das dort vorgetragene Grundverständnis von Institutionen als komplexen Sets von Regeln, die Verhaltensrollen, Handlungen und Erwartungen strukturieren (ebd.: 193f.), ist mit der hier entwickelten – wesentlich breiteren und nicht auf internationale Beziehungen beschränkten – Definition absolut kompatibel.

und bei einer noch stärkeren Organisierung und Institutionalisierung sprach sie von transnationalen *communities*. Interessant an Peggy Levitts Einteilung transnationaler Phänomene in soziale Beziehungen, soziale Felder und *communities* ist das Abgrenzungskriterium ihres jeweiligen Organisations- und Institutionalisierungsgrades. Allerdings ergeben sich auch einige Abgrenzungsprobleme. Der Begriff der (transnationalen) *sozialen Beziehungen* ist z. B. entsprechend offen und nur wenig spezifisch. Letztlich würde in diesem Sinne schon jeder die nationalstaatlichen Grenzen überschreitende Telefonanruf oder ein Urlaubsaufenthalt in einem anderen Land transnationale soziale Beziehungen begründen können.

Letztlich hat jedes Interaktionsverhältnis den Charakter einer sozialen Beziehung.[2] Nimmt man als Definitionskriterium für transnationale soziale Beziehungen – ähnlich wie Levitt (2001) – nur die Bedingungen, dass diese zwischen nicht-staatlichen Akteuren und grenzüberschreitend organisiert seien, so entsteht ein sehr breit gefasster und für die hiesigen Zwecke zu diffuser *catch-all*-Begriff. Für das Forschungsprogramm des Transnationalismus und der Transnationalisierung ergeben sich damit keine sinnvollen Abgrenzungen mehr zu supranationalen, globalen, glokalen und diasporischen sozialen Beziehungen. In die Definition transnationaler sozialer Beziehungen muss also neben der Bestimmung, dass es sich um relativ regelmäßige, geformte und alltagsweltlich verankerte Sozialphänomene handelt, auch das Kriterium des damit gemeinten spezifischen Typus von Internationalisierung eingehen. Man sollte also transnationale soziale Beziehungen von diasporischen oder regionalen sozialen Beziehungen unterscheiden.

Der Begriff des *sozialen Feldes* erscheint als eine sinnvolle Bezeichnung für das Spezifische von sozialen Kräftekonstellationen, aber nicht als geeignet für die Bezeichnung von (transnationalen) *Sozialeinheiten* als Analyse- oder Bezugseinheiten. Bisher finden sich auch

2 Immer noch unübertroffen gut charakterisiert der von Norbert Elias (1986) geprägte Begriff des *Verflechtungszusammenhanges* die spezifische Qualität alles Sozialen und Gesellschaftlichen: Er existiert nur als Beziehung zwischen Menschen – nicht als eigenständige Größe oder Einheit jenseits der Menschen –, ist aber gleichzeitig mehr als die Summe einer bestimmten Menschengruppe. Interessant ist in diesem Zusammenhang auch der konzeptionelle Vorschlag von Herrera Gómez/Castillo 2004, hier vor allem das erste Kapitel mit der programmatischen Überschrift »Die Gesellschaft ist Beziehung« (ebd.: 19ff.).

in der entsprechenden *transnationalism*-Literatur keinerlei theoretisch fundierte explizite Erläuterungen, wie der Feldbegriff im Einzelnen gemeint sein könnte. Der Begriff des sozialen Feldes wurde in Frankreich z. B. von Pierre Bourdieu (1982) und in Deutschland etwa von Friedrich Fürstenberg (1995) in Anlehnung an die soziale Feldtheorie Kurt Lewins (1963) verwendet. In der Organisationssoziologie bezeichnen DiMaggio/Powell (1983) z. B. mit dem Begriff des »organisationalen Feldes« die Gesamtheit von Organisationen (etwa die Unternehmen, Zulieferer, Kunden, Dienstleister einer Branche), die füreinander zur relevanten Umwelt gehören, welche wiederum durch geteilte institutionelle Normen mitkonstituiert wird. Organisationale Felder bestehen demnach aus »der Gesamtheit jener Organisationen, die einen wahrgenommenen Bereich des institutionellen Lebens konstituieren« (ebd.: 148).

Mithilfe des Feld-Konzeptes kann generell sehr gut auf den Sachverhalt verwiesen werden, dass das Zusammenleben der Menschen durch mehr oder weniger geordnete und sozial vermittelte Einwirkungsgefüge strukturiert wird, die nicht unmittelbar sichtbare, aber gleichwohl sehr »kräftige Felder« der Beeinflussung und Formung der sozialen Lebenswelt bilden. Nach dem Grad der Organisiertheit und Institutionalisierung können soziale Felder in Anlehnung an Peggy Levitt zwischen sozialen Beziehungen und Sozialräumen angesiedelt werden. Denn der Feldbegriff verweist eher auf ein offenes Beeinflussungsgefüge als auf eine feste Sozialeinheit. Im Sinne einer abgestuften Typologie von transnationalen Sozialeinheiten bzw. von sozialwissenschaftlich relevanten Analyseeinheiten für die Transnationalismusforschung müssten allerdings transnationale soziale Felder ebenso wie die transnationalen Beziehungen von anderen Formen internationaler sozialer Felder abgegrenzt werden.

Aus bereits weiter oben (Kapitel 4) erläuterten Gründen wird hier aber der Sozialraum-Begriff gegenüber dem community-Begriff zur Beschreibung relativ dichter, dauerhafter pluri-lokaler und grenzüberschreitender Interaktionsverflechtungen vorgezogen. Denn es geht in der Transnationalisierungsforschung wesentlich auch darum zu zeigen, dass jenseits der traditionellen sozialen Analyseeinheiten von lokal, regional oder national verfassten Gemeinden, Gemeinschaften und Gesellschaften als Container-Sozialeinheiten andere dauerhafte und pluri-lokale Sozialgefüge existieren und bedeutsamer werden. Diese transnationalen Sozialgefüge sind in vielfältige lokale bis globale Kräftefelder eingebunden und differenzieren auch intern spezifische soziale Kräftefelder aus – sie konstituieren sich aber nach dem hier entwickelten Verständnis nicht genuin durch oder als soziale Felder, sondern als eigenständige, dichte und dauerhafte Konfigurationen aus sozialer Praxis, Symbolsystemen *und* Artefakten. Die analytischen Aspekte von Sozialräumen in dem hier vorgeschlagenen Verständnis bedürfen weiterer Erläuterungen.

7.1.1 Analytische Aspekte von Sozialräumen

Die Auseinandersetzung darüber, ob für die Entwicklung einer Sozialtheorie bzw. hier spezifischer: einer Theorie von Sozialräumen vom Individuum oder von der Gesellschaft ausgegangen werden sollte, erscheint als das alte und nicht lösbare Henne-oder-Ei-Problem und als wenig fruchtbar. Eine soziologische Begründung des Sozialraum-Konzeptes soll hier vielmehr in Anlehnung an die Traditionen der Phänomenologie und Formalen Soziologie (Georg Simmel), der konstruktivistischen Soziologie (Alfred Schütz) und der Konfigurationssoziologie (Norbert Elias) zumindest skizziert werden. Für die zu untersuchenden geographisch-räumlichen Formen und Dynamiken von Vergesellschaftung – und hier ihrer Internationalisierung und speziell ihrer Transnationalisierung – sei an die bereits in Kapitel 4 dargelegten Überlegungen zum Verhältnis von Flächenräumen und Sozialräumen erinnert. Sozialräume sind im Sinne von Georg Simmel die spezifischen *Formen* der Vergesellschaftung der Menschen, im Sinne von Norbert Elias die spezifischen Verflechtungszusammenhänge der Menschen und im Sinne von Alfred Schütz die spezifischen wahrgenommenen und konstruierten Sozialwelten der Menschen.

Sozialräume sind zu verstehen als die in der Zeit relativ dauerhaften und flächenräumlich als Ausdehnung und Anordnungsbeziehung *wahr-genommenen* Lebensbezüge von Menschen. Der Begriff wahrgenommen verweist dabei auf die doppelte und dialektische Beziehung von *wahr*-nehmen einerseits als »ein Signal oder eine Situation wahrnehmen«, aufnehmen, registrieren, beobachten von Umwelt und Handlungsbedingungen und wahr-*nehmen* andererseits im Sinne von »ein Amt oder eine Rolle wahrnehmen«, Handlungsgelegenheiten realisieren, eine Situation ausnutzen, etwas innerhalb eines gegebenen Rahmens tun. *Wahr-Nehmen* in diesem Sinne integriert den interpretativen, im Extremfall passiv-kontemplativen und den intervenierenden, aktiv-strategischen Aspekt allen menschlichen Handelns. *Wahr-Nehmen* bezieht sich einerseits auf das Aufnehmen, Realisieren, Registrieren und Interpretieren von Raum-Zeit-Bezügen und andererseits auf das aktive Sich-Verhalten in und das Mit-Formen von Raum-Zeit-Bezügen. Im so verstandenen Wahrnehmungs-Begriff ist das seltsame Changieren und die Verflüssigung der Grenzen zwischen »objektiven« Bedingungen und »subjektiven« Orientierungen aufgehoben im Sinne des bereits angesprochenen sozialkonstruktivistischen Verständnisses: Wenn Menschen Situationen als real definieren, dann sind sie auch real in ihren sozialen Folgewirkungen.

Sozialräume als so verstandene wahr-genommene Lebensbezüge der Menschen lassen sich grundsätzlich immer unter drei verschiedenen *analytischen Perspektiven*, gleichsam den x-, y- und z-Achsen des sozialen Lebens, betrachten. Sozialräume beinhalten erstens immer den Aspekt der *sozialen Praxis* als tätiger Auseinandersetzung der Menschen mit anderen Menschen, mit der Natur und reflektierend mit sich selbst. Alle drei Verhältnisse (Mensch-Natur, Mensch-Mensch und Ich-Mich) sind konstitutiv und unverzichtbar für jede Form menschlicher Lebenspraxis. Sie beinhalten *per definitionem* eine Ausdehnung in (Flächen-)Raum und Zeit, sie verweisen auf die aktiv-intervenierende Seite von wahr-*nehmen* und zugleich auf die beobachtend-interpretierende-diskursive Seite von *wahr*-nehmen menschlicher Lebensbezüge.[3] Arbeiten war über Jahrmillionen (als Jagen, Häuser errichten, Getreide säen und ernten, Brot backen, Maschinen bauen, Essen zubereiten etc.) die wichtigste soziale Praxis im Mensch-Natur-Verhältnis, es beinhaltete aber immer auch das Mensch-Mensch- und das Ich-Mich-Verhältnis. Arbeiten gerät im Übergang zur Wissens- und Informationsgesellschaft immer stärker in eine Vermittlungsposition zwischen Mensch-Natur-, Mensch-Mensch- und Ich-Mich-Verhältnissen. Aber auch das Informieren, Erzählen, Lieben, Repräsentieren und Denken sind seit der Menschwerdung des Affen genuine Bestandteile sozialer Praxis und schlie-

3 Extreme Ausnahmesituationen der so verstandenen sozialen Praxis, in denen das Bewusstsein für die Ausdehnung alles Lebens in Raum und Zeit tendenziell aufgehoben ist, sind z. B. das wahr-genommene Verschmelzen von Außen und Innen der erfahrenen Körperwelt, von Ich und Du und von Ich und Mich, wie sie etwa in körperlichen, spirituellen oder sexuellen Grenzerfahrungen möglich sind.

ßen alle drei Verhältnisse des menschlichen Tätigseins in der Welt ein.[4]

Zweitens beinhalten Sozialräume immer die analytische Perspektive der Anwesenheit und Wirksamkeit von *Symbolsystemen*, also von komplexeren Gefügen von signifikanten Symbolen. Symbole werden hierbei nicht einfach nur als Sinnesreize im Sinne von Zeichen verstanden wie z. B. bestimmte auf der Augennetzhaut registrierte Lichtwellen als Zeichen für die Farbe rot oder grün *wahr*genommen werden oder die auf der Haut registrierte Temperatur einer Flüssigkeit oder eines Gegenstandes als warm oder kalt *wahr*genommen wird. Ein Symbol ist vielmehr ein komplexeres Zeichen für einen Sinnzusammenhang, es steht stellvertretend für eine Interpretationsweise von und Handlungsabsicht in der sozialen Praxis. Ein Symbol ist nicht in erster Linie situations-, sondern kulturabhängig. *Signifikante Symbole* lösen bei unterschiedlichen Handelnden im selben Kulturzusammenhang die gleiche oder doch zumindest eine sehr ähnliche Bedeutungsvorstellung aus. Ein Ehering z. B. repräsentiert in nordwesteuropäischen Sozialräumen einen sehr komplexen Sinnzusammenhang einer dauerhaften und auf gegenseitiger Zuneigung und Freiwilligkeit beruhenden, staatlich und religiös sanktionierten, bis zum Ende des 20. Jahrhunderts ausschließlich verschiedengeschlechtlichen Paarbeziehung. Die relative Bedeutung bestimmter Symbolsysteme (z. B. Schriftzeichen, Kinofilme, Bestattungsrituale) kann nach Sozialräumen sehr stark variieren, Sprache dagegen ist ein sehr komplexes und universelles, für alle Sozialräume geradezu konstitutives Symbolsystem.

Schließlich ist drittens die Produktion und der Gebrauch von *Artefakten* eine für alle menschliche Praxis und Sozialräume relevante und diese betreffende Perspektive. Unter Artefakten werden allgemein alle vergegenständlichten Ergebnisse menschlichen Tuns, vor allem menschlicher Kreativität, Kultur und Arbeit verstanden. Als vom Menschen geformte Dinge sind Artefakte immer auch das Ergebnis des tätigen Mensch-Natur-Verhältnisses; allerdings lassen sich die beiden anderen menschlichen Aneignungsverhältnisse der Welt –

4 Vgl. auch Peggy Levitts Begriff der »systems of practice« als »durch normative Strukturen geformte Handlungen« (2001: 61), den sie im Zusammenhang der »social remittances« als der aus der transnationalen Migration erfolgenden Veränderungsimpulse für die Herkunftsregionen verwendet.

das Mensch-Mensch- und das Ich-Mich-Verhältnis – nicht trennen. Denn der Bau eines Speeres für die Jagd, das Schmieden eines Eheringes und die Vorbereitung einer Mahlzeit sind Ergebnis von und zielen auf alle drei Weltverhältnisse der Menschen. In einigen Sozialtheorien wurde die Bedeutung von Artefakten aus der Sozialwelt und aus den Sozialräumen der Menschen fast vollständig ausgeblendet, so z. B. aus der Luhmannschen Systemtheorie. Sehr häufig spielen in wissenschaftlichen Untersuchungen und Abhandlungen Artefakte im Vergleich zu sozialer Praxis und Symbolsystemen nicht die ihnen eigentlich gebührende systematische Rolle.

Deshalb sei hier betont, dass sich die beiden anderen analytischen Perspektiven auf Sozialräume, die soziale Praxis und die Symbolsysteme, ohne den systematischen Bezug auf Artefakte überhaupt nicht erschließen lassen. Der Gebrauch von Werkzeugen und Technik als eines wesentlichen Bereiches der Artefakte kann gar nicht überschätzt werden, er ist konstitutiv für die Menschwerdung des Affen – bei diesem Gebrauch zugerichteter Dinge, die durch diese Bearbeitung zu Artefakten werden, wird in aller Regel der Übergang vom Tier zum Homo sapiens sapiens festgemacht. Tiere können vorgefundene Dinge benutzen; der Affe kann z. B. mit einen Stock Früchte vom Baum holen oder der Vogel kann mit einem langen Dornenstachel Würmer aufspießen. Es ist aber dem Menschen vorbehalten, systematisch Artefakte zum Gebrauch und zur kulturellen Erbauung herstellen zu können.

Grundsätzlich ist die Unterscheidung der drei Aspekte bzw. Perspektiven (soziale Praxis, Symbolsysteme und Artefakte) analytischer Natur. In dem Welterleben und im In-der-Welt-Sein der Menschen sind alle drei Aspekte genuin und untrennbar ineinander verwoben und integriert. Soziale Praxis als menschliche Praxis ist ohne komplexe Symbolsysteme wie dem der Sprache und ohne den systematischen Gebrauch von Artefakten überhaupt nicht denkbar. Symbolsysteme wiederum existieren nur und entfalten ihre Wirksamkeit ausschließlich, insofern sie in sozialer Praxis mobilisiert, wahr-genommen und verändert werden; im Übrigen bedürfen sie immer irgendwelcher Formen der Fixierung und Weitergabe durch und über Artefakte (wie z. B. Schnitzereien in Holzpfeilen von Jägervölkern oder in Stein gehauene Bildergeschichten der Maya in Mexiko). Schließlich ist es ein Bestimmungsmerkmal aller Artefakte, dass sie zu spezifischen Zwecken und in tätiger Auseinandersetzung des Menschen mit sich selbst, mit anderen Menschen und mit der übrigen Natur, also in sozialer Praxis entstanden sind und Verwendung finden; alle Artefakte transportieren immer auch einen Symbolwert, sind Teil komplexerer Symbolsysteme – dies gilt für den verzierten Jagdpfeil genauso wie für das weit über seinen unmittelbaren Gebrauchswert hinaus bedeutsame Artefakt und Statussymbol des Automobils.[5]

Die erwähnten analytischen Aspekte der sozialen Praxis, der Symbolsysteme und der Artefakte sind in Sozialräumen grundsätzlich immer enthalten. Sozialräume im hier verstandenen Sinn konstituieren sich sogar eigentlich erst und grenzen sich von anderen Sozialgebilden wie vorübergehenden sozialen Beziehungen ab, indem sie eigenständige Konfigurationen von sozialer Praxis, Symbolsystemen und Artefakten bilden. Dies gilt unabhängig davon, ob es sich eher um den Sozialraumtypus alltagsweltlicher Lebenszusammenhänge, einer Organisation oder einer Institution handelt. Gleichzeitig stehen Sozialräume immer in einem spezifischen Verhältnis zu flächenräumlichen Extensionen und Konfigurationen. In Bezug auf diese flächenräumlichen Ebenen wurden bereits in den Kapiteln 4 und 5 die absoluten geographisch-räumlichen Ebenen des Lokalen, des Mikro-Regionalen, des Nationalen, des Makro-Regionalen und des Globalen erwähnt. Die unterschiedlichen Typen von Sozialräumen beziehen nun immer verschiedene flächenräumliche Ebenen mit ein und gruppieren sich in aller Regel um eine oder einige dieser Ebenen. Die Abbildung 10 soll die Zusammenhänge zwischen Typen, Aspekten und Ebenen von Sozialräumen veranschaulichen. Zwar lassen sich theoretisch alle denkbaren Kombinationen von Sozialraum-Typen, Sozialraumaspekten und Sozialraumebenen erörtern, aber empirisch lassen sich typische »Klumpungen« bzw. »Clusterungen« von Sozialräumen nach wahlverwandtschaftlichen Verhältnissen zwischen ihren jeweiligen Aspekten, Typen und Ebenen beobachten. Dies lässt sich an einigen Beispielen gut erläutern.

5 Auf die generelle Problematik des z. B. von Bruno Latour (1998) dargestellten Verhältnisses zwischen Natur und Gesellschaft bzw. von »Natur als sozialer Akteur« (Holzinger 2004) kann hier nicht näher eingegangen werden. Vgl. auch etwa die Beschreibungen von Saskia Sassen (2002) über die Zusammenhänge zwischen der digital-materiellen Welt, der mediatisierenden Kultur und der (De-)Stabilisierung bestehender Hierarchien.

Der alltagsweltliche Lebenszusammenhang eines peruanischen Bauern, der in einem kleinen *rancho* in den Anden lebt, mag z. B. in dessen subjektiver Wahrnehmung und Konstruktion weitgehend lokal geprägt sein und in der relativen Intensität und Profilierung von dort aus in konzentrischen Kreisen über die mikro-regionale, nationale und makro-regionale Ebene bis hin zur globalen flächenräumlichen Bezugsebene reichen. Dieser Bauer verbringt vielleicht 98 Prozent seiner Lebenszeit in seinem lokal-räumlichen Bezugsfeld. Die mikro-regionale Ebene ist für ihn von Belang, weil er einerseits das Saatgut und andererseits seine Ernteüberschüsse – soweit er überhaupt welche erwirtschaften kann – auf dem Provinzwochenmarkt gegen Geld tauscht. Die große Politik in der Hauptstadt kennt er nur aus dem Radio oder Fernseher. Von dort weiß er vielleicht auch, dass es einen (makro-regionalen) so genannten Andenpakt gibt, dem auch sein Land Peru angehört, und dass es in seiner lateinamerikanischen Welt Staatsmänner wie Hugo Chavez in Venezuela oder gar einen ehemaligen Kokabauern wie Evo Morales in Bolivien, aber auch ehemalige Coca-Cola-Manager als Staatschefs wie Vicente Fox in Mexiko gibt. Neben dieser makro-regionalen Bezugsebene hat er schließlich auch von globalen Veränderungen – wie dem Internet und der Erderwärmung – gehört, die etwa in Zentralamerika sogar zu vermehrten Wirbelstürmen geführt haben soll. Trotz all dieser Informationen, die ihm über moderne Kommunikationsmittel und die Erzählungen von Verwandten und anderen Dorfbewohnern zukommen, ist für den alltagsweltlichen Lebenszusammenhang dieses Bauern die lokale Flächenraumebene der entscheidende Ankerpunkt, um den herum sich die Welt gruppiert.

Wesentlich anders als für den peruanischen Bauern stellt sich der alltagsweltliche Lebenszusammenhang eines Einkaufsmanagers in einem internationalen Unternehmen dar. Er mag in einem beschaulichen kleinen Dorf in der Eifel in Deutschland, in der Großstadt Tokio oder in der Nähe der boomenden Wirtschaftsmetropole Bangalore in Indien mit seiner Familie leben und täglich in die in der räumlichen Nähe (Köln, Tokio, Bangalore) ansässige Zentrale seines Unternehmens pendeln. Wenn er für den globalen Einkauf des Unternehmens fast wöchentlich in viele Teile der Welt reisen muss, so hat seine Alltagswelt einen Diaspora-globalen flächenräumlichen Bezugsrahmen. Seine Alltagswelt ist eindeutig diasporisch gegliedert, wenn für ihn sein Lebensmittelpunkt und der Tätigkeits- und Identifikationsmittelpunkt seiner Erwerbsarbeit fraglos in der Eifel/Köln, in Tokio bzw. in Bangalore liegen. Gleichzeitig ist aber sein alltagsweltlicher Erfahrungshorizont sehr stark durch makro-regionale und globale Ereignisse und Impulse strukturiert. Er orientiert sich schon frühmorgens beim Zeitunglesen an den Weltnachrichten und interessiert sich z. B. besonders für die Rohstoffpreise, die für seine Einkaufswaren relevant werden können. Teil seiner alltäglichen Arbeitsverrichtungen sind Telefongespräche und -konferenzen mit ihm persönlich bekannten Arbeitskollegen, Zulieferern und Kunden in zehn oder zwanzig Ländern. Aufgrund früherer längerer Auslandsaufenthalte haben er und seine Familie enge emotionale und Freundschaftsverbindungen in ein oder zwei überseeische Länder – entsprechend ist die Urlaubsplanung diasporisch-global.

Ein weiteres Beispiel könnte der organisationale Sozialraum einer großen international tätigen NGO wie z. B. Ärzte ohne Grenzen sein. Ursprünglich als französische Medizinerorganisation entstanden, hat sie inzwischen vielfältige Subzentren in verschiedenen Ländern ausgebildet, die mit ihrer jeweils eigenen Mischung aus Landeskultur und Organisationskultur ausgestattet sind. Deshalb nimmt der ehemalige diasporische Charakter dieses organisationalen Sozialraums immer mehr zugunsten eines multizentrischen transnationalen Sozialraums ab. Dieser könnte sich z. B. darin äußern, dass in den jeweiligen reichen Geberländern, aus denen vorwiegend die Ressourcenflüsse (Geld, Medikamente, Spezialisten, Wissen) organisiert werden, sehr unterschiedliche und den spezifischen Besonderheiten angepasste Strategien verfolgt werden. So könnte in einem Land mit Ärzteknappheit und Medikamentenüberproduktion eine andere Politik der Ressourcenmobilisierung verfolgt werden als in einem Land mit einem Überangebot an ausgebildeten Medizinern und einer langen Entwicklungshilfetradition. Auch die Arbeit in den Regionen und Ländern, in die hauptsächlich die Ressourcenflüsse kanalisiert werden, wie z. B. in Afrika oder im Nahen Osten, dürfte sich sehr stark an die jeweiligen lokalen Bedingungen anpassen. Die Organisation von Hilfsmaßnahmen muss z. B. in einer Region, in der Nationalstaaten als Gewaltmonopolisten fast nicht mehr existieren (wie z. B. im Kongo oder in der Ostsahara), anders strukturiert sein als in einem Land mit starker öffentlicher Verwaltung wie z. B. Kuwait oder Costa Rica. Eine Kombination aus starker dezentraler pluri-lokaler Anpassung an die Gegebenheiten einerseits und starker

Abbildung 10: Typen, Aspekte und Ebenen von Sozialräumen

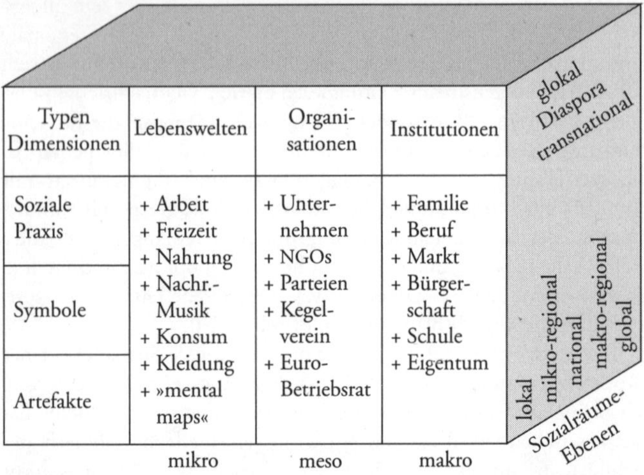

Aktivitätenkoordination andererseits könnte als Anhaltspunkt für einen transnationalen organisationalen Sozialraum angesehen werden.

7.1.2 Mikro-analytischer Sozialraumtyp: alltägliche Lebenswelt

Transnationale Sozialräume entwickeln und festigen sich in der Form transnationaler alltäglicher Lebenswelten. Diese Alltagswelten hatte Alfred Schütz konzeptionell sehr stark an die Vorstellung der physischen Kopräsenz gebunden. Er unterschied idealtypisch zwischen der sozialen Umwelt und der sozialen Mitwelt der Menschen. Als *soziale Umwelt* bezeichnet Schütz (1993) die unmittelbar in raum-zeitlicher Koexistenz und in einer Dueinstellung erlebte und wahrgenommene Welt. Es ist die Welt, in der »ich fremde Bewußtseinserlebnisse *in der Selbsthabe lebendiger Intentionalität* in den Blick bringe« (ebd.: 202, Hervorhebung im Original). Die soziale Umwelt ist also auf das *alter ego*, auf die Mitmenschen orientiert. Den Unterschied zwischen sozialer Umwelt und sozialer Mitwelt kennzeichnet Alfred Schütz folgendermaßen: »Jenseits dieser sozialen Umwelt, mit der mich Zeit- und Raumgemeinschaft verknüpft, gibt es noch andere soziale Sphären, solche, von denen ich aktuell Erfahrung habe, weil sie ehedem meine Umwelt waren und ich sie immer wieder (zumindest prinzipiell) zu meiner Umwelt machen *kann*, ferner solche, die zwar niemals zu meiner Umwelt gehört haben, von denen ich daher keine Erfahrung habe, die aber Gegenstand meiner möglichen Erfahrung sind. Wir wollen diese soziale Region die *soziale Mitwelt* nennen« (ebd.: 202, Hervorhebung im Original).

Immer wieder betont Alfred Schütz die Bedeutung der raum-zeitlichen Kopräsenz für die soziale Umwelt: »Die räumliche und zeitliche Unmittelbarkeit ist für die umweltliche Situation wesentlich« (ebd.: 228). Genau hier ergeben sich am Anfang des 21. Jahrhunderts jedoch grundlegend neue Entwicklungen. Moderne und großen Bevölkerungsgruppen zugängliche Transport- und Kommunikationsmedien ermöglichen es heute, »fremde Bewußtseinserlebnisse *in der Selbsthabe lebendiger Intentionalität*« auch über große flächenräumliche Entfernungen hinweg in den Blick zu bringen.[6] Auf diese Weise können sich soziale Umwelten heute wesentlich *einfacher* als noch vor einem Jahrhundert pluri-lokal und transnational über mehrere Flächenräume erstrecken. Mit dem Wort »einfacher« soll hier angedeutet sein, dass pluri-lokale grenzüberschreitende Sozialräume auch früher schon in einem gewissen Umfang existierten – so etwa in Form der viele Jahrhunderte alten Kirchen- und Klostertradition und in der noch älteren jüdischen Diaspora.[7]

Im Sinne von Alfred Schütz begründen die soziale Umwelt und die soziale Mitwelt die intersubjektiv geteilte und als fraglos gege-

6 Auf die Selektivität moderner Informations- und Kommunikationstechnologien kann hier nicht näher eingegangen werden; sie zieht neue Ungleichheitsgräben – vereinfacht ausgedrückt – zwischen dem Norden und dem Süden des Globus, vgl. z. B. Sam Paltridge/OECD: ⟨http://www.isoc.org/oti/articles/1000/paltridge.html⟩, Zugriff 27. 8. 2007. Gleichwohl nutzen gerade internationale Arbeitsmigranten aus dem Süden die modernen Formen der Kommunikation (über Telefon, Internet oder per aufgezeichneten Videofilmen) und des Transports (Flugzeug, elektronische Geldanweisung etc.).

7 Es kann freilich bezweifelt werden, inwieweit die katholische Kirche mit ihrer weltweiten Organisation tatsächlich als transnationale Organisation bezeichnet werden kann, da sie in vielerlei Hinsicht und während mehrerer Jahrhunderte nicht losgelöst und unabhängig von den staatlich-öffentlichen Einrichtungen existierte.

ben vorausgesetzte alltägliche Lebenswelt. Alle Menschen erwerben im Rahmen ihrer ontogenetischen Entwicklung und Sozialisation die notwendigen Wissensvorräte, um sich in dieser alltäglichen Lebenswelt zu orientieren und sie zu meistern. Für den hier interessierenden Zusammenhang erscheint es als ein brauchbarer Ansatz soziologischer Reflexion, diese alltäglichen Lebenswelten mit ihren Wissensvorräten als Ausgangsbasis der Analyse menschlicher Verflechtungszusammenhänge insgesamt zu nehmen. Denn nach dem gegenwärtigen Stand der anthropologischen und biologischen Erforschung der Menschwerdung des Affen waren Artefaktegebrauch und Sprache als genuin auf soziale Verflechtungszusammenhänge aufbauende und nur in solchen zu entwickelnde Medien ursächlich notwendig. Menschen ohne Verflechtungszusammenhänge sind ebenso undenkbar, wie soziale Verflechtungszusammenhänge ohne Menschen.

Mit der Internationalisierung und besonders der Transnationalisierung der sozialen Welt verändern und erweitern sich nun die Raumbezüge der alltäglichen Lebenswelt. Bis zum massenhaften Aufkommen von Eisenbahn, dem Fahrrad und den Automobilen seit dem zweiten Viertel des 19. Jahrhunderts, besonders aber ab dem Beginn des 20. Jahrhunderts war diese fraglos gegebene Alltagswelt als soziale Umwelt für die meisten Menschen auf einen sehr engen flächenräumlichen Radius von vielleicht zehn Kilometern beschränkt – letzlich die Wegstrecke, die die Menschen zu Fuß regelmäßig und als Teil ihrer Alltagspraxis bewältigen konnten. Mit den neuen Transport- und Kommunikationstechnologien (Fahrrad, Auto, Telegraphie) trat nun seit dem 20. Jahrhundert eine enorme geographische Erweiterung der sozialen Umwelt ein. Diese Erweiterungen erhielten in den vergangenen zwei Jahrzehnten wiederum einen qualitativ neuen Schub, unter anderem durch vergleichsweise preiswerte Flugreisen und die auf Satelliten und dem Internet basierenden Kommunikationstechnologien.

Wie bereits verschiedentlich ausdrücklich betont wurde, verliert die Flächenraumbindung des Sozialen keineswegs ihre Bedeutung. Der Mensch löst sich nicht im *Cyberspace* auf, und die Gesellschaft mutiert nicht einfach zu einem gleichförmigen *space of flows*. Gleichwohl nimmt durch die hier skizzierten Tendenzen die Reichweite der möglichen flächenräumlichen alltagsweltlichen Beziehungen enorm zu. Die soziale Umwelt eines Menschen kann sich heute über fast beliebig weit voneinander entfernte Orte auf diesem Globus erstrecken. Pluri-lokale transnationale Alltagswelten sind heute für Millionen von Menschen bereits eine Lebenswirklichkeit – für den vielreisenden Geschäftsmann mit einem über viele Orte auf der Welt verteilten Freundkreis ebenso wie für die ekuadorianische Familie, deren Angehörige über mehrere Plätze in den USA und in Ekuador verteilt sind, aber gleichwohl einen intensiven wöchentlichen Austausch von Gütern, Geld und Informationen als Teil ihrer alltäglichen Lebenswelt organisieren.

7.1.3 Meso-analytischer Sozialraumtyp: Organisation

Transnationale Sozialräume konstituieren sich nicht nur auf der mikro-analytischen Ebene der alltäglichen Lebenswelt, wie dies vor allem durch anthropologische Migrationsstudien nahegelegt wird. Transnationale Sozialräume emergieren und festigen sich auch auf der meso-analytischen Ebene als transnationale Organisationen. Wie bereits erwähnt handelt es sich bei *Organisationen* allgemein um relativ beständige *konkrete Kooperationsgebilde* mit mehr oder weniger expliziten Mitgliedschaftsregeln und Zielen sowie gestalteten Strukturen und Prozessen von Arbeitsteilung, Regeln und Macht. Ähnlich wie die alltagsweltlichen Lebenszusammenhänge existierten auch die Organisationen über einen langen Zeitraum vor allem als an einem Ort konzentrierte Kooperationsgebilde mit physischer Kopräsenz ihrer Mitglieder. Allerdings sind Organisationen im modernen Sinne ein im Vergleich zu Alltagswelten und zu Institutionen recht junger Typus von Sozialräumen (Türk 1989). Denn sie setzen die Möglichkeit der Mitgliedschaft voraus – ein Kriterium, welches z. B. weder im mittelalterlichen Europa der Hörigkeit oder Leibeigenschaft noch in den Sklaven-, Kasten- oder Kolonialgesellschaften gegeben war.

Organisationen entstanden vor allem mit der bürgerlich-kapitalistischen Gesellschaft als Ausdifferenzierung wirtschaftlicher Aktivitäten aus der Hauswirtschaft in den modernen Betrieb und in die Fabrik. Auf diese Weise wurden vor allem das Arbeitsleben und die Erwerbsarbeit der Menschen immer stärker von dem organisationalen Sozialraum der Unternehmen geprägt. Mit dem Aufkommen des modernen Fabrikwesens entwickelten sich spezifische, jetzt organisations- und nicht mehr vorrangig durch Berufe und deren Zünfte definierte Anforderungen an Arbeitsplätze, Mechanismen der Qualifizierung, der Entlohnung sowie der horizontalen und vertikalen Mobilität von Menschen. Gerade weil die meisten Erwerbstätigen einen Großteil ihres Lebens in Unternehmen und anderen Leistungsorganisationen verbringen, sind Letztere wesentlich mehr als nur Funktionsmechanismen zur Erstellung bestimmter Güter und Dienstleistungen. Sie sind ein Tpyus von Sozialraum, in dem Menschen sich selbst positionieren, aus dem sie einen nicht unerheblichen Teil ihrer Identität, ihrer Selbst- und Fremdzuschreibungen beziehen und über den sie in einem erheblichen Ausmaß überhaupt in gesellschaftliche Verflechtungszusammenhänge eingewoben sind.

Götz Briefs, der Inhaber des ersten betriebssoziologischen Lehrstuhls in Deutschland und Leiter des 1928 gegründeten Berliner »Instituts für Betriebssoziologie und soziale Betriebslehre« definierte den Betrieb aus soziologischer Sicht folgendermaßen: »Er ist räumlich gebundene, zeitlich normierte, mit technischer Apparatur ausgestattete derartige Kooperation von Menschen, daß spezifische soziale Beziehungen, soziale Prozesse und Beziehungsgebilde aus ihr entstehen. Oder: Der Betrieb ist gleichzeitig Flamm- und Schnittpunkt solcher sozialen Beziehungen, sozialen Gebilde und Prozesse, die bei der Kooperation von Menschen an der technischen Apparatur, dem organisierten Werksvorgang und unter der raum-zeitlichen Einheit des Betriebs entstehen« (Briefs 1931: 34). Alle wesentlichen Elemente einer grundlegenden Bestimmung von Organisationen als eines spezifischen Typus von Sozialraum sind hier gegeben: Der Betrieb bzw. die Organisation ist »Flamm- und Schnittpunkt sozialer Beziehungen, sozialer Gebilde und Prozesse«. Organisationsmitglieder handeln nicht wie Roboter, die nur eineindeutige Markt- und andere Umweltsignale in Ziele, Zwecke, Funktionen und Tätigkeiten umsetzen. Als Personen haben sie ihre eigene individuelle Geschichte und sind gleichzeitig Teil der kollektiven Organisationsgeschichte. Die Organisation gerinnt zum Sozialraum durch das soziale Handeln ihrer Mitglieder. Gleichzeitig wird sie durch ebendieses soziale Handeln reproduziert.

Die Menschen erwarten von ihrer Organisation als Sozialraum nicht nur materielle Gratifikationen in Form von Einkommen. Sie sind auf Anerkennung und Bestätigung angewiesen und wollen beteiligt sein. Seit den bekannten Untersuchungen in den Hawthorne-

Werken in den USA während der dreißiger und vierziger Jahre des vergangenen Jahrhunderts wissen wir um die Bedeutung der informellen Gruppenstrukturen in Organisationen. Organisationale Sozialzusammenhänge – und das gilt nicht nur für Profit- sondern auch für Non-Profit-Organisationen – sind immer auch konkrete Formen und Erlebniswelten von sozialer Ungleichheit, von Macht- und Prestigegefügen. Organisationen existieren für ihre Mitglieder nicht nur und häufig nicht einmal in erster Linie als formalisierte Strukturen funktionaler Leistungserstellung. Vielmehr entwickeln die Organisationsmitglieder ihre eigenen imaginierten Landkarten sozialer Verflechtungen und Einflussgefüge (Ortmann 1995 und Ortmann et al. 1997).

Während Organisationen historisch also vergleichsweise junge sozialräumliche Gebilde sind und als auf einen Ort konzentrierte Kooperationsgebilde mit physischer Kopräsenz entstanden, haben sich während des gesamten 20. Jahrhunderts pluri-lokale und auch grenzüberschreitende Organisationen mit Teilorganisationen in mehreren Ländern entwickelt. Wie bereits in Abschnitt 3.3 erläutert hat sich schon seit mehr als drei Jahrzehnten eine breite und theoretisch wie empirisch interessante Diskussion über die Natur internationaler Unternehmen als multinationale, globale, fokale und transnationale Organisationen entwickelt. Diese Diskussion hat internationale Leistungsorganisationen vor allem als Funktionalräume und weniger als Sozialräume thematisiert. Entsprechend wurde der Charakter des jeweiligen Internationalisierungstyps an den Formen und dem Grad der Ressourcenverteilung und den Mechanismen der Koordination zwischen den raumverteilten Einheiten festgemacht.

Wenn man sich nur an diesem Typisierungsvorschlag orientiert, kann schnell eine formal-funktionale Sicht auf transnationale Organisationen als eines Typus transnationaler Sozialräume entstehen. Deshalb sei hier betont, dass trotz aller Verdienste der vor allem wirtschaftswissenschaftlich und managementsoziologisch geführten Diskussion über internationale Unternehmen gerade in den vergangenen zwei Jahrzehnten auch andere Impulse von großer Bedeutung waren. Vor allem die Forschung über internationale und transnationale Nicht-Regierungs- und Non-Profit-Organisationen hat stark an Bedeutung gewonnen. Diese Organisationen werden wesentlich stärker über nicht-ökonomische, ethisch-normative Prinzipien integriert und koordiniert. Die sozialräumlichen Aspekte spielen in aller Regel in der Betrachtung dieser Organisationen eine weit größere Rolle als bei der Analyse von Profit-Organisationen. Insgesamt dienen internationale Organisationen – und zwar sowohl Profit- als auch Non-Profit-Organisationen – als eine sehr wichtige meso-analytische Ebene, auf der die Emergenz transnationaler Sozialräume untersucht werden kann.

7.1.4 Makro-analytischer Sozialraumtyp: Institution

Institutionen sind entwicklungsgeschichtlich betrachtet wesentlich älter als Organisationen. Institutionen werden hier ganz allgemein verstanden als vererbte (also relativ dauerhafte, Generationen übergreifende) Gebilde von Routinen, Regeln, Normen und wechselseitigen Erwartungen, die für große Verflechtungszusammenhänge wie zum Beispiel Ethnien oder nationale Gesellschaften bestimmte Bereiche des sozialen Lebens und die dazugehörigen Handlungsprogramme strukturieren und die gleichzeitig Identität, Integration, Stabilität und Berechenbarkeit stiften. Dieser Institutionen-Begriff ist vor allem an einer entwicklungsgeschichtlich-soziologischen und phänomenologischen Betrachtungsweise und weniger an einer funktionalistischen oder systemtheoretischen Perspektive orientiert. Danach bildeten sich in der menschlichen Entwicklung spezifische Kulturmuster als nicht genetisch, sondern durch Lernprozesse von einer Generation an die nächste weitergegebene spezifische Konfigurationen des menschlichen Zusammenlebens heraus.

Insofern diese Kulturmuster eine gewisse Komplexität (unterschiedlicher Normen, Symbole, sozialer Praktiken), Dichte (im Sinne der allgemeinen Gültigkeit für bestimmte Lebensbereiche abgrenzbarer Menschengruppen) und Dauerhaftigkeit (über mehrere Generationen hinweg) entwickeln, kann man vom Entstehen einer sozialen Institution sprechen. Soziale Institutionen emergierten demzufolge mit dem Menschen als *homo sociologicus* (Dahrendorf 1965) und mit dem Entstehen ausdifferenzierter dauerhafter menschlicher Verflechtungszusammenhänge schlechthin. Sie entstehen als komplexe Handlungsprogramme mit und in diesen menschlichen Verflechtungszusammenhängen durch die Habitualisierung, Explizierung und symbolische Verfestigung von komplexen zwischenmenschlichen Handlungsabläufen und -orientierungen.

Der Institutionen-Begriff spielte schon bei Herbert Spencer (1820-1903) eine große Rolle. Spencer ging in Anlehnung an biologische und entwicklungstheoretische Arbeiten davon aus, auch für menschliche Lebenszusammenhänge gelte das grundlegende Evolutionsgesetz, wonach sich »aus einer unbestimmten, inkohärenten Homogenität eine bestimmte, kohärente Heterogenität« entwickle (Spencer 1862: 396). Er betrachtete Gesellschaften als »natürliche Systeme« oder »Organismen«, in denen die Institutionen gleichsam die »Organe« sind und entsprechend über ihre jeweilige Funktion für das Überleben und die Stabilität des Ganzen analysiert werden müssen. In seinem Spätwerk *The Principles of Sociology* (Spencer 1882-1898) behandelte Spencer ausführlich zeremonielle, politische, kirchliche, professionelle und industrielle Institutionen.

Auch bei Emile Durkheim (1858-1917) haben Institutionen einen prominenten Platz. Aufbauend auf seinem Konzept der »soziologischen Tatbestände« als vom Willen und Bewusstsein Einzelner unabhängig bestehender und geradezu einen sozialen Zwang ausübender kollektiver Handlungs- und Denkweisen betont Durkheim: »Damit aber ein soziologischer Tatbestand vorliege, müssen mindestens einige Individuen ihre Tätigkeit vereint haben, und aus dieser Verbindung muss ein neues Produkt hervorgegangen sein. Und da diese Synthese außerhalb eines jeden von uns (weil zwischen einer Mehrheit von Psychen) stattfindet, so führt sie notwendig zu dem Ergebnis, außerhalb unseres Bewusstseins gewisse Arten des Handelns und gewisse Urteile auszulösen und zu fixieren, die von jedem Einzelwillen für sich genommen unabhängig sind. Es gibt, worauf schon verwiesen wurde, ein Wort, das in geringer Erweiterung seiner gewöhnlichen Bedeutung diese ganz besondere Art des Seins ziemlich gut zum Ausdruck bringt, nämlich das Wort Institution. Tatsächlich kann man, ohne den Sinn dieses Ausdrucks zu entstellen, alle Glaubensvorstellungen und durch die Gesellschaft festgesetzten Verhaltensweisen Institution nennen; die Soziologie kann also definiert werden als die Wissenschaft von den Institutionen, deren Entstehung und Wirkungsart« (Durkheim 1999: 99f.).

Für den Kulturanthropologen Bronislaw Malinowski (1884-1942) begründen sich Institutionen vor allem durch ihre stabilisierenden und ordnenden Funktionen in sozialen Gruppen; er schreibt ihnen vier Basiselemente zu, über die jede Institution verfügt bzw. verfügen muss, um als solche wirksam zu werden: (1) es muss eine angebbare

Gruppe von Menschen geben, auf die sich die Institution bezieht, die sich in ihrem Handeln dadurch leiten bzw. beeinflussen lassen und die bestimmte durch die Institution vorgesehene Rollen übernehmen, (2) es muss eine geteilte generelle Leitidee der Institution geben, (3) es muss handlungsleitende Normen und Regeln und schließlich (4) einen materiellen Apparat, also Artefakte und physische Räume geben, durch die sich die Institution materialisieren und stabilisieren kann (Malinowski 1975).

Ähnlich wie bei den bisher genannten Sozialwissenschaftlern steht auch bei Talcott Parsons (1902-1979) eine auf ihre jeweiligen Funktionen bezogene bzw. funktionalistische Betrachtungsweise und Begründung von Institutionen im Mittelpunkt. In der struktur-funktionalen Theorie haben Institutionen für die Einzelnen wie die sozialen Systeme als Ganze vor allem ordnende Funktionen: »Institutionen oder institutionelle Muster [...] sind die normativen Muster, durch die definiert wird, welche Formen des Handelns oder welche sozialen Beziehungen in einer gegebenen Gesellschaft als angemessen, rechtmäßig oder erwartet betrachtet werden« (Parsons 1940: 140f.). Sie sind komplexer als einfache Rollen: »Eine Institution gilt als Komplex institutionalisierter Rollen, die von strategischer Bedeutung in besagtem sozialen System sind. Die Institution sollte als eine höhere Ordnungseinheit sozialer Strukturierung angesehen werden als die Rolle; tatsächlich besteht sie aus einer Vielheit miteinander verflochtener Rollenmuster bzw. aus deren Komponenten« (Parsons 1951: 39). Als Beispiele für Institutionen werden häufig das Eigentum und die Ehe angeführt: In beiden Fällen handelt es sich um relativ komplexe Handlungsprogramme, die sich in beobachtbaren Verhaltensregelmäßigkeiten, in fixierten (Rechts-)Normen und in subjektiven Deutungsmustern und Orientierungen niederschlagen.

Die Parsons-Zitate machen deutlich, dass Institutionen aus einem Prozess der Institutionalisierung menschlicher Handlungs- und Lebensvollzüge hervorgehen. Dieser Gedanke steht im Mittelpunkt einer weniger funktionalistischen, sondern in der Tradition der Husserlschen Phänomenologie und der Schützschen Theorie alltagsweltlicher Lebenszusammenhänge stehenden Institutionen-Begründung bei Peter L. Berger und Thomas Luckmann. Danach ist menschliches Handeln immer dem Prozess der Gewöhnung und Routinisierung unterworfen. »Habitualisierte Tätigkeiten behalten natürlich ihren sinnhaften Charakter für jeden von uns, auch wenn ihr jeweiliger Sinn als Routine zum allgemeinen Wissensvorrat gehört [...] Institutionalisierung findet statt, sobald habitualisierte Handlungen durch Typen von Handelnden reziprok typisiert werden. Jede Typisierung, die auf diese Weise vorgenommen wird, ist eine Institution. Für ihr Zustandekommen wichtig sind die Reziprozität der Typisierung und die Typisierung nicht nur der Akte, sondern auch der Akteure« (Berger/Luckmann 1980: 57f.).

Die Vielfalt der neueren Beiträge zu einer sozialwissenschaftlichen und soziologischen Institutionen-Theorie kann hier nicht einmal skizziert werden (vgl. Schelsky 1970; Lepsius 1990 und 1995; Esser 2000; Czada/Schimank 2000; Brinton/Nee 2001). Gegen allzu weit gefasste und in der Tendenz inflationär verwendete Institutionen-Konzepte, in denen jedes verfestigte Normengeflecht schon eine Institution begründet, wird hier ein eher spezifisches, entwicklungsgeschichtlich orientiertes Verständnis vorgeschlagen: Die Institutionalisierung menschlicher Handlungsvollzüge ist wahrscheinlich genau so alt wie die Menschheit selbst; nachdem wir heute wissen, dass auch Tiergruppen ontogenetisch erlernte soziale Verhaltensweisen, Normen und Symbolsysteme (wie z. B. Sprachlaute) entwickeln, muss vielleicht die Menschwerdung des Affen spezifischer an der Herausbildung relativ komplexer Normen-, Rollen- und Symbolgefüge als Anfänge sozialer Institutionen festgemacht werden. Ein modernes, entwicklungsgeschichtlich argumentierendes Institutionenkonzept muss keineswegs einseitig einen Funktions- oder Systembezug in den Mittelpunkt stellen, es kann vielmehr auch aus Ansätzen einer phänomenologischen, figurativen, alltagsweltlichen und konstruktivistischen Sozialwissenschaft heraus begründet und insgesamt als integratives Projekt angelegt werden. In diesem Sinne stehen im Mittelpunkt eines integrativen Institutionen-Verständnisses:

(1) komplexe und kongruente Gebilde bzw. Konfigurationen spezifischer Regeln, Normen sowie Wahrnehmungs- und Erwartungsmuster (diese recht weit gehende Bestimmung betont die Handlungen, Wahrnehmungen und Erwartungen strukturierende Wirkung von Institutionen, grenzt diese von einfachen Rollen und Normen oder einfachen Mechanismen wechselseitiger Typisierungen ab und verweist auf eine gewisse Kongruenz der implizierten Elemente im Sinne wahlverwandtschaftlicher Stimmigkeit), wobei diese komplexen Konfigurationen

(2) relativ dauerhaft und zumindest Generationen überdauernd sind (hierdurch unterscheiden sich Institutionen von Moden und Konjunkturen, vorübergehenden Lebensweisen und -stilen und enthalten die Mindestbedingungen jeglicher Kulturdefinition, nämlich erlernte und nicht nur genetisch oder instinktiv vermittelte menschliche Verhaltensweisen zu thematisieren),

(3) sich in bestimmten Handlungs-, Wahrnehmungs- und Erwartungsregelmäßigkeiten als Routinen sozialer Praxis sowie in Symbolen und Artefakten niederschlagen und durch diese bzw. in diesen beobachtbar und analysierbar sind (hierdurch wird ein empirischer Zugang zur Erforschung von Institutionen über die drei Wege der Beobachtung, des Erfragens und des Verstehens von (a) Verhalten und Wahrnehmungen, (b) Symbolverständnis und -gebrauch und (c) Bedeutung und Verwendung von Artefakten möglich),

(4) ihre Gültigkeit für Gesellschaften bzw. große Menschengruppen entfalten bzw. umgekehrt als definiens ebendieser sozialen Entitäten dienen (durch diese Bestimmung wird das Institutionenkonzept auf jeweils – nicht zuletzt eben durch Institutionen zu konstruierende – spezifische Vergesellschaftungs- bzw. Verflechtungszusammenhänge im Sinne Norbert Elias' bezogen, die nicht ex ante quasi natürlich oder durch eindeutige Abgrenzungskriterien wie etwa Sprache, »Rasse«, Gene oder Ähnliches bestimmt sind),

(5) ihre die Handlungen, Wahrnehmungen und Erwartungen strukturierende Kraft jeweils für spezifische Lebensbereiche und Handlungskontexte entfalten (hierdurch kann eine allzu weit gehende Generalisierung des Institutionenverständnisses in Richtung eines *catch all*-Konzeptes vermieden und können die Verwobenheit und Wirkungsbeziehungen zwischen unterschiedlichen sozialen Institutionen fokussiert werden),

(6) jeweils dominante Kommunikationsmedien, Handlungsressourcen und Sanktionsmöglichkeiten implizieren, die von den involvierten Akteuren als solche anerkannt sind (diese Bestimmung stellt auf den besonders von Max Weber betonten Aspekt der anerkannten Legitimität institutioneller Ordnungen sowie entsprechender Sanktionen ab und lädt entgegen einer rein statischen, z. B. formalrechtlichen Institutionenanalyse zu einer dynamischen, auf horizontale wie vertikale Strukturierungen von Sozialbezügen durch Interessen, Strategien, Macht etc. ausgerichteten Institutionenanalyse ein).

Soziale Institutionen haben sich diesem Verständnis zufolge im

Laufe der menschlichen Entwicklung ausdifferenziert und ihren relativen Stellenwert verändert; einige Institutionen sind neu entstanden, und andere haben ihre Wirkungskraft eingebüßt. In verschiedenen Vergesellschaftungszusammenhängen sind verschiedene (Kombinationen von) Institutionen wirksam; man kann sogar behaupten, dass sich Vergesellschaftungszusammenhänge – neben anderen Kulturelementen – vor allem durch unterschiedliche Institutionenkonfigurationen voneinander abgrenzen und unterscheidbar werden.

Alltagswelten, Organisationen und Institutionen werden hier als drei Idealtypen von Sozialräumen vorgestellt, die sich jeweils durch spezifische Kombinationen von sozialen Praktiken, Symbolsystemen und Artefakten auszeichnen. Diese Idealtypen von Sozialräumen sollten nicht verwechselt werden mit einem manchmal in den Sozialwissenschaften anzutreffenden irreführenden Bild des Verhältnisses von Individuum und Gesellschaft. Danach bildet die Gesellschaft – und dies heißt dann fast immer implizit: die Nationalgesellschaft – den makro-soziologischen Sozialcontainer, in dem auf der mikrosoziologischen Ebene das individuelle soziale Handeln angesiedelt wird, welches über meso-soziologische Organisationen und Mechanismen in die Gesellschaft integriert ist. Zwar geht das hier entwickelte Verständnis von Sozialräumen auch von einer gewissen Wahlverwandtschaft zwischen Alltagswelt, Mikro-Perspektive und relativer Plastizität, zwischen Organisation, Meso-Perspektive und relativer Beständigkeit sowie zwischen Institution, Makro-Perspektive und Generationen übergreifender Dauerhaftigkeit aus. Aber Alltagswelten, Organisationen und Institutionen werden als jeweils eigenständige, voneinander relativ unabhängige und gleichzeitig miteinander genuin verbundene Vergesellschaftungsmodi aufgefasst. Die Vorstellung von individuellem Handeln, welches über Meso-Mechanismen in die Gesellschaft integriert wird, entspricht weitgehend einem absoluten Raumdenken. Dem Konzept der Sozialräume liegt wesentlich ein relationales Verständnis geographischer und sozialer Räume zugrunde.

Dieser Perspektivenwechsel von einer absoluten zu einer relationalen Betrachtungsweise ist notwendig, um die Vorstellung von Nationalgesellschaften als absoluten Containerräumen zu überwinden und systematisch die Untersuchung von alltagsweltlichen, organisationalen und institutionellen transnationalen Phänomenen zu ermöglichen. In klassischen Konzepten werden individuelles alltägliches soziales Handeln und Organisationen wie konzentrische Kreise in die institutionellen Gesellschaftsstrukturen hineingebaut. Alltägliche Lebenswelten und Organisationen können dann nur in nationalgesellschaftlichen Containern betrachtet werden, oder die Gesellschaft wird flugs zur Weltgesellschaft erklärt, damit die konzentrischen Kreise mit erweitertem Radius beibehalten werden können. Mit dem hier vorgeschlagenen Sozialraumkonzept dagegen können transnationale Institutionen wie z. B. transnationale Familien oder globale Institutionen wie z. B. die Allgemeinen Menschenrechte thematisiert werden, ohne die Existenz einer alles einschließenden transnationalen oder Weltgesellschaft voraussetzen zu müssen. Das Sozialraummodell ermöglicht – wie im folgenden Abschnitt gezeigt werden soll – eine differenziertere Berücksichtigung flächenräumlicher Ebenen.

7.1.5 Ebenen und Dimensionen von Sozialräumen

Für alle drei hier zunächst allgemein skizzierten Sozialraumtypen (alltagsweltliche Lebenszusammenhänge, Organisationen und Institutionen) gilt nun, dass sie sich über sehr komplexe flächenräumliche Bezugsebenen erstrecken. Wenn man die weiter oben angeführten Fälle der alltäglichen Lebenswelten des lokal fokussierten peruanischen Bauern und des diasporisch lebenden Managers sowie den transnationalen organisationalen Sozialraum von Ärzte ohne Grenzen weiter untersucht, so wird man unweigerlich auf das jeweils komplexe Zusammenspiel von sozialen Praktiken, Symbolsystemen und Artefakten stoßen. Für konkrete Forschungen wird es sinnvoll sein, mit einem dieser drei Aspekte sozialräumlicher Wirklichkeit zu beginnen oder sich auch ganz auf nur einen dieser Aspekte zu konzentrieren. Allerdings sollte dabei nie aus den Augen verloren werden, dass soziale Praxis ohne Symbolsysteme und ohne Artefakte genauso wenig existiert wie Symbolsysteme ohne soziale Praxis und Artefakte, und dass auch Artefakte eigentlich nur durch und für soziale Praxis und im Kontext von Symbolsystemen als Artefakte wirksam werden können.

Hinsichtlich der flächenräumlichen Ebenen gilt, was in Kapitel 4 bereits ausführlich erläutert wurde: Zwar existieren Berge, Flüsse und Meere als flächenräumlich-geographische Extensionen auch ohne menschliche Praxis und ohne menschliche Anschauung für sich selbst – das zumindest dürfte für die meisten Sozialwissenschaftler (bis auf extreme Positionen des Konstruktivismus) einleuchtend erscheinen. Die physische Welt geographischer Räume wird aber erst durch die gedankliche und tätige Zurichtung des Menschen zu den flächenräumlichen Ebenen des Lokalen, Regionalen, Nationalen und Globalen. Insofern ist die in der Abbildung 10 vorgeschlagene Differenzierung flächenräumlicher Ebenen als ein angemessener Konstruktionsvorschlag zu verstehen. In diesem Sinne unterstreichen Sanjeev Khagram und Peggy Levitt: »Das Lokale, Regionale, Nationale und Globale sind nicht automatisch als selbstverständlich vorausgesetzte soziale Arenen, sondern vielmehr Kategorien, die als konstruierte und oft angezweifelte soziale Fakten untersucht werden müssen« (Khagram/Levitt 2005: 26). Ähnlich wie bei den drei analytischen Perspektiven auf Sozialräume gilt auch für die verschiedenen Ebenen der Flächenräume, dass diese weder ex ante existieren noch einfach in einem herrschaftsfreien Diskurs vereinbart werden. Vielmehr findet ihre Definition, Konstruktion und Ausgestaltung in komplexen gesellschaftlichen Kräftefeldern und Aushandlungsprozessen bei ungleicher Machtverteilung statt. Was als lokal, als mikroregional, als national, als makro-regional und als global gilt, hängt von Identitäten, Interessen und Wertvorstellungen sowie von deren kollektiver Legitimität und Durchsetzbarkeit, also von Macht und Prestige ab. Der Atomreaktorunfall von Tschernobyl wird vielleicht von einigen als lokales Ereignis und Problem abgetan, für andere ist er eine globale Herausforderung. Ob die Autonomiebestrebungen der Kurden im Nordirak, der Tamil-Tigers auf Sri Lanka oder der Katalanen in Spanien als mikro-regionalistische Bewegungen innerhalb legitimer und nicht hinterfragter Nationalstaaten angesehen werden oder als nationale Bewegungen, die völkerrechtliche Anerkennung als Nationalstaaten anstreben, dürfte von den involvierten Akteursgruppen sehr unterschiedlich beantwortet werden.

Selbst der manchmal als weitgehend »enträumlichter«, reiner Datenfluss (als *space of flows*) aufgefasste Cyberspace der digitalen Netzwerke und des Internets unterliegt in höchstem Grade und mit weit reichenden Auswirkungen der Dynamik von flächenräumlichen Definitionen und Konflikten. Dies zeigt sich z. B. an der Weigerung der US-Regierung, das Monopol über die weltweite Verwaltung der

Internet-Domains an ein globales bzw. UN-Organ zu übergeben.[8] Es zeigt sich aber auch an den vielfältigen Diskussionen darüber, inwiefern globale Internetdienste wie *Google* bestimmte Zensurauflagen nationaler Regierungen (z. B. betreibt Google in China eine zensierte Version der Suchmaschine, die zu bestimmten Suchanfragen wie »Massaker vom Platz des himmlischen Friedens« keine relevanten Ergebnisse liefert)[9] akzeptieren sollten oder individuelle Benutzerdaten unter dem Hinweis auf den Antiterrorkampf an nationale Regierungen weitergeben dürfen. In Bezug auf die Bedeutung digitaler Netzwerke und des Internets betonte Saskia Sassen: »Dies ist nicht der kosmopolitische Weg zum Globalen. Hier geht es um das Globale als Multiplikation des Lokalen. [...] Der Cyberspace ist, vielleicht ironischerweise, ein weitaus konkreterer Raum für soziale Kämpfe als der des nationalen politischen Systems« (Sassen 2002: 381f.).

Neben den erwähnten – und als sozial konstruiert zu denkenden – flächenräumlichen *Ebenen* der Sozialräume ist es auch sinnvoll, deren verschiedene *Dimensionen* expliziter zu unterscheiden. Auf die Differenzierung zwischen der ökonomischen, sozialen, kulturellen und politischen Dimension von Internationalisierungsprozessen wurde bereits mehrfach hingewiesen. Diese vier Dimensionen können spätestens seit den Arbeiten von Talcott Parsons (1951) über die Strukturfunktionen der Umweltanpassung, der Sozialintegration, der Wertevermittlung und -konstanz sowie der Zielfestsetzung, die jedes soziale System erfüllen muss, als allgemein bekannt und anerkannt betrachtet werden. Natürlich ist die eindeutige Trennung zwischen diesen vier Dimensionen von Sozialräumen nicht immer einfach, sie hängt auch sehr stark von den zu behandelnden spezifischen Fragestellung und Gegenstandsbereichen ab.

Tatsächlich bestehen zwischen diesen Dimensionen in aller Regel auch komplexe Wechselwirkungen. So ist z. B. die transnationale Organisierung von Dorffesten in Gemeinden mit einem hohen Anteil transnationaler Migranten ein äußerst wichtiges Ereignis und die vielleicht zentrale Säule in der kulturellen und rituell-symbolhaften (Re-)Produktion eines transnationalen Sozialraumes. Neben dieser

8 Vgl. ⟨http://www.icann.org/⟩ und als Überblick mit Links zu der entsprechenden kritischen Diskussion ⟨http://de.wikipedia.org/wiki/ICANN⟩, Zugriff 2. 8. 2007.

9 Vgl. den Artikel »Chinas Netz-Guerilla. Trotz strenger Überwachung schafft das Internet Freiräume« in der Süddeutschen Zeitung vom 13. 5. 2006, S. 15.

kulturellen Dimension sind für das Verständnis solcher transnationalen Dorffeste[10] allerdings immer auch die anderen Dimensionen von großer Bedeutung. In einer ökonomischen Dimension wird schnell deutlich, dass die Organisierung eines solchen Dorffestes erhebliche finanzielle Mittel, vor allem von Seiten der Transmigranten, aber auch der Emigranten und der Remigranten mobilisiert: Sehr viele Menschen geben und investieren Geld, z. B. in ein Festessen, in die Verschönerung der Dorfkirche oder in die Herrichtung des *Zocalo*, also des zentralen Dorfplatzes. Sehr viele Menschen profitieren aber auch entsprechend von diesem Geld und von den konsumptiven Ausgaben während des Festes. In einer sozialen Dimension dient ein solches Dorffest immer auch der Erneuerung und Abänderung von Selbst- und Fremdvergewisserungen und von Sozialbeziehungen, z. B. von Freundschaften und Feindschaften, von Heiratsarrangements und von Ausbildungsunterstützungen, von Demonstration sozialen Aufstiegs und Dokumentation sozialen Abstiegs. Schließlich hat ein solches Dorffest immer auch eine eminent politische Dimension, insofern hierdurch wie in einem Brennglas die politischen Machtverhältnisse in der Gemeinde dokumentiert und neu gruppiert werden; so kann die Verlegung des Festes des Dorfheiligen von dessen Geburtsdatum auf einen davon weit entfernten Termin (vgl. Smith 1995) eine gewisse Machtverschiebung zwischen Kirche und Dorfältestem oder auch zwischen den erfolgreichen Migranten aus den USA und den kirchlichen und weltlichen Amtsträgern in der Herkunftsgemeinde anzeigen.[11]

Fasst man die hier vorgeschlagenen analytischen Differenzierungen zusammen, so ergibt sich ein recht kompliziertes Bild: Wir haben von sieben verschiedenen *Idealtypen der Internationalisierung* von Vergesellschaftung gesprochen (Kapitel 5); es wurden generell drei *Idealtypen von Sozialräumen* (Alltagswelten, Organisationen, Institutionen) unterschieden und drei *analytische Perspektiven* auf bzw. Aspekte von Sozialräumen benannt (soziale Praxis, Symbolsysteme, Artefakte); schließlich haben wir drei nach Dauer, Umfang und Wir-

10 Vgl. für Nordamerika z. B. die Arbeiten von Smith 1995, Besserer 2002 und Herrera 2002.

11 Guarnizo et al. (2003: 1211) zeigen, dass in dieser politischen Dimension »in der Tat ein stabiles und signifikantes transnationales Feld politischer Handlungen existiert, auf dem Immigranten mit ihrer Politik des Ursprungs untereinander verbunden sind«.

kungen gestaffelte *Niveaus sozialer Phänomene* (soziale Beziehungen, soziale Felder, Sozialräume) und vier *Dimensionen des Sozialen* und der Sozialräume (das Ökonomische, Soziale, Kulturelle und Politische) differenziert. Da unsere Anschauungsmöglichkeiten auf den dreidimensionalen Raum beschränkt sind, lassen sich alle diese Gesichtspunkte nicht mehr wie noch in Abbildung 10 bildlich darstellen. Die Tabelle 5 soll helfen, die hier vorgeschlagenen Gegenstandsbereiche und analytischen Gesichtspunkte zu sortieren.

Tabelle 5: Analytik transnationaler Sozialräume

Internationalisierungsform	Inter-Nationalisierung	Re-Nationalisierung	Supra-Nationalisierung	Globalisierung	Glokalisierung	Diaspora	Transnationalisierung
Niveau sozialer Phänomene	Soziale Beziehungen		Soziale Felder		Sozialräume		
Idealtypen von Sozialräumen	Alltagswelten		Organisationen		Institutionen		
Analytische Perspektiven	Soziale Praxis		Symbolsysteme		Artefakte		
Dimensionen	ökonomisch	sozial		kulturell		politisch	

Der Hauptgegenstand dieses Buches ist eine spezifische Form der Internationalisierung von Vergesellschaftung, nämlich die *Transnationalisierung*. Diese wird relativ eng und in expliziter Absetzung von anderen – auch von anderen relationalen – Raumverständnissen definiert als die Zunahme von nationalstaatliche Grenzen überschreitenden, aber nicht auf zwischenstaatliche Beziehungen (Inter-Nationalisierung) ausgerichteten, pluri-lokalen und nicht um ein fokales Zentrum (Diaspora-Internationalisierung) oder auf das Verhältnis global-lokal (Glokalisierung) ausgerichteten Verflechtungszusammenhängen. Eine zweite Einschränkung für die hier vorgestellten Überlegungen ergibt sich gegenüber anderen Transnationalismus-Vorstellungen durch die Fokussierung auf *Sozialräume* als im Vergleich zu sozialen Beziehungen im Allgemeinen und zu sozialen Feldern wesentlich dauerhafteren und dichteren Interaktionsverflechtungen, die idealtypisch als Alltagswelten, Organisationen oder Institutionen untersucht werden können. Allen drei Idealtypen von Sozialräumen gemeinsam ist, dass sich ihre Dichte und Dauerhaftigkeit in der *analytischen Perspektive* eigenständiger sozialer Praxis, Symbolsysteme und Artefakte untersuchen und nachweisen lässt. Gerade dadurch unterscheiden sich Sozialräume von sozialen Beziehungen und sozialen Feldern. Schließlich wird davon ausgegangen, dass Sozialräume – wenn auch in unterschiedlichen Gewichtungen und »Mischungsverhältnissen« – immer in ihren ökonomischen, sozialen, kulturellen und politischen Dimensionen betrachtet und (re-)konstruiert werden sollten. Die grau unterlegten Felder in der Tabelle 5 können das hier entwickelte Verständnis transnationaler Sozialräume verdeutlichen und von anderen möglichen Forschungsperspektiven abgrenzen. Für die drei Idealtypen transnationaler Sozialräume sollen nun in den folgenden Abschnitten einige empirische Hinweise und Belege vorgestellt werden.

7.2 Transnationale alltagsweltliche Sozialräume

Für den Idealtypus der eher auf einer mikro-soziologischen Ebene angesiedelten transnationalen alltäglichen Lebenswelten liegen im Vergleich zu den beiden anderen Idealtypen wohl die meisten Studien und Befunde vor. Dies betrifft vor allem den geographischen Raum Nordamerikas. Hier können nur einige ausgewählte Beispiele erwähnt werden. Schon in ihrer Pionierstudie über Arbeitsmigration zwischen drei ausgewählten Orten in der Dominikanischen Republik und dem Großraum von New York City mit dem programmatischen Titel *Between Two Islands* geben Sherri Grasmuck und Patricia Pessar (1991) wichtige Hinweise auf alltagsweltliche Entwicklungsdynamiken in Migrantenhaushalten. Die Autorinnen sprechen explizit von transnationaler Migration und beschreiben wesentliche Transnationalisierungsdynamiken auf der Ebene komplexer Haushaltsstrategien. Ausgehend von patriarchalen alltagsweltlichen Lebensstrukturen verändert die Migration eines Haushaltsmitglieds in vielen der untersuchten Familien die traditionellen Geschlechter- und Generationenrollen.[12]

12 Diese Studie hat als eine der ersten sehr systematisch den Gender-Aspekt von transnationaler Migration hervorgehoben. Generell wurde dieses Thema lange Zeit in der Migrationsforschung und in der Migrationstheorie vernachlässigt. Frauen stellen aber nach Angaben des Internationalen Arbeitsamtes in Genf welt-

Die meisten Migranten verlassen ihr Land mit dem Plan, in absehbarer Zeit definitiv in die Heimat zurückzukehren (ebd.: 97). Nicht selten entwickeln sich aus der Migration z. B. der Söhne (ebd.: 139ff.) oder der Frauen (ebd.: 144ff.) aus Haushalten der ländlichen dominikanischen Gemeinde San Juan über die Zeit recht komplexe und gemischte Migrantenhaushalte in der Ankunftsregion New York City. Dort werden z. B. die traditionellen Gender- und Generationenrollen (entweder Unterordnung unter das älteste männliche Haushaltsmitglied oder den weiblichen Haushaltsvorstand) vor allem durch das Zusammenlegen der Migrantenarbeitseinkommen von Männern, Frauen und Kindern (ebd.: 148f.) relativiert. Ein Boom von dominikanischen Arbeitsmigranten ohne entsprechende Arbeits- und Aufenthaltserlaubnisse seit den siebziger Jahren trug zu relativ komplexen Migrationsstrategien und -mustern bei. Was als einmaliger und auf maximal einige Jahre befristeter Arbeitsaufenthalt eines Haushaltsmitgliedes geplant war und begann, wird zu einem mehrfachen Hin- und Herwandern mehrerer Familienmitglieder. Auch die Pläne der häufig aus der dominikanischen Mittelklasse stammenden Arbeitsmigranten ändern sich im Rahmen familiärer Aushandlungsprozesse. »Wir haben den Zwei-Wege-Fluss von Menschen, Geld, Waren, Diensten und Ideologien zwischen der Dominikanischen Republik und den Vereinigten Staaten im Rahmen sozialer Netzwerke untersucht. Diese Netzwerke wurden geschaffen von dominikanischen Arbeitern und ihren Familien, die dafür gekämpft haben, ihre wirtschaftlichen Möglichkeiten über die einschränkenden Grenzen von Gemeinschaften, Regionen und Nationalstaaten hinaus auszudehnen« (ebd.: 203).

In diesem Zitat sind alle drei analytischen Perspektiven von transnationalen Sozialräumen angesprochen: die soziale Praxis z. B. des Hin- und Herwanderns und des Austauschs von Dienstleistungen, die Transnationalisierung von Ideologie als Teil der Symbolsysteme und die Bedeutung von Artefakten, hier z. B. Geld und Waren, für die Konstruktion transnationaler Sozialräume. Im Verlauf von zwanzig Jahren haben sich sehr komplexe pluri-lokale Netzwerkstruktu-

weit etwa die Hälfte aller Migrierenden, bei Fluchtmigration ist ihr Anteil noch weit höher. In Deutschland hat sich der Anteil von Ausländerinnen an der Gesamtausländerzahl auf etwa 45% stark erhöht (vgl. Lederer 1997: 22 und Lederer et al. 1999: 9ff.). Häufig wird bei gender-orientierten Studien der Transnationalismus-Begriff eher unspezifisch verwendet (vgl. z. B. Moghadam 2000: 60).

ren zwischen den untersuchten Orten in der Dominikanischen Republik und New York City entwickelt. In ihren alltäglichen Lebenszusammenhängen planen, kommunizieren und interagieren viele der Migranten zwischen den zwei Inseln ihres Herkunftsortes und ihres Ankunftsortes. »Durch die Errichtung und die Dauerhaftigkeit solcher Strukturen, wie transnationale Haushalte und transnationale soziale Netzwerke sie darstellen, haben jene Dominikaner an der Entstehung eines, wie Uzzel es nennt, ›sich über tausende von Meilen erstreckenden sozialen Dorfes‹ mitgewirkt« (ebd.).

In die gleiche Richtung des Entstehens transnationaler Dörfer argumentiert zehn Jahre später Peggy Levitt (2001b). Sie entwickelt ein wesentlich differenzierteres und expliziter an der inzwischen reichhaltigen *transnationalism*-Diskussion ausgerichtetes Konzept von *transnational villages*. Diese transnationalen Dörfer zeichnen sich – so Levitt (2001b: 11ff.) – durch vier Gemeinsamkeiten aus, von denen die beiden ersten sich explizit auf den Sozialraumtypus der alltäglichen Lebenswelten beziehen. Erstens müssen die Mitglieder eines transnationalen Dorfes nicht unbedingt physisch migrieren, um zu diesem dazuzugehören. Häufig entwickeln auch die Nicht-Migrierenden dieselben »Werte und Praktiken wie ihre migrierenden Familienmitglieder« (ebd.: 11). Explizit lehnt Levitt die Vorstellung eines delokalisierten, nur imaginierten transnationalen Raumes ab: »Stattdessen sind sie alle stark verwurzelt in einem bestimmten Ort, in einer bestimmten Zeit, obwohl ihr Alltag oft von Menschen, Geld, Vorstellungen und Ressourcen aus einer völlig anderen Umgebung abhängt« (ebd.). Auch bei dem zweiten Merkmal transnationaler Dörfer, den sozialen Rückwirkungen (*social remittances*) der Migration in die Herkunftsgemeinden, unterstreicht Levitt den Aspekt alltäglicher Lebenswelten: »Ist dieser Prozess erst einmal in Gang gesetzt, verändert er das alltägliche Leben des Dorfes in einem Ausmaß, werden Migranten und Nicht-Migranten oftmals so abhängig voneinander, dass diese Dörfer höchstwahrscheinlich Bestand haben werden« (ebd.).

Reichhaltige Belege für den Sozialraumtypus transnationaler Alltagswelten finden sich auch in der anthropologischen Studie von Federico Besserer (2002) und in der anthropologisch-soziologischen Arbeit von Fernando Herrera (2002). Auf der Basis quantitativer Analysen (z. B. der telegraphischen Geldanweisungen) und ausführlicher Feldforschungen in fünf Gemeinden der Verwaltungseinheit

San Juan Mixtepec im mexikanischen Bundesstaat Oaxaca schildert Besserer sehr anschaulich, wie das alltägliche Leben in transnationalen Gemeinschaften organisiert ist. Hieran sind einerseits diejenigen beteiligt, die in den Migrantenhaushalten und in den Gemeinden mit hohen Migrantenanteilen in Mixtepec leben, und andererseits diejenigen, die als Migranten aus Mixtepec in Mexiko und in den USA leben, arbeiten, sich ausbilden und anderen Aktivitäten nachgehen. Besserer legt dabei besonderes Augenmerk auf die geographisch-räumliche Verteilung unterschiedlicher lebensweltlicher Aktivitäten in den Dimensionen von Ökonomie, Politik, Kultur, Erziehung und rituellem Leben (vgl. Abbildung 11).

Als Beispiel für die kulturelle Dimension der alltäglichen Lebenswelt in dieser transnationalen Gemeinde lässt sich ein zweisprachiger Radiosender anführen, der in Fresno/Kalifornien angesiedelt ist, regelmäßige Informationen und andere Unterstützung unter anderem aus San Juan Mixtepec erhält und in das gesamte Gebiet der USA ausstrahlt. In speziellen Zeitfenstern werden von diesem Sender (wie auch von vielen anderen kleineren Radiosendern mit Migrantenausrichtung) wichtige Nachrichten über verschiedene Mikroregionen und Gemeinden Oaxacas ausgestrahlt, sodass die Informationsteilhabe der in sehr verschiedenen Orten in den USA Arbeitenden aus Mixtepec an den Geschehnissen in ihrer Heimatregion tatsächlich zum alltäglichen Lebensvollzug gehört.

Die soziale Dimension der Alltagswelt der transnationalen Gemeinde von San Juan Mixtepec äußert sich z. B. in den (Aus-)Bildungswegen vieler Jugendlicher. Für viele Jugendliche ist die Migration nach Abschluss der Sekundar- oder Tertiärschulausbildung so etwas wie ein Initiationsritus. Sie wissen nicht genau, ob sie studieren sollen (sofern sie dafür die Voraussetzungen haben), ob sie in der Heimatgemeinde eine Arbeit suchen sollen, ob sie in einer größeren mexikanischen Stadt, in der Maquiladora-Industrie im Norden Mexikos oder in irgendeinem Teil der USA ihr Glück versuchen sollen. Aufgrund ihrer pluri-lokalen sozialen Beziehungen verfügen sie für all diese Optionen über konkrete Ansprechpartner, Bekannte und Verwandte, also über soziales Kapital. Dabei den weitesten und auch riskanten Weg *al otro lado* (auf die andere Seite, nämlich in die USA) zu wählen, ist für viele eine Art Mutprobe und Chance, die eigene soziale Positionierung in ihrer alltäglichen Referenzwelt zu verbessern. Federico Besserer und sein Team stießen nun auf die Beson-

Abbildung 11: Flächenräumliche Verteilung transnationaler Sozialraum

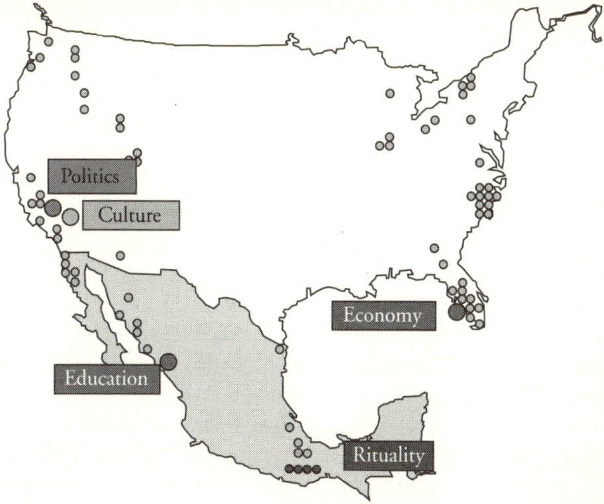

Quelle: Besserer 2002: 85 (die großen Punkte geben die jeweiligen zentralen Orte der qualitativ relevanten Teilaspekte des transnationalen Gemeindelebens an; auf dessen wichtige Wohnorte verweisen die kleinen Punkte).

derheit, dass eine große Anzahl Jugendlicher aus Mixtepec ihre weitere Universitätsausbildung in Culiacán im nordwestlichen mexikanischen Bundesstaat Sinaloa absolvieren, einer Zielregion früherer Arbeitsmigration aus Mixtepec. Entweder wandern sie aus der Heimatgemeinde Mixtepec direkt dorthin, oder aber sie gehen nach einem Migrationsaufenthalt in Mexiko bzw. in einer der Schwerpunktregionen mixtepecischer Arbeitswanderung in die USA. Die Finanzierung dieser Ausbildung wird im Rahmen pluri-lokaler transnationaler familialer Netzwerke organisiert. Entsprechend sind Angehörige in Florida, Virginia, Oregon oder Kalifornien ebenso Bestandteil alltagsweltlicher Kommunikationsbeziehungen dieser Studenten wie diejenigen aus Mixtepec, der Bundesstaathauptstadt Puebla oder der Landeshauptstadt Mexiko-Stadt.

Die alltagsweltliche politische Dimension der transnationalen Gemeinde äußert sich z. B. darin, dass die Formierung bestimmter Gruppen in politischen Parteien nicht mono-lokal etwa in der Herkunftsgemeinde San Juan Mixtepec oder im mexikanischen Bundesstaat Sinaloa oder in Kalifornien erfolgt, sondern dass die Dynamik an jedem dieser Orte Bestandteil einer transnationalen alltäglichen Lebenswelt ist. Vor dem Hintergrund einer gewerkschaftlichen Organisationsinitiative im Rahmen der Arbeitsmigration nach Sinaloa entstand z. B. eine parteipolitische Initiative der Linkspartei PSUM (Partido Socialista Unificado de México) in dem mexikanischen Bundesstaat Baja California. Diese Erfahrungen wiederum flossen in die Gründung des Bürgervereins Benito Juárez ein, der zunächst in Kalifornien/USA gegründet wurde und aus dem dann auch in San Juan Mixtepec und in der Bundesstaathauptstadt Oaxaca eigenständige Schwesterorganisationen hervorgingen. Bei den regelmäßigen Treffen solcher parteipolitischen oder bürgerrechtlichen Initiativen an bestimmten Orten sind die anderen wichtigen Orte der transnationalen Gemeinde San Juan Mixtepec virtuell gleichsam immer anwesend.

Die Transnationalisierung alltagsweltlicher Sozialräume wurde nicht nur im Kontext der nordamerikanischen Migration empirisch erforscht. Der von Nadje Al-Ali und Khalid Koser (2002) herausgegebene Sammelband thematisiert das Verhältnis von *transnational communities* und *home* an europäischen Fallbeispielen. Dabei stellen die Herausgeber die Frage, inwieweit *transnationalism* tatsächlich ein neuer Ansatz für die Migrationsforschung sei. Sie sehen durchaus die Gefahr, dass »alten Prozessen neue Etiketten angehängt werden« (Al-Ali/Koser 2002: 1). Jedoch arbeiten sie drei innovative Elemente aller Beiträge dieses Bandes und des *transnationalism*-Konzeptes heraus. Erstens werde im Unterschied zum Globalisierungsansatz davon ausgegangen, dass transnationale Prozesse und Transnationalisierung zwar die geographische und sozialräumliche Bezugseinheit von Nationalstaaten überschreiten, dass sie aber gleichwohl in Nationalstaaten verankert und von diesen auch auf längere Sicht beeinflusst seien. Zweitens behandelten alle Beiträge transnationale Migrationsprozesse vor allem im Hinblick auf die Herausbildung neuer grenzüberschreitender Sozialräume bzw. *social formations*, die als reale Verflechtungsbeziehungen zwischen dem einen Extrem nur imaginierter kultureller Gemeinsamkeiten und dem anderen Extrem sehr dichter und verfestigter dauerhafter Sozialbeziehungen verstanden würden. Schließlich unterscheiden die Autorinnen und Autoren drittens zwischen einer Transnationalisierung *von oben* (die häufig auch mit Finanzkapital- oder Unternehmens-Globalisierung der Mächtigen gleichgesetzt wird) und einer Transnationalisierung *von unten* (die sich aus den Alltagsbeziehungen der Machtlosen entwickelt). Auch wenn wir, wie an anderer Stelle bereits erwähnt, die Unterscheidung zwischen einer (»bösen«) Transnationalisierung von oben und einer (»guten«) Transnationalisierung von unten für nicht sehr fruchtbar halten, wird mit dieser dritten Gemeinsamkeit letztlich auf die Ebene der transnationalen Alltagswelten verwiesen.

In Übereinstimmung mit dem hier entwickelten Verständnis wird Transnationalisierung in dem Sammelband vor allem als ein Prozess zunehmender pluri-lokaler, sich über mehrere Nationalstaaten erstreckender sozialer Praxis alltagsweltlicher Beziehungen behandelt. Dies wird in der Regel an ausgewählten Gruppen untersucht – etwa den syrisch-orthodoxen Christen in und zwischen der Türkei und Deutschland, den marokkanischen Frauen zwischen ihrem Herkunftsland Marokko und Italien, bosnischen Flüchtlingen in den Niederlanden und Großbritannien oder der Lobbyarbeit kurdischer Gruppen in Deutschland. Durch die Restrukturierung des Verhältnisses zwischen Herkunftsregion oder Heimat und Gast- oder Ankunftsregion entstehen im Rahmen von Transnationalisierung auf Dauer gestellte pluri-lokale und grenzüberschreitende alltagsweltliche Beziehungen und Identitäten.[13]

7.3 Transnationale Organisationen als Sozialräume

Transnationale Sozialräume entwickeln sich nicht nur auf der Mikroebene alltäglicher Lebenswelten. Sie entstehen auch in und durch Organisationen. Hierbei muss man nicht nur an die bereits in Abschnitt 5.3 genannten transnationalen Unternehmen als Wirtschaftsorganisationen denken, die vor allem in der wirtschaftswissenschaftlichen Literatur anderen Typen von Unternehmen wie den multinationalen, globalen oder internationalen Unternehmen gegenübergestellt werden. Das Verständnis von (transnationalen) Sozialräumen mit den drei analytischen Dimensionen von sozialer Praxis, Symbolsystemen und Artefakten ermöglicht es, die Transnationalisierung von Sozial-

13 Vgl. für transnationale alltagsweltliche Beziehungen zwischen Frankreich und den Maghrebstaaten einige Beiträge in Rudolph/Morokvasic 1993; für die Beziehungen zwischen Italien und Nordafrika z. B. Hillmann 1996; für die Beziehungen zwischen El Salvador und China z. B. Landolt/Da 2005.

räumen differenzierter zu betrachten. Dabei gilt es vor allem zu beachten, dass Transnationalisierung systematisch von Diaspora-Internationalisierung getrennt wird. Ähnlich wie im Bereich alltäglicher Lebenswelten z. B. Familien- und Haushaltsstrukturen sind auch bei dem Sozialraumtypus von internationalen Organisationen sehr häufig deutliche Zentrum-Peripherie-Strukturen auszumachen. Solche Konstellationen entsprechen aber nicht dem hier entwickelten Verständnis von transnationalen Organisationen, sondern verweisen auf fokale oder globale Organisationen.

Transnationale Organisationen können grundsätzlich entweder aus anderen Typen internationaler Organisationen (z. B. globalen, multinationalen oder fokalen Organisationen) hervorgehen oder aber aus anderen Typen sozialräumlicher Bezüge neu entstehen (z. B. aus alltäglichen Lebenswelten, sozialen Bewegungen oder grenzüberschreitenden Netzwerkverbindungen).[14] Zwar wird eine idealtypische transnationale Organisation (absolut dezentrale Struktur von Ressourcen, Wissen, Kultur und Interessen sowie gleichzeitig absolut starke Koordination aller verteilten Organisationseinheiten) in der Wirklichkeit nicht zu finden sein. Jedoch lassen sich empirisch in den drei Dimensionen von sozialer Praxis, Symbolsystemen und Artefakten vielerlei Hinweise für bestehende und emergierende transnationale Organisationen nachweisen.

Auf der *Ebene sozialer Praxis* sind etwa die alltäglichen Kommunikationsbeziehungen ein wichtiger Indikator für den Transnationalisierungsgrad einer Organisation oder von Teilen einer Organisation. Wenn z. B. bestimmte Organisationsmitglieder den Großteil ihrer täglichen Arbeitszeit damit verbringen, sich mit Organisationsmitgliedern an anderen Standorten des gleichen internationalen Unter-

14 Für den letzteren Fall wird auch der Begriff *born globals* bzw. *born transnationals* verwendet, vgl. für Wirtschaftsunternehmen z. B. Holtbrügge/Enßlinger 2005. Neuerdings hat Damián Fernández (2005: XV) den Begriff *born transnational* sogar auf Nationen wie Kuba angewendet: »Kuba ist, wie die meisten Nationen, von transnationaler Geburt; Kolonialismus, Kapitalismus und Sklaverei kennzeichneten die Entwicklung des Nationalen, strukturell wie kulturell. Im Falle Kubas wurde der Transnationalismus noch durch eine Reihe von Faktoren erleichtert; unter anderem ist Havanna eine Hafenstadt, von Florida nur eine Bootsfahrt entfernt, zudem verknüpften emotionale Bande die Einwohner Kubas und ihre Familienmitglieder in Spanien und den Vereinigten Staaten; die kubanische Wirtschaft wuchs und entwickelte sich rasant während des 20. Jahrhunderts.«

nehmens per E-Mail, Videokonferenz oder Telefon auszutauschen, so ist dies zumindest für die Betroffenen und evtl. auch hinsichtlich deren Arbeitsbereiche oder Abteilungen ein Hinweis auf eine mögliche transnationale soziale Praxis. Nicht selten haben Organisationsmitglieder in hochgradig internationalisierten Unternehmen im Verlauf einer Arbeitswoche mehr direkte Interaktionsbeziehungen mit Mitgliedern des gleichen Unternehmens in anderen Ländern als mit Kollegen am gleichen Ort.

Einer Kommunikationsbeziehung vom Internationaliserungstypus der Diaspora käme es nahe, wenn etwa ein Mitarbeiter aus der zentralen Einkaufsabteilung am Stammsitz sternförmig mit den jeweiligen Einkaufsverantwortlichen der ausländischen Unternehmenstöchter korrespondiert, diese aber untereinander keinerlei direkte Austauschbeziehungen unterhalten. Sind aber diese Kommunikationsbeziehungen eher dezentral und netzwerkförmig gestaltet, ohne dass ein einheitliches Zentrum zu erkennen wäre, bei dem sich der Großteil der Kommunikationsbeziehungen konzentriert oder über das er weitergeleitetet wird, so zeigen sich in der sozialen Praxis eindeutige Hinweise für transnationale Sozialräume.

Die soziale Praxis muss sich aber nicht auf (virtuelle) Kommunikation beschränken. Große internationale Unternehmen haben eine nicht unerhebliche Anzahl an Fach- und Führungskräften, die den Großteil ihrer Arbeitszeit mit Reisen und Einsätzen zwischen den über mehrere Länder verteilten Standorten verbringen. Solche Reisekader haben häufig ein recht genaues Bild sowohl von den einzelnen Standorten wie auch von der Organisation als Ganzer. Wenn sie sich als Vertreter eines bestimmten Standortes (z. B. des Stammsitzes gegenüber den Dependancen) verstehen, kommt diese Situation einer Diaspora-Konstellation nahe. Bewegen sie sich dagegen vielfältigst zwischen allen Standorten beliebig hin und her, ohne eine besondere Loyalität oder Verbundenheit zu einem speziellen Standort zu entwickeln, so kommt ihre soziale Praxis dem Idealtypus eines transnationalen Sozialraumes nahe.[15]

Auf der Ebene der Symbolsysteme entwickeln Organisationen als spezieller Typus von Sozialräumen ihre eigenen Werte- und Normensysteme, organisationsspezifische Zeichen und Leitbilder sowie Sprachen und Dokumente, aber auch Helden und Mythen (vgl. Hofstede

15 Vgl. hierzu etwa Reichwald/Möslein 2001 und Weiß 2005.

2006). Ein internationales Unternehmen wie etwa Ford mit einer nach wie vor einflussreichen Familientradition verweist in seiner symbolischen Selbstvergewisserung immer wieder stark auf den Firmengründer Henry Ford. Eine solch zentralistische Referenzstruktur kann sich auch dadurch ergeben, dass in einer Organisation wichtige Leitlinien, Handlungspläne oder Imagestrategien von einem einheitlichen Zentrum her entwickelt und auf die Niederlassungen verteilt werden. Dies gilt etwa für Schnellimbissketten wie McDonald's oder Nahrungsmittelmarken wie Coca Cola, deren Anspruch geradezu darin besteht, auf der ganzen Welt überall den gleichen einheitlichen Geschmack und die gleiche Symbolsprache zu verbreiten.

Von einem solchen Fall einer globalen oder fokalen Organisation unterscheidet sich das Symbolgefüge einer transnationalen Organisation erheblich. So deutet z. B. eine organisationsweit verbindliche Sprache (für Dokumente, Konferenzen und die sonstige organisationsinterne Korrespondenz), die von dem Stammsitzland einfach auf alle weltweiten Standorte übertragen wird, auf eine globale oder fokale Organisationsstruktur hin. In einem multinationalen Unternehmen dagegen würde jeder Standort seine eigene Sprache in die Kommunikation mit anderen Standorten einbringen und für größere Meetings eine z. B. jeweils wechselnde Sprache als Bezugssprache ausgewählt oder die Verständigung über Simultandolmetscher angestrebt (z. B. der kontinuierliche Wechsel zwischen Portugiesisch, Spanisch und Italienisch in einem aus der Fusion von drei mehr oder weniger gleichstarken Unternehmen in den drei Ländern hervorgegangenen internationalen Organisation).

Ein internationales Unternehmen kann sich aber auch auf eine neutrale dritte Sprache als offizielles Verständigungsmedium (z. B. Englisch mit einem Unternehmen mit Stammsitz in Deutschland und Standorten in vielen verschiedensprachigen Ländern) einigen – dies käme dem Falle einer transnationalen Organisation nahe. Neben der Sprache zählen zu den eher nach innen gerichteten Symbolelementen die Leitbilder, Unternehmenskulturen, Managementstile, Bezahlungs- und andere Anerkennungssysteme; zu den vor allem nach außen gerichteten Aspekten organisationsbezogener Symbolsysteme gehören vor allem die Marketingstrategien und die Öffentlichkeitsarbeit.

Die Analyse von organisationalen transnationalen Sozialräumen kann schließlich auch auf die Dimension der Artefakte-Strukturen ausgerichtet werden. Hierzu zählen zuallererst die Verteilungsstrukturen von Ressourcen in Form etwa von Produktionskapazitäten, Anlagen, aber auch Beschäftigten nach den einzelnen Standorten. Zu den Artefakten zählen aber auch die gegebenen Kommunikations- und Transporttechnologien, die die einzelnen Einheiten der Gesamtorganisation über die Ländergrenzen hinweg miteinander verbinden. Große internationale Organisationen haben z. B. ein gemeinsames Intranet, welches auf der Basis entsprechender technischer Hardware-Voraussetzungen einen virtuellen, für die Organisationswirklichkeit aber realen Raum der Kommunikation schafft. Wenn eine Organisation eine stark dezentrale und mehr oder weniger gleichgewichtige Verteilung von Organisationsressourcen über verschiedene Länder und gleichzeitig keinerlei technische Infrastruktur für gemeinsame Kommunikation und Koordination aufweist, so entspricht dies weitgehend dem Idealtypus einer multinationalen Organisation. Sind dagegen die Produktionsressourcen, die Labor- und Entwicklungseinheiten im Wesentlichen an einem Platz konzentriert und werden von diesem Zentrum aus auch die technischen Voraussetzungen der zwischenbetrieblichen Kommunikation diktiert, so entspricht dies dem Idealtypus einer globalen Organisation. Eine transnationale Organisation dagegen impliziert auf der Artefakte-Dimension eine mehr oder weniger gleichgewichtige Ressourcenverteilung und eine intensive und nicht-zentralistische Kommunikationstechnologie.

Transnationale Sozialräume vom Typus einer Organisation können sich dauerhaft und in signifikantem Ausmaß nur dann entwickeln, wenn die entsprechenden Voraussetzungen und Erscheinungen in allen drei Dimension der sozialen Praxis, der Symbolsysteme und der Artefakte gegeben sind. Die transnationale soziale Praxis zwischen einzelnen Organisationsmitgliedern oder beschränkten Teilen von Arbeitsbereichen wird sich kaum stabilisieren und nur wenig Auswirkungen auf die Gesamtorganisation im Sinne ihrer Transnationalisierung haben können, wenn sie mit ausgeprägtem Zentrum-Peripherie-Verhältnis auf der Ebene der Symbolsysteme und Artefakte einhergeht. Umgekehrt wird auch eine weitgehend gleichmäßige Verteilung von Produktionsstandorten und Ressourcen über mehrere Länder allein keinerlei Maß für die Transnationalisierung der entsprechenden Organisation als Ganzer sein, wenn deren soziale Praxis und Symbolsysteme zentralistisch ausgerichtet sind bzw. bleiben.

Zwischen den spezifischen Ausprägungen in den drei Dimensionen von sozialer Praxis, Symbolsystemen und Artefakte-Strukturen besteht eine Art wahlverwandtschaftliches Entsprechungsverhältnis. Damit ist gemeint, dass eine extrem zentralistische soziale Praxis in aller Regel auch mit einer entsprechend globalen oder fokalen Symbol- und Artefakte-Welt korrespondiert. Sind die Unterschiede in den Ausprägungen auf den drei Ebenen sehr groß, so werden sich ernsthafte Spannungen in der Gesamtorganisation zeigen. Die Transnationalisierung von Organisationen kann – sofern diese nicht *transnationally born*, also seit ihrer Entstehung schon transnational sind – in jeder der drei genannten Dimensionen in bestimmten Bereichen ihren Ausgang nehmen und sich von dort entwickeln. Sie geht in jedem Falle mit Gewinnen und Verlusten für die beteiligten Organisationsmitglieder und die Organisation als Ganze einher. Die Gewinne und die Verluste für die Organisationsmitglieder richten sich nach deren relativer Stellung in der Organisation in Bezug auf das Transnationalisierungsgeschehen. Was die Gesamtorganisation durch ihre Transnationalisierung gewinnen und verlieren kann, wird durch ihre eigenen Strategien sowie ihre Umwelt bestimmt.

Einige Beispiele aus empirischen Studien können zumindest manche der hier beschriebenen Zusammenhänge verdeutlichen. Eine bereits traditionsreiche Forschungsperspektive auf die soziale Praxis der Internationalisierung von Organisationen bezieht sich auf die personellen Verflechtungen zwischen unterschiedlichen Organisationen, besonders auf die Verflechtungen zwischen den Führungskräften großer internationaler Unternehmen. Im Abschnitt 6.2 war bereits auf die Studie von Carroll/Fennema (2002) hingewiesen worden, in der die personalen Verflechtungen zwischen den 176 größten international agierenden Unternehmen der Welt untersucht wurden. Zur gleichen Frage der internationalen personellen Verflechtungen haben Kentor/Jang (2004) mit allerdings völlig anderer Methodologie und völlig anderen Ergebnissen eine Untersuchung vorgelegt. Während Carroll/Fennema zu dem Ergebnis relativ schwacher und sogar zwischen den beiden Vergleichsjahren 1976 und 1996 abnehmender Personalverflechtungen zwischen den von ihnen untersuchten Unternehmen gelangen, resümieren Kentor/Jang (2004: 358) auf der Grundlage der Untersuchung der in der Zeitschrift *Fortune* regelmäßig erhobenen weltweit größten 500 Unternehmen im Vergleich zwischen 1983 und 1998: »Erstens gab es tatsächlich ein signifikantes Wachstum der Anzahl von globalen Verbindungen zwischen den Vorständen der weltweit größten Unternehmen über die letzten zwei Dekaden. Zweitens war das Wachstum der internationalen Verbindungen größer als die Expansion der inländischen Verbindungen. Drittens spiegeln die Geographie und die Intensität dieser Verbindungen nicht die globale Verteilung der Stammsitze der Unternehmen wider.« Diese divergierenden Ergebnisse erklären sich größtenteils aus den jeweils verschiedenen Grundgesamtheiten von Unternehmen und dem eher engen (Carroll/Fennema) bzw. eher weiten (Kentor/Jang) Konzept internationaler personeller Verflechtungen.

Bezogen auf die weiter gefasste Datenbasis der 500 größten Unternehmen der Welt hat – so Kentor/Jang (2004) – ein Konzentrationsprozess hinsichtlich der Stammsitzländer zwischen 1983 und 1998 stattgefunden: Während 1983 sich diese 500 Unternehmen noch auf 33 Länder verteilten, waren es im Jahre 1998 nur noch 25 Länder (ebd.: 362). Als besonders beachtlich betrachten die Forscher das Wachstum insgesamt und die nach Regionen sehr unterschiedlichen Wachstumsmuster bei der Zunahme der personellen Verflechtungen zwischen den Vorständen unterschiedlicher Unternehmen.[16] Gezählt wurden sowohl gleichzeitige als auch zeitlich sequentielle Doppelmitgliedschaften in Vorständen sowie einfache Doppelmitgliedschaften und Doppelmitgliedschaften von mindestens zwei Mitgliedern eines Vorstandes. Die Anzahl der personellen Verflechtungen zwischen Unternehmen ist generell und einheitlich zwischen 1983 und 1998 gewachsen. Gleichwohl sind die internationalen personellen Verflechtungen für Unternehmen mit Stammsitz in Japan und Südkorea im Vergleich zu den personellen Verflechtungen von Unternehmen in Nordamerika und Europa als Stammsitzländern nach wie vor unbedeutend (ebd.: 363).

Deutschland, Frankreich, die Schweiz und Großbritannien weisen besonders starke Wachstumsraten bei den inländischen wie internationalen Personalverflechtungen auf Vorstandsebene aus. Kentor/Jang (2004: 266) resümieren ihre Ergebnisse: »Mit der Intensivierung des Prozesses der globalen Integration zwischen transnationalen Unternehmen können diese zunehmend vereinheitlichte Akteure in

16 Auf die methodischen Details und Probleme der Zählung und des Vergleichs von monistisch verfassten Unternehmensstrukturen mit einem *board* wie in den USA oder England mit dualistisch verfassten Unternehmensstrukturen wie in Deutschland oder Dänemark wird in dem Artikel nicht näher eingegangen.

der globalen Ökonomie werden, und die Individuen, die diese Organisationen kontrollieren, können tatsächlich als eine globale kapitalistische Klasse erscheinen.« Während mit den Personalverflechtungen zwischen Vorständen eher die transnationale soziale Praxis *zwischen* internationalen Unternehmen und nicht *innerhalb* transnationaler Organisationen gemessen wird, präsentiert Fiona Moore (2004) eine interessante Studie über die transnationale Produktion und Reproduktion von Symbolsystemen anhand der Fallstudie einer international tätigen Bank mit Stammsitz in Deutschland. Als Geschäftsstil (*business style*) versteht Moore »einen lockeren Komplex von Symbolen, von denen gesagt wird, sie definierten, wie Menschen einer bestimmten Nation wirtschaftlich tätig sind« (ebd.: 186).

In der vorherrschenden Literatur, so Moore, werde der deutsche Geschäftsstil beschrieben als orientiert auf Langfristigkeit, Effizienz und Ordnung und auf die Priorisierung von Qualität gegenüber Wirtschaftlichkeit, von Beruflichkeit gegenüber Erfahrung sowie orientiert auf das soziale Wohlergehen der Beschäftigten. Durch teilnehmende Beobachtungen und Expertengespräche in der Londoner Filiale der deutschen Bank konnte die Autorin in ihrer anthropologisch ausgerichteten Studie zeigen, dass das Symbolsystem des deutschen Geschäftsstils in unterschiedlichen Kontexten unterschiedlich ausgelegt und verwendet wird. Je nach Kontext dient es entweder dazu, (1) eine bestimmte soziale Gruppe von Organisationsmitgliedern auf bestimmten Ebenen zu charakterisieren, (2) die Existenz eines solchen deutschen Geschäftsstils generell in Frage zu stellen oder (3) ein symbolisches Deutschtum (ebd.: 190) zu konstruieren, welches nicht an die ethnisch-nationale Zugehörigkeit zu Deutschland geknüpft ist.

Das Symbolsystem »deutscher Geschäftsstil« kann im letzteren Fall die transnationalisierende Funktion haben, soziale Praktiken, die an bestimmten Standorten der Organisation stattfinden, mit solchen systematisch zu verknüpfen, die diese Standorte überschreiten. Die in diesem Falle mit deutschem Geschäftsstil verbundenen Symbole gehen also in erster Linie mit der transnationalen Integration lokaler sozialer Praktiken einher (ebd.: 191ff.). Die Vieldeutigkeit und der kontextspezifische Gebrauch des Symbolsystems »deutscher Geschäftsstil« zeigt sich auch in Bezug auf die Interaktionen mit der Organisationsumwelt, konkret mit anderen transnationalen Banken. Die Autorin resümiert abschließend, »dass transnationale Geschäftsleute die Symbole des deutschen Geschäftsstils nicht einfach im Sinne von Selbst- und Fremddefinition, Netzwerke knüpfen und aushandeln mit anderen Gruppen benutzen, sondern im Sinne der Verbindung des Globalen und des Lokalen, der Konstruktion flexibler und ständig wechselnder Netzwerke und der Weiterentwicklung von Verbindungen zwischen ihnen selbst und anderen Gruppen« (ebd.: 195).

Gewissermaßen im Schnittfeld von transnationalen sozialen Praktiken und transnationalen Symbolsystemen liegt der Forschungsgegenstand transnationaler Kompetenzen, die personengebunden für transnationale Netzwerkbeziehungen und transnationale Organisationen von fundamentaler Bedeutung sind. Koehn und Rosenau (2002) bieten eine interessante Systematisierung der Dimensionen von transnationalen Kompetenzen. In einer ersten Dimension benennen sie *analytische Kompetenzen*, worunter sie die Fähigkeit des Verstehens anderer Glaubens-, Werte- und Praxissysteme sowie der jeweiligen Paradoxien entsprechender Kulturen und Gesellschaften verstehen, aber auch die Fähigkeit, die Bedingungen eines Gastlandes mit den entsprechenden Bedingungen des Herkunftslandes zu verbinden. Zur analytischen Kompetenz gehört auch die Anzahl und Komplexität von unterschiedlichen kulturellen Pfaden, die eine Person erfahren hat und für sich selbst einordnen kann, und schließlich auch die Fähigkeit, effektive transnationale Interaktionsstrategien zu entwickeln und hierfür von vergangenen Erfolgen und Misserfolgen zu lernen.

Auf einer zweiten analytischen Ebene benennen die Autoren *emotionale Kompetenzen*, zu denen zunächst die Motivation und Fähigkeit gehören, sich selbst ständig unterschiedlichen Kultureinflüssen und Erfahrungen gegenüber offen zu zeigen sowie die Fähigkeit, tatsächliches Interesse für und Respekt vor den unterschiedlichen Werten, Traditionen, Erfahrungen und auch Herausforderungen anderer Kulturen und Nationen zu entwickeln. Ebenso gehören hierzu die Fähigkeit, selbst mit multiplen Identitäten umzugehen und ein Gefühl für transnationale Effektivität zu entwickeln. In einer dritten Dimension werden *kreative und imaginative Kompetenzen* zusammengefasst. Hierzu zählen die Fähigkeit, die Synergiepotentiale unterschiedlicher kultureller Perspektiven für Problemlösungen abzuschätzen, die Fähigkeit zur Kooperation bei der Formulierung neuartiger und transnationaler Synthesen, die Fähigkeit, sich gangbare und wechselseitig akzeptable Alternativen vorzustellen und auch die Fähigkeit, unterschiedliche kulturelle Ressourcen als Inspirationsquelle für die eigene Arbeit zu nutzen.

Auf einer vierten Ebene schließlich werden *kommunikative und funktionale Verhaltenskompetenzen* zusammengefasst. Hierzu zählen sowohl der Gebrauch unterschiedlicher Sprachen wie auch entsprechender Übersetzungshilfen, der souveräne Umgang mit interkulturell angemessenen nicht verbalen Signalen, die Fähigkeit zu sinnvollen kulturgrenzenüberschreitenden Dialogen sowie die Sensibilität, kommunikative Missverständnisse zu vermeiden bzw. auch zu lösen. Schließlich gehören hierzu auch die Fähigkeiten, mit entsprechenden Kooperationspartnern positive interpersonelle Beziehungen zu entwickeln, angemessene transnationale Organisationsstrategien und Handlungspläne zu entwickeln sowie Probleme und Konflikte bei der transnationalen Zielerreichung zu überwinden. Auch wenn die Studie von Koehn/Rosenau (2002) zunächst nur eine systematische konzeptionelle Sichtung der unterschiedlichen Aspekte transnationaler Kompetenzen anbietet und noch keine empirischen Daten etwa bezogen auf real existierende internationale bzw. transnationale Organisationen liefert, so lässt sie doch die Komplexität der Voraussetzungen für die Stabilisierung transnationaler Organisationen erahnen.[17]

Neben den bisher vor allem angesprochenen Profit-Organisationen spielen transnationale Organisationen auch im Non-Profit-Be-

17 Ein gutes Beispiel für eine Art transnationaler *epistemic community* indisch-US-amerikanischer IT-Experten dokumentiert Saxenian (2004). Erfolgreiche indischstämmige Unternehmer aus dem Silicon Valley begannen 1999, direkte organisatorische Brückenbeziehungen mit IT-Unternehmen in verschiedenen Teilen Indiens aufzubauen (ebd.: 182). Es entstanden transnationale organisationale Netzwerke, die wesentlich auf den transnationalen Kompetenzen von Schlüsselpersonen als Experten basieren. Saxenian meint, die »*technical communities*, die sich über nationale Grenzen erstrecken und sich auf umfangreiches technisches Wissen, Vertrauen und Kontakte stützen können« seien lange Zeit zu wenig beachtet worden, und sie vermutet »transnationale Gemeinschaften könnten hinsichtlich des Wachstums neuer Zentren von Technologieunternehmen noch bedeutsamer werden als die allgemein bekannten Akteure – Staaten und multinationale Unternehmen« (ebd.: 164). Zur Dialektik von Nationalisierung und Transnationalisierung am Beispiel des Fernsehens vgl. bereits Sepstrup 1990 und neuerdings Sassen 2006, die sich vor allem auf die Digitialisierung und Globalisierung von (Finanzkapital-)Märkten konzentriert. Vgl. neuerdings auch die sehr interessante Studie von Aneesh (2006) zur indischen IT-Industrie als »virtueller Migration«.

reich eine wichtige und wachsende Rolle. Dies haben Keck/Sikkink (1998) in ihrer Studie über *advocacy networks*, also verschiedenen Formen der freiwilligen Unterstützungsarbeit in NGOs, aufgezeigt. Für den Teilbereich transnationaler Migrantenorganisationen liegen bereits einige interessante Untersuchungen von Østergaard-Nielsen (2001; 2003c) vor.[18] In ihren Studien über internationale Organisationen türkischer Migranten entwickelte Eva Østergaard-Nielsen eine Typologie verschiedener politischer Praktiken. Als *homeland-politics*-orientierte Organisationen bezeichnet sie solche, die vor allem auf die Beeinflussung bzw. Veränderung des gesamten Herkunftslandes orientiert sind. *Translocal-politics*-orientierte Organisationen dagegen fokussieren auf die konkrete lokale Ebene in den Herkunftsgemeinden. Bei *diaspora-politics*-geprägten Organisationen stehen die auf das Heimatland gerichteten Aktivitäten von Menschen im Zentrum, die selbst – z. B. als politische Verfolgte – aus dessen politischem System ausgeschlossen sind. Schließlich beschreibt Østergaard-Nielsen Organisationen, die eine *transnationale Immigrationspolitik* verfolgen, was sich an der doppelten Orientierung auf das Ankunftsland und auf das Herkunftsland zeigt.

Eine vergleichende Untersuchung transnationaler kolumbianischer, dominikanischer und mexikanischer Migrantenorganisationen in den USA haben Portes et al. (2005) vorgelegt. Transnationale Organisationen waren hier dadurch ausgezeichnet, dass »ihre Ziele und Aktivitäten teilweise oder vollständig in Ländern jenseits der Wohnorte ihrer Mitglieder zu finden sind« (Portes et al. 2005: 13). Untersucht wurden Organisationen, die von Migranten im Ankunftsland gegründet worden waren, Migranten, die selbst dort arbeiteten und gleichzeitig auch im Herkunftsland aktiv waren. Die Organisationen wurden nach ihren Haupttätigkeitsfeldern unterschieden: bürgerrechtliches Engagement, sozialfürsorgerische Arbeit, religiöse oder politische Orientierung und schließlich auf die Heimatgemeinde ausgerichtete Arbeit (*hometown committees*). Bei der Untersuchung, die in den USA und in den jeweiligen Herkunftsländern durchgeführt wurde, zeigte sich, dass ein signifikanter Anteil der Migrantenorganisationen in den USA transnationale Bezüge hatte und dass die Migrantenorganisationen unterschiedliche Profile aufwiesen, die stark durch ihre Herkunftsländer bedingt waren.

18 Vgl. zum political claim-making Koopmans/Statham (2003) und zur Bedeutung von Migrantenorganisationen für »transnationale Dörfer« Levitt (2001, z. B. S. 11).

So waren z. B. die Organisationen mexikanischer Migranten stark in Gremien des Herkunftsstaates einbezogen, weil dieser eine vergleichsweise offensive und aktive Politik gegenüber Migrantenorganisationen entwickelt hat. Im Falle Kolumbiens spielten dagegen Partnerschaften der Migrantenorganisationen mit Organisationen des Privatsektors eine größere Rolle.

Insgesamt haben Untersuchungen zu den *hometown associations*, also den Migrantenorganisationen, deren Ziele die Förderung der sozialen und ökonomischen Entwicklung der Herkunftsgemeinden sind, in jüngerer Zeit deutlich an Bedeutung gewonnen. So weist z. B. Orozco (2004) auf einen Anstieg von *latino hometown associations* in den USA im vergangenen Jahrzehnt hin, was mit dem quantitativen Anwachsen der lateinamerikanischen Migration und mit deren »Reifung« und Ausdifferenzierung erklärt wird. Diese *hometown associations* könnten in Zukunft als transnationale Migrantenorganisationen eine noch größere Rolle spielen, weil sowohl die örtlichen Gemeinden wie auch die Nationalstaaten der Herkunftsländer ein großes Eigeninteresse an deren Tätigkeit haben. Die lokalen wie die nationalen Akteure versuchen, diese fast immer aus unmittelbaren Familienbeziehungen und sozialen Netzwerken entstandenen Migrantenorganisationen für ihre eigenen öffentlichen Entwicklungsprojekte zu gewinnen. Wenn auch nur ein kleiner Teil der milliardenfachen und weiter wachsenden Geldrücküberweisungsströme – so die Überlegung – aus dem Bereich der direkten Haushaltsausgaben in produktive öffentliche oder private investive Maßnahmen umgeleitet werden könnte, so könnten enorme Regionalentwicklungsinitiativen gestartet werden. Dass sich sogar die Weltbank und in Deutschland die Gesellschaft für Technische Zusammenarbeit (GTZ) für diese Projekte interessieren, zeigt die enge Verknüpfung von transnationalen Migrantenorganisationen, lokaler und nationaler Entwicklung und Entwicklungszusammenarbeit.[19]

19 Vgl. zu transnationalen Migrantenorganisationen auch Escala Rabadán 2005; Quiroz 2004; Imaz B. 2004; Bada 2004; zum neuerlichen Interesse der Weltbank an den Migrantengeldüberweisungen vgl. Russell 1995 und World Bank 2005.

7.4 Transnationale Institutionen

Transnationale Sozialräume vom Typus transnationaler Institutionen zeichnen sich dadurch aus, dass sie für eine angebbare und große Gruppe von Menschen, die in pluri-lokalen grenzüberschreitenden Interaktionsverflechtungen miteinander verbunden sind, komplexe und über Generationen vererbte Handlungs- und Identifikationsprogramme bereitstellen. Als vielschichtige Gebilde von Routinen, Regeln, Normen und wechselseitigen Erwartungen, die für bestimmte Gruppen von Menschen handlungsstrukturierend sind und Identität, Integration, Stabilität und Berechenbarkeit stiften, sind sie nicht auf einen nationalgesellschaftlichen Containerraum bezogen bzw. begrenzt. Sie entwickeln ihre Wirksamkeit transnational. Ein gutes Beispiel hierfür sind transnationale Familien.

Familien als über Verwandtschafts- oder ähnlich intensive Beziehungen gestiftete Sozialgebilde zur wechselseitigen Generationenversorgung oder zumindest zur Erziehung natürlicher oder adoptierter Kinder zeichnen sich durch die dominante Handlungslogik unspezifischer Reziprozitätserwartungen aus: Zwar wird allgemein angenommen, dass man sich gegenseitig beisteht, aber wie diese Reziprozität genau ausgestaltet wird, ist nicht eindeutig formalisiert. Die sozialräumliche Institution der Familie kann nun in ihren Ausprägungen nach Nationalgesellschaften oder ethnischen Gruppen starken Variationen unterliegen. So nimmt die Familie in vielen westeuropäischen Nationalgesellschaften – bei aller Variation in Details, die hier nicht berücksichtigt werden können – die dominante Form der Zwei-Generationen- und der »Rumpf«-Familie an, in der die Versorgung und Betreuung heranwachsender Kinder im Mittelpunkt steht. Dagegen spielt z. B. in Lateinamerika die Drei-Generationen-Familie mit den Funktionen von Kinderaufzucht und Altenversorgung eine vorherrschende Rolle. Hier verlieren die Familienbande mit dem Auszug aus dem Elternhaus nicht in dem gleichen Ausmaß an Gewicht, wie dies in Westeuropa der Fall ist.

Verschiedene Studien zeigen nun, dass besonders im lateinamerikanischen und im asiatischen Kontext die soziale Institution der Familie auch den Charakter eines transnationalen Sozialraumes annehmen kann. Für den nordamerikanischen Kontext haben z. B. Cohen (2001) und Conway/Cohen (2003) aufgezeigt, wie familiäre Entscheidungen in Bezug auf Arbeitsmigration und Geldrücküberweisungen in transnationalen Familienstrukturen getroffen werden. Besonders interessante Beispiele zum Thema »Asian Transnational Families« sind in dem Sonderheft 4/2005 der Zeitschrift *global networks* zusammengetragen. Die Herausgeber dieses Themenheftes betonen, dass ideologisch aufgeladene Vorstellungen von Familieneinheit dazu dienen, eine Zusammengehörigkeitsidee bei den Mitgliedern transnationaler Familien zu verankern, die auch über deren (welt-)weite lokal-physische Streuung wirksam ist. Diese Einheitsvorstellungen sind durchaus ambivalent, weil sie als konservierende und Kontrollfaktoren bestimmte Gruppen – wie z. B. die Frauen – innerhalb solcher transnationalen Familien in ihren Entfaltungsmöglichkeiten einschränken können. In transnationalen Familien finden auch sehr komplexe Aushandlungen über die Bereiche von Familienöffentlichkeit und von Intimität statt, wobei durchaus umstritten ist, welche Themen von welchen – formell-verwandtschaftlich gebundenen oder real mitlebenden – Mitgliedern der transnationalen Familie erörtert werden dürfen und erörtert werden sollen. Schließlich werden die komplexen Konstellationen transnationaler Familien auch unter dem Gesichtspunkt betrachtet, wirtschaftlichen Erfolg und soziale Aufwärtsmobilität für einzelne Teile (wie z. B. für die Kinder durch deren gute Ausbildung) und für den transnationalen Gesamtfamilienverband zu verbessern.

Weitere Beiträge dieses Sonderheftes beschäftigen sich mit den Beziehungen zwischen Müttern und ihren Kindern in transnational lebenden philippinischen Familien unter dem besonderen Aspekt, wie in solchen Familien Intimität behandelt wird und welche Rolle soziale Klassen- und Geschlechter-Zugehörigkeit dabei spielen (Parreñas 2005). Am Beispiel nepalesischer Arbeitsmigration wird gezeigt, dass ein gewisses Muster zunächst männlicher, dann weiblicher Arbeitsmigration nach Japan (vor dem Hintergrund historischer Wanderungsströme nach Burma und Indien) zu transnationalen Familienkonstellationen führt, in denen Doppelverdiener-Eltern in einem Land und weitere Familienangehörige mit den zurückgebliebenen Kindern in Nepal ein spezifisches Muster transnationaler Familien bilden (Yamanaka 2005). Die besondere Bedeutung der Auslandsausbildung für einen Teil transnationaler Familien als Strategie sozialer Aufwärtsmobilität beleuchten Waters (2005) am Beispiel chinesischer Studenten in Kanada und Hongkong und Huang/Yeoh (2005) am Beispiel von Studierenden aus der Volksrepublik China, die mit ihren Müttern zur Ausbildung nach Singapur migrieren. Ein interessantes Beispiel für innovative qualitative Methoden der Erhebung subjektiver Flächenraum- und Sozialraumvorstellungen in der alltagsweltlichen Lebenspraxis indonesischer Migrantinnen liefert Purwani Williams (2005). Die komplexen Wechselwirkungen zwischen ökonomischer Globalisierung und zunehmenden Geschäftstätigkeiten taiwanesischer Unternehmer und Manager in der Volksrepublik China einerseits und den Frauenbildern und -rollen taiwanesischer und festlandchinesischer Frauen im Rahmen familiärer Arbeitsteilung andererseits beleuchtet Shen (2005).

Die Transnationalisierung der Familie als sozialräumlicher Institution lässt sich auch an den Befunden eigener Untersuchungen über die komplexe und dynamische Zusammensetzung von Haushalten mexikanischer Arbeitsmigranten aufzeigen (vgl. Herrera Lima 2002; Pries 2004a). In der bereits erwähnten Studie über Lebens- und besonders Erwerbsverläufe mexikanischer Migranten aus dem Bundesstaat Puebla (Pries et al. 1998), die mindestens einmal im Großraum von New York arbeiteten, wurden die 648 Interviewten für jeden einzelnen Wohnort in ihrem Lebensverlauf gefragt, mit wem sie jeweils zusammenlebten. Die Tabelle 6 gibt die Zusammensetzung der Haushalte wieder, in denen die Interviewten in Mexiko und in den USA jeweils im Laufe ihres Lebens gewohnt haben. Um die Tabelle übersichtlich zu halten, werden nur die ersten sechs Wohnsitze der Befragten wiedergegeben (immerhin 15 Befragte gaben 14 Wohnsitze an, an denen sie mindestens für drei Monate, also nicht nur als Touristen, gelebt hatten!). In den Spalten für den ersten, zweiten usw. Wohnsitz werden solche in Mexiko und den USA getrennt ausgewiesen, wobei es sich auch bei den Wohnsitzen innerhalb Mexikos durchaus um solche außerhalb der Herkunftsgemeinde handeln kann.[20]

Die in dem Haushalt der Befragten jeweils Mitlebenden wurden in verschiedene Verwandtschaftsgruppen und sonstige Personen eingeteilt. Die Tabelle 6 lässt selbst für den ersten Wohnsitz recht komplexe Haushaltsstrukturen erkennen. Wie zu erwarten werden am häufigsten die Eltern und Geschwister als mit im Haushalt lebend genannt. Bei den Mehrfachantwortmöglichkeiten weisen aber immerhin 161 der 601 gültigen Antworten für den ersten Wohnsitz mindes-

20 Da einige der Befragten mit »Ich weiß nicht« oder gar nicht auf die Frage nach dem ersten Wohnsitz antworteten, summiert sich diese Zahl nicht auf 648.

Tabelle 6: Haushaltsstruktur im Wohnsitzverlauf mexikanischer Migranten

	1. Wohnsitz		2. Wohnsitz		3. Wohnsitz		4. Wohnsitz		5. Wohnsitz		6. Wohnsitz		Gesamt
	MEX	USA	MEX	USA	MEX	USA	MEX	USA	MEX	USA	MEX	USA	
Großeltern	72	0	9	8	11	2	4	0	3	0	1	0	110
Eltern	596	3	40	14	262	3	21	8	57	0	7	0	1011
Geschwister	482	2	66	41	211	27	24	52	48	10	8	14	985
Schwiegereltern	0	0	3	43	3	3	4	1	4	2	2	0	65
Partner	85	0	18	43	57	11	19	23	27	8	9	6	306
Kinder	85	0	7	17	76	6	8	10	27	6	8	4	254
Andere	38	0	87	357	47	53	27	131	14	17	5	32	808
Gesamt	601	3	164	410	416	75	78	170	146	28	27	47	

Bemerkung: Absolute Antworthäufigkeiten auf die Frage »Wer lebte in diesem Zeitraum mit Ihnen zusammen im Haushalt?«; Mehrfachantworten, hier ohne die Kategorien »Ich weiß nicht« und »ohne Antwort«.

tens drei der abgefragten Gruppen aus. Hier handelt es sich in der Regel um komplexere Drei-Generationenhaushalte. 34 Mal wurden vier verschiedene Gruppen für den ersten Wohnsitz genannt. Beim ersten Migrationsaufenthalt in den USA lebten die Befragten vorwiegend »mit anderen« zusammen (n=357), also in der Regel als allein aus einem mexikanischen Haushalt Migrierende mit anderen Migranten, häufig aus der gleichen Gemeinde, Region oder zumindest aus Mexiko. Aber selbst schon bei diesem zweiten Wohnsitz, der fast immer (bis auf die drei bereits in den USA geborenen Befragten) den ersten Migrationsaufenthalt indiziert, finden sich recht komplexe Haushaltszusammensetzungen in den Vereinigten Staaten. 22 Befragte gaben mindestens drei verschiedene Gruppen von Mitwohnenden an, also mindestens zwei Verwandtschaftsgruppen. Über den gesamten Lebens- und Wohnsitzverlauf werden die Verwandtschaftsgruppen bei den Wohnaufenthalten in den USA gegenüber den »Anderen« immer bedeutsamer. Dies deutet auf das Anwachsen komplexer und gruppen- sowie generationengemischter Haushalte in den USA hin.

Während für den zweiten Wohnsitz 87% der Antworten die Option »Andere« mitbeinhaltete, waren es beim sechsten Wohnsitz nur noch – oder für europäische Verhältnisse: immerhin noch – 68%. Umgekehrt wurden in nur 41% der Antworten für den zweiten Wohnsitz, aber in 51% der Antworten für den sechsten Wohnsitz Familienmitglieder genannt. Bei den sechsten Wohnsitzen in den USA gaben immerhin elf der insgesamt 47 Antwortenden (23%) mindestens zwei verschiedene Gruppen als mit ihnen zusammenwohnend an, drei gaben drei verschiedene Gruppen an. Bei den sechsten Wohnsitzen in Mexiko gaben 11 von 27 Antwortenden (41%) mindestens zwei und acht Antwortende (30%) mindestens drei Gruppen an. Generell zeigen die Daten, dass die befragten mexikanischen Migranten insgesamt in sehr komplexen Haushaltsstrukturen mit verschiedenen Verwandtschaftsgruppen und »Anderen« leben, wobei diese Haushalte in Mexiko vielschichtiger zusammengesetzt sind als in den USA.

Aber selbst in den Vereinigten Staaten leben diese Migranten mit vielen der abgefragten Verwandten- und »Andere«-Gruppen zusammen, wobei die verwandtschaftlichen Gruppen gegenüber den »Anderen« im Lebensverlauf an Bedeutung gewinnen. Die qualitativen Befragungen und Felderhebungen zeigen zudem, dass die Haushaltsstrukturen an einem Ort (z. B. in der mexikanischen Herkunftsgemeinde, an einem anderen mexikanischen Migrationsort oder in der Ankunftsregion in New York) nur angemessen verstanden und erklärt werden können, wenn sie in die real bestehenden wirtschaftlichen, sozialen, kulturellen und auch familienpolitischen Zusammenhänge mit den jeweils anderen Orten bzw. Teilen der transnationalen Haushalts- und Familienstrategien gestellt werden.

Die lebensverlaufsorientierten Daten geben keinerlei Hinweise darauf, dass die Bedeutung transnationaler Familienbande im Generationenverlauf schwächer wird. Alle vorliegenden Studien lassen vermuten, dass die Transnationalisierung der Familie als sozialräumlicher Institution einerseits kein universeller Trend ist, der den vorwiegend nationalgesellschaftlichen oder ethnischen Charakter der Institution Familie langfristig völlig ersetzen könnte, und dass sie andererseits aber auch nicht nur eine marginale und vorübergehende Erscheinung der ersten Migrantengeneration ist. Ähnliches könnte für die Transnationalisierung anderer sozialräumlicher Institutionen wie z. B. bestimmter Rituale gelten. So zeigen die Untersuchungen von Federico Besserer (2004: 72ff.), dass trotz ausdifferenzierter Verteilung ökonomischer, kultureller, politischer und ausbildungsbezogener Aktivitäten der transnationalen Gemeinde von San Juan Mixtepec über die verschiedensten Orte in den USA und in Mexiko bestimmte religiös-rituelle Institutionen wie die Taufe oder das Heiraten flächenräumlich streng an die jeweiligen Herkunftsorte in der Gemeinde Mixtepec/Oaxaca gebunden bleiben.

Auf diese Art findet eine Transnationalisierung dieser Institutionen statt, da ihr Gültigkeits- und Wirkungsanspruch nicht mehr vorwiegend lokal oder national, sondern transnational ausgerichtet ist. Dies lässt sich in den analytischen Perspektiven der sozialen Praxis, der Symbolsysteme und der Artefakte zeigen. In der sozialen Praxis kann z. B. die transnationale Institution der Eheschließung und Kindertaufe in der Dorfkirche der Herkunftsgemeinde weit über den Kreis der transnationalen Familien hinaus Gültigkeit haben. So können sich auch die Mitglieder traditioneller mexikanischer Einwandererfamilien, die in den USA in verschiedenen Dimensionen (z. B. Erwerb, Schulbesuch der Kinder, citizenship etc.) fest integriert sind, für die Ausrichtung institutionalisierter Rituale an der Herkunftsgemeinde ihrer Eltern oder Großeltern in einem mexikanischen Dorf orientieren. Die in diesen Ritualen wie Taufe, Heirat oder Feier des Dorfheiligen zum Ausdruck und in Anwendung gebrachte Symbolsprache ist dabei nicht mehr die der Vorfahrengenerationen, sondern ein multipel an sehr verschiedene (transnationale, diasporische, traditionell-lokale etc.) Erfahrungswelten anknüpfendes System von Zeichen und Bedeutungen. Und die Pracht und teure Ausstattung der Dorfkirche als das wohl wichtigste Artefaktum in den zum Teil ausgestorbenen oder fast menschenleeren Herkunftsgemeinden lässt sich überhaupt nicht erklären, ohne die Bedeutung dieser Kirche für die (Re-)Produktion der transnationalen Institutionen zu berücksichtigen.

In diesem Kapitel wurden einige theoretisch-analytische Überlegungen und Präzisierungen für das Konzept transnationaler Sozialräume vorgenommen, und es wurden empirische Befunde aus neueren Studien zusammengetragen. Dazu wurde anknüpfend an die Überlegungen in Kapitel 4 ein allgemeinerer *Begriff von Sozialräumen* vorgeschlagen, der über die klassischen Termini von Gemeinschaft und Gesellschaft hinausführt. Dieses Begriffspaar repräsentiert in der Soziologie des 19. und 20. Jahrhunderts zwei unterschiedliche Logiken sozialer Differenzierung und Integration, die in aller Regel entwicklungsgeschichtlich im Modernisierungsparadigma verankert wurden. Die Problematisierung des Verhältnisses von Flächenraum und Sozialraum in Kapitel 4 machte einen Begriffsrahmen notwendig, der für absolute und für relationale Raumvorstellungen anwendbar ist. Deshalb wurden Sozialräume ganz allgemein als vergleichsweise dauerhafte und dichte relationale Ordnungsgefüge von sozialen Praktiken, Symbolsystemen und Artefakten definiert. Dies ermöglicht es, sie auf die unterschiedlichsten Formen der Internationalisierung von Vergesellschaftung zu beziehen, die in Kapitel 5 dargestellt wurden.

In diesem Kapitel wurde nun der Sozialraum-Begriff wieder aufgenommen und von den beiden anderen nach dem *Niveau der behandelten sozialen Phänomene* abgegrenzt. Sozialräume unterscheiden sich von sozialen Beziehungen und sozialen Feldern nach der Dauer und Dichte bzw. Intensität der damit gemeinten sozialen Verflechtungsbeziehungen. Sodann wurden *drei idealtypische Formen von Sozialräumen* vorgestellt – alltägliche Lebenswelten, Organisationen und Institutionen – und die bereits eingeführten drei *analytischen Perspektiven* auf bzw. Aspekte von Sozialräumen näher erläutert: soziale Praxis, Symbolsysteme und Artefakte. Zusammen mit den vier *Dimensionen des Sozialen* und der Sozialräume (dem Ökonomischen, dem Sozialen, dem Kulturellen und dem Politischen) ergab sich so ein komplexes begrifflich-analytisches Raster, welches erlaubt, das Konzept der transnationalen Sozialräume explizit zu verorten.

Für die drei Idealtypen von Sozialräumen wurde schließlich an Beispielen aufgezeigt, dass inzwischen erhebliche empirische Grundlagen für eine systematische Beschreibung transnationaler Alltagswelten, Organisationen und Institutionen entlang der analytischen Perspektiven der sozialen Praxis, Symbolsysteme und Artefakte sowie spezifiziert nach der ökonomischen, der sozialen, der kulturellen und der politischen Dimension der transnationalen Sozialräume geschaffen wurden. Die vorliegenden Forschungsbefunde konnten hier nur skizziert werden. Eine systematische sekundäranalytische Aufbereitung auch von Ergebnissen, die nicht explizit im Rahmen des Transnationalisierungskonzeptes erarbeitet wurden, bleibt ein deutliches Forschungsdesideratum. Der Fundus entsprechender theoretischer und empirischer Arbeiten in allen sozial- und geisteswissenschaftlichen Disziplinen ist inzwischen – das konnte in Kapitel 6 zumindest angedeutet werden – viel zu groß, um in einer individuellen Anstrengung angemessen und erschöpfend gesichtet werden zu können. Während hiermit ein großes Aufgabenfeld für die weitere wissenschaftliche Forschung angedeutet ist, wird es im folgenden Kapitel um die praktischen gesellschaftlichen Chancen und Herausforderungen gehen, die sich aus dem Befund der Transnationalisierung der sozialen Welt ergeben.

8 Transnationalisierung als Herausforderung und Chance

Die Internationalisierung der menschlichen Lebenszusammenhänge ist eine wichtige Veränderungstendenz und vielleicht sogar die wichtigste Herausforderung im 21. Jahrhundert. Diese Internationalisierung von Vergesellschaftung wird vor allem als eine *Globalisierung von Waren-, Finanz- und Informationsströmen* und auch als eine globale Ausbreitung von *Umwelt-, Gesundheits- und Gewaltrisiken* wahrgenommen. Auch wenn diese Risiken sehr lokal produziert sind und wenn unterschiedliche Regionen und soziale Klassen von diesen Risiken in völlig unterschiedlichem Ausmaß betroffen sind, so kann sich ihnen letztlich kein Mensch wirklich vollständig entziehen. Die Globalisierung von Vergesellschaftung findet schließlich auch auf der Ebene der *Wahrnehmung*, als *globale Verbreitung von Wertorientierungen und Teilhabeerwartungen, von Symbolsystemen und Medienpräsenz* statt.

Allerdings hat diese Globalisierungsmetapher ein großes Problem. Denn ihrem Wesen nach waren menschliche Handlungszusammenhänge – solche zwischen Menschen und auch solche zwischen Mensch und Natur – aufgrund der Körper- und damit Behältergebundenheit des Menschen bis ins 20. Jahrhundert fast ausschließlich mono-lokal an spezifische Orte und Plätze gebunden. Auch wenn im 21. Jahrhundert viele Menschen pluri-lokaler leben, ändert dies nichts an der grundsätzlichen Raumgebundenheit der menschlichen Existenz. Bruce Mazlish (2005a: 95) hat es kürzlich so ausgedrückt: »Das Globale kann nur in den Formen des Lokalen existieren; es fließt nicht irgendwo über der Erde (außer in der Vorstellung).« Hiermit ist ein entscheidender Punkt angesprochen: Die *soziale Praxis* der Menschen selbst kann nicht global sein, sie kann von der Globalisierung beeinflusst und eventuell auf diese Globalisierung ausgerichtet sein. Menschen handeln und interagieren immer an und zwischen konkreten Plätzen. Ebenso wenig kann die *Artefakte-Welt* als das Gesamt aller sachlich-materiellen Kulturproduktionen, mit denen die Menschen ihr Leben auf diesem Planeten einrichten, selbst global im Sinne von de-lokalisiert und ubiquitär sein.

In der Körpergebundenheit der Artefakte liegt ebenso wie in der

Körpergebundenheit sozialer Interaktionen die Grenze ihrer Enträumlichung oder Entkoppelung von der physisch-flächenräumlichen Welt. Veränderungen in der Artefakte-Welt wie z. B. die Entwicklung der Internettechnologie mit den dazugehörenden technischen Apparaturen können die Qualität und Reichweite sozialer Interaktionen sehr stark beeinflussen und verändern, aber sie können – außer in *Science-Fiction*-Romanen – nicht die Raumgebundenheit sozialer Interaktionen auflösen. Alle sozialräumlichen Wirklichkeiten und Extensionen haben immer auch eine flächenräumliche Dimension und Ausdehnung. Chatrooms und Videokonferenzen können Kommunikation über große Entfernungen einer face-to-face-Unterhaltung ähnlicher machen, aber sie können diese erstens in ihrer rational-sinnlich-emotionalen Komplexität nicht ersetzen und sie sind zweitens immer auf raumgebundene Körper und auf lokal-fixierbare Artefakte-Systeme angewiesen.

Deshalb ist es sinnvoll, nicht nur von einer Globalisierung, sondern vor allem auch von einer *Transnationalisierung von Vergesellschaftungsprozessen* zu sprechen. Im Zuge dieser Transnationalisierung intensivieren sich vielfältige grenzüberschreitende pluri-lokale Verflechtungszusammenhänge. Diese Transnationalisierungstendenzen können teilweise wirksame Gegengifte gegen eine scheinbar nicht mehr kontrollierbare Globalisierung unserer Welt sein. Die alte Devise »Wo Unterdrückung ist, da ist auch Widerstand« kann ergänzt werden um das Motto »Wo (ungezügelte) Globalisierung ist, da entwickelt sich auch Transnationalisierung«. Allerdings wäre es falsch, die Transnationalisierung der sozialen Welt zur neuen Problemlösungsformel für alle grundlegenden Probleme im Internationalisierungsprozess zu machen. Es ist deutlich geworden, dass einer Transnationalisierung *von unten* auch eine Transnationalisierung *von oben* gegenüberstehen kann. Und auch die Transnationalisierung *von unten* muss keineswegs nur Segnungen und Gutes für die Menschen bringen, wie die Beispiele des dezentral organisierten neuen Terrorismus oder grenzüberschreitender krimineller Netzwerke zeigen.

Im Folgenden werden deshalb zunächst die strukturellen und auch die sehr konkret-empirischen Grenzen der Metaphern von der Globalisierung und von der Lokalisierung von Vergesellschaftung aufgezeigt. Dermaßen vor allzu großen Erwartungen gefeit werden dann die verschiedenen Formen der Internationalisierung und besonders die Chancen der Transnationalisierung im Bereich der Regulierung von Arbeit und Beschäftigung aufgezeigt.

8.1 Grenzen der Global-Lokal-Metapher im wissenschaftlichen Diskurs

Eine grundlegende Erfahrung unserer Zeit ist das immer stärkere Aufeinanderangewiesensein aller Menschen und alles sonstigen Lebens auf diesem Globus. Extensiver Kohlendioxyd-Ausstoß trägt zur globalen Erderwärmung bei. Diese wirkt als Katalysator für Unwetterkatastrophen und verändert das gesamte Leben, auch in den Meeren. Die Konflikte um Risiko- und Ressourcenverteilungen zwischen Regionen und Nationen verschärfen sich. Die Auseinandersetzung um bisher nicht besonders stark problematisierte Ressourcen wie Erdöl, seltene Rohstoffe oder Wasser bestimmen zunehmend die Außenpolitik. Billigflieger und nicht versteuertes Flugbenzin machen den Massenferntourismus zur wirtschaftlichen (Über-)Lebensgrundlage von immer mehr Menschen im Süden und zum alltagsweltlichen Lebensbestandteil von immer mehr Menschen im Norden. Die Ernährungsgewohnheiten internationalisieren sich, fast alle Früchte dieser Welt sind in allen Wohlstandszonen weltweit ganzjährig und preiswert zu konsumieren. Durch Verschlechterung ihrer natürlichen Lebensgrundlagen angeschoben und durch globalisierte Bilder vom schönen Wohlstandsleben und Berichte von Bekannten angezogen begeben sich immer mehr Menschen in die durch internationalisierte Transport- und Kommunikationsmittel erleichterte internationale Arbeitsmigration.

Angesichts dieser zunehmenden Internationalisierung von Vergesellschaftung werden viele Unterscheidungen immer schwieriger: Was ist lokal und was ist global? Welcher Faktor hat welche Wirkung hervorgerufen? Was ist beabsichtigtes und was ist nicht beabsichtigtes Ergebnis absichtsvollen menschlichen sozialen Handelns? Ist das Lokale dem Globalen vorzuziehen, weil hier eher Übersichtlichkeit und Beteiligung der Betroffenen hergestellt werden können? Auf all diese Fragen kann hier keine erschöpfende Antwort gefunden werden. Es soll vielmehr aufgezeigt werden, dass die so prominente Diskussion über das Verhältnis zwischen dem Lokalen und dem Globalen schnell an ihre Grenzen stößt, wenn sie nicht in einen erweiterten

Zusammenhang auch anderer Internationalisierungsformen und -typen gestellt wird. Eine interessante Debatte hierzu wurde in der Zeitschrift *Current Sociology* geführt.

In einer historischen Perspektive stellt Bruce Mazlish (2005a) Globalisierung als technische, soziale und politische Entwicklung dar und fragt nach dem Verhältnis zwischen dem Globalen und dem Lokalen. Häufig werde dieses Verhältnis sehr emotional behandelt und dem Lokalen der Mythos des Guten und Tugendhaften gegeben, während das Globale als kalter, bedrohlicher Raum angesehen werde. So entstehe ein unausgewogenes Bild, welches nur wenig mit der Realität und empirischen Forschung übereinstimme. Denn das Lokale limitiere immer auch Möglichkeiten und wirke sich nicht selten auf andere Lokalitäten negativ aus. Mazlish verdeutlicht dies anhand von Beispielen lokaler Politik in Pakistan und den USA. Der Umweltschutz ist seiner Meinung nach ein gutes Beispiel für die Grenzen einer rein lokalen Perspektive: Dessen Herausforderungen seien nur global zu lösen. Das Lokale und das Globale stünden in wechselseitiger Bedingung und Wirkung zueinander, was sich etwa an den Zusammenhängen zwischen der (globalen) Weltwirtschaft und der (lokal verorteten) Migration zeige. Bereits die in der griechischen Antike aufgekommene Idee des Kosmopolitismus sei aus sehr spezifischen lokalen Bedingungen hervorgegangen. Deshalb sei eine Trennung des Globalen vom Lokalen künstlich.

Trotz positiver und negativer Aspekte sowohl des Globalen als auch des Lokalen plädiert Mazlish dafür, den Nutzen des Globalen für die Menschheit stärker zu beachten. Je mehr sich die Gesellschaften und die darin lebenden Menschen im globalen Sinne als »ganze Menschheit« verstünden, desto wahrscheinlicher würden sie auch in diesem Sinne handeln. Nach Mazlish birgt das Globale ein Potential für eine »höhere Moral«. Gegen eine solche Argumentationsweise brachte Victor Roudometof (2005) in der gleichen Zeitschrift den Einwand ein, zwischen dem Globalen, dem Transnationalismus und einem Kosmopolitismus bestünden komplexere Beziehungen als bei Mazlish durch dessen Gegenüberstellung von Lokalem und Globalem unterstellt. Roudometof fragt, ob Transnationalismus zu einem höheren Niveau von Kosmopolitismus führe und ob Lokalismus tatsächlich als eine Verneinung beider Prozesse verstanden werden kann. Die letzte Frage hält er für nicht so einfach zu beantworten. Hinsichtlich der ersten Frage betont er, dass sich Transnationalismus auf wesentlich komplexere Phänomene und Erfahrungen innerhalb von *transnational social spaces* und von *transnational communities* beziehe, als die mit den Konzepten von Kosmopolitismus bzw. global-universalen Kultur- und Wertorientierungen gemeinten. Darum sei die Verbindung von Transnationalismus und Kosmopolitismus komplexer, als sie auf den ersten Blick erscheine.

In seiner Antwort auf Roudometofs Stellungnahme hebt Mazlish (2005b) die Sprach- und Konzeptevielfalt hervor, die eine Auseinandersetzung so erschwere. Ein Dialog über seinen Artikel *The Global and the Local* und Roudometofs *Transnationalism, Cosmopolitanism and Glocalization* erscheinen ihm nur auf den ersten Blick realisierbar und sinnvoll. Tatsächlich sprächen beide Autoren unterschiedliche Sprachen aufgrund ihres unterschiedlichen fachlichen Hintergrundes und völlig unterschiedlicher Begriffsverwendungen. Roudometof benutze den Begriff Transnationalismus nur in Bezug auf Migranten, lasse aber dieses Phänomen fälschlicherweise nicht als Synonym für die Globalisierung gelten. Beim Begriff Kosmopolitismus unterscheide Roudometof zwischen Kosmopolitismus als einer Haltung und Kosmopolitismus als einem moralischen bzw. ethischen Standpunkt. Dieser zweite Aspekt deckt sich weitgehend mit dem Globalisierungs- (bzw. besser: dem Globalismus-)Gedanken bei Mazlish (2005a). Für Mazlish sind Transnationalismus, Transmigration und Kosmopolitismus lediglich untergeordnete Aspekte und kleine Ausschnitte aus der – von ihm so verstandenen – umfassenderen Globalisierung.

Die Debatte zwischen Mazlish und Roudometof macht deutlich: Um die Chancen und Herausforderungen der Internationalisierung von Vergesellschaftung und speziell der Transnationalisierung zu diskutieren, reicht die einfache Gegenüberstellung von Lokalem und Globalem nicht aus. Ein komplexeres Verständnis der verschiedenen idealtypischen Formen von Internationalisierung – wie es mit den sieben Typen in Kapitel 5 vorgeschlagen wurde – ist notwendig. Dies zeigen auch andere neuere wissenschaftliche Diskussionsbeiträge. So hat z. B. Daniele Archibugi (2004) am Beispiel von Sprachengebrauch auf die Spannungen zwischen Kosmopolitismus und Multikulturalismus hingewiesen. Innerhalb der Europäischen Union stößt das Gebot des Multikulturalismus dort an seine Grenzen, wo verbindliche Formen und Normen der Verständigung definiert werden müssen. Das eine Extrem des Multikulturalismus bestünde z. B. darin, alle in den Mitgliedsländern anerkannten offiziellen Sprachen jeweils simultan zu übersetzen und keine Sprache zu privilegieren. Dadurch – so Archibugi (2004: 20ff.) – ergäbe sich aber (noch) kein linguistischer Kosmopolitismus. Dieser entstünde erst aus der Kombination von einer *lingua franca* und der Benutzung der einheimischen Sprachen der Mitgliedsländer.[1] Vor dem Hintergrund der skizzierten Debatten und eingedenk der beschriebenen Grenzen der Global-lokal-Metapher lassen sich einige recht allgemeine Beobachtungen zum Verhältnis von Lokalem und Globalem festhalten.

Erstens werden die Langzeit- und Fernwirkungen lokal gebundenen Handelns aufgrund gesteigerter menschlicher Interventionspotentiale in die Welt im Allgemeinen immer größer. Das generelle Bewusstsein über die gesteigerte Qualität und den gewachsenen Umfang der raum-zeitlichen Wirkungen menschlichen Handelns hat in den vergangenen Jahrzehnten enorm zugenommen – dies genau macht einen nicht unerheblichen Teil der *Globalisierung als globalisierter Wahrnehmung* aus. Beispiele hierfür sind die in allen Ländern und Regionen dieser Erde in der einen oder anderen Art und Weise präsenten Diskussionen über die Chancen und Risiken der Atomkraft, über die Ursachen und Folgen der Klimaveränderungen oder über die Segnungen und Gefahren der gentechnisch veränderten Landwirtschaftsprodukte. Aber auch die Problematisierung von Tropenwaldrodungen in Brasilien, von Flächenversiegelungen durch Häuser- und Straßenbau in allen dicht besiedelten Regionen des Globus und der Ausweitung von Skipisten in Österreich oder der Schweiz haben weltweit die Sensibilität für den Zusammenhang lokalen Handelns und seiner raum-zeitlichen Fernwirkungen erhöht.

Gleichzeitig sind aber *zweitens* die konkreten Wechselwirkungen und Zuschreibungen zwischen lokalen Ursachen bzw. Impulsen und den globalen Langzeit- und Fernwirkungen immer komplexer und unübersichtlicher geworden. Es ergibt sich eine seltsame Gemengelage aus tatsächlicher Unwissenheit und interessierter Infragestellung naheliegender und sich aufdrängender Quasigewissheiten. Die Menschheit braucht offensichtlich mehr als eine Generation

1 Ähnliche Bedenken gegen ein allzu einfaches Multikulturalismus- und Kosmopolitismus-Verständnis äußert Peter Dobkin Hall. Am Beispiel des Vergleichs von ethnischer Zugehörigkeit und Staatsangehörigkeit der Autoren von Promotionen weist er auf die Spannung zwischen »nationalstaatsbasierter globaler Verwestlichung und egalitärerer und multi-zentrierter Transnationalität« hin (2004: 16).

um festzustellen, ob die offensichtlichen Klimaveränderungen noch im Rahmen der über Jahrhunderte und Jahrtausende beobachtbaren »natürlichen« Schwankungen liegen oder aber eindeutig nachweisbar auf die mit der Industrialisierung einhergehenden massiven menschlichen Natureingriffe zurückzuführen sind. Die tatsächliche Komplexität der globalen Weltzusammenhänge übersteigt prinzipiell die menschlichen Erkenntnis- und Erklärungsfähigkeiten. Wenn die Menschen eine Tür wissenschaftlicher Erkenntnis nach langen Mühen geöffnet haben, stoßen sie auf mindestens zehn neue Türen, die noch verschlossen sind. Zu diesen tatsächlichen wissenschaftlichen Erkenntnisproblemen gesellt sich immer auch das wohlinteressierte Abstreiten von wissenschaftlich fundierten Ergebnissen und das Verdrängen von kritischen Fragen, die die eigenen Interessen und die eigene Lebensweise tangieren könnten. Die Haltung der Automobilindustrie zur Reduktion des Kohlendioxyd-Ausstoßes ist hierfür ebenso ein beredtes Beispiel wie die Behandlung der Gefahren der Atomenergie durch Nationalstaaten und internationale Konzerne. Die Wechselwirkungen zwischen Lokalem und Globalem sind sehr kompliziert, und es gibt genügend lokalisierbare Interessen und Kräfte, die ihre globale Verantwortung gerne ungeklärt lassen.

Drittens fehlen aber selbst da, wo diese Wirkungsbezüge mehr oder weniger unumstritten auf der Hand liegen – wie etwa hinsichtlich des Zusammenhangs von Kohlendioxyd-Ausstoß, Ozonschichtverdünnung und Erderwärmung – die globalen Akteurskonstellationen für diese globalen Herausforderungen. Sozialräume sind mono-lokal oder pluri-lokal aufgespannt, aber als spezifische Konfigurationen von sozialer Praxis, Symbolsystemen und Artefakten kaum weltumspannend. Der Weg dorthin führt nur über das Zusammendenken und Zusammenwirken aller in Kapitel 5 beschriebenen Dynamiken der Internationalisierung von Vergesellschaftung! Die Transnationalisierung der sozialen Welt ist in diesem Sinne nicht die neue Heilserwartung. Weil aber gerade mit ihr massenhaft vielfältige grenzüberschreitende pluri-lokale Verflechtungszusammenhänge entstehen, kann sie ein wichtiger Katalysator für die nachhaltige Entwicklung von Formen der Vergesellschaftung sein, die ein ganzheitliches Welterleben und Weltleben möglich machen.

Die Natur dieser transnationalen pluri-lokalen Verflechtungszusammenhänge ist im Hinblick auf kollektives Handeln durch folgende sieben Merkmale gekennzeichnet, von denen die ersten drei mit der inzwischen üblichen Charakterisierung des europäischen Mehrebenensystems übereinstimmen. *Erstens* handelt es sich bei allen Formen der Transnationalisierung von Vergesellschaftung um eine »nicht-hierarchische Anordnung der Handlungs- und Entscheidungsebenen« (Grande 2000: 16f.). Hiermit ist nicht gemeint, dass es innerhalb transnationaler Sozialräume keine hierarchischen oder Machtbeziehungen gibt, sondern dass die über mehrere nationalräumliche Container verteilten Teile dieser Sozialräume *nicht in einem systematischen Hierarchie- oder Abhängigkeitsverhältnis oder in einem eindeutigen Zentrum-Peripherie-Verhältnis zueinander* stehen. Am Beispiel transnationaler Migrationsfamilien zwischen den USA und der Karibik wurden diese dynamischen Einflussbeziehungen aufgezeigt.

Damit hängt eng ein *zweites* Merkmal eines transnationalen Sozialraumes zusammen, denn dieser »ist in erster Linie ein Verhandlungssystem, in dem Ergebnisse nicht durch Befehlsmacht oder durch Mehrheitsentscheidung, sondern durch Verhandlungsgeschick erzielt werden« (ebd.: 17). Auch hier ist die Einschränkung bzw. Spezifizierung »in erster Linie« wichtig: Natürlich können in transnationalen alltagsweltlichen Lebenszusammenhängen von Familien oder von Organisationen Mehrheitsentscheidungen getroffen werden oder die Befehlsmacht eines Patriarchen zum Einsatz kommen. Aber dies ist nicht *in erster Linie* der tragende Mechanismus der Integration transnationaler Sozialräume – diese werden in dem hier verstandenen Sinne eher *durch diskursive Verhandlungen und durch Berufung auf symbolische Gemeinsamkeiten zusammengehalten.* Weiter oben wurden Beispiele für transnationale Organisationen gegeben, deren verteilte Einheiten relativ stark koordiniert sind, ohne dass eine einzelne dieser Einheiten diesen starken Zusammenhalt alleine garantiert.

Ein *drittes* Charakteristikum transnationaler Sozialräume (und auch des europäischen Mehrebenensystems) besteht darin, dass »die Aufgabenteilung zwischen den territorialen Handlungseinheiten nicht eindeutig fixiert [ist. ...] es ist ein dynamisches System [...] ein in vielerlei Hinsicht offenes ›Projekt‹ ohne Vorbild und Vorgabe« (ebd.). Gerade weil es kein eindeutiges, an einem Ort festzumachendes Zentrum innerhalb des transnationalen Verflechtungszusammenhanges gibt, *kann sich die Aufgabenteilung zwischen den ortsgebundenen Teileinheiten im Zeitverlauf stark verändern.* Auch hier gilt: Zwischen den einzelnen Lokaleinheiten, in denen transnationale Sozialräume aufgespannt sind, bestehen in aller Regel Macht-, Interessen- und Funktionsunterschiede, aber diese sind nicht so stabil und ausgeprägt, dass sie auf Dauer fixierte Aufgabenteilungen ergäben. Am Beispiel der transnationalen Gemeinde San Juan Mixtepec, die Federico Besserer (2002) in seinen anthropologischen Studien über Arbeitsmigration zwischen Mexiko und den USA untersucht hatte, wurde sehr anschaulich, wie sich die ökonomischen, kulturellen, politischen und Erziehungs-Funktionen zwischen den verschiedenen *locales* dieses transnationalen Sozialraumes konzentrieren und im Zeitverlauf verschieben können.

Ein *viertes* Merkmal transnationaler Sozialräume ist, dass sie auf *private Akteure und Akteursgruppen und auf Organisationen*, aber nicht vorrangig auf Staaten und staatliche Einrichtungen bezogen sind. »Nicht vorrangig« meint hier, dass z. B. bei transnationalen NGOs die Nationalstaaten als Mitfinanzierer oder als Adressat von Forderungen und Kampagnen durchaus eine wichtige Rolle spielen können. Gleichwohl wurde hier Transnationalisierung ganz explizit auf diejenigen grenzüberschreitenden Beziehungen beschränkt, die nicht zwischenstaatliche bzw. inter-nationale Beziehungen sind und in denen nationalstaatlich verfasste Akteursgruppen nicht die Kernbestandteile der transnationalen Verflechtungen ausmachen.

In Bezug auf die *Konfiguration der flächenräumlichen Teileinheiten* der transnationalen Sozialräume ergibt sich als deren *fünftes* Charakteristikum, dass dieses Muster der Flächenraumverteilung kein klares hegemoniales Zentrum hat und auch keine diasporische Sternstruktur aufweist. Dieses Merkmal wurde vor allem aus der internationalen Organisationsforschung gewonnen, in der der Typus transnationaler Organisationen explizit von fokalen, globalen und multinationalen Organisationen unterschieden wurde. Nimmt man dieses Bestimmungsmerkmal ernst, so ist eine Familie, die zum allergrößten Teil an einem bestimmten Ort z. B. in Indien angesiedelt ist und aus der ein Mitglied zu Erwerbszwecken in Südafrika oder Australien lebt, nicht als transnationale Familie zu bezeichnen. Vielmehr handelt es sich eher um eine diasporische Beziehung des Arbeitsmigranten zu seiner an einem klaren flächenräumlichen Zentrum lokalisierbaren Familie. Sind verschiedene Mitglieder dieser in Indien zentrierten Familie als jeweils Einzelne über mehrere Länder verteilt und haben die Familienmitglieder in Indien eine klare Kern- und Zentrumsfunktion, so spricht man sinnvollerweise (je nach dem Grad der Stärke der Koordination zwischen den raumverteilten Einheiten) von einer fokalen oder globalen, aber nicht von einer transnationalen Familie.

Ein *sechstes* Merkmal transnationaler Sozialräume bezieht sich auf ihre *Dauerhaftigkeit und die Dichte der sie tragenden Verflechtungsbeziehungen.* Hier wurden transnationale Sozialräume von transnationalen Feldern und transnationalen Beziehungen abgegrenzt, um die Aufmerksamkeit auf die nach ihrer Intensität und Zeitlichkeit vergleichsweise stabilen Vergesellschaftungszusammenhänge zu konzentrieren. Ähnlich wie in der Globalisierungsdiskussion sehr schnell alle Phänomene in einen globalen Bezug gestellt werden können, besteht auch für die Transnationalismusdiskussion die Gefahr, jede grenzüberschreitende Interaktion von einzelnen oder korporativen Akteuren als transnationale Beziehung zu klassifizieren. Um hier eine deutliche Abgrenzung vorzunehmen, wurden transnationale Sozialräume vergleichsweise eng bestimmt.

Schließlich sind transnationale Sozialräume *siebtens Nationalstaatsgrenzen überschreitend und pluri-lokal*, sie entsprechen aber gleichzeitig weder dem Typus der Globalisierung noch der Glokalisierung von Vergesellschaftungsbezügen. Häufig wird der Begriff transnational für alle nur denkbaren Formen grenzüberschreitender Beziehungen verwendet und dabei manchmal sogar dem Begriff global übergeordnet. Nach dieser Logik wäre dann die Globalisierung – im Sinne weltumspannender, ubiquitärer Vergesellschaftung – eine Unterform der Transnationalisierung, die sich in dieser sehr generellen Definition auf alle Vergesellschaftungsformen jenseits der nationalstaatlichen bzw. nationalgesellschaftlichen bezieht. In dem hier vorgetragenen Verständnis aber stehen transnationale Sozialräume als ein Idealtypus nicht über oder unter, sondern *neben* der Globalisierung und der Glokalisierung als anderen Idealtypen von Vergesellschaftung.

Begreift man die Transnationalisierung von Vergesellschaftung in dem hier skizzierten Sinne, so ergibt sich ein sehr komplexes Bild der Internationalisierung von Vergesellschaftungsbezügen. Inter-Nationalisierung, Re-Nationalisierung, Supra-Nationalisierung, Globalisierung, Glokalisierung, Diaspora-Internationalisierung und Transnationalisierung entwickeln sich einerseits nebeneinander, andererseits aber auch in wechselseitiger Beeinflussung zueinander. Die Metapher vom Verhältnis zwischen dem Globalen und dem Lokalen ist nur sehr begrenzt tauglich, um diese komplexen Wechselwirkungen angemessen auszudrücken. Welche Herausforderungen, aber auch welche Chancen sich aus einer solchen differenzierten Internationalisierungsperspektive ergeben, lässt sich sehr gut am Beispiel der Regulierung von Arbeit und Beschäftigung zeigen.

8.2 Internationale Erwerbsarbeit – nationale Erwerbsregulierung?

In allen Ländern der Welt verbringen die meisten Menschen den überwiegenden Teil ihres wachen Lebens mit Arbeit und Erwerb, auch wenn die Formen dieser Erwerbsarbeit sehr unterschiedlich sind. In Afrika, Asien und Lateinamerika verdient die Mehrheit der Erwerbstätigen ihr Einkommen nicht mit abhängiger bezahlter Beschäftigung, die in ein öffentliches Sozialversicherungssystem eingebunden ist, wie dies für Europa der Fall ist. Vielmehr arbeiten sie auf eigene Rechnung als Rikschafahrer, Automechaniker, Tortillaverkäuferin oder Teppichknüpferin. Selbst in einem Land wie Mexiko, welches zu den Schwellen- und Ankerländern gezählt wird und inzwischen in den exklusiven Club der OECD (Organisation für wirtschaftliche Zusammenarbeit und Entwicklung) aufgenommen ist, sind von einer Gesamtbevölkerung von über einhundert Millionen Menschen nur weniger als zwanzig Millionen sozialversichert beschäftigt. Der so genannte *informelle Sektor* hat in diesen Ländern des Südens mit deren stärkerer Einbindung in die globale Weltwirtschaft nicht an Bedeutung verloren – wie es vor dreißig Jahren von allen Entwicklungsagenturen prognostiziert wurde. Vielmehr ist er in sehr vielen Ländern in den vergangenen zwanzig Jahren noch kräftig gewachsen (Pries 1996). Er ist dabei keineswegs nur der Restbereich einer industriellen Reservearmee von Menschen, deren größter Wunsch eigentlich eine formelle abhängige Beschäftigung ist. Vielmehr wechseln viele Erwerbstätige durchaus häufig zwischen formeller und informeller sowie zwischen abhängiger und selbständiger Arbeit hin und her, und der so genannte informelle Sektor ist auf vielfältige Weise mit dem formellen Sektor verwoben (Pries 1997d).

Nicht zuletzt deshalb sind die Begleiterscheinungen und Wirkungen der Internationalisierung von Finanzströmen und der Ausbreitung international agierender Konzerne keineswegs auf den kleinen Teil der Beschäftigten in den entsprechenden grenzüberschreitenden

Unternehmen und Finanzorganisationen begrenzt. Vielmehr haben sich die Voraussetzungen, Formen und Folgewirkungen von Arbeit und Erwerb für die allermeisten Menschen der Welt in einem Ausmaß internationalisiert, welches vielfach nicht sofort auf den ersten Blick erkennbar ist (Beck 1999). Dies gilt für die Warenströme billigen Spielzeugs und einfacher Unterhaltungselektronik, die in China, Indien oder den Freihandelszonen Lateinamerikas produziert werden und zu einem erheblichen Teil über den informellen Wirtschaftssektor ihren Weg bis in die letzten Dörfer des Planeten finden. Dies gilt auch für die immer komplexere Verflechtung grenzüberschreitender Bewegungen formeller und nicht dokumentierter Arbeitsmigranten in allen Kontinenten. Zum Teil sind diese als abhängige Ernte- oder Textilarbeiter in den USA oder Europa beschäftigt, um die kleinbäuerliche Familienlandwirtschaft zum eigenen Lebensunterhalt in ihren Herkunftsdörfern in der Ukraine, auf den Philippinen oder in Ekuador zu ergänzen und zu stabilisieren. Oder die Migranten arbeiten formell oder informell als Gärtner, Alten- und Haushaltshilfen in Deutschland, Frankreich oder Großbritannien, um die gesunkenen Reallöhne der anderen Familienmitglieder in Polen, Algerien oder China aufzubessern.

Hinsichtlich Arbeit und Erwerb gilt generell, dass *alle* Formen von Beschäftigung – selbst die scheinbar bodenständigsten und traditionellsten – immer stärker von *Voraussetzungen* bestimmt werden, die die Grenzen von Nationalgesellschaften überschreiten. Gleichzeitig nimmt das Arbeiten und Zusammenleben von immer mehr Menschen *Formen* an, die nicht mehr einfach lokal, mikro-regional oder national eingebunden sind, sondern die sich selbst über Ländergrenzen hinweg erstrecken. Schließlich greifen aufgrund der internationalen Verkettungen auch die *Folgewirkungen* von Erwerbsarbeit, die an einem bestimmten Ort geleistet wird, immer tiefer in die Lebenszusammenhänge und Arbeitsbedingungen an anderen, unter Umständen sehr weit entfernten Orten ein. Auch wenn Umwelt-, Handels-, Menschenrechts- oder Sicherheitsfragen meistens im Zentrum der öffentlichen Diskussion über Fluch und Segen der Globalisierung stehen, bilden letztlich Arbeit und Erwerb ein entscheidendes, wenn nicht gar das wichtigste Gravitationszentrum der Internationalisierung von Vergesellschaftung.

Die Bedingungen von Arbeit und Beschäftigung sind überall auf der Welt durch die verschiedenen Internationalisierungsprozesse einem radikalen Veränderungsdruck ausgesetzt. Umgekehrt macht gerade der Wandel von Arbeits- und Erwerbszusammenhängen den Kern vieler Prozesse der Inter-Nationalisierung, der Supra-Nationalisierung, der Re-Nationalisierung, der Globalisierung, der Glokalisierung, der Diaspora-Internationalisierung und der Transnationalisierung aus. In den alten hochindustrialisierten Ländern fürchten z. B. viele Beschäftigte um ihre Arbeitsplätze und um das bisher erreichte Niveau von Löhnen, Urlaub und Arbeitszeiten. In den sich entwickelnden Ländern des Südens besteht aufgrund demographischer Faktoren und der Auflösung traditionaler agrarischer Lebensweisen ein enormer Bedarf an industriellen und Dienstleistungs-Arbeitsplätzen. Während an einigen Entwicklungspolen wie z. B. Shanghai in der Volksrepublik China oder Bangalore in Indien eine Wirtschaftsdynamik vorherrscht, die ihresgleichen sucht, finden sich in den gleichen Ländern und manchmal in den gleichen Regionen Arbeits- und Beschäftigungsbedingungen, die stark an die extremsten Formen frühkapitalistischer Ausbeutungsverhältnisse erinnern.

International agierende Unternehmen als die wichtigsten korporativen Akteure im grenzüberschreitenden Wirtschaftsgeschehen treffen Investitionsentscheidungen zunehmend aus einer Perspektive, in der weltweit viele Standorte miteinander verglichen und in Wettbewerb zueinander gebracht werden. Sie organisieren transnationale und hoch komplexe Wertschöpfungsketten, die die eigenen, über verschiedene Länder verteilten Standorte mit einem komplizierten Netz von Zulieferern verbinden. Jene Unternehmen, seien es eher fokale, globale, multinationale oder transnationale Wirtschaftsorganisationen, müssen Strukturen und Prozesse der Nutzung von materiellen Ressourcen, Wissen, Kultur und Interessen entwickeln, die dem gegenwärtigen Stand der Internationalisierung von Vergesellschaftung und den eigenen Organisationsstrategien entsprechen.

Wie immer diese Strukturen und Prozesse im Einzelnen aussehen, *die reale Strukturierung der Bedingungen für Arbeit und Beschäftigung findet nicht mehr vorwiegend im nationalstaatlichen Rahmen statt. Gleichzeitig ist aber die Erwerbsregulierung, d. h. die Aushandlung, Festlegung und Kontrolle der konkreten Arbeits-, Beschäftigungs- und Partizipationsbedingungen für die Beschäftigten formell nach wie vor weitgehend national strukturiert.* Sowohl der legale Rahmen von Gesetzgebung und Arbeitsgerichtsbarkeit als auch die Arbeitgeberverbände und Gewerkschaften sind vorrangig nationalstaatlich versäult. Als Ausnahme können hier die relativ weit vorangeschrittenen Europäisierungstendenzen bei einigen gewerkschaftlichen Dachorganisationen wie dem Europäischen Metallgewerkschaftsbund genannt werden.[2] Selbst zwischen geographisch benachbarten und in ihrer historischen Entwicklung eng miteinander verbundenen Ländern wie z. B. Deutschland und Frankreich, Mexiko, Kanada und die USA, Indien und Thailand oder China und Malaysia unterscheiden sich die institutionellen Rahmenordnungen der Erwerbsregulierung ganz erheblich.

Angesichts dieser Bedingungen ist es nur allzu verständlich, dass die beteiligten Akteursgruppen vorwiegend kurzfristige und auf die Verteidigung ihrer eigenen unmittelbaren Positionen und Interessen ausgerichtete Strategien und Politiken entwickeln. Manager unterliegen dem Druck der Quartalsberichte für die Börsen. Arbeitnehmervertreter in den Unternehmen richten ihr Handeln nach dem Rhythmus der (in der Regel alle zwei bis vier Jahre stattfindenden) entsprechenden Wahlen aus. Gewerkschaften sowie deren Funktionäre sind in starkem Maße am Bestandserhalt ihrer Organisationen interessiert. Die kleinen Selbständigen in den informellen Wirtschaftsbereichen bilden manchmal – wie z. B. die ambulanten Straßenverkäufer in Mexiko-Stadt oder die selbständigen Taxifahrer in vielen Ländern Lateinamerikas – durchsetzungsstarke Interessengruppen. Dagegen haben die meisten informell abhängig Beschäftigten wie z. B. die Haushaltsangestellten überhaupt keine organisierten Formen der Interessenvertretung. Nur selten gelingt es ihnen – wie z. B. im Falle der informellen Sweatshop-Beschäftigten auf Long Island in den USA – sich zu organisieren und ihre Erwerbsinteressen gemeinsam zu vertreten (Gordon 2005).

Im Vergleich zur real stattfindenden Internationalisierung von Wirtschaft, Arbeit und Erwerb haben sich die Strukturen und Prozesse der Erwerbsregulierung erstaunlich wenig internationalisiert. Dies gilt natürlich vor allem für die in den Ländern des Südens vorherrschende – und letztlich die Mehrheit aller weltweit Erwerbstätigen betreffende – Arbeit im so genannten informellen Sektor und für die selbständige Erwerbsarbeit. Aber selbst dort, wo formelle Großorganisationen wie Unternehmen oder NPOs der Entwicklungszusammenarbeit international tätig sind, finden sich häufig direkt ne-

2 Vgl. z. B. das Handbuch zum transnationalen Vorgehen bei Unternehmensrestrukturierungen (EMF 2006).

ben relativ stabiler und relativ gut bezahlter Arbeit sehr prekäre Beschäftigungsverhältnisse. So werden z. B. in vielen Ländern des Südens in den Zulieferparks der Automobilkonzerne Löhne gezahlt, die nur die Hälfte oder gar ein Drittel der Stammarbeiterbezahlung ausmachen. Die Zahl befristet und prekär Beschäftigter wächst in der Regel immer stärker an, je weiter man in der Zulieferungskette der großen internationalen Unternehmen nach unten geht – auch wenn die Arbeitsplätze in derselben Region liegen.

Dieser soziale Abstand bzw. diese strukturelle Heterogenität zwischen räumlich mitunter nahe beieinander liegenden Erwerbsverhältnissen ist nicht nur, aber auch ein Ergebnis *sozialer Schließungsprozesse*, durch die große – in der Regel öffentliche oder internationale – Unternehmen sowie deren Beschäftigtengruppen und Interessenvertretungen ihre historisch gewachsenen Privilegien verteidigen. Dies gilt etwa für monopolähnlich strukturierte und staatsnahe Wirtschaftsbereiche wie die petrochemische Industrie Brasiliens, die Rüstungsindustrie der USA, die Energiewirtschaft in Frankreich oder die Ölförderung in Russland. In all diesen Fällen spielen zwar Interessengegensätze und Aushandlungen zwischen Management und Beschäftigtenvertretungen durchaus eine wichtige Rolle. Gleichzeitig aber verfolgen beide Seiten in diesen Bereichen oft über Jahrzehnte eine gemeinsame und erfolgreiche Strategie. Diese besteht vor allem darin, durch gemeinsame Lobbyarbeit, sukzessive Anpassungen und geeignete Abschottungsmaßnahmen die eigene Domäne wirtschaftlicher Betätigung erfolgreich gegen Konkurrenz von innen und außen zu verteidigen.

Nicht zufällig sind die bisher wirksamsten Mechanismen grenzüberschreitender Interessenkoordinierung und Erwerbsregulierung in großen internationalen Unternehmen entstanden. So wurden in den vergangenen zwanzig Jahren in einer Reihe von international operierenden Unternehmen weltweite Interessenvertretungsorgane der Arbeitnehmer und/oder gemeinsame Verhandlungsorgane auf der Weltkonzernebene gebildet. Im schwedischen Unternehmen SKF (Svenska Kullagerfabriken) wurde bereits 1995 und bei dem deutschen Automobilhersteller Volkswagen im Jahre 1998 ein Weltkonzernbetriebsrat eingerichtet. Seit dem Beginn des 21. Jahrhunderts sind sehr viele Unternehmen diesen Beispielen gefolgt, so etwa DaimlerChrysler (2002), Lego (2003), Impregilo (2004), Skania (2004), Renault (2003), Electricité de France (2005), Rhodia (2005), Rolls-

Royce (2005).[3] All dies sind durchaus unterschiedliche, aber insgesamt sehr wichtige Ansätze und Erfahrungen, um der wirtschaftlichen Internationalisierung auch eine Internationalisierung der Erwerbsregulierung folgen zu lassen. Gleichwohl stellt sich das Problem der Reichweite dieser Formen von Aushandlungen und Absprachen. Einerseits können sie stilbildenden Vorbildcharakter auch für andere Unternehmen und Wirtschaftsbereiche haben. Andererseits ist die Gefahr der weiteren sozialen Schließung nicht zu unterschätzen.

Für die Managementseite haben weltweite Interessenvertretungen verschiedene positive Funktionen. Sie ermöglichen es, die eigenen Positionen effizient in die Belegschaften aller Unternehmensteile hinein zu kommunizieren und weltweit wirksame Unternehmensgrundsätze und Produktionsstandards besser zu verankern. Teilweise können diese internationalen Vertretungsstrukturen auch den konzerninternen Wettbewerb verschiedener Standorte um Produktions- und Investitionsanteile legitimieren und intensivieren. Sie können mögliche Imageschäden, die das Unternehmen z. B. durch Arbeitskonflikte von innen oder von außen bedrohen könnten, kontrollieren oder zumindest mindern. Die Arbeitnehmerseite konzentriert sich in diesen Fällen verständlicherweise auf die Verteidigung der im jeweiligen Weltkonzern Beschäftigten. Dabei findet diese Interessenvertretung nicht nur gegen das Management des eigenen, sondern immer auch in Grenzen gegen andere Unternehmen und potentielle Wettbewerber um Arbeitsplätze und Aufträge statt. Dies betrifft z. B. die wichtige Frage des *Outsourcings*, also der Auftragsvergabe von Unternehmensaktivitäten an Zulieferbetriebe, weil hiervon fast immer Arbeitsstandards und Beschäftigungsvolumina betroffen sind.

In aller Regel dienen die weltweiten Arbeitnehmervertretungsstrukturen auch dazu, die bestehenden Macht- und Interessenkonstellationen zwischen den Beschäftigten der einzelnen Standorte auszuhandeln. So findet z. B. in Automobilunternehmen wie General Motors, Ford oder Volkswagen in Europa ein harter Wettbewerb zwischen einzelnen Standorten um Produktionsquoten und zu produzie-

3 Weltbetriebsräte existieren vornehmlich in Unternehmen mit Stammsitz in Europa; US-amerikanische Konzerne stehen dieser Einrichtung eher skeptisch gegenüber. So haben z. B. die Automobilunternehmen General Motors Europe und Ford Europe zwar einen Eurobetriebsrat, aber keinen Weltbetriebsrat (vgl. auch Müller et al. 2006).

renden Automodellen durchaus auch auf Seiten der Beschäftigten statt. Seit den neunziger Jahren schreiben diese Autokonzerne neue Automodelle, die in absehbarer Zeit in die Serienfertigung gehen sollen, innerhalb des eigenen Unternehmens aus. Die verschiedenen Standorte werden aufgefordert, Angebote über die ökonomischen, technischen und zeitlichen Bedingungen einzureichen, unter denen sie z. B. den Opel Astra, den Ford Fokus oder den Volkswagen Golf in welcher Stückzahl und zu welchem Preis produzieren können. Hierbei finden sehr komplexe Aushandlungen über die anzubietenden Produktions- und Beschäftigungskonditionen zwischen dem Management und der Arbeitnehmervertretung *innerhalb* der einzelnen Standorte einerseits und *zwischen* den einzelnen Standorten andererseits statt.

Die bestehenden makroregionalen (vor allem europäischen) und weltweiten Arbeitnehmervertretungsstrukturen kanalisieren einen erheblichen Teil dieses *intra- und inter-organisationalen Aushandlungsprozesses*, also des Interessenabgleichs *innerhalb* der Arbeitnehmergruppe und *innerhalb* der Managementgruppe einerseits und *zwischen* der Arbeitnehmer- und der Managementseite andererseits.[4] Noch komplizierter gestalten sich diese Interessenaushandlungen in den internationalen Unternehmen, in denen neben einem weltweiten unternehmensbezogenen Arbeitnehmervertretungsorgan wie z. B. dem Weltbetriebsrat bei Volkswagen oder dem World Employee Committee bei DaimlerChrysler starke nationale Gewerkschaften wie die IG Metall in Deutschland und internationale Gewerkschaftsföderationen wie der Internationale Metallarbeiterbund (International Metalworkers' Federation, IMF) aktiv in solche Verhandlungsprozesse eingebunden sind. Neben dem Kapital-Arbeit-Interessengegensatz und den Interessengegensätzen zwischen den Standorten innerhalb des Konzerns wirken hier auch die nicht immer deckungsgleichen Interessen der Arbeitnehmervertretung des Konzerns einerseits und der konzernübergreifenden Gewerkschaftsorganisation auf nationaler und internationaler Ebene andererseits.

Für die Gesamtheit der weltweit Erwerbstätigen sind solche Beispiele von mehr oder weniger verhandlungsstarken Arbeitnehmerver-

4 Vgl. allgemein Walton/McKersie 1965 und Greenhalgh/Lewicki 2003; konkret zur Automobilindustrie, wo diese Aushandlungsdynamiken aufgrund des scharfen internationalen Wettbewerbs wohl am stärksten ausgeprägt sind, vgl. Pries 2004b und 2006b.

tretungen in internationalen Unternehmen quantitativ absolut unbedeutend – sie betreffen höchstens einige Millionen abhängig Beschäftigter der insgesamt mehrere Milliarden umfassenden Erwerbstätigen weltweit. Ob die weltweiten Beschäftigtenvertretungsorgane in internationalen Unternehmen für sich alleine genommen die Rolle internationaler Normen- und Standardsetzer spielen können, ist äußerst zweifelhaft. Denn wie erwähnt nimmt die Interessenregulierung in solchen internationalen Unternehmen nicht selten auch den Charakter von sozialer Schließung nach außen und gegen andere Beschäftigtengruppen an. Außerdem ist diese unternehmensbezogene internationale Interessenregulierung selbst so komplex und bisher so wenig erforscht, dass ihr eine solche eindeutige positive Vorbildfunktion (noch) nicht eindeutig zugeschrieben werden kann. Häufig verstehen nicht einmal die Beteiligten selbst alle Teile und Aspekte dieses Räderwerks unterschiedlicher Interessen, Loyalitäten, Gebräuche, Strategien und Taktiken – wie soll dies also zum Vorbild für andere abhängige und selbständige Erwerbsarbeit werden? So ist gegenwärtig z. B. noch überhaupt nicht absehbar, welche Rolle die unternehmensbezogenen Arbeitnehmerstrukturen einerseits und die internationalen Gewerkschaftsstrukturen andererseits zukünftig in der internationalen Erwerbsregulierung spielen werden (Müller et al. 2004).

Zusammengefasst zeigt sich, dass die Internationalisierung der Erwerbsregulierung mit der wirtschaftlichen Internationalisierung durch Finanzkapitalströme und die Tätigkeit internationaler Unternehmen in den vergangenen Jahrzehnten nicht Schritt gehalten hat. Hieran können auch die punktuellen Versuche und Erfahrungen nichts ändern, die Bedingungen von Arbeit, Beschäftigung und Partizipation länderübergreifend auf der Ebene der international agierenden Konzerne zu organisieren. Welchen weltanschaulichen Standpunkt man als betroffener Arbeitnehmer, als Manager, als Politiker oder Wissenschaftler auch immer einnehmen mag, ein relativ breiter Konsens dürfte über die folgenden Prinzipien wahrscheinlich zu erzielen sein:

– Der Lebensbereich von Arbeit und Erwerb wirkt in vielfältigster Weise in die anderen Sphären der menschlichen Lebenspraxis hinein; die hier erfahrene Ausbeutung oder Anerkennung, Entfremdung oder Selbstverwirklichung prägen auch die anderen Lebensbereiche.
– Arbeit und Erwerb haben für die meisten Menschen der Welt eine kaum zu überschätzende gesellschaftliche Bedeutung, weil vor allem

hierüber ökonomische, soziale, kulturelle und politische Teilhabechancen strukturiert werden.

– Das Wirtschaften der Menschen ist immer in soziale Institutionen eingebettet, die die Gesellschaft als Ganzes und die Erwerbsarbeit strukturieren – dieses institutionelle, über Generationen gewachsene kulturelle Erbe muss sensibel berücksichtigt und respektiert werden.

– Das Wirtschaften der Menschen ist kein Selbstzweck, es sollte ein menschenwürdiges Leben für alle nachhaltig ermöglichen.

– Weltweit gelten für alle Menschen bestimmte Grundrechte auch und gerade in der Arbeit wie z. B. der Schutz vor Zwangsarbeit, die Nicht-Diskriminierung nach Geschlecht, Religion oder Ethnie, die Freiheit, sich in Interessenorganisationen wie Gewerkschaften zusammenzuschließen etc.

– Neben diesen universellen erwerbsbezogenen Menschenrechten müssen auf der Ebene von Regionen, Nationalstaaten und Organisationen jeweils die spezifischen Formen einer angemessenen Regulierung von Arbeit, Beschäftigung und Partizipation gefunden werden.

– So wie die Produkte und Dienstleistungen der Wirtschaft nicht vom Himmel fallen, sondern einer gezielten und langfristigen, öffentlichen und privaten Forschung und Entwicklung bedürfen, so ergeben sich auch menschenwürdige Arbeits-, Beschäftigungs- und Partizipationsbedingungen nicht automatisch durch das freie Spiel von Marktkräften – sie müssen vielmehr gesellschaftlich lokal, national und international entwickelt und gefestigt werden.

Vor dem Hintergrund dieser Prinzipien und Ziele ergibt sich als wichtige Aufgabe und Herausforderung, den inzwischen erreichten Grad der Internationalisierung von Arbeit und Beschäftigung durch eine ähnliche Internationalisierung der Erwerbsregulierung zu ergänzen bzw. einzuholen. Die Internationalisierung von Wirtschaft und Erwerb schreitet unaufhörlich voran – die Internationalisierung der Erwerbsregulierung dagegen erscheint wie der gehetzte Hase, der im Wettbewerb mit dem (immer schon überall anwesenden) Igel grundsätzlich nur zu spät kommen kann. Die Regulierung von Arbeit und Beschäftigung bleibt offensichtlich auf der Ebene nationalstaatlicher Institutionen und Interessenkoalitionen stecken. Es kann der Eindruck entstehen, dass die recht weit vorangeschrittene Erwerbsregulierung in einigen internationalen Konzernen eher eine internationale Versäulung und soziale Schließung der privilegierten Beschäftigten dieser Unternehmen gegen die Interessen der weniger

Privilegierten widerspiegelt als den Kern einer tatsächlichen internationalen Solidarität mit den Schwachen und Bedürftigen.

Doch dieses entmutigende Bild einer beständig fortschreitenden Internationalisierung von Wirtschaft und Erwerb einerseits und einer damit in keiner Weise Schritt haltenden Internationalisierung der Regulierung von Arbeit und Beschäftigung andererseits erweist sich als unzureichend. Denn erstens findet die *Internationalisierung von Erwerbsregulierung* nicht nur in den international tätigen großen Konzernen, sondern *in allen Formen der Internationalisierung von Vergesellschaftung* statt, die im Kapitel 5 idealtypisch dargestellt wurden. In dieser Perspektive lassen sich vielversprechende Beispiele und reale Entwicklungstendenzen erkennen (Abschnitt 8.3). Zweitens müssen diese verschiedenen Internationalisierungsformen nicht isoliert, sondern als *Teile eines emergenten netzwerkartigen Geflechtes internationalisierter Erwerbsregulierung* betrachtet werden (Abschnitt 8.3). Ein Blick auf das Zusammenwirken der verschiedenen Internationalisierungsformen der Erwerbsregulierung zeigt, dass hier sehr viele unterschiedliche Tendenzen und Arenen zu einem stabilen internationalen Netzwerk verwoben werden. Doch bevor die Typen und das Geflecht der internationalen Erwerbsregulierung im Einzelnen behandelt werden, lohnt eine Selbstvergewisserung darüber, was mit dem Begriff »Erwerbsregulierung« gemeint ist.

Unter Erwerbsregulierung wird hier ganz allgemein das spezielle Kräftefeld verstanden, in dem die bewusste, interessen- und machtdurchtränkte individuelle und kollektive Aushandlung, Festlegung und Kontrolle der Beschäftigungs-, Arbeits- und Partizipationsbedingungen von abhängig und selbständig Erwerbstätigen stattfindet. Unter *Beschäftigungsbedingungen* werden dabei alle Bestimmungen in Bezug auf das (Arbeits-)Vertragsverhältnis selbst verstanden: die Bedingungen des Austausches von Arbeitsleistung gegen Entgelt und mögliche andere Formen der Bezahlung (z. B. Festlohn, Akkordlohn, Prämienlohn, Sondervergütungen, Zielvereinbarungen etc.), die absolute Entgelthöhe sowie mögliche Nebenleistungen, Mechanismen der Messung von Leistungsverausgabung, Fragen der Arbeitszeiten und der Dauer des Vertragsverhältnisses sowie seiner möglichen Auflösung (befristete oder unbefristete Verträge, Kündigungsbedingungen etc.), aber auch die Normen und Praktiken der vertikalen Mobilität, also der Erwerbskarriere, oder möglicher Anschlussverträge.

Während die Beschäftigungsbedingungen das Erwerbs*vertragsver-*

hältnis selbst betreffen, zählen zu den *Arbeitsbedingungen* all diejenigen Aspekte, die sich unmittelbar auf die Transformation von Arbeitskraft bzw. Arbeitspotential in Arbeitshandeln, also auf den *Prozess der Leistungserstellung* selbst beziehen. Hierbei geht es um die Mechanismen der Steuerung und Kontrolle von Arbeitshandeln: Welche konkreten Ansprüche an Arbeitshandeln ergeben sich aus dem Arbeitsvertrag? Wie soll die Leistungserstellung im Einzelnen realisiert werden? Wie erfolgt die Zuweisung von Beschäftigten auf Arbeitspositionen? Was sind legitime Erwartungen des Beschäftigers bzw. Auftraggebers an die Leistungsverausgabung der Beschäftigten bzw. selbständigen Auftragnehmer? Schließlich bezieht sich ein dritter wichtiger Aspekt aller Erwerbsarbeit auf den Grad und die Formen, in denen die Erwerbstätigen an der (operativen) Gestaltung des Leistungserstellungsprozesses und an der generellen (strategischen) Festlegung von Organisationszielen beteiligt sind. Diese *Partizipationsbedingungen* werden häufig nur am Rande behandelt, sie spielen aber für informelle wie für formelle, für abhängige wie für selbständige, für niedrigqualifizierte wie für hochmoderne Erwerbsarbeit eine sehr große Rolle.

Die Regulierung der Beschäftigungs-, Arbeits- und Partizipationsbedingungen ist nun grundsätzlich immer und überall notwendig, wo Erwerbsarbeit stattfindet. Sie kann durch einseitiges Diktat des Beschäftigers oder Auftraggebers geschehen oder durch eine formelle Einbeziehung der Gewerkschaften und/oder anderer kollektiver Organe der Interessenvertretung. Die so verstandene Erwerbsregulierung wird einerseits in (formellen oder informellen) materialen Normen der Arbeitsvertragsgestaltung, der Entlohnungs- und Vergütungsbestimmungen, von Ausbildungs- und Qualifizierungsmaßnahmen, der Arbeits- und Urlaubszeiten und der horizontalen und vertikalen Erwerbsmobilität (z. B. durch Tarifverträge, Gesetze oder individuelle Arbeitsverträge, Absprachen und implizite Übereinkommen) fixiert. Andererseits schlägt sie sich auch in prozeduralen Regeln der individuellen und kollektiven Interessenaushandlung und Konfliktregulierung (z. B. durch Tarifvertragsgesetze, Rationalisierungsschutz- und Standortsicherungsabkommen oder informelle Schlichtungsverfahren und »Gebräuche«) nieder.

Diese Erläuterungen zum Begriff der Erwerbsregulierung erscheinen notwendig, weil sie drei wichtige Erweiterungen enthalten, ohne die das tatsächliche Ausmaß der Internationalisierung von Erwerbsregulierung nicht erfasst werden kann. *Erstens* wird mit dem Begriff Erwerbsregulierung eine Erweiterung über das klassische Feld *kollektiver* Aushandlung, Konfliktaustragung und Festlegung intendiert. Kollektive Regulierung mit dem Ergebnis gesetzlicher, tarifvertraglicher und betrieblicher Bestimmungen stand während des 20. Jahrhunderts in den frühindustrialisierten Ländern des Nordens im Mittelpunkt der so genannten *Industrial-Relations*-Forschung – nicht zuletzt auch wegen der großen quantitativen und qualitativen Bedeutung von industrieller tayloristischer Massenarbeit. Allerdings war die Form formeller kollektiver Erwerbsregulierung durch Interessenverbände auch im 20. Jahrhundert nicht vorherrschend im Bereich etwa kleinbetrieblicher und handwerklicher Arbeitsverhältnisse. Sie ist zu Beginn des 21. Jahrhunderts auch für wachsende Bereiche qualifizierter Dienstleistungs- und Wissensarbeit in netzwerkförmigen, aber auch in großbetrieblichen Strukturen nicht mehr unbedingt der dominante Mechanismus für die Festlegung von Arbeits-, Beschäftigungs- und Partizipationsbedingungen. Denn einerseits finden viele Aushandlungen und Festlegungen auf der individuellen Ebene, etwa durch Zielvereinbarungen und die Beeinflussung der intrinsischen Motivation der Erwerbstätigen statt. Andererseits orientieren sich Beschäftiger und Beschäftigte in zunehmendem Maße auch an Regeln und Standards, die nicht formell oder informell innerhalb der Leistungsorganisationen oder durch die entsprechenden Verbände geregelt, sondern öffentlich-diskursiv legitimiert werden. Die zunehmende Bedeutung dieser *diskursiven Regulierung* von Arbeits-, Beschäftigungs- und Partizipationsbedingungen äußert sich z. B. in freiwilligen Deklarationen einiger Unternehmen, bestimmte Mindeststandards von Arbeit, Beschäftigung und Partizipation einzuhalten (z. B. im Rahmen der von den Vereinten Nationen angeregten Global-Compact-Initiative oder der häufig von NGOs initiierten Produkt-Labels wie *Fair Trade* oder *Clean Clothes*).[5]

Eine *zweite* Erweiterung, die hier mit dem Begriff der Erwerbsregulierung angestrebt ist, bezieht sich auf die Aspekte von Beteiligung,

5 In einer empirischen Untersuchung stellt Heins (2001) fest, dass diese diskursive Regulierung für internationale Unternehmen eine durchaus wichtige Rolle spielen kann: »Die Auswertung der geführten Interviews legt den widersprüchlichen Schluss nahe, dass sich der *Raum* für Dialoge zwischen Firmen und ihren Kritikern transnational geöffnet und erweitert hat, ohne allerdings in den meisten Fällen durch reale Dialoge *gefüllt* zu werden« (ebd.: 370, Hervorhebung im Original).

Partizipation und Mitbestimmung der Beschäftigten an relevanten Entscheidungen und am betrieblichen Leistungserstellungsprozess selbst. Diese Fragen spielten in der arbeitsbezogenen Forschung in den meisten früh-industrialisierten Ländern keine besonders große Rolle, wohl aber in der deutschsprachigen Mitbestimmungs- und Beteiligungsforschung (Apel 1969; Naphtali 1966; Fürstenberg 1975; Dörre 2001). Heute ist eine solche Ausgrenzung der Partizipationsaspekte aus zwei Gründen international nicht mehr haltbar. Erstens lässt die Erweiterung des Blicks von der industriellen lohnabhängigen Massenarbeit in den frühindustrialisierten Ländern auf die in den meisten Ländern der Welt dominanten Formen informeller und auch selbständiger Erwerbsarbeit erkennen, dass diese Arbeitsprozesse nicht vorrangig über standardisierte Arbeitsvorgaben gesteuert werden, sondern z. B. über familiäre Handlungs- und Beteiligungszusammenhänge. Zweitens zeigt sich in den modernen Sektoren qualifizierter Wissensarbeit, dass auch diese nicht hinreichend über die traditionellen (tayloristisch-fordistischen) Kontrollformen gesteuert werden kann, sondern dass die neuen dezentralen Organisationsformen wie z. B. Gruppen- und Projektarbeit einer angemessenen Partizipation der Beschäftigten in Entscheidungsprozessen bedürfen.

Die *dritte* Erweiterung im Verständnis von Erwerbsregulierung schließlich ergibt sich aus der Notwendigkeit, die Mechanismen und Logiken der Regulierung von Arbeits-, Beschäftigungs- und Partizipationsbedingungen im Zeitalter der Internationalisierung von Vergesellschaftung in ein komplexeres Kräftefeld als das der nationalstaatlichen Institutionen und Arbeitspolitiken einzubetten. Die Dynamik der Aushandlungen etwa von Arbeitszeitflexibilisierung oder Leistungszumutungen innerhalb eines Betriebes lässt sich häufig überhaupt nicht angemessen erklären und verstehen, ohne die Konkurrenz dieses Betriebes mit anderen Betrieben des gleichen Konzerns oder mit anderen Unternehmen in anderen Ländern und Erdteilen zu berücksichtigen. Umgekehrt kann auch für eine lokale Situation der Erwerbsregulierung der Rückgriff auf globale (Mindest-)Standards oder auf Elemente der europäischen Erwerbsregulierung (wie z. B. Euro-Betriebsräte oder EU-Direktiven und -Richtlinien) für die beteiligten Akteursgruppen eine mindestens ebenso wichtige Bedeutung gewinnen wie die Berufung auf nationale Arbeitsgesetze oder Tarifverträge. Nach dieser genaueren Begründung des Begriffs der Erwerbsregulierung soll Letztere nun für die unterschiedlichen

Formen der Internationalisierung von Vergesellschaftung behandelt werden.

8.3 Formen der Internationalisierung von Erwerbsregulierung

Das tatsächliche Ausmaß und die Dynamik der Internationalisierung von Erwerbsregulierung können – so hat sich gezeigt – nur angemessen beurteilt werden, wenn ein komplexeres Verständnis dieser Erwerbsregulierung entwickelt wird (Block et al. 2001). Dieses muss die Regulierung der Beschäftigungs-, Arbeits- *und* Partizipationsbedingungen umfassen und sollte nicht nur die kollektive, sondern auch die individuelle Aushandlungsebene einbeziehen. Schließlich ist es notwendig, nicht nur die traditionellen formalisierten Verhandlungen und Verträge, sondern auch die neuen Formen diskursiver und auf Legitimationserweiterung orientierter Beeinflussungsmechanismen in ihrer Bedeutung für die Erwerbsregulierung zu berücksichtigen. In einer solchen erweiterten Perspektive zeigt sich, dass die Internationalisierung der Erwerbsregulierung auf ihren unterschiedlichen Ebenen durchaus ein beachtliches Ausmaß erreicht hat.

8.3.1 Die Globalisierung von Erwerbsstandards

Versteht man Globalisierung als die tatsächlich weltumspannende Verbreitung von sozialen Praktiken, Symbolsystemen und Artefakten, so lassen sich im Hinblick auf Erwerbsregulierung durchaus wichtige Globalisierungstendenzen ausmachen. Als Beispiel seien hier die Mindeststandards der Internationalen Arbeitsorganisation (ILO) genannt, die als Unterorganisation der Vereinten Nationen die wohl wichtigste internationale Organisation für Fragen von Arbeit und Beschäftigung ist.[6] Die ILO ist – wie die Vereinten Nationen selbst – von ihrer Entstehungsgeschichte her ein Ergebnis von Prozessen der Inter-Nationalisierung. Als eine der – neben z. B. der Or-

6 Die International Labour Organisation (ILO) wurde im Rahmen des Versailler Vertrages und angesichts der Schrecken des Ersten Weltkrieges 1919 gegründet und 1946 in eine Unterorganisation der UN umgewandelt. Neben ihren eigenen Beschäftigten beauftragt die ILO regelmäßig noch etwa 600 externe Experten.

ganisationen für Nahrung und Landwirtschaft (FAO), der United Nations Conference on Trade and Development (UNCTAD), der United Nations Educational, Scientific and Cultural Organization (UNESCO) – wichtigen themenfeldbezogenen Unterorganisationen der Vereinten Nationen beruht sie letztlich auf völkerrechtlich bindenden Vereinbarungen zwischen souveränen Nationalstaaten. Sie hat aber inzwischen auch im Vergleich zu anderen internationalen Organisationen wie z. B. dem Weltwährungsfond (IMF) und der Welthandelsorganisation (WTO) eine vergleichsweise große kritische Masse eigenständiger Organisationsressourcen ausgebildet. Mit ca. 2 500 Beschäftigten in der Zentrale in Genf und in den mehr als 40 verschiedenen Regionalbüros und mit einem regulären Jahresetat von 264 795 000 Euro im Jahre 2005[7] besitzt die ILO nach über 80 Jahren seit ihrer Gründung (1919) nicht zuletzt auch aufgrund der inzwischen verabschiedeten Normenwerke und Mindeststandards ein so starkes eigenes Trägheitsmoment, dass sie von der Politik und dem Verhalten einzelner Nationalstaaten nur in Grenzen beeinflusst oder gar in Frage gestellt werden könnte. Eine in diesem Zusammenhang erwähnenswerte Besonderheit der ILO im Vergleich zu den anderen UN-Unterorganisationen ist ihre dreigliedrige Struktur: In die jährliche Mitgliederversammlung als dem wichtigsten Organ der ILO werden von allen Mitgliedsländern jeweils zwei Regierungsvertreter, ein Vertreter von Arbeitgeberverbandsseite und ein Vertreter von Gewerkschaftsseite entsandt.

Ein Grundmechanismus der Arbeitsweise der ILO – in dem sich nach wie vor ihr inter-nationaler Charakter niederschlägt – besteht darin, für verschiedene erwerbsbezogene Themenbereiche Mindeststandards zu definieren, die dann von den inzwischen 178[8] Mit-

7 Vgl. United Nations (2004: 5). In diesem Zusammenhang ist jedoch zu beachten, dass viele Mitgliedsstaaten ihre Beiträge nicht oder nicht pünktlich zahlen. In den Haushaltsjahren 2002 und 2003 hatte dies zur Folge, dass der ILO bis zum September des jeweiligen Jahres erst ca. die Hälfte des regulären Budgets zur Verfügung stand, obwohl die Mitgliedsbeiträge jeweils im Februar fällig sind (ebd.: 35). Andererseits erhält die ILO – wie andere UN-Unterorganisationen auch – weitere freiwillige, meist projektgebundene Zuwendungen, die zwischen 50 und 70 Prozent des regulären, aus Beiträgen der Mitgliedsstaaten finanzierten Budgets ausmachen können. Allgemein zur Finanzierung der Vereinten Nationen und ihrer Unterorganisationen vgl. Laurenti 2004.

8 Quelle: ⟨http://www.ilo.org/public/english/standards/relm/country.htm⟩, Zugriff 26. 7. 2006.

gliedsstaaten der ILO sukzessive ratifiziert werden müssen. Grundsätzlich müssen ILO-Übereinkommen (*conventions*) von zwei Dritteln der Stimmen in der jährlich stattfindenden *International Labour Conference* (für jedes Mitgliedsland haben die Regierungsvertreter zwei Stimmen, die Arbeitgeber- und Arbeitnehmer-Vertreter jeweils eine Stimme) verabschiedet werden. Zusätzlich wird ein Übereinkommen nur für diejenigen ILO-Mitgliedsstaaten bindend, die die entsprechende Norm auch als Nationalstaaten ratifiziert haben. Genau in diesem weitgehend als Inter-Nationalisierung zu charakterisierenden Abstimmungsprozess wird eine der wesentlichen Schwächen der ILO gesehen. Denn von den insgesamt 185 ausgearbeiteten und von der Internationalen Arbeitskonferenz verabschiedeten Übereinkommen wurden bisher nur wenige von der Mehrheit aller ILO-Mitgliedsstaaten auch ratifiziert.

Verständlicherweise sperren sich die Einzelstaaten in der Regel, diejenigen Normen zu ratifizieren, die erhebliche Auswirkungen oder Probleme für die nationale Praxis und/oder Rechtslage beinhalten. So haben sich viele Länder des Südens gegen eine enge Auslegung des Verbots von Kinderarbeit (z. B. als alle regelmäßige Arbeit von unter 16- oder gar unter 14-Jährigen) ausgesprochen und die entsprechenden ILO-Resolutionen nicht ratifiziert. Umgekehrt haben sich viele Länder, in denen die Freiheit von Beschäftigten, sich in Gewerkschaften zu organisieren, auf verschiedene Weisen eingeschränkt ist, gegen die Ratifizierung der Normen zur positiven und negativen Koalitionsfreiheit gestemmt. So besitzen z. B. die Gewerkschaften in Mexiko das Recht, die Beschäftigung aller Arbeitnehmer in einem bestimmten Betrieb, für den sie jeweils das Alleinvertretungsrecht im entsprechenden Bundes- oder Landesarbeitsministerium haben registrieren lassen, an die Gewerkschaftsmitgliedschaft zu binden. Wer nicht in die jeweilige Gewerkschaft eintreten will, kann keinen Arbeitsvertrag in dem Betrieb erhalten (clausula de admisión); wer aus der jeweiligen Gewerkschaft austritt oder ausgeschlossen wird, muss auch den Betrieb verlassen (clausula de exclusión).[9] Die Koalitionsfreiheit ist auch in Ländern wie der Volksrepublik China sehr

9 Inzwischen wurde die clausula de exclusión vom Obersten Gerichtshof in Mexiko im Jahre 2001 für rechtswidrig erklärt. Eine entsprechende Angleichung der Arbeitsgesetzgebung fand bisher aber noch nicht statt. Vgl. ‹http://www.scjn.gob.mx/iusupdate/tesis.asp?Clave=4626›. Ich danke Siglinde Hessler für Informationen hierzu.

stark eingeschränkt, und in den USA beschränkt der National Labor Relations Act die kollektive Vertretung von Beschäftigten durch eine Gewerkschaft auf Betriebe oder Abteilungen, in denen die Mehrheit der Beschäftigten sich in einer Abstimmung dafür entschieden hat. Häufig ratifizieren die ILO-Mitgliedsstaaten gerade diejenigen und nur diejenigen Resolutionen vergleichsweise zügig, die wenig oder keinerlei Auswirkungen auf die Erwerbsregulierung in dem entsprechenden Land haben.

Neben dieser Kritik an der Ratifizierungslogik und -praxis der ILO gibt es erhebliche Bedenken in Bezug auf ihre Möglichkeiten, die Einhaltung der einmal verabschiedeten Arbeitsstandards auch zu kontrollieren und gegebenenfalls zu erzwingen (vgl. z. B. Senghaas-Knobloch et al. 2003; Senghaas-Knobloch 2004; Sengenberger 2002). Zwar werden auf den jährlichen Vollversammlungstreffen der ILO jeweils wichtige Einzelthemen sowie die Einhaltung der vereinbarten Arbeitsnormen durch die ratifizierenden Staaten diskutiert. Grundsätzlich handelt es sich dabei aber im Wesentlichen um den Sanktionsmechanismus des Monitoring, d. h. der öffentlichen Überprüfung und Thematisierung von Normeneinhaltung oder -verletzung durch die Mitgliedsstaaten der ILO. Als letztes Erzwingungsmittel sehen die ILO-Statuten auch die Verhängung von Geldstrafen gegen Mitgliedsstaaten vor, eine solche Maßnahme wurde aber bisher nur einmal in der langen Geschichte der ILO verhängt.[10]

Neben diesen kritischen Einwänden gegen die formellen und praktischen Möglichkeiten internationaler Erwerbsregulierung durch die ILO soll hier aber vor allem der quasi globale, alle Länder und Menschen der Welt betreffende Status der *ILO-Kern-Übereinkommen (core conventions)* erwähnt werden. Denn im Jahre 1998 wurden acht Übereinkommen als Mindestarbeitsnormen von der ILO ausgewählt und in einer »Erklärung zu den fundamentalen Prinzipien und Rechten in der Arbeit« zusammengefasst. Grundsätzlich sind die Kern-Übereinkommen für alle ILO-Mitgliedsländer verbindlich. Auch wenn

10 Es handelte sich hierbei um finanzielle Sanktionen gegen Burma, die in der ILO-Jahresversammlung 2005 wegen andauernder Verstöße gegen das Zwangsarbeitsverbot verhängt wurden; vgl. allgemein zur ILO-Politik der Ausmerzung von Zwangsarbeit Plant/O'Reilly 2003, zum Fall Burma z. B. ⟨http://proquest.umi.com/pqdweb?did=1064242661&Fmt=3&clientId=8424&RQT=309&VName=PQD⟩, Zugriff 12. 9. 2006; zur Bedeutung von und zum Umgang mit den Mindestarbeitsnormen vgl. Kellerson 1998; ILO 2002a und 2002b; Weiss 2001.

noch immer manche Länder nicht alle Punkte unterzeichnet haben,[11] wurden diese Übereinkommen von einer so überwältigenden Mehrheit ratifiziert, dass sie tendenziell den Status einer *globalisierten Erwerbsregulierung* annehmen. Die acht vorgesehenen Mindestarbeitsnormen beziehen sich auf die Grundrechte der (gewerkschaftlichen) Vereinigungsfreiheit und Vertragsfreiheit, auf das Verbot von Zwangsarbeit und die schlimmsten Formen von Kinderarbeit sowie auf das Gebot der Nicht-Diskriminierung und gleichen Bezahlung in der Arbeit (vgl. Tabelle 7).

Tabelle 7: Die acht Mindestarbeitsnormen der ILO

Konvention		*Ratifizierungen gesamt*
Nr. 29	Verbot von Zwangsarbeit (1930)	169
Nr. 87	Vereinigungsfreiheit/Organisationsfreiheit (1948)	145
Nr. 98	Organisationsfreiheit und Tarifvertragsfreiheit (1949)	154
Nr. 100	Verbot der Lohndiskriminierung (1951)	162
Nr. 105	Abschaffung von Zwangsarbeit (1957)	165
Nr. 111	Diskriminierungsverbot in der Arbeit (1958)	164
Nr. 138	Mindestalter für Arbeit (1973)	146
Nr. 182	Abschaffung der schlimmsten Formen von Kinderarbeit (1999)	161
Gesamt		*1266*

Quelle: ⟨http://www.ilo.org/ilolex/english/docs/declworld.htm⟩, Zugriff 24. 7. 2006

Die ILO-Mindestarbeitsnormen haben inzwischen auch Eingang in viele inter-nationale, supra-nationale und transnationale Abkommen gefunden. So bekennen sich die Internationalen Rahmenabkommen (IFA: International Framework Agreements), die zwischen interna-

11 Vgl. ILO 2002a: 2; Senghaas-Knobloch et al. 2003: 46; »Bis Oktober 2003 hatten 75 Prozent der 175 ILO-Mitgliedsnationen mindestens sieben von diesen acht Kern-Übereinkommen ratifiziert« (Committee on Monitoring International Labor Standards 2004: 17).

tionalen Gewerkschaftsverbänden und großen internationalen Unternehmen abgeschlossen werden, meistens ausdrücklich zu ihnen. Auch die freiwilligen Erklärungen großer Konzerne zu ihrer korporativen sozialen Verantwortung nehmen in aller Regel explizit auf diese Mindestnormen als Verpflichtung für das Unternehmensverhalten Bezug. Man kann sagen, dass die ILO-Mindestarbeitsnormen inzwischen immer mehr das Gewicht *globalisierter Mindestrechte der Arbeit*, vergleichbar den Allgemeinen Menschenrechten der Vereinten Nationen, erhalten haben und dass sie zu einem quasi ubiquitären Mindestanspruch für alle Erwerbstätigen geworden sind.[12]

Der globale Charakter dieses durch die ILO organisierten Prozesses der Erwerbsregulierung besteht darin, dass ein überschaubarer Bereich von Kernarbeitsnormen inzwischen von jeweils durchschnittlich 158 Ländern ratifiziert wurde. Diese Mindestnormen gelten damit formal für den allergrößten Teil der Weltbevölkerung und haben somit gleichsam globale Wirksamkeit.

Kein anderer Regulierungsmechanismus im Bereich von Arbeit, Beschäftigung und Erwerb hat eine ähnliche geographische Reichweite. Dieser große Vorteil der fast weltumspannenden formalen Gültigkeit der Kernarbeitsnormen geht allerdings einher mit ver gleichsweise eingeschränkten Sanktionsmöglichkeiten. Nur über die systematische Kontrolle der Einhaltung dieser Mindestnormen (*monitoring*) und die entsprechende Öffentlichmachung von Regelverstößen (*blaming*) kann die Einhaltung dieser Mindestnormen reklamiert werden. Es gibt keinerlei erzwingbare Sanktionsmechanismen wie z. B. eine juristische Verfolgung von Unternehmen oder Vertragsstaaten.

Trotz der eingeschränkten Sanktionsmöglichkeiten sollte die glo-

12 Die Mindestarbeitsnormen haben sich in ähnlich dialektischer Weise wie die Menschenrechte und das Recht auf Bildung zu quasi-globalen Ansprüchen entwickelt: Zunächst war das Verbot von Kinderarbeit ebenso wie die Durchsetzung allgemeiner Bürgerrechte und der allgemeinen Schulpflicht geradezu ein die Nationalstaaten konstituierendes und legitimierendes Tätigkeitsfeld. Nationalstaaten befestigen sich nach innen und außen unter anderem durch das Monopol, für den eigenen territorialen Raum Allgemeine Bürgerrechte, Mindestarbeitsrechte und die Allgemeine Schulpflicht erfolgreich umzusetzen. Insofern sie hierin erfolgreich sind, leisten die Nationalstaaten selbst den entscheidenden Beitrag zur globalen Generalisierung derjenigen Rechte, durch die sie sich einst selbst konstituiert und legitimiert haben (vgl. Adick 2003 zu dieser Argumentation für die Einführung der Allgemeinen Schulpflicht).

bale Wirksamkeit der ILO-Mindeststandards nicht unterschätzt werden. Diese spiegeln eine Globalisierung von Symbolsystemen wider, in diesem Falle eines weltweit zumindest im öffentlichen Diskurs nicht in Frage gestellten Normengerüstes. Die soziale Praxis ist selbstverständlich in sehr vielen Ländern und Regionen der Welt weit von diesen Mindeststandards entfernt. Die konkrete lokale und nationale Umsetzung der globalisierten Normensysteme in soziale Praxis kann nur gelingen, wenn andere Mechanismen und Kanäle der Internationalisierung von Erwerbsregulierung (mit) einbezogen werden. Für inter-nationale, supranationale, transnationale sowie nationale Akteursgruppen ist die – wenn auch zunächst nur normative – Globalisierung von Erwerbsregulierung ein wichtiger Ankerpunkt für weitergehende Aktivitäten (vgl. Compa/Hinchliffe-Darricarere 1995).

8.3.2 Inter-Nationalisierung, Supra-Nationalisierung und (Re-)Nationalisierung der Erwerbsregulierung

Mit Ausnahme der Europäischen Union hat eine Supra-Nationalisierung von Erwerbsregulierung bisher nur vergleichsweise wenig Einfluss gewinnen können. Zwar existieren in vielen Weltregionen makro-regionale wirtschaftliche Kooperationsabkommen wie z. B. die Andengemeinschaft (zwischen Ekuador, Peru, Kolumbien und Bolivien), der Mercosur-Vertrag (zwischen Argentinien, Uruguay, Paraguay, Brasilien und Venezuela), das NAFTA-Abkommen (zwischen Kanada, den USA und Mexiko), der Golf-Kooperationsrat (Kuwait, Katar, Oman, Saudi-Arabien, Bahrain und Vereinigte Arabische Emirate) oder der ASEAN-Pakt (Brunei, Kambodscha, Indonesien, Laos, Malaysia, Myanmar,[13] Philippinen, Singapur, Thailand und Vietnam). Aber diese inter-nationalen Abkommen fokussieren grundsätzlich auf die Erleichterung des Austausches von Gütern, in den seltensten Fällen auch von Dienstleistungen – sie beinhalten keine weiter reichenden Regulierungen im Hinblick auf Arbeit und Erwerb. Ent-

13 1989 benannte die Militärdiktatur in Burma den Staat ohne Mitwirkung der Bevölkerung in Myanmar um. Während die Vereinten Nationen die Umbenennung anerkannten, weigern sich die USA, Australien und weitere Staaten sowie NGOs und Regimegegner, den neuen Namen zu übernehmen, weil sie das diktatorische Regime missbilligen.

sprechend werden durch diese inter-nationlen Abkommen höchstens supranationale Wirtschaftsräume geschaffen, es wird aber kaum eine supranationale Erwerbsregulierung stimuliert.[14]

Ganz anders dagegen verhält es sich im Falle der Europäischen Union. Weil das Projekt der europäischen Einigung eine wirtschaftliche, soziale, politische *und* kulturelle Supra-Nationalisierung enthält, hat es auch im Bereich der Regulierung von Arbeit, Beschäftigung und Erwerb weit reichende Wirkungen. Dies zeigt sich vor allem darin, dass nicht nur der freie Fluss von Waren und Gütern, sondern auch von Dienstleistungen und von Menschen ermöglicht werden soll. Alle EU-Bürger haben grundsätzlich das Recht, in jedem EU-Mitgliedsland zu wohnen und zu arbeiten. Besonders weit in Richtung einer europäischen Supra-Nationalisierung gehen verschiedene, vom Europäischen Ministerrat und teilweise auch schon von der Europäischen Kommission verabschiedete Richtlinien, die die nationale Souveränität für bestimmte Bereiche der Erwerbsregulierung durch eine europäische Vorrangstellung ersetzen. Dies gilt etwa für den Bereich des Arbeitsgesundheitsschutzes, der Definition von Mindestlöhnen und die Festlegung allgemeiner verbindlicher Mindestnormen für Arbeit und Beschäftigung (Bercusson 2003; Burgess 2003).

Besonderes Gewicht bekam die europäische Ebene der Erwerbsregulierung durch die Verträge von Maastricht 1991 und Amsterdam 1997, weil hierdurch der bereits in den achtziger Jahren initiierte so genannte *Soziale Dialog* zwischen Gewerkschaften und Arbeitgeberverbänden ein neues Instrument erhielt. Die beiden Arbeitsvertragsparteien müssen seitdem nicht nur bei allen sozialen Angelegenheiten und besonders bei den Arbeit und Beschäftigung betreffenden Fragen von den europäischen Organen gehört werden. Sie können auch gemeinsame Initiativen zur Verabschiedung von europäischen Verordnungen und Richtlinien ausarbeiten. Bereits 1995 war eine solche europäische Richtlinie zum Elternurlaub auf Initiative der Arbeitgeber- und Gewerkschaftsverbände verabschiedet worden. Es folgte 1997 eine Richtlinie zur Teilzeitarbeit und 1999 eine Richt-

14 Das nordamerikanische NAFTA-Abkommen wird zwar von einem Nebenabkommen zur Erwerbsregulierung (North American Agreement on Labor Cooperation, NAALC) begleitet, dieses hat aber bisher im Wesentlichen den Charakter der wechselseitigen Beobachtung der Einhaltung der jeweiligen nationalen Erwerbsregulierung durch die drei vertragsschließenden Nationalstaaten, vgl. Dombois 2004.

linie zu zeitlich befristeten Arbeitsverträgen, sowie weitere sektorale Vereinbarungen über die Regelung der Arbeitszeit von Seeleuten (1998), über die Arbeitsorganisation für das fliegende Personal der Zivilluftfahrt (2000) und eine Vereinbarung über bestimmte Aspekte der Arbeitsbedingungen mobiler Eisenbahnarbeiter, die in grenzübergreifenden Diensten eingesetzt sind (2004). Während die vorgenannten Vereinbarungen durch Anhörung der Sozialpartner und anschließenden Beschluss des europäischen Rates entstanden sind, gibt es zusätzlich freiwillige Vereinbarungen, für deren Durchführung und Überwachung die Sozialpartner selbst verantwortlich sind. Zu ihnen zählen die Rahmenvereinbarung über Telearbeit (2002), die Rahmenvereinbarung über arbeitsbedingten Stress (2004) und die Vereinbarung über eine europäische Fahrerlaubnis für Zugführer in grenzüberschreitenden interoperablen Verkehrsdiensten (2004).[15]

Ein besonders interessantes Beispiel für die enge Verschränkung von inter-nationaler, supranationaler und nationaler Erwerbsregulierung ist die Verabschiedung der Richtlinie zur Einführung von Europäischen Betriebsräten (EBR) durch den Europäischen Ministerrat, die nach etwa zehn Jahre andauernden Diskussionen und Anläufen am 22. September 1994 erfolgte. Die Richtlinie sieht vor, dass diejenigen nationalen Regierungen, die die EBR-Richtlinie mitgetragen hatten,[16] innerhalb von zwei Jahren per nationaler Gesetzgebung die entsprechende legale nationale Basis für die Einführung von EBR schaffen sollten. In Deutschland wurde das entsprechende Gesetz (EBRG) am 28. Oktober 1996 vom Parlament verabschiedet.

In allen Unternehmen, die in mindestens zwei EU-Mitgliedsstaaten mindestens jeweils einen Standort mit mindestens 150 Arbeitnehmern und in den EU-Vertragsstaaten insgesamt mindestens 1 000 Arbeitnehmer beschäftigen, kann ein EBR eingerichtet werden (Keller 2002). Im Jahre 2005 existierte in etwa einem Drittel der in Betracht kommenden Unternehmen in Europa auch tatsächlich ein EBR (784 von 2 204 Unternehmen). Diese haben vor allem Informations- und Konsultationsrechte. Sie können entweder nur aus Arbeitnehmervertretern (deutsches Modell) oder aus Management- und Arbeit-

15 Quelle: ⟨http://ec.europa.eu/employment_social/social_dialogue/typology_de.htm⟩, Zugriff 3. 8. 2006.

16 Großbritannien hatte seine *opting out*-Option genutzt und sich dem gesamten Verfahren entzogen, trat dann aber nach dem Sieg der Labour-Regierung im Jahre 1997 dem EBR-Vorhaben bei.

nehmervertretern (französisches Modell) bestehen (Platzer/Weiner 1998).

Generell kann man grob drei Entwicklungsphasen der EBR unterscheiden. Die erste Phase bezieht sich auf den Zeitraum von Mitte der achtziger Jahre bis 1994, in der – noch vor Verabschiedung der EBR-Richtlinie – knapp fünfzig freiwillig vereinbarte Gremien der Arbeitnehmerinformation und -konsultation auf europäischer Ebene entstanden. Auf Initiative des Managements wurde bereits 1985 im französischen Unternehmen *Thomson Consumer Electronics* ein europäisches Informations- und Konsultationsorgan gebildet, in dem Management- und Arbeitnehmerrepräsentanten vertreten sind. Die zweite Phase erstreckt sich auf den Zeitraum von der Verabschiedung der EBR-Richtlinie im September 1994 bis zur vorgeschriebenen Umsetzung der Ausführungsbestimmungen in nationales Recht im September 1996. Während dieser Phase wurde auf Basis des Art. 13 der EBR-Richtlinie eine Reihe freiwilliger Vereinbarungen abgeschlossen, die nicht zwingend dem in der EBR-Richtlinie vorgesehenen Verfahren entsprechen mussten. In dieser zweiten Phase stieg die Zahl der Vereinbarungen rapide an: knapp 400 solcher »Art.-13-Vereinbarungen« wurden abgeschlossen (vgl. Kerckhofs 2003). Die dritte, so genannte »Art.-6-Phase« bezeichnet die Zeit nach der Implementierung der EBR-Richtlinie in das jeweilige nationale Recht und damit die Einrichtung von EBR nach dem »gesetzlichen Normalverfahren« (Lecher et al. 2001: 11). Den frühen freiwilligen EBR-Vereinbarungen kam insofern eine wichtige Rolle zu, als dass sie praktische Vorbilder für die gesetzliche Normbildung darstellten: »Ohne Pionierprojekte wäre es kaum möglich gewesen, den nötigen gewerkschaftlichen und politischen Druck aufzubauen. [...] Die Praxis fand Eingang in die rechtliche Normierung, die rechtliche Normierung beeinflußte wiederum die Praxis« (Nagel 1999: 352f.).

In Bezug auf die reale Wirksamkeit der EBR als Instrument einer supranationalen Erwerbsregulierung gibt es durchaus unterschiedliche Beurteilungen. Einige frühe und eher allgemeine Urteile bemängelten einerseits die mangelnde Regulierungskraft von EBR, die stark hinter den Möglichkeiten des deutschen Modells betrieblicher Mitbestimmung zurückbliebe, und kritisierten andererseits den defizitären Europabezug der Institution EBR. Die EBR seien vor allem Verlängerungen der Interessenvertretungen des jeweiligen Stammsitzlandes, deren Strukturprinzipien und Handlungslogiken durch die EBR in die entsprechenden anderen Unternehmensteile getragen würden – in der in diesem Buch entwickelten Typologie würde es sich also um eine Diaspora-Internationalisierung handeln. EBR werden »weder als europäisch noch als Betriebsrat« (Streeck 1997: 328) (dis-)qualifiziert. Angesichts der Gefahr des Social-Dumping sei der EBR als Arbeitnehmerorgan weder im konzerninternen noch im Länder-Wettbewerb ein angemessenes Instrument (Keller 2001); der Standortwettbewerb habe seit 1996 sogar noch zugenommen, aber »die EBR haben es verpasst, ein pan-europäisches Zugpferd für die Koordination einer Gewerkschaft zu werden« (Hancké 2000: 55).

Neuere und auf breiteren empirischen Untersuchungen basierende Einschätzungen sind dagegen wesentlich differenzierter. So finden z. B. Hoffmann et al. (2002) bei ihrer Untersuchung von acht Konzernen, deren Stammsitze sich in den USA und in Großbritannien befinden, große Unterschiede im Einfluss der EBR auf die nationalen Arbeitsbeziehungen und auf die konzernweiten Interessenregulierungsstrukturen. Insgesamt haben sich in allen untersuchten Fällen der Informationsfluss und die Transparenz der Unternehmensaktivitäten verbessert (Hoffmann et al. 2002: 21), vor allem in den Konzernen, in denen das Management eine positive Haltung zum EBR einnahm. Einerseits ist für die Wirkungsweise der EBR von Bedeutung, ob sie auf stabile betriebliche Interessenregulierungsstrukturen auf nationaler Ebene zurückgreifen können. Andererseits können EBR auch der Stärkung von Interessenvertretungsstrukturen in Ländern dienen, deren institutionelle Rahmenbedingungen vergleichsweise schwach sind. Letzteres betrifft z. B. die EBR-Aktivitäten in Konzernen, deren Stammsitz sich in angelsächsischen Ländern befindet. Erstaunlicherweise (oder: verständlicherweise) ist die Quote von Unternehmen mit einem EBR im Verhältnis zu allen Unternehmen, in denen theoretisch ein EBR gebildet werden könnte, in diesen Konzernen höher als z. B. in Konzernen mit Stammsitz in Deutschland – für das Management und die Beschäftigten in Konzernen mit angelsächsischer Tradition hat der EBR offensichtlich einen höheren Grenznutzen als für Konzerne, in denen bereits auf der nationalen Ebene der Stammsitzländer eine ausgeprägte Beteiligungskultur besteht.

Inzwischen liegen auch mehrere branchenbezogene Studien und Fallanalysen zur Arbeitsweise und Wirksamkeit der EBR vor (zur Automobilindustrie z. B. Whittall 2000 und 2003; EBR-News 2005). Die europäischen Automobilhersteller waren Vorreiter bei der Etablierung von EBR. Bereits 1996 – also vor Ablauf der Art.-13-Phase – verfügten alle in der Europäischen Union produzierenden Pkw-Hersteller über entsprechende Gremien (Hancké 2000: 55). Mittlerweile existieren auch in fast allen großen Zulieferkonzernen EBR (EBR-News 2004; eiro-online 2003). Für den Fall General Motors (GM) Europa zeigen Eller-Braatz und Klebe (1998), wie es dem EBR auch gegen den strikten Widerstand des Managements gelang, eine länderübergreifende Position zu einer 1997 geplanten Benchmarking-Studie zu entwickeln, das Recht des EBR auf Information und Konsultation und schließlich sogar die Beteiligung der Arbeitnehmervertreter an der Studie durchzusetzen. Die Konkurrenz zwischen verschiedenen Standorten innerhalb des gleichen GM-Konzerns konnte durch die »phantasiereiche und zeitnahe Kombination nationaler Informations- und Mitbestimmungsrechte« (ebd.: 449) zumindest eingedämmt werden. Der Konflikt hat im Endeffekt zur Stärkung sowohl der nationalen Interessenvertretungen als auch des EBR geführt. Auch in den Konflikten um Produktions- und Personalabbau in einigen europäischen GM-Standorten in den Jahren 2004 und 2005 konnte der GM-EBR über die in der Richtlinie kodifizierten Rechte hinaus aktiv werden (EBR-News 2005; Pries 2004b).

Interessant ist auch der Fall des BMW-Konzerns. Auf Seiten des deutschen Gesamtbetriebsrats (GBR) wuchs die Wertschätzung eines EBR während des Kaufs der britischen *Rover Group* durch BMW im Januar 1994. Grund waren Befürchtungen, dass die Eingliederung angelsächsischer Standorte eine Gefahr für die relativ guten Arbeits- und Beschäftigungsbedingungen der deutschen BMW-Betriebe darstellen könnte. Die anfänglich ablehnende Haltung des Managements wandelte sich – die Vorteile eines freiwilligen Arrangements antizipierend – unter dem Einfluss der EBR-Richtlinie (Whittall 2000: 67f.). Die Studie bestätigt die in der Literatur häufig vertretene These der Dominanz des Stammsitzes für die Ausformung der EBR-Charakteristika (Lecher et al. 1998). Angesichts struktureller Unterschiede in den Arbeitsbeziehungssystemen Großbritanniens und Deutschlands sowie in der Verteilung der Sitze und Kompetenzen im EBR (bei BMW: große Überzahl deutscher Interessenvertreter) kommt den weichen Faktoren – Vertrauen, regelmäßige Interaktion, Netzwerkbildung – eine besondere Bedeutung zu. Bei der Abwendung der BMW-Krise um das Rover-Werk in Longbridge in den Jahren 1998 und 1999 waren insbesondere die institutionell bedingten

Ressourcen des deutschen GBR von hoher Bedeutung. Dagegen spielte der EBR als Verhandlungsorgan eine nur begrenzte Rolle. Sein Verdienst bestand in diesem konkreten Fall vielmehr darin, eine »Basis zur bilateralen Gewerkschaftskooperation« zu schaffen (Whittall 2000: 78). Den Wiederverkauf der meisten Teile der Rover Group durch BMW im Jahre 2000 konnte (und wollte?) weder der deutsche noch der europäische Betriebsrat verhindern.[17]

Volkswagen war der erste Automobilkonzern, in dem ein EBR (genannt »Europäischer Volkswagen Konzernbetriebsrat«) eingerichtet wurde. Zwar wird (in Übereinstimmung mit euro-pessimistischen Positionen) die Dominanz deutscher Vertretungsstrukturen im EBR konstatiert. Im Ergebnis wird dem VW-EBR jedoch bis Ende der neunziger Jahre eine positive Wirkung im Hinblick auf die Arbeitnehmerinteressenvertretung bescheinigt, da seine Kompetenzen über die in der Richtlinie kodifizierten Rechte hinausgehen, der konzerninterne Standortwettbewerb eingedämmt werden konnte und darüber hinaus ein »Hochniveautransfer« (Helbig 1999: 258) deutscher Arbeitsregulierung in die außerdeutschen VW-Standorte stattgefunden hat. Zudem hat er die Herausbildung einer »globalen Mehrebenenstruktur« in der Entstehung eines Weltkonzernbetriebsrats befördert (Müller et al. 2004: 14). Sind die formalen Mitentscheidungsbefugnisse des VW-EBR auch gering, so tangiert er doch in hohem Maße die »Handlungskontexte für Entscheidungen, die in anderen Gremien« des Konzerns getroffen werden (Helbig 1999: 259). Der EBR bei Volkswagen dient als eine Art Clearingstelle zwischen dem deutschen Konzernbetriebsrat und dem Weltkonzernbetriebsrat.

Die Beispiele der Einrichtung von EBR allgemein und ihrer konkreten Arbeitsweise im Besonderen wurden hier recht ausführlich dargestellt, weil sie zweierlei Erfahrungen deutlich machen. Erstens gehen die Meinungen über dieses relativ neue Organ grenzüberschreitender Erwerbsregulierung in der Wissenschaft und bei Arbeitnehmer- und Managementvertretern durchaus auseinander. Generell werden aber die evolutionäre Dynamik und die Ausbaupotentiale der EBR von allen Seiten hervorgehoben: EBR sind nicht an und für sich gut oder schlecht, es kommt vielmehr darauf an, was die betrieblichen Akteure daraus in der Praxis machen. In Untersuchungen wurden sowohl sehr schwache und eher symbolische EBR als auch sehr

17 Zur neueren Entwicklung von BMW (und Volkswagen sowie DaimlerChrysler) insgesamt vgl. Pries 2004c; Pries et al. 2005; Pries 2006b.

aktive partizipative EBR identifiziert. Bei Letzteren weist ihre praktische Rolle und Funktion deutlich über den in der Richtlinie vorgesehenen Partizipationsgrad hinaus. Die Zukunft der EBR hängt also in starkem Maße von den beteiligten Akteursgruppen selbst ab.

Die zweite wichtige Lehre, die aus der Entstehungsdynamik und der praktischen Arbeit der EBR gezogen werden kann, bezieht sich auf die in diesem Falle überaus komplexe Verschränkung von Inter-Nationalisierung, Supra-Nationalisierung, (Re-)Nationalisierung und Transnationalisierung der Erwerbsregulierung. Die Entstehungsgeschichte der EBR-Richtlinie ist vor allem ein Beispiel für *inter-nationale Verhandlungen* zwischen den Vertretern der europäischen Mitgliedsstaaten und der entsprechenden nationalen und inter-nationalen Interessenverbände. Verabschiedet wurde die EBR-Richtlinie 1994 durch den Europäischen Ministerrat als Organ der souveränen Nationalstaaten. Durch diesen inter-nationalen Schritt wurden aber gleichzeitig eine supra-nationale europäische und eine nationale Regulierungsebene neu eröffnet und definiert. Die *supra-nationale Ebene* wurde konstituiert durch die Dynamik der Implementierung und Weiterentwicklung der EBR: Alle ratifizierenden Staaten verpflichteten sich zu Umsetzungsgesetzgebungen auf nationaler Ebene und delegierten an die EU die Kompetenz, die Einhaltung dieser nationalen Verpflichtungen zu kontrollieren sowie einen europäischen Prozess der Revision der EBR-Richtlinie (zwischen 2000 und 2004) zu organisieren.[18] Auf europäischer Ebene entstand ein auf die EBR-Implementation bezogenes Verantwortlichkeits-, Berichts- und Rechtswesen, welches zu einer supranationalen normativen Kraft des Faktischen beiträgt. Die EBR stabilisieren sich im Hinblick auf ihre institutionelle Verankerung als supranationale europäische Organe der Erwerbsregulierung.

18 So heißt es z. B. im Artikel 14 der EBR-Richtlinie: »(1) Die Mitgliedstaaten erlassen die erforderlichen Rechts- und Verwaltungsvorschriften, um dieser Richtlinie spätestens zum 22. September 1996 nachzukommen, oder vergewissern sich spätestens zu diesem Zeitpunkt, daß die Sozialpartner mittels Vereinbarungen die erforderlichen Bestimmungen einführen, wobei die Mitgliedstaaten verpflichtet sind, alle erforderlichen Vorkehrungen zu treffen, damit sie jederzeit gewährleisten können, daß die in dieser Richtlinie vorgeschriebenen Ziele erreicht werden. Sie setzen die Kommission hiervon unverzüglich in Kenntnis. (2) Wenn die Mitgliedstaaten diese Vorschriften erlassen, nehmen sie in den Vorschriften selbst oder durch einen Hinweis bei der amtlichen Veröffentlichung auf diese Richtlinie Bezug. Die Mitgliedstaaten regeln die Einzelheiten.«

Gleichzeitig fand mit der Umsetzung der EBR-Richtlinie von 1994 in jeweils nationales Recht bis zum Jahre 1996 eine *(Re-)Nationalisierung* eines Teiles der Umsetzungsbestimmungen statt. Dies bezog sich vor allem auf Fragen der Zusammensetzung und Entsendungsmechanismen von Vertretern in die besonderen Verhandlungsgremien (die jeweils in den Unternehmen die Einrichtung von EBR organisieren sollten), auf die Regeln bezüglich des Vorsitzes der jährlichen Sitzungen zur Unterrichtung und Anhörung des EBR, auf die Finanzierung der Arbeit des EBR (z. B. Begrenzung der Übernahme der Kosten für externe Sachverständige) und auf die Mechanismen der Bestimmung der nationalen Arbeitnehmervertreter für den EBR. Diese (Re-)Nationalisierung der EBR-Umsetzungsbestimmungen führte z. B. dazu, dass in Ländern mit einer starken nationalen Betriebsrätetradition (wie in Deutschland) die nationalen Delegierten für die EBR von den nationalen Betriebsräten bestimmt werden können (und in vielen Fällen auch werden), während in Ländern mit einer monistischen Interessenregulierungsstruktur durch Gewerkschaften die jeweiligen Gewerkschaften die nationalen EBR-Delegierten bestimmen. In der Umsetzung der inter-national verabschiedeten Richtlinie zur Einrichtung eines supranationalen EBR wurden die nationalen Besonderheiten der Erwerbsregulierung nicht nur berücksichtigt, sondern in aller Regel durch die je spezifischen landesbezogenen Regulierungen hinsichtlich z. B. der Entsendungsmechanismen in den EBR fortgeschrieben und akzentuiert.

Schließlich eröffnet die Einrichtung der EBR auch die Möglichkeiten einer *Transnationalisierung* der Erwerbsregulierung. Denn die konkret in den einzelnen Unternehmen auf europäischer Ebene arbeitenden EBR-Gremien können die supranationalen und nationalen formalen Richtlinien auf sehr unterschiedliche Weise mit Leben und Inhalt füllen. Letztlich handelt es sich bei den EBR um europäische Non-Profit-Organisationen, die in und bezogen auf internationale bzw. europäische Profit-Organisationen als Organ der Erwerbsregulierung tätig werden. Als Organisationen können EBR idealtypisch den Charakter von fokalen, globalen, multinationalen oder transnationalen Gebilden annehmen (vgl. Kapitel 6.2). Die bisherigen wissenschaftlichen Erkenntnisse legen die Vermutung nahe, dass es sich sehr häufig um fokale oder globale Organisationsformen handelt, in denen im Sinne der Zentrum-Peripherie-Figur ein klares Macht- und Koordinationszentrum im Stammsitzland des jeweiligen Unternehmens auszumachen ist. Dies dürfte z. B. weitgehend für die erwähnten Beispiele der deutschen Automobilunternehmen BMW und Volkswagen gelten. Anders dagegen gestaltet sich die Situation in einem Unternehmen wie GM, dessen Weltzentrale in Detroit und dessen Europazentrale in Zürich angesiedelt ist. In diesem Falle folgt die Verteilung von Ressourcen, Macht, Wissen und Kultur in dem europäischen Teil dieses Weltkonzerns nicht eindeutig einer Zentrum-Peripherie-Konstellation. So ist zwar der Großteil der europäischen Forschungs- und Entwicklungsressourcen in Rüsselsheim konzentriert, aber die Standorte Zaragoza in Spanien und Bochum in Deutschland haben mehr und der Standort Antwerpen in Belgien fast gleich viele Beschäftigte wie Rüsselsheim. In den Euro-Betriebsrat von GM entsenden die deutschen Standorte zusammen sechs Delegierte, Belgien, Spanien und die Europazentrale in Zürich jeweils drei, Frankreich und Österreich zwei und England, Polen, Portugal, Schweden sowie Ungarn jeweils einen Delegierten. Damit ist hier die Delegiertenverteilung nach Ländern wesentlich gleichmäßiger als in anderen großen Automobilunternehmen.[19] Der GM-EBR kommt somit dem Idealtypus einer multinationalen oder transnationalen Organisation wesentlich näher als dem einer globalen oder fokalen.

Wie immer im Einzelnen die organisationale Ausgestaltung der EBR aussehen mag, ihre praktische Arbeit trägt generell zur Transnationalisierung von Vergesellschaftungsprozessen und von Erwerbsregulierung bei, weil es sich hierbei um grenzüberschreitende, nicht-staatlich dominierte und dauerhafte Formen von Austauschbeziehungen zwischen Einheiten handelt, die über mehrere Länder verteilt sind und die (im Gegensatz etwa zu den diplomatischen Korps von Nationalstaaten oder der internationalen Struktur der katholischen Kirche) über keine eindeutige formalrechtliche Zentrum-Peripherie-Struktur verfügen. Deutlich geworden ist dabei auch, dass Inter-Nationalisierung, Supra-Nationalisierung, (Re-)Nationalisierung und Transnationalisierung der Erwerbsregulierung durchaus keine sich ausschließenden Prozesse sind. Gerade das Beispiel der EBR verdeutlicht die wechselseitige Verschränkung zwischen diesen Internationalisierungsformen.

19 Bei Volkswagen z. B. waren im Jahr 2004 etwa die Hälfte aller weltweit im Konzern Beschäftigten in Deutschland konzentriert, und auch im Europäischen Konzernbetriebsrat von Volkswagen stellen Delegierte aus Deutschland zwölf bis dreizehn der insgesamt 25 Mitglieder.

8.3.3 Glokalisierung und Diaspora-Internationalisierung der Erwerbsregulierung

Ähnlich wie in den vorhergehenden Abschnitten ist es auch hier sehr schwierig, die Formen der Glokalisierung, der Diaspora-Internationalisierung und der Transnationalisierung von Erwerbsregulierung völlig isoliert voneinander zu behandeln. Auch wenn eine analytische Unterscheidung dieser Idealtypen möglich und sinnvoll ist, hängen diese Internationalisierungsformen in der Praxis doch sehr eng zusammen und sind die Übergänge zwischen ihnen fließend. Eine *Glokalisierung* von Erwerbsregulierung im hier beschriebenen Sinne findet überall dort statt, wo entweder lokale Aktivitäten und Gruppen sich auf globale Erwerbsnormen wie z. B. die ILO-Mindeststandards beziehen und deren Einhaltung oder Verwirklichung reklamieren oder wo umgekehrt lokale Gruppen mehr oder weniger systematische Aktionen zur Weiterentwicklung globaler Normen durchführen.

Wie in dem Abschnitt zur Globalisierung der Erwerbsregulierung bereits dargestellt, genießen die acht Kern-Übereinkommen der ILO den Status gleichsam global geltender Normen. Da auch in internationalen und supranationalen Vereinbarungen und Erklärungen explizit auf diese Bezug genommen wird, können lokale soziale Bewegungen und Organisationen relativ leicht auf diese zurückgreifen. Dies gilt besonders für die beiden Themenbereiche des Verbots extremer Formen von Kinderarbeit und der Freiheit von Beschäftigten, sich gewerkschaftlich zu organisieren. Lance Compa (2004) hat z. B. für die USA eindrücklich nachgewiesen, dass sowohl formalrechtliche Regelungen als auch die gerichtliche und Unternehmenspraxis in vielen Fällen dem »Menschenrecht« auf Vereinigungsfreiheit in Gewerkschaften widersprechen. Er schildert auch anschaulich verschiedene Fälle lokaler Bewegungen und Aktionsbündnisse, die unter Berufung auf die ILO-Mindeststandards die Gültigkeit dieser als globaler Menschenrechte für sich reklamieren.

Überall dort, wo sich lokale Akteursgruppen und Initiativen auf die ILO-Kern-Übereinkommen beziehen und deren Umsetzung für konkrete Situationen reklamieren, kann dies als eine Glokalisierung der Erwerbsregulierung charakterisiert werden. Denn auch wenn der Adressat der Forderungen ein konkretes internationales Unternehmen ist, welches Kinder unter zwangsähnlichen Bedingungen beschäftigt, oder ein konkreter Nationalstaat, der bestimmten Gruppen das Recht der freien gewerkschaftlichen Organisation verwehrt, die wichtigste Ressource für solche Mobilisierungen ist der Appell an die Einhaltung von Normen, die einen quasi-menschenrechtlichen, globalen Status genießen und die sich jeder regionalen, nationalen, kulturellen oder gruppenbezogenen Relativierung entziehen. Solche Initiativen und soziale Bewegungen mobilisieren in der Regel die öffentliche Meinung und appellieren an die globale Legitimität ihres Anliegens.

Die Beispiele zeigen gleichzeitig, dass die Globalisierung der Erwerbsregulierung im Sinne der Verabschiedung von Kern-Übereinkommen zu Mindestarbeitsbedingungen solange weitgehend wirkungslos bleibt, wie sie nicht lokal und durch die Glokalisierung von Erwerbsregulierung umgesetzt und kontrolliert wird, besonders dort, wo überdurchschnittlich ausgeprägt gegen diese Normen verstoßen wird. Umgekehrt kann der Katalog globaler Mindestnormen nur dadurch erweitert werden, dass lokale und regionale Bewegungen und Kräfte sich aktiv dafür einsetzen. Ein gutes Beispiel in dieser Hinsicht ist die Aufnahme der Übereinkunft Nr. 182 (Abschaffung der schlimmsten Formen von Kinderarbeit) in den Bestand der ILO-Kern-Übereinkommen im Jahre 1999. Denn während sich z. B. für die Übereinkommen Nr. 87 und Nr. 98 zur Koalitionsfreiheit viele internationale Organisationen, Nationalstaaten und korporative Akteure stark gemacht hatten, war die Aufnahme des Übereinkommens Nr. 182 vor allem auch ein Ergebnis von vielen dezentralen und NGO-Initiativen.[20]

Neben der großen Bedeutung von Glokalisierung der Erwerbsregulierung hat seit Mitte der achtziger Jahre auch das Gewicht der

20 »Abschaffungsbedürftige Kinderarbeit (nach den Kriterien der IAO) ist überwiegend im landwirtschaftlichen Bereich vorfindlich und breitet sich dort und in allen anderen Wirtschaftssektoren vor allem in der informellen Ökonomie aus. Die Gewerkschaften haben sich dafür aufgrund ihres Hintergrunds in der formalen Ökonomie lange Zeit nur am Rande interessiert, nachdem Kinderarbeit in den altindustriellen Ländern weitgehend beseitigt wurde! Der IAO-Stab hat das Thema für die Länder der Dritten Welt wieder in die Debatte gebracht und dafür auch die Gewerkschaftsgruppe in der IAO gewonnen. Im Stab waren für Kinder also zunächst einzelne *moral entrepreneurs* tätig, die das Thema in der dreigliedrigen Gesamtorganisation langfristig wieder wichtig machten. Allgemein anwaltschaftlich für Kinder arbeiten NGOs. Der Stab bemüht sich daher um Zusammenarbeit von Gewerkschaften mit NGOs und anderen Akteuren vor Ort.« (persönliche Auskunft Eva Senghaas-Knobloch, 4. 5. 2005).

Kasten 2: Die zehn Prinzipien des Global Compact

Die zehn Prinzipien

Die Prinzipien des Global Compact beruhen auf einem weltweiten Konsens, der sich herleitet aus

- der Allgemeinen Erklärung der Menschenrechte
- der Erklärung der Internationalen Arbeitsorganisation über grundlegende Prinzipien und Rechte bei der Arbeit
- der Rio-Erklärung über Umwelt und Entwicklung und
- dem Übereinkommen der Vereinten Nationen gegen Korruption.

Der Global Compact verlangt von den Unternehmen, innerhalb ihres Einflussbereichs einen Katalog von Grundwerten auf dem Gebiet der Menschenrechte, der Arbeitsnormen, des Umweltschutzes und der Korruptionsbekämpfung anzuerkennen, zu unterstützen und in die Praxis umzusetzen:

Menschenrechte

Prinzip 1 | Unternehmen sollen den Schutz der internationalen Menschenrechte innerhalb ihres Einflussbereichs unterstützen und achten und

Prinzip 2 | sicherstellen, dass sie sich nicht an Menschenrechtsverletzungen mitschuldig machen.

Arbeitsnormen

Prinzip 3 | Unternehmen sollen die Vereinigungsfreiheit und die wirksame Anerkennung des Rechts auf Kollektivverhandlungen wahren sowie ferner für

Prinzip 4 | die Beseitigung aller Formen der Zwangsarbeit,

Prinzip 5 | die Abschaffung der Kinderarbeit und

Prinzip 6 | die Beseitigung von Diskriminierung bei Anstellung und Beschäftigung eintreten.

Umweltschutz

Prinzip 7 | Unternehmen sollen im Umgang mit Umweltproblemen einen vorsorgenden Ansatz unterstützen,

Prinzip 8 | Initiativen ergreifen, um ein größeres Verantwortungsbewusstsein für die Umwelt zu erzeugen, und

Prinzip 9 | die Entwicklung und Verbreitung umweltfreundlicher Technologien fördern.

Korruptionsbekämpfung

Prinzip 10 | Unternehmen sollen gegen alle Arten der Korruption eintreten, einschließlich Erpressung und Bestechung.

Quelle: UN 2005: 6

Diaspora-Internationalisierung von Erwerbsregulierung stark zugenommen. Hierunter können solche Normen, Praktiken und Maßnahmen der Erwerbsregulierung verstanden werden, die eine deutliche Zentrum-Peripherie-Konfiguration aufweisen. Ein gutes Beispiel sind die *freiwilligen Erklärungen*, die internationale Unternehmen im Hinblick auf ihr Verhalten gegenüber Beschäftigten und Kunden abgeben. Der damalige UN-Generalsekretär Kofi Anan hatte auf dem Weltwirtschaftsforum in Davos am 31. Januar 1999 alle internationalen Unternehmen und Wirtschaftsverantwortlichen zu einem gemeinsamen Vorgehen, zu einem *Global Compact* eingeladen, worin die gemeinsamen Werte und Prinzipien festgehalten werden sollten, die dem globalen Markt ein humanes Antlitz geben könnten (vgl. Kasten 2).

Auch wenn die Global-Compact-Initiative sehr umstritten war und von vielen Seiten als zu unverbindlich, zu einseitig auf die Unternehmensleitungen orientiert und nicht auch die Arbeitnehmerseite integrierend kritisiert wurde, nimmt sie inzwischen doch einen wichtigen Stellenwert im internationalen *reporting* von Unternehmen und internationalen Non-Profit-Organisationen ein. Das Global-Compact-Büro betreibt eine sehr aktive Konferenz- und Informationspolitik. Inzwischen haben sich mehr als 2 500 Unternehmen aus mehr als 90 Ländern dieser Initiative angeschlossen, und es existiert auch bereits ein kritisches, NGO-basiertes Beobachtungsnetzwerk, welches unter anderem im Jahre 2004 einen Gegengipfel organisierte.[21] In einer ausführlicheren Analyse benennt Hamm (2002: 37f.) vier wesentliche Bedingungen, unter denen das Global-Compact-Projekt zukünftig zu einem bedeutsamen Bestandteil einer umfassenderen Global Governance werden kann:

»– Der Global Compact muss zu einem wirklichen multi-stakeholder Forum entwickelt werden, in dem alle Beteiligten die gleiche ›Stimme‹ haben;
– Wesentliche Kriterien für sein Gelingen sind Transparenz, Partizipation und Rechenschaftspflicht (accountability);
– Auch als Dialog- und Lernforum sollte der Global Compact nicht auf ein Berichts- und Überwachungssystem verzichten;
– Es muss eine Fortschrittskontrolle (benchmarking) entwickelt werden mit klaren Zielvorgaben, die erfüllt werden müssen; Konsequenzen bei Nichterfüllung der Ziele müssen festgelegt werden.«

Viele der hier und auch in anderen Stellungnahmen angesprochenen kritischen Aspekte der Global-Compact-Initiative hängen genau mit

21 Zu den Global-Compact-Aktivitäten vgl. z. B. ⟨http://www.unglobalcompact.org/⟩; ⟨http://www.globalpolicy.org/reform/indxbiz.htm⟩; ⟨http://www.business-human rights.org⟩; ⟨http://www.globalpolicy.org/reform/business/2005/0906framework.pdf⟩, Zugriff 27. 8. 2007.

dem diasporischen bzw. zentralistischen Charakter dieses Typs internationaler Erwerbsregulierung zusammen. Es wird immer wieder deutlich, was im nächsten Abschnitt ausführlicher erläutert werden soll: Alle einzelnen Typen und Maßnahmen der Internationalisierung von Erwerbsregulierung können in ihren Wirkungen nur richtig beurteilt werden, wenn sie *als Teil eines komplexeren internationalen Geflechtes sehr unterschiedlicher Regulierungsmechanismen und -logiken* betrachtet werden. Dabei können die Schwächen und Nachteile der jeweiligen Regulierungsansätze durch die Stärken und Vorteile anderer Regulierungsansätze kompensiert werden.

Ähnlich wie das Global-Compact-Programm ist auch die Initiative der Europäischen Union zur *Corporate Social Responsibility* darauf ausgerichtet, das Verhalten internationaler Unternehmen zu beeinflussen, indem diese eigene Leitsätze formulieren, an denen sie im öffentlichen Diskurs gemessen werden können. Es handelt sich insofern um eine klare Zentrum-Peripherie-Konstellation, weil letztlich das jeweilige internationale Unternehmen bzw. sein Management als korporativer Akteur selbst im Zentrum solcher Erklärungen steht. Verbindliche Mechanismen einer – eventuell dezentralen, nationalen oder transnationalen – regelmäßigen Überprüfung sind hierbei ebenso wenig vorgesehen wie Sanktionen oder die feste organisatorische Einbindung von NGOs, Gewerkschaften oder unternehmensbezogenen Arbeitnehmervertretungsorganen. Es handelt sich bisher also um eine auf die Managementseite in internationalen Unternehmen ausgerichtete und begrenzte Initiative. Deren ausdrückliche fünf Ziele sind (1) Innovation und Entrepreneurship, (2) Qualifizierung und Kompetenzbildung, (3) Chancengleichheit und Berücksichtigung von Diversität, (4) Sicherheit und Gesundheit in der Arbeit sowie (5) Umweltschutz. Zur Umsetzung dieser Ziele sollen vor allem (1) die korporative und soziale Verantwortung zum genuinen Teil von Managementhandeln, (2) der Dialog mit den *stakeholdern* gefördert, (3) Führungsfähigkeiten und klare Unternehmensregeln entwickelt, (4) die Kommunikation und Transparenz hergestellt sowie (5) die Kooperation und Allianzen zwischen Unternehmen gestärkt werden.[22] Die kurze Skizze der Ziele und Maßnahmen der CSR-

22 Vgl. CSR-Europe 2005; »Die CSR-Europe-Initiative ist das führende Europäische *business*-Netzwerk zur *corporate social responsibility* mit mehr als 60 führenden multinationalen Unternehmen. Seit der Gründung im Jahre 1995 durch den damaligen Präsidenten der Europäischen Kommision Jacques Delors und führende

Europe-Initiative zeigt sehr deutlich, dass es sich um eine klare Diaspora- bzw. Zentrum-Peripherie-Internationalisierung der Erwerbsregulierung *von oben nach unten* handelt. Von den fortgeschrittenen Unternehmenszentralen ausgehend sollen die Kultur und die Politik verantwortlicher und nachhaltiger Unternehmensführung in die unteren Leitungsebenen und in die peripheren Standorte getragen werden.

Einen ebenfalls diasporischen, aber im Hinblick auf die Initiative und Beteiligung der Unternehmensbeschäftigten wesentlich anderen Ansatz stellen die von einem starken Zentrum – in der Regel dem Stammsitzland – ausgehenden Bestrebungen der Arbeitnehmervertretungen in internationalen Unternehmen dar, eine *weltweite Interessenvertretungsstruktur der Beschäftigten* aufzubauen. Wie verschiedene Untersuchungen zeigen, sind sowohl die Entstehungsbedingungen als auch die konkreten Arbeitsweisen und Wirkungen solcher weltweiten Konzernarbeitnehmervertretungen sehr unterschiedlich. Fast immer aber nehmen sie von einem klaren Entwicklungspol aus ihren Verlauf und sind auf die Verbreitung und Umsetzung bestimmter Mindeststandards in allen peripheren Standorten und Werksteilen ausgerichtet (Müller et al. 2004).

Die überragende Rolle des Konzernstammsitzes und der dortigen Muster der Erwerbsregulierung für deren Internationalisierung auf der Konzernebene wird besonders am Beispiel der drei deutschen Automobilkonzerne BMW, DaimlerChrysler und Volkswagen deutlich: Alle wesentlichen Initiativen zur Einrichtung eines Weltkonzernbetriebsrates (Volkswagen 1998) bzw. eines World Employee Committee (DaimlerChrysler 2002) gingen von den deutschen Konzernbetriebsratsvorsitzenden in den Stammsitzen Wolfsburg und Stuttgart aus. Selbst bei dem als »gleichberechtigter Zusammenschluss« deklarierten Zusammengehen von Daimler-Benz und Chrysler wurden die Regeln der Arbeitnehmervertretung auf der internationalen Konzernebene weitgehend in Stuttgart definiert. Hier wurde sogar als internationales Novum einem Vertreter der Chrysler-Beschäftigten aus den USA ein Sitz auf der Arbeitnehmerbank des (nach deut-

Europäische Unternehmen ist es die Aufgabe von CSR Europe die Unternehmen bei der Integration von *corporate social responsibility* in ihren Geschäftsbereich zu unterstützen« (⟨http://www.csreurope.org⟩, Zugriff 1. 7. 2006); zu europäischen Gewerkschaftsstrategien, eine eigenständige Präsenz in bzw. gegenüber CSR-Europe zu gewinnen, vgl. ⟨http://www.etuc.org/a/2190⟩ (Zugriff 9. 10. 2006).

schem Mitbestimmungsrecht zusammengesetzten) Aufsichtsrates gewährt. Auch für internationale Unternehmen mit Stammsitz z. B. in Schweden, Frankreich oder Holland lassen sich ähnliche Muster einer Internationalisierung der Erwerbsregulierung von einem klaren Zentrum aus in die peripheren Standorte aufzeigen.[23]

Neben der Ausweitung von grenzüberschreitenden Arbeitnehmervertretungen als gleichsam sternförmigen Strukturen mit einem deutlichen Zentrum lässt sich die Diaspora-Internationalisierung der Erwerbsregulierung auch auf einem weiteren Feld sehr gut veranschaulichen. Gemeint sind hier die Bestrebungen entweder des Managements oder der Arbeitnehmervertretungen in großen internationalen Unternehmen, bestimmte *Verhaltensrichtlinien* (*codes of conduct*) zu verabschieden, die sich mehr oder weniger allgemein auf die arbeits- und umweltbezogenen Geschäftspraktiken beziehen und die in allen Unternehmensteilen auf der Welt und darüber hinausgehend eventuell auch in den Zulieferunternehmen Gültigkeit haben sollen. Solche von Managementseite geförderten Verhaltensrichtlinien finden sich z. B. in den Unternehmen GAP, ITT, The Body Shop, Levis oder Nike. Solche *codes of conduct* wurden teilweise auch für ganze Branchen wie die Bekleidungsindustrie abgeschlossen oder von großen Gewerkschaftsföderationen z. B. durch die Ausarbeitung von allgemeinen Mustervereinbarungen vorangetrieben.[24]

Ein konkretes Beispiel ist etwa die »Erklärung zu den sozialen Rechten und den industriellen Beziehungen«, die für den Volkswagenkonzern mit weltweiter Gültigkeit zwischen dem Weltkonzernbetriebsrat, der Unternehmensleitung und dem Internationalen Metallarbeiterbund im Juni 2002 in Bratislava/Slowakei abgeschlossen wurde. Hierin bekennt sich der Konzern zur Einhaltung der »einschlägigen Konventionen der Internationalen Arbeitsorganisation«, insbesondere hinsichtlich des Vereinigungsrechtes, der Nicht-Diskriminierung, der Zwangs-, Pflicht- und Kinderarbeit, der Vergütung, der Arbeitszeiten sowie des Arbeits- und Gesundheitsschutzes. Das

23 Vgl. für Deutschland z. B. Mertens 1994; Uhl/Lavon 1997; Töpfer 1998; Müller et al. 2004; für das Muster diasporischer Internationalisierung durch Euro-Betriebsräte vgl. Gilman/Marginson 2002.

24 Vgl. als einführenden Überblick ⟨http://www.itcilo.it/english/actrav/telearn/global/ilo/guide/main.htm⟩, Zugriff 1. 7. 2006; zu verschiedenen unternehmens-, gewerkschafts- und branchenbezogenen *codes of conduct* vgl. ⟨www.codesofconduct.org/union.htm⟩, Zugriff 1. 7. 2006.

Unternehmen verpflichtet sich, alle Beschäftigten über die Erklärung zu unterrichten und erklärt sich zu einer Politik, die Verhaltensgrundsätze auch bei den Zulieferern zu verbreiten: »Volkswagen unterstützt und ermutigt ausdrücklich ihre Geschäftspartner, diese Erklärung in ihrer jeweils eigenen Unternehmenspolitik zu berücksichtigen. Sie sieht hierin eine vorteilhafte Basis für die gegenseitigen Beziehungen.«[25] Formal handelt es sich bei dieser Vereinbarung um ein *International Framework Agreement.* Real ist es im Wesentlichen ein zwischen dem Weltkonzernbetriebsrat und der Unternehmensleitung ausgehandeltes Abkommen, bei dem der Internationale Metallarbeiterbund eher die Rolle eines Vertragsnotars spielte. Dies wird an der folgenden Bestimmung 2.3 deutlich: »Auf Vorschlag des Vorstandes der Volkswagen AG oder des Volkswagen-Weltkonzernbetriebsrates wird über diese Erklärung und deren Umsetzung im Rahmen der Weltkonzernbetriebsratssitzung zusammen mit Vertretern des Managements der Volkswagen AG diskutiert und beraten werden. Bei Bedarf werden angemessene Maßnahmen vereinbart« (ebd.: 3).

Ein drittes Feld der Diaspora-Internationalisierung von Erwerbsregulierung schließlich sind die sogenannten Internationalen Rahmenabkommen (*International Framework Agreements*, IFAs), die als eine Art weltweiter Basistarifvertrag zwischen der Leitung eines internationalen Unternehmens und einer internationalen Gewerkschaftsföderation (*Global Union Federation*, GUF) ausgehandelt und abgeschlossen werden.[26] Gegenüber den bisher besprochenen Mechanismen zeichnen sich diese IFAs dadurch aus, dass ein formeller Vertrag zwischen Unternehmen und der hierfür zuständigen internationalen Branchengewerkschaft geschlossen wird. So unterzeichnete z. B. die Internationale Gewerkschaft der Nahrungsmittelindustrie

25 Vgl. die Vereinbarung, die auf der Website des Unternehmens heruntergeladen werden kann: ⟨http://www.vw-personal.de/www/de/sondertemplates/service/downloadcenter.html⟩, Zugriff 1. 7. 2006.

26 Vielfach hat der Begriff *International Framework Agreement* den – früher häufiger und allgemeiner benutzten Begriff der *codes of conduct* abgelöst:
»A framework agreement is an agreement negotiated between a multinational company and a global union federation concerning the international activities of that company. The main purpose of a framework agreement is to establish a formal ongoing relationship between the multinational company and the global union federation which can solve problems and work in the interests of both parties« ⟨http://www.icftu.org/displaydocument.asp?Index = 991216332&Language = EN⟩, Zugriff 1. 7. 2006).

(International Union of Food, Agricultural, Hotel, Restaurant, Catering, Tobacco and Allied Workers' Associations, IUF) zusammen mit der Lateinamerikanischen Koordination der Bananenarbeitergewerkschaften (Latin-American Coordination of Banana Workers Unions, COLSIBA) im Jahre 2001 ein Internationales Rahmenabkommen mit dem internationalen Bananenproduzenten Chiquita. Mit etwa einem Viertel der Weltbananen-Exporte ist Chiquita – etwa gleichauf mit Dole – einer der zwei größten Bananenproduzenten.

Diesem IFA waren mehrere Jahre öffentlicher Kampagnen und Verhandlungen vorausgegangen. Bereits im Frühjahr 1998 waren in verschiedenen Medien der Hauptabsatzländer von Chiquita-Bananen (z. B. Cincinnati Enquirer/USA) Berichte erschienen, die den Konzern wegen Korruption von Politikern, wegen des verdeckten Besitzes von Unternehmen, wegen gesundheitsgefährdender Arbeitsbedingungen der Bananenarbeiter und wegen Einschränkung gewerkschaftlicher Betätigung anklagten. Nachdem sich Chiquita selbst zunächst nicht allzu sehr von diesen Berichten betroffen fühlte, zeigten sich nachhaltige Wirkungen spätestens, als mehrere der großen, vor allem europäischen Abnehmer kritische Nachfragen stellten und begannen, ihren weiteren Bezug von Chiquita-Bananen zu überprüfen. In Dänemark z. B. ließ die Supermarktkette FDB als der Alleinvertreiber von Chiquita-Bananen durch mehrere unabhängige Berichte die gegen Chiquita erhobenen Vorwürfe überprüfen. Wie der damalige Präsident von Chiquita Steve Warshaw erklärte, war es vor allem diese internationale Kampagne, die den Konzern tatsächlich zu einer Revision seiner Arbeitspolitik bewegte: »Im Gefolge der außerordentlich schädigenden Berichterstattung der Medien haben wir uns auf den disziplinierten Pfad der *corporate responsibility* begeben.«[27]

Diese Sensibilität von Chiquita hängt sicherlich auch mit einem besonderen politischen Umstand zusammen. Die Europäische Gemeinschaft schloß mit ehemaligen Kolonien europäischer Länder in

27 Zit. nach Riisgaard 2002: 10; in einem Konzernreport von 2002 erklärt das Unternehmen: »Im Jahr 1999 haben wir eine Liste europäischer Kunden (vorwiegend Einzelhändler) zusammengestellt, die entweder unsere Farmen besichtigt oder uns zu unseren sozialen Leistungen und unseren Umweltstandards befragt haben. Wir kamen zu dem Ergebnis, dass der Umsatz, den wir mit ihnen machen, in Gefahr ist, dass sie möglicherweise ihre Lieferanten wechseln, falls wir ihnen keine entsprechend hohen Sozial- und Umweltstandards präsentieren könnten ... Diese Kunden vereinten 54 Prozent unseres gesamten Umsatzes im Jahr 2001 auf dem europäischen Absatzmarkt« (zit. nach Riisgaard 2002: 7).

Afrika, der Karibik und im Pazifik (den so genannten AKP-Staaten) im Rahmen des Lomé-Handelsabkommens im Jahre 1993 auch Bestimmungen über Importerleichterungen für AKP-Bananen ab. Die Einfuhr von aus den AKP-Staaten kommenden Bananen wird durch niedrigere Zölle erleichtert, um die Wettbewerbsnachteile dieser in der Regel sehr armen Länder gegenüber Lateinamerika, wo etwa drei Viertel aller Bananen produziert werden, auszugleichen. Gegen diese Lomé-AKP-Bananenregelung hatten sowohl lateinamerikanische Produzenten als auch die US-amerikanische Regierung auf Druck von Chiquita und anderen US-amerikanischen Bananenvertriebskonzernen protestiert, weil dadurch der freie Wettbewerb eingeschränkt werde. Nachdem das AKP-Bananenabkommen im Jahre 2001 im Sinne von weniger Handelsvorteilen für die AKP-Staaten – und damit auch zugunsten von Chiquita – geändert worden war, konnte sich Chiquita keine weiteren bzw. neuen Vorwürfe und Kritiken z. B. wegen Nichteinhaltung der Mindestarbeitsnormen der ILO leisten. Umgekehrt bestand gerade in Europa (in den politischen Parteien und Regierungen sowie bei den Bananenabnehmern) vor dem Hintergrund der AKP-Staatenregelungen eine große Bereitschaft, sehr genau auf die Einhaltung der Arbeits- und Beschäftigungsbedingungen in lateinamerikanischen Bananenplantagen zu achten.

Es ist genau dieser sehr komplexe Hintergrund, vor dem das Zustandekommen des IFA zwischen der Internationalen Nahrungsmittelgewerkschaft und Chiquita zu erklären ist. Das Abkommen enthält die ausdrückliche Verpflichtung des Konzerns, die ILO-Kern-Übereinkommen und das ILO-Abkommen Nr. 135 (Arbeitsmöglichkeiten und Schutz von Arbeitnehmervertretern) zu respektieren und deren Einhaltung auch bei den Zulieferern, Vertragsplantagen und Joint-Venture-Partnern einzufordern. Ferner ist das Abkommen überall bekannt zu machen und seine Einhaltung von einem gemeinsam besetzten Komitee zu überwachen. Die Evaluierung dieses IFA (Riisgaard 2002) zeigt, dass es durchaus spürbare Verbesserungen der Arbeits- und Beschäftigungsbedingungen auf den Chiquita-eigenen Plantagen gegeben hat. Das große Problem scheinen die Zulieferer und Vertragsplantagen zu sein, wo sich die Situation nach Auskunft interviewter Arbeiter im Jahr nach der IFA-Unterzeichnung teilweise sogar verschlechterte.

Für die beteiligten Einzelgewerkschaften der Plantagenarbeiter, die in der COLSIBA zusammengeschlossen sind, besteht ein großes

Problem darin, dass ein massives Durchsetzen der ILO-Mindeststandards bei den häufig unter sehr prekären Bedingungen wirtschaftenden Zulieferern und Vertragsplantagen zu massiven Arbeitsplatzverlusten für die dort Arbeitenden führen kann. Da die Gewerkschaften aber häufig auch in diesen Bereichen Mitglieder organisiert haben, geraten sie in einen strukturellen Widerspruch zwischen den konkreten Interessen der prekär Beschäftigten von Zulieferern und Vertragsplantagen einerseits und den allgemeinen Interessen an einer nachhaltigen Verbesserung der Arbeits- und Beschäftigungsbedingungen aller Plantagenarbeiter andererseits.

Genau an diesem Punkt zeigt sich der diasporische Charakter dieser Form der Internationalisierung der Erwerbsregulierung: Die IFAs als Regulierungsmechanismus gehen von einem mehr oder weniger klar lokalisierbaren Zentrum – in diesem Falle dem Chiquita-Konzern einerseits und der Leitung der IUF und der COLSIBA andererseits – aus und sollen von dort Wirkungen bis hinein in die peripheren Unterorganisationen, Einzelunternehmen und die gesamte Zulieferkette entfalten. Solange die Ressourcen-, Informations-, Macht- und Interessenstrukturen weitgehend von diesem Zentrum-Peripherie-Verhältnis geprägt *bleiben*, wird diese Form der Diaspora-Internationalisierung der Erwerbsregulierung keine nachhaltigen Erfolge zeitigen können. Diaspora-Internationalisierung, die nicht mit anderen Formen der Internationalisierung wie z. B. der Glokalisierung oder Transnationalisierung verknüpft ist, hat mittelfristig nur wenige Chancen. Genau in dieser dynamischen Perspektive einer Erweiterung der Diaspora-Internationalisierung von Erwerbsregulierung sieht auch der ILO-Evaluationsreport des Chiquita-IFA eine Zukunft. Ein Vorschlag des Überprüfungskomitees bestand darin, das IFA in alle neuen Zulieferverträge mit Chiquita aufzunehmen, und in Bezug auf die notwendige Stärkung der Peripherien fasst der Evaluationsreport zusammen: »Per Saldo zeigt der Fall eine Vereinbarung mit Potential zur Unterstützung der lokalen Organisationsstrukturen« (ebd.: 17).

Während die ausschließlich zwischen Management und Arbeitnehmervertretungen auf der Ebene internationaler Unternehmen ausgehandelten Verträge und freiwilligen Erklärungen von einem mehr oder weniger deutlichen Kraft- und Machtzentrum ausgehen und hierum gruppiert sind, besteht bei den IFAs durch die Einbeziehung der entsprechenden internationalen Gewerkschaftsföderationen eine neue, zumindest vom Prinzip her multi-polare Aushandlungskonstellation. Die Möglichkeiten der sozialen Schließung auf Unternehmensebene und der Verfolgung eines Betriebssyndikalismus, bei dem nur die Interessen der jeweils in dem entsprechenden Unternehmen Beschäftigten berücksichtigt werden, sind hier wesentlich eingeschränkter. Gerade weil solche IFAs in der Regel bei einer deutlichen Diaspora-Konstellation der internationalen Erwerbsregulierung ihren Anfang nehmen, hängen die Chancen der weltweiten Umsetzung sehr stark von der relativen Unabhängigkeit und Durchsetzungsfähigkeit der jeweiligen lokalen Arbeitnehmervertretungs- und Gewerkschaftsorganisationen ab.[28]

Zusammengefasst zeigt sich, dass alle bisher besprochenen Formen der Internationalisierung der Erwerbsregulierung – die Globalisierung, die Inter-Nationalisierung, die Supra-Nationalisierung, die (Re-) Nationalisierung, die Glokalisierung und die Diaspora-Internationalisierung – erhebliche Chancen bergen. Dabei ist wesentlich, diese unterschiedlichen Regulierungsformen erstens *in einer dynamischen Perspektive*, also in ihren Entwicklungstendenzen und -möglichkeiten, und zweitens *in ihren – möglichen – Verschränkungen* untereinander zu betrachten. Denn keine dieser Regulierungsformen kann für sich allein das Problem lösen, der Internationalisierung von Vergesellschaftung ein menschliches Antlitz zu geben und den globalen Kapitalismus zu zähmen. Die Transnationalisierung der Erwerbsregulierung kann hier eine wichtige Integrationsfunktion übernehmen und entscheidend zur Entstehung einer *internationalen Netzwerktextur* der Regulierung von Arbeits-, Beschäftigungs- und Partizipationsbedingungen beitragen.

28 Riisgaard (2002: 18) resümiert in seiner Untersuchung bezüglich der IFAs: »Darüber hinaus zeigt die Studie eine wichtige Alternative zu freiwilligen Regulierungsinitiativen, die von NGOs und Wirtschaft bestimmt werden, aber die Arbeiter ausklammern. IFAs – obwohl auch sie nicht unproblematisch sind – gestehen den Arbeitern Einflussmöglichkeiten zu und verleihen ihren Vertretern Mittel zur Kontrolle.« Zu verschiedenen Fallbeispielen transnationaler Gewerkschaftskooperation vgl. Gordon/Turner 2000.

8.4 Transnationalisierung als Weg zu internationaler Netzwerktextur

In der Diskussion um die verschiedenen Formen der grenzüberschreitenden Erwerbsregulierung melden in der Regel alle relevanten gesellschaftlichen Akteursgruppen und auch alle Wissenschaftler ihre jeweiligen Präferenzen und Bedenken an. Für viele NGOs sind die *Global Compact*-Initiativen der meisten Unternehmen nur ein (neuer billiger) *Public-Relations*-Schachzug, der ohne große Folgewirkungen in der Praxis der Arbeits- und Beschäftigungsbedingungen bleibt. Umgekehrt ziehen es viele Unternehmen vor, auf internationaler Ebene (nur) mit ihrer jeweiligen betrieblichen Interessenvertretung zu kooperieren, weil sie den unternehmensexternen Organisationen – seien es Gewerkschaften, Regierungen oder *grass-root*-NGOs – zu wenig *insider*-Verständnis und zu viele eigene Organisationsinteressen unterstellen. Bei Politikern liegt der entscheidende Ansatzpunkt einer Internationalisierung der Erwerbsregulierung je nach weltanschaulicher Einfärbung entweder eher bei den ›unabhängigen und selbstlosen‹ NPOs, bei der starken und unabhängigen Hand von Staaten und entsprechenden inter-nationalen Vereinbarungen oder bei den Managern der Unternehmen, die man für ein solches Projekt gewinnen muss. Ähnlich lassen sich auch für sehr verschiedene Instrumente der internationalen Erwerbsregulierung wissenschaftlich begründete Vor- und Nachteile zitieren.

Der entscheidende Schritt, der gegenüber solchen Einzelperspektiven und Beurteilungen jeweils nur *einer* bestimmten Form bzw. nur *eines* Idealtyps der Internationalisierung von Erwerbsregulierung getan werden muss, ist die *Zusammenschau und Integration dieser unterschiedlichen Mechanismen*. Denn jede einzelne dieser Formen von internationaler Erwerbsregulierung kann nur angemessen erfasst werden, wenn sie als Teil eines umfassenderen Gewebes betrachtet wird. Erst in dieser integralen Perspektive können die Stärken und Schwächen, mögliche Kompensationsfunktionen eines Mechanismus durch einen anderen, mögliche Hebelwirkungen einer Regulierungsform gegenüber einer anderen richtig abgeschätzt werden. Eine solche ganzheitliche Sicht ist einfach eingefordert, aber wesentlich schwerer auch im Denken und Handeln umgesetzt. Dies lässt sich am Beispiel des deutschen Systems der Erwerbsregulierung zeigen, welches allgemein als ein *duales System der Interessenregulierung* charakterisiert wird. Gemeint ist damit, dass die Arbeits-, Beschäftigungs- und Partizipationsbedingungen einerseits im Rahmen der *Tarifautonomie* zwischen den Gewerkschaften und Arbeitgeberverbänden durch Tarifverträge und zum anderen im Rahmen der gesetzlich definierten *Betriebsverfassung* zwischen den gewählten Betriebsräten und den Unternehmensleitungen durch Absprachen und Vereinbarungen ausgehandelt, festgelegt und überwacht werden.[29]

Die (grundgesetzlich garantierte) *Tarifautonomie* erlaubt es Arbeitgeberverbänden und Gewerkschaften, im Rahmen von selbstgesetzten Verhandlungs- und Schlichtungsnormen Tarifverträge auszuhandeln, die jeweils für die (Verbands- und Gewerkschafts-)Mitglieder bestimmter Regionen und Branchen Gültigkeit haben. Diese regionalen und industrieweiten Tarifverträge entlasten die Betriebe von Konflikten sowie zusätzlichen Transaktionskosten und sorgen für eine gewisse überbetriebliche Annäherung der Arbeits- und Beschäftigungsbedingungen. Die betriebliche Erwerbsregulierung durch *Betriebsräte*, die in etwa einem Drittel aller betriebsratsfähigen Betriebe in Deutschland existieren und ungefähr zwei Drittel aller abhängig Beschäftigten vertreten, bezieht alle Arbeitnehmer ein, unabhängig davon, ob sie Mitglied einer Gewerkschaft sind oder nicht. Betriebsräte haben recht weit reichende und gesetzlich abgesicherte Funktionen und (Informations-, Beratungs- und Mitbestimmungs-)Rechte. Sie überwachen die Einhaltung bestehender Gesetze, Tarifverträge und sonstiger arbeitsrelevanter Regulierungen. Sie verhandeln auch mit der Unternehmensleitung über Themen wie z. B. die betriebliche Arbeitszeitordnung oder Eingruppierungsgrundsätze, welche in entsprechenden Ordnungen oder Betriebsvereinbarungen festgehalten werden können.

Mit der Tarifautonomie und der Betriebsverfassung bestehen nun in Deutschland zwei unterschiedliche Regulierungsarenen mit ihren jeweils eigenen sozial-rechtlichen und legitimatorischen Rahmenset-

29 Auf die komplexen Strukturen der Beteiligung von Arbeitnehmervertretern in den Aufsichtsräten großer Unternehmen kann hier ebenso wenig eingegangen werden wie auf die besonderen Regelungen für den öffentlichen Dienst (Personalvertretungsgesetz), die konfessionsgebundenen Arbeitsstätten (Mitarbeitervertretungen) oder die Tatsache, dass in nicht unerheblichem Ausmaß auch unternehmensbezogene Tarifverträge (wie z. B. für Volkswagen) abgeschlossen werden; vgl. hierzu z. B. Keller 1999; Müller-Jentsch 1997; Weiss/Krieger 1990.

zungen sowie Akteursbezügen der Erwerbsregulierung.[30] In der *Tarifverhandlungsarena* herrscht die Logik von Verbandsinteressen und -aushandlungen vor. Arbeitgeberverbände wie Gewerkschaften müssen gegenüber ihren Mitgliedern den Wert der Organisationszugehörigkeit immer wieder unter Beweis stellen, ansonsten können diese den Verbänden fernbleiben oder ihre *exit*-Option[31] nutzen und z. B. aus der Gewerkschaft oder dem Arbeitgeberverband austreten, was in den vergangenen fünfzehn Jahren in bemerkenswertem Umfang geschah. In dieser Arena ist der Blick in der Regel auf die wirtschaftliche und Interessenlage einer ganzen Branche und Region gerichtet, und es besteht für beide Seiten ein gewisser Einigungszwang, weil nur so ein für die Mitglieder sichtbarer Organisationsoutput erzielt werden kann. Zwischen den jährlich oder gar zwei- bis dreijährlich stattfindenden Neuverhandlungen von – allerdings in der Regel recht vielen unterschiedlichen für eine Branchenregion gültigen (Lohn-, Mantel-, Qualifizierungs- etc.) – Tarifverträgen können die Beziehungen zwischen Gewerkschaften und Arbeitgeberverbänden durchaus weniger intensiv gestaltet sein.

Ganz anders dagegen die Regulierungsarena der *Betriebsverfassung*. Betriebsratsmitglieder und Unternehmensleitung begegnen sich fast täglich. Die *exit*-Option ist für beide Seiten und auch für die Arbeitnehmer selbst völlig anders gestaltet: Während der Austritt aus einem Verband die eigene und die kollektive Interessenvertretung schwächt, aber in der Regel finanziell durch Einsparen von Mitgliedsbeiträgen belohnt wird, führt das Ausscheiden aus einem betrieblichen Arbeitsverhältnis meistens zum Wegfall der wichtigsten Einkommensquelle für die Lebenssicherung. Die rechtlich fixierten Partizipationsmöglichkeiten des Betriebsrats sind relativ stabil und weniger konjunkturanfällig als die jeweilige Kräftekonstellation in Tarifverhandlungen. Die Mitglieder des Betriebsrates müssen sich gegenüber ihren Wählern legitimieren, von deren Zustimmung sie alle vier Jahre abhängen. Gleichzeitig bemühen sie sich in der Regel um ein zumindest auskömmliches Verhältnis zur Unternehmensleitung.

30 Zu weiteren Regulierungsarenen vgl. Pries 2005b.

31 Albert Hirschman (1970) unterscheidet grundsätzlich drei verschiedene Optionen, die Akteuren in (Ver-)Handlungssituationen zur Verfügung stehen, um ihre Interessen zu vertreten: Sie können aus dem jeweiligen Handlungszusammenhang austreten (*exit*), sie können diesen als gegeben und zu akzeptieren hinnehmen (*loyalty*) oder sie können diesen zu verändern trachten (*voice*).

Viele Untersuchungen zeigen nun, dass die beiden Säulen der tarifvertraglichen und der betriebsverfassungsrechtlichen Erwerbsregulierung in Deutschland keineswegs isoliert nebeneinander bestehen oder sich gegenseitig schwächen und aushöhlen. Vielmehr herrscht in der Regel eine *Logik wechselseitiger Gewinne* für die Akteursgruppen vor. So profitieren die Betriebsräte enorm von dem Wissen sowie der Verallgemeinerungs- und Koordinationsarbeit der Gewerkschaften, die sie z. B. in Weiterbildungsseminaren und Konferenzen in Anspruch nehmen. Umgekehrt haben die Gewerkschaften über die Betriebsräte einen direkten Zugriff auf potentielle und aktive Mitglieder. Die Mehrheit der Betriebsratsmitglieder ist gewerkschaftlich organisiert. In über neunzig Prozent der Betriebe mit einem Betriebsrat existieren auch eigenständige gewerkschaftliche Organisationsstrukturen, in der Regel in der Form von Vertrauensleuten. Auch für die Unternehmen hat die Mitgliedschaft in einem Arbeitgeberverband und die gleichzeitige Aushandlung betrieblicher Belange mit einem Betriebsrat viele Vorteile (Hauser-Ditz et al. 2006): Ein Großteil der Regulierung von Erwerbsbedingungen wird an die Tarifparteien und deren Experten ausgelagert, im Betrieb erfolgt im Rahmen der Betriebsverfassung das Aushandeln spezifischer Bedingungen und die Lösung konkreter Konflikte. Generell kann eine duale oder multipolare Struktur der Erwerbsregulierung also durchaus von Vorteil für alle beteiligten Akteursgruppen sein.

Von dem hier nur skizzierten so genannten *dualen System der Interessenregulierung in Deutschland* lassen sich nun einige Lehren ableiten im Hinblick auf die Zusammenschau und Integration der verschiedenen Formen und Typen der internationalen Erwerbsregulierung. Denn in den meisten Ländern der Welt existiert nicht ein solches duales, sondern ein *monistisches* System der Erwerbsregulierung. Dies bedeutet, dass es jeweils nur *eine* relevante bzw. dominante Regulierungsarena gibt, in der Regel die Arena der tariflichen Regulierung zwischen Gewerkschaften und Arbeitgebern bzw. deren Verbänden. Sowohl die Gewerkschaften wie auch die Arbeitgeber und ihre Verbände in solchen monistischen Systemen lehnen in der Regel jede Diskussion, geschweige denn Einführung einer zweiten, betrieblichen bzw. betriebsverfassungsrechtlichen Regulierungsarena strikt ab. Denn sie fürchten, dass eine solche neue Arena ihre eigene Position schwächen könnte.

Sie begreifen die Alternative eines dualen oder pluralen Systems der Erwerbsregulierung in der *Logik von Nullsummenspielen*. Danach müsste ihr eigener Stellenwert, ihre eigene Verhandlungsposition in einem solchen dualen System automatisch schwächer werden, weil die neue (betriebliche) Verhandlungsarena nur auf Kosten der tariflichen Arena wachsen könne. Eine solche Argumentations- und Denkweise findet sich z. B. in Brasilien, wo weitgehend ein monistisches, auf lokalen Gewerkschafts- und Arbeitgeberverbänden beruhendes System tariflicher Regulierungen vorherrscht (vgl. Dombois/Pries 1999). Das in einigen (internationalen) Unternehmen wie z. B. Volkswagen do Brasil bestehende duale System mit von allen Beschäftigten gewählten Fabrikkommissionen wird als absolute Ausnahmeerscheinung und nicht übertragbar eingeschätzt. Ähnliche Vorbehalte gegen die Einführung von Betriebsräten wurden in den Reihen der beiden großen spanischen Gewerkschaftskonföderationen *Comisiones Obreras* und *Unión General de Trabajadores* (UGT) sowie der Arbeitgeberverbände in den achtziger Jahren geäußert (OIT 1985: 89ff.; Pries 1987; zur Erwerbsregulierung in Spanien vgl. allgemein Köhler 1999).

Auch bei der EU-Osterweiterung wurden duale Systeme der Interessenregulierung meistens von den jeweils dominanten (gewerkschaftlichen und unternehmensverbandlichen) Akteursgruppen mehr oder weniger offen als mögliche Konkurrenzorganisationen abgelehnt: »Frappierend ist andererseits die bei manchen Gewerkschaftsvertretern feststellbare quasi ›agnostische‹ Haltung, die Praxis der gewählten Interessenvertretung in Form westeuropäischer Betriebsräte nicht zur Kenntnis nehmen und daraus praktische Schlüsse ziehen zu wollen.«[32] Bezogen auf die USA und die Frage, ob die dort diagnostizierte Partizipationslücke durch ein System betrieblicher Mitbestimmung gefüllt werden könnte, meint Singh (2001: 119) unter Bezugnahme auf Thomas Kochan, dass dies »als eine ›kulturell inkompatible‹ Lösung für die Vereinigten Staaten angesehen wird«. Systeme mit dualen oder generell pluralen Regulierungsarenen werden von den meisten korporativen Akteursgruppen offensichtlich nicht als Chance wahrgenommen, die eigenen Ressourcen durch die Generierung von *win-win*-Situationen zu stärken. Vielmehr herrscht ein ängstliches Schützen der eigenen Vorgärten und Einflusszonen vor, welches institutionelle Veränderungen erheblich erschwert.

32 Kohl et al. 2000: 13; vgl. auch die sehr aufschlussreichen Jahresberichte und Dokumentationen des *European Industrial Relations Observatory* (EIRO) in Dublin: ⟨http://www.eiro.eurofound.eu.int/⟩, Zugriff 2. 7. 2006.

Die Beispiele verschiedener Länder und Regionen mit einer monistischen Struktur der Erwerbsregulierung und einer damit häufig einhergehenden Denkweise in institutionellen Nullsummenspielen können vor allem eines deutlich machen: Auch wenn sich die *Zusammenschau und Integration unterschiedlicher Mechanismen der internationalen Erwerbsregulierung* als theoretisch recht naheliegend und einfach ergibt, so herrscht in der Praxis das versäulte Denken in den Bahnen der jeweiligen eigenen Regulierungsarena vor. Nicht selten sind auch die wissenschaftlichen Beiträge über die Vorteile und Nachteile unterschiedlicher Formen internationaler Erwerbsregulierung von einem recht engen Blick auf genau die *eine* untersuchte Regulierungsarena geprägt, z. B. die Eurobetriebsräte *oder* die ILO-Kern-Übereinkommen *oder* die freiwilligen *Global-Compact*-Erklärungen. Die Frage lautet dann z. B.: Welchen Regulierungsoutput bringt der von mir untersuchte Mechanismus?

Ertragreicher aber scheint es zu fragen: Unter welchen Bedingungen und in welcher Vernetzungsbeziehung zu anderen Arenen internationaler Erwerbsregulierung kann die von mir untersuchte Regulierungsform positive Ergebnisse im Sinne einer ganzheitlichen und nachhaltigen Internationalisierung der Erwerbsregulierung hervorbringen? In einer solchen Perspektive können die wesentlichen Stärken und Schwächen der einzelnen Regulierungsformen sowie die Möglichkeiten ihrer internationalen Vernetzung untersucht und diskutiert werden. So gilt z. B. für viele Fälle vorwiegend *diasporischer Internationalisierung* der Erwerbsregulierung, dass ihre Reichweite sehr beschränkt ist in Bezug auf die geographische und unternehmensbezogene Ausdehnung – nicht ganze Länder oder Regionen und meistens auch nicht alle Wirtschaftsorganisationen einer Branche sind betroffen, sondern nur die konkreten Standorte des jeweiligen Unternehmens und – immer nur in sehr abgeschwächter Absichtserklärung – eventuell die Zulieferunternehmen.[33] Diesem Nachteil der begrenzten Reichweite steht der Vorteil der in aller Regel vergleichs-

33 Für den Fall des türkischen Automobilzulieferers Ditas in Nigde/Türkei konnte das Recht auf gewerkschaftliche Organisierung der dort Arbeitenden im Jahre 2002 vor allem deshalb erfolgreich durchgesetzt werden, weil einer der wichtigen Kunden, DaimlerChrysler, in seinem *IFA* ausdrücklich die Beachtung der ILO-Kern-Übereinkommen auch für seine Zulieferer als Erwartung formuliert hatte; vgl. ⟨http://www.imfmetal.org/main/index.cfm?id=47&l=2&cid=8202⟩, Zugriff 1. 7. 2006.

weise verbindlichen Absprachen und Kontrollmöglichkeiten gegenüber, die unmittelbar handlungsrelevant werden können.

Umgekehrt gilt für das angeführte Beispiel der *Globalisierung* von Erwerbsregulierung durch die ILO-Kern-Übereinkommen, dass diese zwar theoretisch eine unbegrenzte Reichweite haben, dass aber ihre konkrete Umsetzung immer wieder von den vor Ort und in den konkreten Organisationen vorhandenen Kräfteverhältnissen und Akteursgruppen abhängt. Entsprechend liegt umgekehrt der Vorteil der *Glokalisierung* von Erwerbsregulierung genau darin, die globalisierten Normen und Prinzipien an konkreten Orten einzufordern – aber eben für nur sehr begrenzte Themen und Regionen! *Internationale Absprachen* haben den großen Vorteil, dass vergleichsweise durchsetzungsstarke korporative Akteure, nämlich Nationalstaaten, für eine breite und flächendeckende Umsetzung bestimmter Richtlinien sorgen können – wenn allerdings hierzu der politische Wille oder die entsprechenden Kräfteverhältnisse fehlen, bleibt die Unterschrift auch mächtiger Staatschefs nicht viel mehr als Makulatur.

Die *Supra-Nationalisierung* der Erwerbsregulierung hat für den Fall der Europäischen Union enorme Auswirkungen gezeitigt und sich als sehr entwicklungsfähige Form der Internationalisierung von Erwerbsregulierung erwiesen. Leider aber sind kaum Tendenzen erkennbar, dass ähnliche Entwicklungen in anderen Regionen mit einer ähnlichen Ernsthaftigkeit verfolgt würden. Schließlich weist auch die *(Re-)Nationalisierung* der Erwerbsregulierung unter gewissen Umständen einige Vorteile auf, weil sie die spezifische Berücksichtigung kultureller, politischer, sozialer und ökonomischer Traditionen und Institutionen ermöglicht. Da dies nicht selten aber zu Lasten und auf Kosten der Entwicklungsmöglichkeiten anderer Länder und Akteursgruppen geschieht, muss besonders (Re-)Nationalisierung immer in dem jeweiligen Gesamtkontext der Interessen- und Wirkungsbezüge analysiert und beurteilt werden.

Bei der *Transnationalisierung der Erwerbsregulierung* verhält es sich nun in mehrfacher Hinsicht anders und komplizierter. Von einer solchen Konstellation kann immer dann gesprochen werden, wenn die involvierten Akteursgruppen und Organisationen vorwiegend nicht-staatlich, aber Nationalstaaten übergreifend und plurizentrisch organisiert sind und die Koordination ihrer Aktivitäten relativ stark ist. Der Gedanke eines netzwerkförmigen Geflechtes mit vielen flexiblen, grundsätzlich für weitere Ankoppelungen offenen Knotenpunkten erscheint hier am deutlichsten umgesetzt zu sein. Damit kann die Transnationalisierung der Erwerbsregulierung unter Umständen eine entscheidende Rolle bei der Integration der verschiedenen Internationalisierungsformen in einer internationalen Netzwerktextur der Erwerbsregulierung spielen.

Die Entwicklung der *Richtlinien für Multinationale Unternehmen* (*multinational guidelines*) der OECD kann das Zusammenspiel unterschiedlicher Internationalisierungstypen von Erwerbsregulierung und vor allem die integrierende Funktion der Transnationalisierung gut veranschaulichen.[34] Die OECD als der Zusammenschluss der frühindustrialisierten Länder ist selbst eine der treibenden Kräfte wirtschaftlicher Globalisierung, indem sie sich generell für den Abbau von Handelshemmnissen und Investitionsbarrieren einsetzt. Schon in ihrer »Erklärung zu Internationalem Handel und Investitionen« von 1976 hat sie als eines der vier Hauptinstrumente zur Förderung von Welthandel und ausländischen Direktinvestitionen die so genannten »Verhaltensrichtlinien für Multinationale Unternehmen« (Guidelines for Multinational Enterprises) deklariert. Diese Richtlinien sollten ein verantwortliches Unternehmenshandeln fördern und so die Widerstände und Bedenken gegen eine weitere wirtschaftliche Internationalisierung schwächen. Zwar waren in der Erklärung von 1976 keine formalen Überprüfungs- oder gar Erzwingungsmechanismen für die Richtlinien vorgesehen. Es sollte aber nicht unterschätzt werden, dass damit eigentlich schon sehr früh ein Verhaltenskatalog für internationale Unternehmen vorlag, der zu verantwortlichem Verhalten in Fragen der Beschäftigungsformen, der Arbeitsbeziehungen, fairen Wettbewerbs, Menschenrechten, Steuern, Umweltverhalten, der Informationsweitergabe sowie der Forschungsaktivitäten aufforderte. Der Verhaltenskatalog hatte zudem eine fast globale Reichweite, da sich alle OECD-Mitgliedsländer und sieben Nicht-OECD-Län-

34 Andere Beispiele internationaler Erwerbsregulierung, die in einer integrativen Perspektive und in einer Perspektive ihrer integrierenden Funktion betrachtet werden können, sind z. B. das internationale Branding und Labeling (z. B. Fair Trade), die Global Reporting Initiativen (z. B. GRI), internationale Zertifizierungen und Gruppenzuordnungen (z. B. SA 8000; ISAE 3000; Dow Jones Sustainability Group Index) und themenbezogene internationale Kampagnen (z. B. gegen bestimmte Unternehmen wie Chiquita oder Nike); vgl. als Überblick Scherrer/Greven 2001; Pries 2006d; ⟨http://www.accountability.org.uk⟩; ⟨http://www.globalreporting.org/⟩; ⟨http://www.fairlabor.org/⟩; ⟨http://www.ethicaltrade.org/⟩; ⟨http://www.saintl.org/⟩, Zugriffe 3. 7. 2006.

der (Argentinien, Brasilien, Chile, Estland, Israel, Litauen und Slowenien) verpflichteten, die Beachtung der Richtlinien durch die in den entsprechenden Ländern ansässigen und operierenden Unternehmen zu fördern. Hierzu sollten die unterzeichnenden Länder unter anderem die Einrichtung Nationaler Kontaktstellen (National Contact Points, NCP) veranlassen, die als Anlaufstellen für konkrete Nachfragen bzw. Beschwerden bezüglich des Verhaltens konkreter Unternehmen vorgesehen waren.[35]

Für fast zwanzig Jahre behielten die OECD-Richtlinien für Multinationale Unternehmen weitgehend den Charakter von *inter-national*, also zwischen den OECD-Mitgliedsstaaten ausgehandelten Verhaltensstandards, die auf die Beeinflussung des Verhaltens *internationaler Profit-Organisationen* abzielten. Die Überwachung des tatsächlichen Unternehmensverhaltens war grundsätzlich passiv organisiert, denn es wurden keine Überprüfungen durch staatliche Behörden vorgenommen oder Berichte von den entsprechenden Unternehmen angefordert. Vielmehr fungierten die NCPs als Empfangsadressen für Beschwerden. Diese NCPs konnten zwar theoretisch von den verschiedensten Betroffenengruppen angesprochen werden. Aber nicht selten bestanden sie nur aus einer beauftragten Person in einem bestimmten Ministerium oder Verwaltungsstab, und auch von Seiten der potentiellen Akteursgruppen (Gewerkschaften, NGOs etc.) wurden dem Kontaktieren der NCPs wenig Erfolgsaussichten eingeräumt.

Eine grundlegende Veränderung dieser Situation ergab sich erst in den neunziger Jahren, als zunehmend transnational agierende NGO-Netzwerke als Akteursgruppen im Implementierungsprozess der Richtlinien auftraten. Der entscheidende Auslöser hierfür war der Versuch der OECD, ein Multilaterales Abkommen über Investitionen (Multilateral Agreement on Investment, MAI) ohne breite öffentliche Erörterung zu verabschieden. Die ersten Verhandlungen hierzu wurden auf einer OECD-Ministerrunde im Jahre 1995 aufgenommen. Es waren hierbei staatliche Stellen einiger OECD-Stellen und internationale Handelsorganisationen, aber fast keine privaten Interessengruppen einbezogen. Schon für das Frühjahr 1997 war die Verabschiedung des MAI durch die OECD-Staaten vorgesehen, weitere Länder

35 Vgl. zur Geschichte und zur aktuellen Entwicklung der *guidelines* sowie die Berichte der jährlichen Treffen der Nationalen Kontaktstellen aus Sicht der OECD deren Website ⟨http://www.oecd.org⟩, Zugriff 2. 7. 2006

sollten sich später anschließen (können). Ein wesentliches Prinzip dieses Vorschlags war, die Investitionen der jeweiligen MAI-Vertragspartner in allen Ländern nicht mehr als ausländische Investitionen, sondern wie Investitionen einheimischer Unternehmen zu behandeln.

Anfang Februar 1997 wurde der Entwurfstext des MAI von einer kanadischen NGO veröffentlicht und damit eine breite transnationale Kampagne gegen die MAI-Verabschiedung eingeleitet.[36] Kritisiert wurde von dem breiten Spektrum verschiedener grenzüberschreitend tätiger bzw. orientierter Organisationen, zu denen lokale *grass-root*-Bewegungen und auch große transnationale NGOs und internationale Gewerkschaftsverbände gehörten, nicht nur der Versuch seitens der OECD-Mitgliedsstaaten, das MAI-Abkommen ohne breite öffentliche Erörterung zu verabschieden. Eine weitere Kritik lautete, dass die vermeintliche Gleichbehandlung von einheimischen und ausländischen Investitionen letztlich die Gleichbehandlung von Ungleichem sei und nur den Stärkeren unter den Investoren nutze. Vor allem internationale Konzerne würden davon auf Kosten lokaler Investoren und Gruppen profitieren. Drittens wurde auch die einseitige Fokussierung auf die Erleichterung von Investitionen ohne die Berücksichtigung von Umwelt- und Sozialaspekten bemängelt. Die internationale Erleichterung von Investitionen fördere auch, so ein viertes Argument, die Angleichung von Arbeits- und Sozialstandards *nach unten* und gefährde daher auch die frühindustrialisierten Länder, weil Unternehmen hierdurch bei geplanten Investitionen leichter verschiedene Standorte gegeneinander ausspielen und hierdurch einen *race to the bottom* auslösen könnten. Schließlich wurde vorgebracht, dass das Prinzip nationalstaatlicher Souveränität ausgehöhlt würde, indem internationalen Unternehmen durch das MAI das Recht gegeben werde, Regierungen wegen Praktiken zu verklagen, die gegen das MAI verstoßen.

Mit der Veröffentlichung des 147-seitigen OECD-Verhandlungstextes zur Verabschiedung des MAI durch oppositionelle Gruppen wurde eine breite Kritik an den Inhalten und am Verfahren des ge-

36 Zur Geschichte des MAI und der Gegenbewegung vgl. neben der offiziellen OECD-Website die folgenden OECD-kritischen Websites: ⟨http://www.citizen.org/trade/issues/mai/Opposition/articles.cfm?ID=5625⟩; ⟨http://www.globalpolicy.org/socecon/bwi-wto/maingosm.htm⟩; ⟨www.oecdwatch.org⟩; ⟨http://www.flora.org/flora/archive/mai-info/index.html⟩, Zugriff 2. 7. 2006.

planten MAI entfacht, die innerhalb weniger Monate das gesamte MAI-Projekt zu Fall brachte. Wie war dieser Sieg über den Goliath aller OECD-Mitgliedsstaaten in so kurzer Zeit möglich? Vor allem, weil der gegen ihn angetretene David aus einem sehr weit gespannten Netzwerk von etablierten Organisationen bis zu spontanen Anti-MAI-Akteursgruppen bestand, die sich dezentral über Ländergrenzen hinweg in relativ starker Koordination ihrer Aktivitäten, also transnational zusammengeschlossen hatten. In kürzester Zeit wurde eine kritische Stellungnahme zum geplanten MAI an die OECD verfasst, die von 565 verschiedenen Organisationen (Umweltgruppen, Konsumentenvereinigungen, Gewerkschaften etc.) aus insgesamt 67 Ländern unterstützt wurde. Die Resolution forderte die Suspendierung der MAI-Verhandlungen, solange nicht ein breites Spektrum gesellschaftlicher Gruppen in die Verhandlungen einbezogen werde.

In verschiedenen Ländern, vor allem der Kern-OECD-Länder Europas und Nordamerikas, wurden Demonstrationen und in der ersten Februar-Hälfte 1997 Aktionswochen gegen das geplante MAI-Abkommen durchgeführt (z. B. mit kollektiven Anrufaktionen und Briefkampagnen). Gerade diese massiven Aktionen im Frühjahr 1997 hatten einen deutlich transnationalen Charakter. Denn sie waren sowohl in Bezug auf die Inhalte als auch auf die Aktionsformen – vor allem über das Internet – extrem stark koordiniert und bezogen gleichzeitig äußerst viele dezentral organisierte Akteursgruppen ein.

Diese Internationalisierung entsprach nicht dem Idealtyp der *Glokalisierung*, denn sowohl der Konfliktgegenstand als auch die relevanten dezentralen Akteure waren zunächst sehr stark auf die OECD-Länder beschränkt und nicht global. Zwar hätte das MAI mittelfristig wahrscheinlich mehr oder weniger globale Auswirkungen gehabt, weil die internationalen Unternehmen der OECD-Länder fast überall auf der Welt in der einen oder anderen Form vertreten sind. Aber im Gegensatz etwa zu den ILO-Kern-Übereinkommen, die im Durchschnitt von etwa zwei Dritteln aller Nationalstaaten der Welt unterzeichnet wurden und für alle in der UNO vereinten Länder Gültigkeit beanspruchen, betraf das geplante MAI zunächst »nur« die dreißig in der OECD zusammengeschlossenen Länder.

Diese Internationalisierung lässt sich auch kaum als *Diaspora-Internationalisierung* bezeichnen, weil es kein einheitliches klares Zentrum gab, von dem aus die Aktionen geplant oder koordiniert wurden. Vielmehr ergab sich eine extrem schnelle, dynamische und –

weil auf Gegenseitigkeit und freiwilliger Verpflichtung beruhend – verbindliche Koordination vielfältigster Aktivitäten, die über viele Länder verteilt waren. Hierbei spielten NGOs in bestimmten Ländern wie Dänemark, Deutschland, Finnland, Frankreich, Italien, den Niederlanden, Kanada, Schweden und den USA eine sehr wichtige Rolle. Aber es gab eben nicht eine eindeutige Zentrale, von der aus alle Aktivitäten koordiniert werden, wie dies für diasporische Internationalisierung sowie für globale und fokale Organisationen typisch ist.

Aufgrund dieses massiven transnationalen Protestes wurden die MAI-Verhandlungen zunächst suspendiert. Im Jahre 1998 gab die OECD dann das MAI-Projekt formell auf und beschloss vor dem Hintergrund der massiven öffentlichen Kritik, die bereits 1976 verabschiedeten »Richtlinien für Multinationale Unternehmen« (*Guidelines*) einer gründlichen Revision zu unterziehen. Dieser Prozess führte unter breiter Beteiligung von Unternehmens- und Gewerkschaftsvertretern, NGOs und Vertretern von Nicht-OECD-Staaten im Jahre 1999 zur Verabschiedung der OECD-Grundsätze der Corporate Governance (OECD 2004) und im Jahre 2000 zu einer Revision und Erweiterung der »Richtlinien für Multinationale Unternehmen« (OECD 2000).[37] Von Anfang an wurde eine breite Transparenz des Beratungsprozesses auch durch die Veröffentlichung aller Entwurfsdokumente und Stellungnahmen im Internet angestrebt. Auf der entsprechenden Website der OECD wurde die Öffentlichkeit zu Diskussionen eingeladen. All dies demonstrierte die Lernfähigkeit der OECD als einer großen, auf inter-nationalen Verträgen beruhenden Organisation, deren Charakter Elemente von Inter-Nationalisierung, Supra-Nationalisierung und Transnationalisierung aufweist.

Mit der Verabschiedung der neuen »Grundsätze der Corporate Governance« und der Revision der *Guidelines* wurde ein dynami-

37 Zum Verhältnis der *Principles* zu den *Guidelines* erläutert die OECD (2004: 21): »Die Grundsätze müssen daher als Ergänzung zu einem allgemeineren Konzept von Kontrolle und Gegenkontrolle gesehen werden. Einige der anderen Faktoren, die für unternehmerische Entscheidungsprozesse von Belang sind, wie Umwelt-, Antikorruptions- oder ethische Erwägungen, werden in den Grundsätzen zwar berücksichtigt, jedoch ausführlicher in einer Reihe anderer OECD-Instrumente (namentlich OECD-Leitsätze für multinationale Unternehmen, Übereinkommen über die Bekämpfung der Bestechung ausländischer Amtsträger im internationalen Geschäftsverkehr) sowie den Instrumenten anderer internationaler Organisationen behandelt.«

sches und transparentes Verfahren regelmäßiger Überprüfungen und Berichte vor allem auf den jährlichen Treffen der NCPs installiert, welches seinen Niederschlag unter anderem auf den entsprechenden, gut dokumentierten Webseiten der OECD findet.[38] In den *Guidelines* wurden substantielle Regeln bezüglich Kinder- und Zwangsarbeit, zum Umweltverhalten und zur Einhaltung der Menschenrechte aufgenommen. Gleichzeitig wurden eindeutigere prozedurale Regeln vor allem in Bezug auf die Arbeit der NCPs formuliert, so z. B. jährliche Treffen aller NCPs und jährliche Berichte der NCPs an das Committee on International Investment and Multinational Enterprises (CIME), welches innerhalb der OECD für die Entwicklung und Implementierung der *Guidelines* verantwortlich ist.

In diesem Zusammenhang ist vor allem bedeutsam und kennzeichnend für den transnationalen und netzwerkförmigen Charakter der mit den *Guidelines* verfolgten Erwerbsregulierung, dass drei korporative Akteursgruppen fest in das jährliche Berichts- und Beratungswesen zu den *Guidelines* einbezogen sind: ein die Arbeitgeberseite repräsentierendes Komitee (Business and Industry Advisory Committee, BIAC), ein die Arbeitnehmerseite repräsentierendes Komitee (Trade Union Advisory Committee, TUAC) und der OECD insgesamt kritisch gegenüberstehende NGOs wie z. B. OECD-Watch. Letztgenanntes Netzwerk wurde im Jahre 2003 offiziell als Zusammenschluss internationaler NGOs gegründet, die ihren Einfluss auf die OECD und vor allem die Umsetzung deren *Guidelines* koordinieren wollten: »Neben dem Erfahrungsaustausch über Beschwerdefälle und das Funktionieren der einzelnen Kontaktpunkte geht es OECD-Watch um die Einbringung von NGO-Positionen in die Debatte der OECD – beispielsweise bei den jährlichen Treffen der Kontaktstellen in Paris.«[39] Inzwischen sind etwa fünfzig Organisationen aus ungefähr dreißig Ländern formell im Netzwerk eingeschrieben.[40]

Hinsichtlich der Umsetzung der materialen Normen des Unternehmensverhaltens und der prozeduralen Mechanismen, namentlich der Arbeit der NCPs, die in den *Guidelines* festgelegt sind, gibt es eine rege und kontroverse Diskussion, die nicht zuletzt im Rahmen der

38 Vgl. ⟨http://www.oecd.org/document/53/0,2340,en_2649_34813_2512693_1_1_1_1,00.html⟩; ⟨http://www.oecd.org/about/0,2337,en_2649_34813_1_1_1_1_1,00.html⟩, Zugriff 3. 7. 2006

39 ⟨http://www.germanwatch.org/tw/kwdnr03.htm⟩, Zugriff 5. 10. 2006.

40 Vgl. ⟨http://www.germanwatch.org/tw/oecdwatch.htm⟩, Zugriff 3. 7. 2006.

jährlichen Treffen aller NCPs geführt wird. Vieles deutet auf noch enorme Verbesserungspotentiale hin (vgl. zum Folgenden etwa OECD-Watch 2004 und TUAC 2006). Denn die Struktur der NCPs variiert z. B. je nach Land ganz erheblich von einem nur einer Regierungsstelle zugeordneten Organ (21 Länder) über zwei (6 Länder), drei (9 Länder) oder gar vier (2 Länder) verschiedenen Regierungsstellen zugeordneten Organen; Italien erfüllt dem OECD-Watch-Bericht zufolge nur unzureichend und »opportunistisch« seine Verpflichtungen, indem es ein »temporäres Sekretariat« ohne feste organisatorische Einbindung angab. Im Hinblick auf die Berichtspflichten der NCPs wird beklagt, dass jeweils nur etwa die Hälfte bis zwei Drittel der Länder einen entsprechenden NCP-Jahresbericht an das OECD-Komitee CIME liefern (21 von 33 im Jahre 2004).

Selbst aus diesen vorgelegten NCP-Länderberichten ist nicht genau ersichtlich, gegen wie viele Unternehmen welche Arten von Beschwerden eingegangen sind und in welchem Bearbeitungsstatus sich diese befinden. In Großbritannien gaben von einhundert befragten Unternehmen Ende 2002 nur zwölf an, eine explizite Politik im Hinblick auf die OECD-*Guidelines* formuliert zu haben. Die NGOs vieler Länder gaben an, von den NCPs mit ihren Beschwerden gegen *Guideline*-Verstöße nicht richig ernst genommen zu werden. Viele NCPs haben nur sehr schlecht gepflegte oder überhaupt keine Internet-Webseiten. Insgesamt kann also keineswegs von einem auch nur annähernd erfolgreichen oder abgeschlossenen Prozess der Implementierung der *Guidelines* in der Praxis der Erwerbsregulierung in den Unternehmen und der entsprechenden Überwachung durch die Nationalstaaten gesprochen werden.

Dennoch ist in einer generellen Betrachtung die Erfahrung um die Weiterentwicklung und Verwirklichung der OECD-*Guidelines* ein gutes Beispiel für die Zusammenschau und Integration der unterschiedlichen Formen der Internationalisierung von Erwerbsregulierung. Die auf der Grundlage *inter-nationaler* Verträge zwischen den OECD-Mitgliedsstaaten entstandenen *supranationalen* OECD-Strukturen zur Verbreitung und Überwachung der Guidelines auf der nationalstaatlichen und der Unternehmensebene gewannen erst durch die Verknüpfung mit *transnationalen* Akteursnetzwerken ein reales Gewicht. So wurde z. B. die Rolle des entsprechenden OECD-Komitees CIME erst durch die seit 1998 gestärkten transnationalen NGOs aufgewertet: Das CIME begann nun, eine mehr oder weniger unabhängige transnationale Maklerfunktion gegenüber den Einzelstaaten und deren NCPs sowie den anderen involvierten Akteursgruppen, namentlich dem BIAC und dem TUAC sowie OECD-Watch einzunehmen.

Die Herausbildung einer tatsächlich mehr oder weniger eigenständigen supranationalen Stellung der OECD und konkret des CIME ist eng mit der Einmischung transnationaler Akteursnetzwerke verbunden. Die Inter-Nationalisierung, Supra-Nationalisierung und Transnationalisierung der Erwerbsregulierung schließen sich also nicht aus, sondern bedingen hier sogar einander. So wie im dualen deutschen System der Erwerbsregulierung die beiden Säulen Tarifautonomie und Betriebsverfassung sich wechselseitig stärken können, so kann eine Internationalisierung der Erwerbsregulierung, die mit dem Tempo der wirtschaftlichen Internationalisierung auch nur einigermaßen Schritt halten will, nur aus der *Integration und netzwerkförmigen Verflechtung unterschiedlicher Typen internationaler Erwerbsregulierung* erwachsen. Transnationalisierung spielt dabei, das zeigt das Beispiel der OECD-*Guidelines* ebenfalls sehr deutlich, in dieser »Texturbildung« eine besondere Rolle. Für das Governance-System der OECD-*Guidelines* gilt, was Thomas Risse (2002: 269) in Bezug auf die institutionelle Integration transnationaler Akteure in internationale Governance-Stukturen allgemein hervorgehoben hat: »Die zukünftige Forschung zu Transnationalen Akteuren muss in Betracht ziehen, dass diese Akteure – gleich ob MNCs oder INGOs – ihre ›Unschuld‹ verloren haben und zu einem Teil der Strukturen internationaler governance geworden sind.«

Ähnliche Beobachtungen zur Vernetzung und Texturbildung zwischen den unterschiedlichen Formen der Internationalisierung von Erwerbsregulierung lassen sich auch in vielen, ja fast allen anderen Bereichen grenzüberschreitender Erwerbsregulierung machen (vgl. für Europa z. B. Kluge 2004). In einer dynamischen Perspektive betrachtet sind alle einzelnen Internationalisierungsformen von Erwerbsregulierung – unabhängig davon, ob sie ihren Ausgangspunkt in der Nähe des Idealtyps der Globalisierung, der Inter-Nationalisierung, der Supra-Nationalisierung, der (Re-)Nationalisierung, der Glokalisierung, der Diaspora-Internationalisierung oder der Transnationalisierung haben – mittelfristig nur dann erfolgreich und tragfähig, wenn sie sich in das emergierende Geflecht der internationalisierten Erwerbsregulierung einfügen und einbinden, welches gleichsam als überaus komplexe und dynamische, aber auch noch nicht sehr »rissfeste« *Netzwerktextur* entsteht.[41]

Die weiter oben zitierte Kampagne für bessere Arbeits- und Beschäftigungsbedingungen der Chiquita-Bananenarbeiter war genau deshalb erfolgreich, weil sie geschickt verschiedene supra-national und transnational aktive und in verschiedenen Themenfeldern tätige Netzwerke miteinander verband. Hierzu gehörten neben dem bereits erwähnten Zusammenschluss der lateinamerikanischen Bananenarbeitergewerkschaften COLSIBA das europäische, eher konsumentenorientierte Netzwerk EUROBAN und das gewerkschaftsnahe, auf den amerikanischen Kontinent insgesamt bezogene Solidaritätsnetzwerk US/LEAP, welches besonders auf die Aktivitäten US-amerikanischer Konzerne wie Starbucks (Kaffee), Chiquita (Bananen) und GAP (Textil) in den Ländern Zentralamerikas, in Kolumbien, der Dominikanischen Republik, Ecuador und Mexiko fokussiert ist.[42] Riisgaard (2002: 10, Hervorhebung im Original) fasst diese mehrere Ebenen und Netzwerktypen integrierende transnationale Texturbildung folgendermaßen zusammen:

»Um die Übereinkunft zu erzielen, setzen die Bananen-Gewerkschaften innovative Taktiken der regionalen Koordination und Bündnisse mit solidarischen Gruppen in den wichtigen Verbrauchermärkten ein, indem sie öffentliche Kampagnen gegen Supermarktketten, die Chiquita vermarkten, und Verbraucher starteten. Das Argument lautete, dass jene internationalen Vereinbarungen einen vielversprechenden Weg wiesen, die Rechte der Arbeiter innerhalb der MNEs zu verteidigen und zu stärken, indem sie den Gewerkschaften erlaubten, eine ausgeklügelte und vielfältige Antwort zu entwickeln, die sie den Herausforderungen der geographisch weit verstreuten Produktion und den Outsourcing-Strategien der MNEs entgegensetzen können. Ganz allgemein eröffnen diese Strategien den Gewerkschaften innovative Möglichkeiten, *mit* NGOs zusammenzuarbeiten, um den Arbeitern innerhalb der MNEs Respekt zu sichern.«

Dass die unterschiedlichen Internationalisierungsformen nicht gegeneinander, sondern miteinander und integriert gedacht und ent-

41 »Das Bild, das die Literatur zum Vorschein bringt, offenbart stattdessen komplexe Interaktionen zwischen Transnationalen Akteuren auf der einen Seite und korporativen Akteuren auf allen Ebenen supranationaler, internationaler, nationaler, regionaler und lokaler governance auf der anderen Seite« (Risse 2002: 268).

42 Vgl. ⟨http://www.usleap.org/⟩ und ⟨http://www.ked-bayern.apc.de/Bananen/euroban.htm⟩, Zugriff 3. 7. 2006.

wickelt werden müssen, dass es nicht um ein Entweder-oder, sondern um ein Sowohl-als-auch geht, unterstreicht Riisgaard (ebd.: 17f.) ausdrücklich:

»Vor dem Hintergrund der Internationalisierung des Kapitals und der Notwendigkeit einer alternativen Strategie der Arbeiterschaft stellen die IFAs eine vielversprechende Einrichtung dar. Während zugleich viele der traditionellen Strategien der Arbeiterschaft untergraben worden sind, illustriert die innovative Taktik der Bananen-Gewerkschaft, wie ein neuer Kontext der Globalisierung den Arbeitern neue Möglichkeiten in die Hand gegeben hat, ihre Rechte innerhalb der MNEs zu sichern. Die gestiegenen Forderungen nach CSR und die neuen Kooperationsmöglichkeiten für die Gewerkschaften über geographische und politische Grenzen hinweg haben die Arbeiterschaft mit neuen machtvollen Instrumenten ausgestattet, um Unternehmen auf deren Absatzmärkten in Verruf zu bringen. Dabei verbindet sich ihre Verhandlungsmacht mit jener der NGOs, der Verbraucher und der Investoren. Diese neue Atmosphäre schafft gemeinsame Interessen zwischen Arbeitgebern und Arbeitnehmern und damit Raum für eine Zusammenarbeit freiwillig geschlossener Initiativen.«

Die Notwendigkeit einer integrativen und dynamischen Perspektive betonen auch verschiedene andere Studien. So unterstreicht Brigitte Hamm (2002: 37) die nur in einem größeren Kontext zu beurteilenden Möglichkeiten der *Global-Compact*-Initiative: »Der Global Compact ist kein Verhaltenskodex, denn er kennt keine Regeln und sollte deshalb auch nicht dem soft law zugerechnet werden. Es ist wesentlich, darauf zu achten, dass der Pakt nur als Ergänzung, aber nicht als Alternative zu Kodizes verstanden wird.« In ihrer Untersuchung zur Umsetzung der »Konvention zur Eliminierung jeder Form von Diskriminierung gegen Frauen« (Convention on the Elimination of all Forms of Discrimination Against Women, CEDAW) diskutiert Sally Engle Merry (2003) die beiden als Gegensätze erscheinenden Strategien, entweder auf »harte« Sanktionsmechanismen oder auf die Veränderung »weicher« kultureller Normen zu orientieren. Sie löst diesen scheinbaren Widerspruch – zumindest auf einer allgemeineren Ebene – auf, indem sie unterstreicht, dass kulturelle Normen nur dadurch gesellschaftliche Wirkungskraft entfalten, dass sie immer wieder neu bestimmt und in der Praxis umgesetzt werden müssen, dann aber auch durch einen konsensuellen Prozess Legitimität und eventuell »harte« Wirksamkeit erlangen können.[43]

43. Merry (2003: 974) versteht Kultur »als umkämpft, historisch erzeugt und im Rah-

Neben dieser Verflechtung von harten und weichen Formen der Normen und Sanktionen ist für die entstehende *internationale Netzwerktextur der Erwerbsregulierung* ein weiterer Aspekt von Belang, der eng mit deren dynamischem und Emergenzcharakter zusammenhängt. Materiale Normierungen werden zunehmend durch prozedurale Regulierungen ergänzt. Je komplexer Handlungssituationen sind, je mehr unterschiedliche (sozialräumliche) Akteursgruppen involviert sind, je mehr Themenfelder sachlich-inhaltlich zusammenfließen und je mehr geographisch-räumliche Ebenen interagieren, desto schwieriger ist eine Verständigung auf materiale Normen. Das Beispiel der Einführung der Euro-Betriebsrats-Richtlinie, deren Verabschiedung durch die Europäischen Organe insgesamt etwa zwanzig Jahre in Anspruch nahm, machte diese für das 21. Jahrhundert vielleicht typische Koppelung von materialer und prozeduraler Regulierung augenscheinlich: Die materiale Normierung beschränkt sich auf wenige konsens- oder zumindest mehrheitsfähige Grundprinzipien. Die prozedurale Normierung ermöglicht die flexible Berücksichtigung der Vielfalt unterschiedlicher Kontextbedingungen und des Subsidiaritätsprinzips.

Als Grundprinzip *rekursiver prozeduraler Regulierung* kann dabei angesehen werden, dass weder fixe Werte oder Normen für bestimmte Fälle vorgegeben, noch für bestimmte Kontexte die Regelungsprozeduren eindeutig festgelegt werden. Vielmehr werden die jeweiligen Akteure und Akteursgruppen über Zielvorgaben und Indikatoren stimuliert, selbständig zur Erfüllung bestimmter Aufgaben beizutragen – wie immer sie dies im Einzelnen bewerkstelligen. Für Deutschland ist z. B. ein Großteil der betriebsverfassungsrechtlichen Arena und der damit zusammenhängenden Arbeit der Betriebsräte durch prozedurale und zielwertorientierte Koordinations- und Steuerungsmechanismen bestimmt. In vielen Unternehmen, in denen projektorientierte und Wissensarbeit vorherrschen, ist der prozedurale Regulierungsmodus als Antwort auf wachsende Anforderungen der Flexibilitäts- und Komplexitätsbewältigung von größter Bedeutung. Auf der europäischen Ebene hat sich die Logik prozeduraler Regelung bereits als fester Bestandteil des Mehrebenenverhandlungssys-

men einer Vielfalt von Hintergründen andauernd definiert und redefiniert« und verweist in Bezug auf die CEDAW-Konvention auf die »Entstehung von Dokumenten in großem Umfang in den souveränen Staaten durch einen konsensuellen Prozess, der den Dokumenten internationale Legitimität verleiht.«

tems etabliert. Die hier nur angedeutete internationale Netzwerktextur von Erwerbsregulierung ist gerade erst im Entstehen begriffen. Sie kann an den eingefahrenen Bahnen traditioneller abgeschotteter Einzelregulierungen genauso scheitern wie an den Einzelinteressen einflussreicher korporativer Akteursgruppen. Letztlich aber gibt es zu ihr keine Alternative, um gegenüber der zunehmenden Internationalisierung von Wirtschaft und Arbeit ein regulierendes Gegengewicht aufzubauen.

Viele der in diesem Kapitel in Bezug auf Erwerbsregulierung behandelten Aspekte der verschiedenen Internationalisierungsformen, ihres Zusammenwirkens und ihrer potentiell emergierenden Netzwerktextur lassen sich auch auf andere Gegenstandsbereiche beziehen. So verknüpfen sich auch in der internationalen Migration verschiedene Formen der Internationalisierung. Häufig beginnt diese als Diaspora-Internationalisierung: Eine Person aus einem größeren Familien- oder Haushaltsverband wandert zunächst für einen befristeten Zeitraum z. B. aus der Türkei nach Deutschland oder von Mexiko in die USA. Nur in einer Minderheit der Fälle kehrt diese Person dann auch nach der zunächst geplanten Zeit in ihre Herkunftsregion zurück und bleibt dort dauerhaft. Vielmehr zieht die eine migrierte Person oft andere, zunächst und meistens Partner und Kinder nach, und es kommt von einer diasporischen Situation mit der Herkunftsregion als Zentrum eventuell in einer zweiten Migrantengeneration zu einer umgekehrten diasporischen Situation mit der Ankunftsregion als Zentrum. Manchmal aber ergibt sich auch eine auf längere Zeit bestehende transnationale Situation, wo die Verhältnisse und Lebensprojekte kein klares geographisches Zentrum haben.

Schon auf der Gemeindeebene und in der Mikroregion bzw. ethnischen Gruppe finden sich in aller Regel recht komplexe Netzwerktexturen des Migrationsgeschehens, in dem *Diaspora-Internationalisierung* und *Transnationalisierung* direkt ineinander verwoben sind. Die *inter-nationalen* Beziehungen und die Geschichte zwischen Herkunfts- und Ankunftsländern der Migranten bilden dabei ebenso wesentliche Kontextbedingungen wie die *globalisierten* Normen zu Menschenrechten, auf die sich auch Migranten ohne legale Aufenthaltsdokumente z. B. in Bezug auf Gesundheitsversorgung und Schulerziehung ihrer Kinder berufen können und die nicht selten in konkreten *glokalisierten* Bewegungen zum Hauptgegenstand von Forderungen gemacht werden. Am Beispiel Mexikos lässt sich sehr gut die *(Re-)Nationalisierungspolitik* des mexikanischen Staates gegenüber den grenzüberschreitenden Migrationsströmen beobachten: Er versucht nicht nur, die Geldüberweisungen der Migranten in Regionalentwicklungsprojekte zu kanalisieren und bietet dazu staatliche Investitionsanreize an; er fördert auch innerhalb der USA eine systematische Kulturarbeit, die die mexikanische Identität (*la mexicanidad*) z. B. durch den Aufbau von »Kulturkreisen der Jungfrau von Guadelupe« stärken soll. Schließlich sind die Europäische Union und konkret die Schengener Bestimmungen in Bezug auf eine gemeinsame »Migrationsaußenpolitik« ein gutes Beispiel für die *supranationale* Einbettung und Verankerung von internationalen Netzwerktexturen der Migration.

Auch grenzüberschreitend operierende Unternehmen und andere Organisationen sind in Netzwerktexturen, z. B. von Zulieferern und Kunden, von nationalstaatlichen Regulierungen und Wirtschaftshandelszonen, eingewoben, die aus sehr unterschiedlichen Internationalisierungsformen zusammengeflochten sind. Deshalb ist auch das Bild von den »heimatlosen Konzernen« irreführend, die Heuschreckenschwärmen oder Kraken gleich den Globus umschwirren und umspannen und sich immer gerade dort niederlassen, wo die Ausbeutungsbedingungen optimal sind. Wenn dies eine angemessene Beschreibung der wirtschaftlichen Internationalisierungsdynamik wäre, dann gäbe es tatsächlich nur wenig Hoffnung auf eine bessere Welt. Die gute Botschaft ist aber genau diese: Die Dinge liegen viel komplizierter, die Welt dreht sich nach ihrem eigenen Rhythmus, und die verschiedenen Internationalisierungsformen und Internationalisierungsdimensionen greifen vielfältig ineinander. Wir alle stricken mit unserem Tun an der Internationalisierung der Vergesellschaftung mit. Die Emergenz internationaler Netzwerktexturen und transnationaler Sozialräume löst das Lokale und die Flächenraumbezüge nicht auf. Sie stärkt sie vielmehr, indem neue Verbindungen hergestellt werden, Verbindungen zwischen Knoten bzw. Orten und Räumen in einer emergierenden Netzwerktextur. Wo aber ist dann der Ort, von dem aus diese Texturen überblickt werden können? Wie sollen die Menschen mit diesen neuen Unübersichtlichkeiten und komplexen sozialen Geweben leben?

9 Nachwort: Wie die neuen Komplexitäten leben?

Das Zusammenleben der Menschen, ihre Verflechtung in Beziehungen, Netzwerke und Sozialräume mit anderen Menschen, mit Symbolsystemen und mit Artefakten gestaltet sich immer vielschichtiger und grenzüberschreitender. Diese Internationalisierung von Vergesellschaftung nimmt sehr unterschiedliche Formen an – mit der einfachen Gegenüberstellung von Globalisierung und Lokalisierung ist es nicht getan. Die in diesem Buch vorgeschlagene Differenzierung von sieben idealtypischen Formen der Internationalisierung von Vergesellschaftung kann vielleicht ein besseres Verständnis des komplizierten Zusammenspiels von Grenzauflösungen und von gleichzeitigen neuen Grenzbildungen vermitteln. Globalisierung wurde weder als die schöne neue kosmopolitane Welt vermittelt, in der alle zu souveränen Weltbürgern werden, noch als der unbändige Sturm, der alle menschlichen Bindungen und Sicherheiten hinwegfegt. Globalisierung stellte sich vielmehr als das heraus, was sie wirklich ist, nämlich auch nur eine von vielen Formen der Internationalisierung von Vergesellschaftung. Letztere aber ist so nachhaltig und unumkehrbar, dass alle Vorstellungen von der bewussten und geplanten Machbarkeit und der sozial-räumlichen Kontrollierbarkeit der Welt sich als Illusion der ›ersten Moderne‹ und des kurzen Vierteljahrtausends des nationalstaatlichen Paradigmas erweisen.

Besonders die Transnationalisierung unserer sozialen Welt ist eine neue Herausforderung und gleichzeitig eine gewaltige Chance. Wenn wir die komplexen Wechselwirkungen von Inter-Nationalisierung, Supra-Nationalisierung, (Re-)Nationalisierung, Globalisierung, Glokalisierung, Diaspora-Internationalisierung und Transnationalisierung verstehen, können wir angemessene Strategien für unser Alltagsleben, für das Handeln in Organisationen und für unser Verhalten im öffentlichen und politischen Raum entwickeln. Dies bringt uns nicht den alten Glauben an die Machbarkeit der Welt zurück, die ja auch nur ein Traum und Trauma der »einfachen Aufklärung« war. Wohl aber können wir ein Gefühl für die komplexen Netzwerktexturen entwickeln, an denen wir alle in der einen oder anderen Weise mitweben. Wir können lernen, dass wir nicht mehr die Weltbesteller und Weltenpflüger sind, dass wir wohl aber beständig Brücken und Verbindungen bauen können. Internationale Netzwerktexturen von sozialen Beziehungen, sozialen Feldern und Sozialräumen entwickeln sich pulsierend fortwährend weiter. Wir können daran mitwirken, inhumane Entwicklungswege möglichst zu versperren und solche Verknotungen zu isolieren und tendenziell aufzulösen, in denen Mindeststandards fairer und würdiger Arbeits- und Lebensbedingungen nicht beachtet werden. Wir können helfen, solche Interaktionstexturen zu stärken, die von Prinzipien wie Nachhaltigkeit und Gerechtigkeit, Solidarität und Freiheit durchtränkt sind und gehalten werden.

Die sozialen Errungenschaften europäischer Wohlfahrtspolitik und des rheinischen Kapitalismus, nordamerikanischer deliberativer Demokratie oder der korporativ-staatlich geförderten Wirtschafts- und Sozialentwicklung in China oder Indien haben sich in den vergangenen eineinhalb Jahrhunderten nicht im Selbstlauf durchgesetzt. Sie sind das Ergebnis »konkreter Utopien« (Bloch 1977) und des Engagements sozialer Bewegungen, die sich in verschiedenen Regionen nach jeweils eigenen Prinzipien und Dynamiken entwickelt haben. In Europa waren es vor allem die Arbeiter- und Gewerkschaftsbewegung, aber auch engagierte Wissenschaftler wie z. B. Sidney und Beatrice Webb oder John Stuart Mill in Großbritannien, Auguste Comte und Emile Durkheim in Frankreich oder die so genannten Kathedersozialisten um Lujo Brentano und Werner Sombart in Deutschland. In den USA waren die Bürgerrechts- und Antirassenbewegungen von großer Bedeutung und Denker der pragmatischen philosophischen Schule wie z. B. Charles Sanders Peirce und John Dewey. In Asien kann man die Dynamik der chinesischen Entwicklung seit dem 20. Jahrhundert ohne das – durchaus in der konfuzianischen Tradition verflochtene – Denken von Mao Tsetung nicht verstehen. In Indien schließlich spielten eine vergleichsweise früh stabilisierte Demokratie mit starken sozialistischen und kommunistischen Kräften sowie eine in hinduistisch-buddhistischen Traditionen verankerte native soziale Bewegung für Unabhängigkeit, Würde und Respekt eine prägende Rolle, die z. B. in der Person Mahatma Ghandis verkörpert wird.

Es ist vielleicht kein Zufall, dass sowohl Mahatma Ghandi als auch Nelson Mandela, das Symbol eines neuen Afrika, ihr soziales Engagement als Rechtsanwälte für Arbeiterfragen begannen. Gerade weil die überwältigende Mehrheit aller Menschen ihr Dasein durch die eigene Erwerbsarbeit sichert, ist dieser Lebensbereich so wichtig. Die Welt der Erwerbsarbeit ist nach wie vor eine zentrale Instanz von Chancenverteilung, in ihr spiegelt sich in vielfacher Hinsicht ein Großteil von gesellschaftlicher Ordnung und sozialem Wandel. Allerdings ging es sowohl bei der Arbeiterfrage im Europa des späten 19. und frühen 20. Jahrhunderts wie auch bei der Rassen- und Kastenfrage eines Mahatma Ghandi und Nelson Mandela ein halbes Jahrhundert später im Wesentlichen darum, den industriellen Kapitalismus durch die Lösung der so genannten sozialen Frage *auf der nationalstaatlichen Ebene* zu zähmen und die ethnisch versäulten Gesellschaften durch gleiche Teilhabechancen *auf der nationalstaatlichen Ebene* zu dynamisieren. Im Gegensatz zu diesen historischen Situationen sind heute globale und transnationale Lösungen notwendig! Von der im »alten Europa« virulenten unterscheidet sich die heutige weltweite soziale Frage und deren Lösung in dreifacher Hinsicht.

Erstens gibt es keinen einheitlichen staatlichen Souverän, an den entsprechende Forderungen nach einer Weltsozialpolitik adressiert werden könnten. Es wird auch in absehbarer Zeit keine dem Nationalstaat vergleichbare Weltregierung geben. Die Zukunft wird sehr komplexe Mehrebenensysteme internationaler politischer und gesellschaftlicher Regulierung hervorbringen. Darin werden alle in diesem Buch behandelten Typen von Internationalisierung (und vielleicht noch einige weitere, neu entstehende) integriert sein. Natürlich wird diese Welt nicht mehr so übersichtlich sein, wie wir heute im Nachhinein die schöne geordnete Welt der Nationalstaaten (re-)konstruieren. Auch diese hat es ja in der gewünschten Einfachheit nie gegeben (vgl. Sassen 2006). Wohl zu jeder Zeit waren den Menschen die Umstände, unter denen sie lebten und handeln mussten, einige Stufen zu kompliziert und zu undurchschaubar. Der Nationalismus des 19. und 20. Jahrhunderts war ja weniger eine tatsächlich weltweit dominante Realität als vielmehr eine Form der Komplexitätsreduktion und -bewältigung. (Re-)Nationalisierungen sind ebenso wie Ethnisierungsprozesse Versuche der Orientierung durch Vereinfachung (Westwood/Phizacklea 2000). Deshalb sollten wir heute angesichts der uns zur Verfügung stehenden Informations- und Kommunikationsmöglichkeiten keineswegs darüber verzweifeln, dass uns die einfache Option der Ausweitung der Nationalstaatsidee auf den gesamten Globus versperrt ist.

Zweitens gibt es nicht die eine, alle sozialen Kräfte sortierende soziale Bewegung, wie es in vielen europäischen Ländern die Gewerkschafts- und die Arbeiterbewegung am Ende des 19. und in den ersten zwei Dritteln des 20. Jahrhunderts und später in anderen Regionen die Antiapartheids-, Bürgerrechts- und Unabhängigkeitsbewegungen waren. Die Zukunft wird von einem sehr widersprüchlichen Geflecht von Unternehmen, Interessenverbänden, NGOs, nationalen, supranationalen, transnationalen und internationalen öffentlichen und privaten Akteursgruppen, sozialen Bewegungen des Südens und des Nordens, des Westens und des Ostens bestimmt. Um diese Akteurskonstellationen zu verstehen, sind Netzwerkdenken und Anleihen aus der modernen Chaostheorie notwendig: Es gibt in der globalen Welt weder ein historisches Subjekt sozialen Wandels, noch einen alles ordnenden Bezugsrahmen, wie es früher der Nationalstaat war. Selbst einfache Regeln für Akteurskonstellationen und Interessenhandeln führen zu hochkomplexen, von keiner der beteiligten Gruppen tatsächlich vollständig überschau-, geschweige denn steuerbaren Interaktionsgeflechten. Hieraus können unter bestimmten Bedingungen raumzeitstabile und wirkungsmächtige, nationale Grenzen überschreitende Netzwerkgeflechte, Ordnungsmuster und Sozialräume emergieren. Die Entstehung verfestigter internationaler Regulierungsgeflechte kann wissenschaftlich beobachtet und analysiert werden. Bestimmte Bedingungen ihrer Emergenz können benannt werden – sie lassen sich aber kaum programmieren oder von einer Akteursgruppe aus steuern bzw. erzwingen.

Drittens schließlich gibt es nicht mehr das eine drängende Hauptproblem, über dessen primäre Lösung mehr oder weniger Einigkeit besteht. Dies galt z. B. vor hundert Jahren noch weitgehend für die so genannte soziale Frage. Aber im 21. Jahrhundert greifen soziale Probleme, ökologische Herausforderungen, Katastrophen- und Sicherheitsbedrohungen, Gerechtigkeits- und Menschenrechtsfragen vielfältigst ineinander. Wer z. B. in Deutschland oder den USA bestimmte Maßnahmen zur Sicherung von Arbeitsplätzen einfordert wie etwa die Bindung von Warenimporten an bestimmte ökologische oder Menschenrechtsauflagen, der wird sehr genau den möglichen Vorwurf eines versteckten Protektionismus prüfen müssen. Die globale Erderwärmung ist ein inzwischen wissenschaftlich anerkanntes und auf die menschlichen Eingriffe in Naturhaushalte zumindest teilweise zurückführbares Problem. Aber die Antwort auf diese ökologische Herausforderung hängt unmittelbar mit Besitzständen auf der Welt, vor allem in den reichen, überproportional zur Erderwärmung beitragenden Ländern des Nordens zusammen. Die Konflikt- und Interessenfelder in den emergierenden internationalen Netzwerktexturen sind ihrer Natur nach multidimensional und multipolar.

Angesichts dieser großen Unübersichtlichkeit verändert sich auch die Einstellung vieler Menschen zu den gesellschaftlichen Instanzen, die ihnen Orientierung und Sicherheit geben können, namentlich die Wissenschaft und die Religion. Mit dem Ende der »einfachen Modernisierung« hat die Wissenschaft ihren Monopolanspruch auf die »richtige« Weltdeutung und den Glauben an einen linear fortschreitenden Erkenntnisgewinn verloren: »Zunächst erfolgt die Anwendung von Wissenschaft auf die ›vorgegebene‹ Welt von Natur, Mensch und Gesellschaft, in der reflexiven Phase sind die Wissenschaften bereits mit ihren eigenen Produkten, Mängeln, Folgeproblemen konfrontiert, treffen also auf eine *zweite zivilisatorische Schöpfung*« (Beck 1986: 254, Hervorhebung im Original). Während der wissenschaftliche Zweifel als Methode in der Phase der einfachen bzw. primären Verwissenschaftlichung »nur« auf die Erkenntnisgegenstände und die der Wissenschaft *äußerliche* Wirklichkeit angewendet wurde, bezieht er sich in der reflexiven Verwissenschaftlichung *auf den Wissenschaftsbetrieb*, auf seine gesellschaftliche Einbindung und seine Folgen *selbst*.

Während die Wissenschaft also in der »einfachen« Moderne mit dem Impetus des Wahrheits- und Aufklärungsanspruchs auf die Entmystifizierung der (traditionalen) Welt gerichtet war, leitet die »reflexive« Modernisierung einen Prozess der *Demystifizierung der Wissenschaften selbst* ein: Auch in der Wissenschaft wird nur mit Wasser gekocht, und jede Tür der Erkenntnis, die dort geöffnet wird, führt in einen neuen Raum voller rätselhafter Türen, die noch verschlossen sind. Damit verliert die Wissenschaft tendenziell ihren Monopolanspruch auf objektive und letzte Wahrheiten, den sie für viele Menschen für einige Jahrhunderte besaß. Im Zuge reflexiver Modernisierung wird das Erkenntnismonopol der Wissenschaft immer brüchiger, deren Adressaten, Anwender und auch Gegenstände werden zunehmend zu Akteuren und Subjekten bei der immer offensichtlicheren *gesellschaftlichen* (und nicht wissenschaftlichen) Definition und Deutung wissenschaftlicher Erkenntnisse.[1]

1 Vgl. allgemein die Arbeiten von Knorr-Cetina, z. B. 1981; für den Bereich von Arbeit und Erwerb vgl. Pries 1998b.

Parallel zu dieser Relativierung des Absolutheitsanspruchs der Wissenschaft auf Welterklärung hat sich gleichzeitig in den vergangenen Jahrzehnten die Annahme als falsch erwiesen, dass die Säkularisierung der Welt ein unumkehrbarer Prozess und ein zweifelsfreier zivilisatorischer Fortschritt sei. Religiös kaschierter Terrorismus, kleine fanatische Religionsgruppen und die nach den Regeln kapitalistischer Walt-Disney-Parks geführten Mega-Kirchen in den USA können nicht darüber hinwegtäuschen, dass die Suche und Praxis spiritueller Seinserfahrungen ein äußerst zählebiges Massenphänomen ist (Joas 1999 und 2004). Im gleichen Maße, wie die positivistische Idee der immer weiter fortschreitenden rational-wissenschaftlichen Welterklärung ins Wanken geriet, wurde auch die Vorstellung brüchig, die Suche nach anderen als rein rational-wissenschaftlichen Modellen des Welterlebens sei ein Überbleibsel mittelalterlicher Mystik und vormoderner Gesellschaften und deshalb zum Aussterben verdammt.

In der internationalisierten Welt des 21. Jahrhunderts werden religiöse und spirituelle Bewegungen neben der Wissenschaft eine sehr wichtige und wahrscheinlich sogar wachsende und explizitere Rolle für Seins- und Weltdeutungen spielen als noch im 20. Jahrhundert. Tatsächlich kann die rational-wissenschaftliche Welt ja nur einen Teil des menschlichen Ich-Erlebens überhaupt erfassen und zu verstehen und zu erklären versuchen. Die Einheit der Welt und der menschlichen Welterfahrung umfasst zumindest vier qualitativ verschiedene Seinsbereiche: (1) die materiell-objektive, physische und biologische Artefakte-Welt, (2) das genetisch und sozial-kulturell vererbte und gefühlte Welterleben, (3) die symbolische Repräsentation und Konstruktion der Weltwahrnehmung durch Bewusstsein und Verstand sowie (4) schließlich die spirituelle Erfahrung der Einheit dieser Welt und des Universums. Diese vier Seinsbereiche lassen sich auch als (1) Welt der Körper, (2) Welt der Gefühle und vorbewussten Grundwerte, (3) Welt des Bewusstseins, der Rationalität und Reflektivität sowie (4) Welt des Geistes und der Transzendenz bezeichnen.

Zur »Welt 1«[2] der Körper und Artefakte gehören bezogen auf den

2 Die hier benutzten Bezeichnungen »Welt 1« bis »Welt 4« entsprechen nicht direkt der von Karl Popper (1935) eingeführten Unterscheidung, auch wenn es zwischen den Welten 1 bis 3 jeweils viele Gemeinsamkeiten gibt. Für Popper ist die »Welt 1« der Wirklichkeitsbereich des direkt erfahrbaren Physisch-Materiellen, als »Welt 2« bezeichnet er das subjektiv-psychische Bewusstsein, die menschlichen Gedanken

Menschen und seine Verhaltensdispositionen vor allem die physiologisch-biologisch gegebenen, nicht erlernten Triebe und Instinkte; annäherungsweise entspricht ihr das »I« in der interaktionistischen Handlungstheorie bei George Herbert Mead (1973) und das triebhafte »Es« bei Sigmund Freud (2000). Die »Welt 2« der phylogenetisch weitergegebenen sozial-kulturellen Gefühle und sprachlichen Handlungsressourcen sowie der ontogenetisch generierten Grundwerte (Tomassello 2002; Joas 2004) entspricht annäherungsweise dem Meadschen »Self« und dem Freudschen »Ich«. Die »Welt 3« des reflektierenden Bewusstseins und der intersubjektiven »Wahrheiten« korrespondiert stark mit dem Meadschen »Me« und dem Freudschen »Über-Ich«. Da für Karl Popper (1935) seine »Welt 3« des nach seiner Auffassung objektiv bestehenden Kulturellen und Geistigen grundsätzlich der wissenschaftlichen Erkenntnis zugänglich war, bedurfte es auch keiner weiteren systematischen Unterscheidung von Sphären menschlichen Welterlebens.

Nachdem die einfache Moderne und ein übertriebener positivistischer Wissenschaftsglaube ihre Unschuld verloren haben und nachdem der eurozentristische Rationalismus bis hin zum Dekonstruktivismus eines Jacques Derrida aus der Sicht des Postkolonialismus und eines *minor transnationalism* (Lionnet/Shih 2005: 3) kritisch hinterfragt werden, erscheint es sinnvoll, systematisch eine »Welt 4« als den Teil des spirituellen menschlichen Welterlebens zu berücksichtigen. Dies umfasst die in der westlich abendländischen Kulturtradition häufig unterschätzten und marginalisierten »Erfahrungen der Selbsttranszendenz« (Joas 2004: 27), das »wu wei« des Taoismus im Sinne des »den Geschehnissen ihren Lauf lassen, ohne Widerstand zu leisten, sie nur betrachten, das ist Handeln im Nichthandeln« (Fischer 2005: 18), das »Karma als ein fundamentaler natürlicher Vorgang« des Buddhismus (Dalai Lama 2005: 130) oder die Erfahrung von »atman« und »brahman« als die individuelle und die kosmische Seele des Hinduismus (Yogananda 2005). Nachdem die Idee einer unumkehrbaren Säkularisierung und fortschreitenden Ausmerzung traditionaler religiöser Welterklärungen zunehmend in Zweifel gezogen wird, erscheint es notwendig, gerade unter dem

und Wahrnehmungen, die sich nicht mehr direkt erfahrbar messen lassen; die »Welt 3« besteht aus dem objektiv Kulturellen und Geistigen, welches z. B. in Form wissenschaftlicher Erkenntnisse oder Bücher unabhängig vom Bewusstsein Einzelner bestehen kann.

Gesichtspunkt der Internationalisierung von Vergesellschaftung die hier als »Welt 4« bezeichneten Seinsbereiche verstärkt zu berücksichtigen.

Denn ein strukturell nicht lösbares Problem besteht in Zeiten zunehmender Internationalisierung von Vergesellschaftung darin, dass sich menschliches Handeln und Streben einerseits immer aus allen vier Ebenen und Quellen der Weltexistenz speist und als prinzipiell lokal gebundenes menschliches Tun von dieser komplexen vierdimensionalen Weltexistenz beeinflusst wird. Andererseits findet aber der Austausch und Diskurs über die konkreten Wechselwirkungen und Zuschreibungen von Welterleben in der Regel nur auf *einer* dieser vier Ebenen statt. Das menschliche Tun ist einerseits immer lokal gebunden, aber in seinen Voraussetzungen, Formen und Folgewirkungen immer stärker in komplexe globale Langzeit- und Fernwirkungen eingebunden.

Die vielschichtigen Identitäten und Alltagspraktiken von Migranten können diese Prozesse internationaler Vergesellschaftung gut verdeutlichen. Ein nicht unerheblicher Teil internationaler Migranten übernimmt z. B. nicht einfach die laizistischen Weltdeutungen der Ankunftsregion, sondern reinterpretiert die eigenen sozial-kulturellen und religiösen Wurzeln und baut die neuen Erfahrungen in ein erweitertes Identitätskonzept und autobiographisches Projekt ein. Migranten vermessen ihre »identifikative mentale Landkarte« neu und (er-)finden dabei unter Umständen längst vergessene oder vergrabene Werte und Kulturelemente. Dies zeigt sich etwa bei der Re-Indigenisierung von guatemaltekischen Arbeitswanderern in den USA: Menschen und Gruppen aus ländlichen Gegenden Guatemalas, die in ihrem Herkunftsland eher eine Weltorientierung ethnisch-kultureller Anpassung verfolgt hatten, entdecken gerade in der multikulturellen Ankunftsregion z. B. solcher Städte wie New York, Los Angeles oder Chicago den Wert ihres ethnisch-kulturellen Maya-Erbes neu (Popkin 2005). Polnische Arbeitsmigranten in Deutschland passen sich in ihren religiösen Orientierungen nicht einfach dem dominanten Katholizismus an, sondern sie entwickeln ihr eigenes neues Verständnis eines im Verhältnis zu ihrem Herkunftskontext »liberalen« und im Verhältnis zum Ankunftskontext »traditionsbewussten« Katholizismus (Palenga-Möllenbeck 2005a und 2005b).

Schon in der einhundertfünfzigjährigen Geschichte der Soziologie nationaler Containergesellschaften bestand und besteht ein strukturelles Problem darin, die verschiedenen Ebenen des Welterlebens, die in der einen oder anderen Weise auf Handlungsdynamiken und auf Gesellschaftsstrukturen mit einwirken, angemessen zu berücksichtigen. Max Weber (1976) hat dies mit seinen drei Idealtypen menschlichen Handelns getan, indem er zwischen affektuellem, rationalem und traditionalem Handeln unterschied. Einige Soziologen, besonders die Anhänger der Rational-Choice-Schule, haben versucht, sich auf den Anteil der menschlichen Lebenswirklichkeit zu konzentrieren, der in etwa der »Welt 3« (also der bewussten und reflektierten Welterfahrung und dem rationalen Handeln) entspricht. Andere Soziologen wiederum haben ein sehr breites Konzept von Kultur entwickelt, um möglichst Vieles der vier verschiedenen Daseinsbereiche zu integrieren. Unter den Bedingungen der Internationalisierung von Vergesellschaftung greifen beide Strategien – die Konzentration auf den angeblich rational erklärbaren »Kern« angeblich rationaler Entscheidungen ebenso wie die angebliche Integration aller oder zumindest vieler Weltenbereiche in einem allzu umfassenden Kulturkonzept – immer offensichtlicher zu kurz.

Aus den hier nur angedeuteten Überlegungen ergeben sich spezifische Anforderungen an die Bindungskräfte in den emergierenden internationalen Netzwerktexturen. Diese Bindungen können nicht ausschließlich aus dem »Seinsbereich 2« – der Ebene der symbolischen Repräsentationen und Konstruktionen der Weltwahrnehmung durch Bewusstsein und Verstand, dem Bereich also der »Interessen« im Sinne von Albert Hirschman (1980) – erwachsen. Sie sollten möglichst nicht in erster Linie dem »Seinsbereich 1« – der Ebene der triebhaften Beweggründe und Erfahrungen – entstammen. Sie können in einem sich unter Umständen verbreitenden Verständnis von Weltbürgertum (Beck 2004) und »letzten Werten« (Joas 2004) im »Seinsbereich 3« verhaftet sein. Sie könnten aber auch in einer aufgeklärten Weise einen Teil ihrer »Adhäsionswirkungen« aus dem »Seinsbereich 4« – der Erfahrung der Einheit der Welt und den sich daraus ergebenden Imperativen menschlichen Handelns – beziehen.

In den verschiedenen Kapiteln dieses Buches wurde argumentiert, dass die Zeit endgültig vorbei ist, in der die Menschen ihr Dasein hinreichend in nationalen Containern einrichten können, sie sind immer stärker auf Gedeih und Verderb in grenzüberschreitende Netzwerke eingewoben. Diese grenzüberschreitenden Netzwerke beziehen sich nicht nur auf die ökonomische Dimension, sie sind auch sozialer, kultureller und politischer Natur. Je nach dem Grad ihrer Dauerhaftigkeit und Dichte wurden sie als Beziehungen, Felder und Sozialräume bezeichnet. Die geographisch-räumlichen Konstellationen, in denen sich diese sozial-räumlichen Beziehungen, Felder und Sozialräume aufspannen, können idealtpyisch verschiedenen Internationalisierungsebenen zugeordnet werden, die sich nach dem jeweils zugrunde liegenden absoluten Raumkonzept (Inter-Nationalisierung, Supra-Nationalisierung, Re-Nationalisierung, Globalisierung) oder relativen Raumkonzept (Glokalisierung, Diaspora-Internationalisierung, Transnationalisierung) differenzieren.

Gelebte und erlebte transnationale Sozialräume werden dabei eine besonders wichtige Rolle spielen können. Denn in ihnen verdichtet sich die Einheit sozialer Praxis, Symbolsysteme und Artefakte in raumzeitstabilen und dichten Lebensverflechtungen. So wie in den traditionellen nationalstaatlich organisierten Sozialgebilden die Lebens- und Daseinsweisen der Menschen multipler, vielseitiger und pluraler werden, so werden transnationale Sozialräume umgekehrt durch relativ intensive Gemeinsamkeiten in den Erfahrungswelten und Daseinsweisen zusammengehalten. Wenn die Weltbürgergesellschaft mehr sein soll als nur ein vager Traum oder eine politische Deklamation, so wird sie in starkem Maße aus den sich real verwebenden transnationalen Sozialräumen erwachsen. Die wissenschaftliche Erforschung der Transnationalisierung der sozialen Welt kann einen kleinen Beitrag zum besseren Verständnis dieser Bindungskräfte leisten. Sie kann Brückenkonstruktionen überlegen und Verbindungslinien anbieten. Die internationale Netzwerktextur aber wird von den Menschen selbst gemacht – auch wenn sie es nicht immer wissen oder wollen.

Abkürzungsverzeichnis

AG	Aktiengesellschaft
AIDS	Acquired Immune Deficiency Syndrome
AKP	Afrika, Karibik, Pazifik
ASEAN	Association of Southeast Asian Nations
ATTAC	Association pour une Taxation des Transactions financières pour l'Aide aux Citoyens et Citoyennes
AU	Afrikanische Union
BIAC	Business and Industry Advisory Committee, OECD
BMW	Bayerische Motorenwerke AG
CEDAW	Convention on the Elimination of all Forms of Discrimination Against Women
CIME	Committee on International Investment and Multinational Enterprises
CNN	Cable News Network
COLSIBA	Latin-American Coordination of Banana Workers Unions
CSR	Corporate Social Responsibility
CSUCA	Consejo Superior Universitario de Centroamérica
DGS	Deutsche Gesellschaft für Soziologie
DPI	Department of Public Information, UNO
EBR	Europäischer Betriebsrat
EBRG	Europäisches Betriebsräte-Gesetz
EC	European Community
ECOSOC	Economic and Social Council, UNO
EGKS	Europäische Gemeinschaft für Kohle und Stahl
EIRO	European Industrial Relations Observatory
ESA	European Sociological Association
EU	Europäische Union/European Union
EUROBAN	European Banana Action Network
FAO	Food and Agriculture Organization, UNO
FDB	Forenede Danske Brugsforeninger
FIFA	Fédération Internationale de Football Association
G8	Gruppe der Acht
GBR	Gesamtbetriebsrat
GCIM	Global Commission on International Migration
GDP	Gross Domestic Product
GM	General Motors
GTZ	Deutsche Gesellschaft für Technische Zusammenarbeit GmbH
GUF	Global Union Federation
HIV	Human Immunodeficiency Virus
IAO	Internationale Arbeitsorganisation
IBM	International Business Machines
ICANN	Internet Corporation for Assigned Names and Numbers
ICFTU	International Confederation of Free Trade Unions

IFA	International Framework Agreement
IG	Industriegewerkschaft
ILO	International Labour Organization/Office
IMF	International Metalworkers' Federation
IMF	International Monetary Fund
IMSS	Instituto Mexicano del Seguro Social
INGO	International Non-Governmental Organisation
ISA	International Sociological Association
ITT	International Telephone and Telegraph
IUF	International Union of Food, Agricultural, Hotel, Restaurant, Catering, Tobacco and Allied Workers' Associations
KPdSU	Kommunistische Partei der Sowjetunion
MAI	Multilateral Agreement on Investment
MNC	Multinational Corporation
MNE	Multinational Enterprise
MSF	Médecins Sans Frontières
NAALC	North American Agreement on Labor Cooperation
NAFTA	North American Free Trade Agreement
NATO	North Atlantic Treaty Organization
NCP	National Contact Point
NGO	Non-Governmental Organisation
NPO	Non-Profit-Organisation
OECD	Organization for Economic Cooperation and Development
ÖGS	Österreichische Gesellschaft für Soziologie
OIT	Oficina Internacional del Trabajo
PSUM	Partido Socialista Unificado de México
RAE	Real Academica Española
SGS	Schweizerische Gesellschaft für Soziologie
SIA	School of International Affairs, Columbia University
SIPA	School of International and Public Affairs, Columbia University
SKF	Svenska Kullagerfabriken
TNA	Transnational Actor
TUAC	Trade Union Advisory Committee, OECD
UdSSR	Union der Sozialistischen Sowjetrepubliken
UGT	Unión General de Trabajadores, España
UN	United Nations
UNCTAD	United Nations Conference on Trade and Development
UNESCO	United Nations Educational, Scientific and Cultural Organization
UNO	United Nations Oganization
US/LEAP	U.S./Labor Education in the Americas Project
VW	Volkswagen AG
WASP	White Anglo-Saxon Protestant
WB	Weltbank
WTO	World Trade Organization
ZiF	Zentrum für interdisziplinäre Forschung, Universität Bielefeld

Literaturverzeichnis

Adick, Christel, 2003: Globale Trends weltweiter Schulentwicklung: Empirische Befunde und theoretische Erklärungen. In: Zeitschrift für Erziehungswissenschaft, Jg. 6, Nr. 3, S. 173-187.

Adick, Christel, 2005: Transnationalisierung als Herausforderung für die International und Interkulturell Vergleichende Erziehungswissenschaft. In: Tertium Corporationis. Journal für International und Interkulturell Vergleichende Erziehungswissenschaft, Vol. 11, Nr. 2, S. 243-269.

Al-Ali, Nadje/Koser, Khalid (Hg.), 2002: New Approaches to Migration? Transnational communities and the transformation of home. London/New York: Routledge.

Albert, Mathias/Brock, Lothar/Hessler, Stephan/Menzel, Ulrich/Neyer, Jürgen, 1999: Die neue Weltwirtschaft: Entstofflichung und Entgrenzung der Ökonomie. Frankfurt/M.: Suhrkamp.

Albert, Mathias/Lehmkuhl, Dirk (Hg.), 2002: Transnationales Recht. Sonderheft der Zeitschrift für Rechtssoziologie Vol. 23, Nr. 2, S. 157-314.

Albrow, Martin/Eade, John/Dürrschmidt, Jörg/Washbourne, Neil, 1997: The impact of globalization on sociological concepts: community, culture and milieu. In: Eade, John (Hg.), Living the Global City. London/New York: Routledge, S. 20-36.

Alt, Jörg, 2003: Leben in der Schattenwelt. Karlsruhe: von Loeper.

Altvater, Elmar/Mahnkopf, Birgit, 1999: Grenzen der Globalisierung. Ökonomie, Ökologie und Politik in der Weltgesellschaft. Münster: Verlag Westfälisches Dampfboot.

Anderson, Benedict, 1983: Imagined Communities: Reflections on the Origin and Spread of Nationalism. New York, NY: Verso.

Anderson, Lisa, 2006: 60 Years of the School of Intenational and Public Affairs. In: SIPA News, June 2006, S. 3-19.

Aneesh, Aneesh, 2006: Virtual Migration. The Programming of Globalization. Durham/London: Duke University Press.

Apel, Günter, 1969: Mitbestimmung. Grundlagen, Wege, Ziele. München: Nymphenburger Verlagshandlung.

Apeldoorn, Bastiaan van, 2002: Transnational Capitalism and the Struggle over European Integration, London: Routledge.

Archibugi, Daniele, 2004: The Language of Democracy: Vernacular or Esperanto? A Comparison between the Multiculturalist and the Cosmopolitan Perspectives. Cambridge, Massachusetts: Harvard University, 20 October 2004.

Arens, Hiltrud, 2005: »Writing Outside the Nation« – Schnittstellen zwischen Interkulturellen Gärten und transnationaler deutschsprachiger Literatur von EinwanderInnen. Skripte zu Migration und Nachhaltigkeit, Nr. 3. München: Stiftung Interkultur.

Bada, Xóchtil, 2004: Clubes de Michoacanos oriundos: Desarrollo y membresía. In: migración y desarrollo, Vol. 1, Nr. 2, S. 82-103.
Bade, Klaus J., 2000: Europa in Bewegung. Migration vom späten 18. Jahrhundert bis zur Gegenwart. München: C. H. Beck.
Bandelow, Nils C./Schumann, Diana/Widmaier, Ulrich, 2000: European Governance by the Emergence of a new Type of Package Deals. In: Bandelow, Nils C./Widmaier, Ulrich, (Hg.), Symposium on Changing Patterns of European Governance, German Policy Studies/Politikfeldanalyse, Vol. 1, Nr. 1.
Bartlett, Christopher/Ghoshal, Sumantra, 1989: Managing across borders: The Transnational Solution, London: Hutchinson Business Books.
Basch, Linda/Glick Schiller, Nina/Szanton Blanc, Cristina, 1997: Nations Unbound. Transnational Projects, Postcolonial Predicaments, and Deterritorialized Nation-States. Amsterdam: Gordon and Breach (4. Auflage, Erstauflage 1994).
Bauböck, Rainer, 2003: Towards a Political Theory of Migrant Transnationalism. In: International Migration Review, Vol. 37, Nr. 3, S. 700-723.
Bean, Frank D./Edmonston Barry/Passel Jeffrey S. (Hg.), 1990: Undocumented Migration to the United States: IRCA and the Experience of the 80. Lanham, MD: University Press of America.
Beck, Ulrich, 1986: Risikogesellschaft. Auf dem Weg in eine andere Moderne. Frankfurt/M.: Suhrkamp.
Beck, Ulrich (Hg.), 1998: Perspektiven der Weltgesellschaft. Frankfurt/M.: Suhrkamp.
Beck, Ulrich, 1999: Schöne neue Arbeitswelt. Frankfurt/New York: Campus.
Beck, Ulrich, 2004: Der kosmopolitische Blick oder: Krieg ist Frieden. Frankfurt/M.: Suhrkamp.
Beisheim, Marianne/Zürn, Michael, 1999: Transnationale Nicht-Regierungsorganisationen. In: Klein, Ansgar/Legrand, Hans-Josef/Leif, Thomas (Hg.), Neue soziale Bewegungen. Impulse, Bilanzen, Perspektiven. Opladen: Westdeutscher Verlag, S. 306-319.
Bell, Daniel, 1987: The World and the United States in 2013. In: Daedalus. Journal of the American Academy of Arts and Sciences, Vol. 16, Nr. 3, S. 1-31.
Bercusson, Brian, 2003: The role of the EU Charter of Fundamental Rights in building a system of industrial relations at EU level. In: Transfer, Vol. 9, Nr. 2, S. 209-228.
Berger, Peter L./Luckmann, Thomas, 1980: Die gesellschaftliche Konstruk-

tion der Wirklichkeit. Eine Theorie der Wissenssoziologie. Frankfurt/M.: Fischer.

Berschin, Helmut/Felixberger, Josef/Goebl, Hans, 1978: Französische Sprachgeschichte. Lateinische Basis, interne und externe Geschichte. Sprachliche Gliederung Frankreichs. München: Max Hueber Verlag.

Besserer, Federico, 2002: Contesting Community. Cultural Struggles of a Mixtec Transnational Community. (PhD-Thesis Stanford University)

Besserer, Federico, 2004: Topografías transnacionales: hacia una geografía de la vida transnacional. México: Plaza y Valdés.

Binational Study/Estudio Binacional, 1998: Migration Between Mexico & The United States/México-Estados Unidos sobre Migracion. Mexico City/Washington: Mexican Ministry of Foreign Affairs/U.S. Commission on Immigration Reform.

Blackbourn, David/Eley, Geoff, 1980: Mythen deutscher Geschichtsschreibung. Die gescheiterte bürgerliche Revolution von 1848, Frankfurt/Berlin/Wien: Ullstein.

Bloch, Ernst, 1977: Das Prinzip Hoffnung. 3 Bände. Frankfurt/M.: Suhrkamp (Band 5 der Werkausgabe).

Block, Richard N./Roberts, Karen/Ozeki, Cynthia/Roomkin, Myron J. 2001: Models of International Labor Standards. In: Industrial Relations, Jg. 40, Nr. 2, S. 258-292.

Blotevogel, Hans Heinrich, 1995: Stichwort Raum. In: Akademie für Raumforschung und Landesplanung (Hg.), Handwörterbuch der Raumordnung. Hannover: ARL, S. 733-740.

Bose, Sugata, 2002: Space and Time on the Indian Ocean Rim: Theory and History. In: Fawaz, Leila Tarazi/Bayly, C. A. (Hg.), Modernity and Culture. From the Mediterranean to the Indian Ocean. New York: Columbia University Press.

Bourdieu, Pierre, 1982: Die feinen Unterschiede. Kritik der gesellschaftlichen Urteilskraft. Frankfurt/M.: Suhrkamp.

Bourdieu, Pierre, 1985: Sozialer Raum und »Klassen«. Leçon sur la leçon. Zwei Vorlesungen. Frankfurt/M.: Suhrkamp.

Bourne, Randolph S., 1916: Trans-National America, In: Atlantic Monthly, Vol. 118, July-Dec. 1916, S. 86-97.

Brand, Ulrich (Hg.), 2001: Nichtregierungsorganisationen in der Transformation des Staates. Münster: Westfälisches Dampfboot.

Brand, Ulrich/Brunnengräber, Achim/Schrader, Lutz/Stock, Christian/Wahl, Peter, 2000: Global Governance: Alternative zur neoliberalen Globalisierung? Münster: Westfälisches Dampfboot.

Braudel, Fernand, 1986: Sozialgeschichte des 15. bis 18. Jahrhunderts. Aufbruch zur Weltwirtschaft. München: Kindler (französ. Original 1979).

Brenner, Neil, 1999: Beyond state-centrism? Space, territoriality, and geo-

graphical scale in globalization studies. In: Theory and Society, Vol. 28, Nr. 1, S. 39-78.
Briefs, Götz, 1931: Betriebssoziologie. In: Vierkandt, Alfred (Hg), Handwörterbuch der Soziologie. Stuttgart/Tübingen/Göttingen: G. Fischer/J. C. B. Mohr/Vandenhoeck & Ruprecht, S. 31-52.
Brinton, Mary C./Nee, Victor (Hg.), 2001: The new institutionalism in sociology. Stanford: Stanford University Press.
Brubaker, Rogers, 1994: Citizenship and Nationhood in France and Germany. Cambridge/London: Harvard University Press (2. Auflage, Erstausgabe 1992).
Brubaker, Rogers, 2004: Ethnicity without Groups. Cambridge/London: Harvard University Press.
Brunkhorst, Hauke/Costa, Sérgio (Hg.), 2005: Jenseits von Zentrum und Peripherie. Zur Verfassung der fragmentierten Weltgesellschaft. München/Mering: Rainer Hampp.
Brunkhorst, Hauke/Grözinger, Gerd/Matiaske, Wenzel (Hg.), 2004: Peripherie und Zentrum in der Weltgesellschaft. München/Mering: Rainer Hampp.
Brysk, Alison (Hg.), 2002a: Globalization and Human Rights. Berkeley/Los Angeles: University of California Press.
Brysk, Alison, 2002b: Introduction: Transnational Threats and Opportunities. In: dies. (Hg.), Globalization and Human Rights. Berkeley/Los Angeles: University of California Press.
Bülow, Friedrich, 1969: Stichwort »Gesellschaft«. In: Bernsdorf, Wilhelm (Hg.), Wörterbuch der Soziologie. Stuttgart: Enke, S. 355-358.
Burgess, Pete, 2003: Mindeststandards für Arbeitseinkommen – ein europäischer Überblick zu Allgemeinverbindlichkeit und gesetzlichem Mindestlohn. In: WSI-Mitteilungen, Jg. 56, Heft 7, S. 436-444.

Çağlar, Ayşe S., 2001: Constraining metaphors and the transnationalisation of spaces in Berlin. In: Journal of Ethnic and Migration Studies, Jg. 27, Nr. 4, S. 601-613.
Carling, Jørgen, 2003: Cartographies of Cape Verdean transnationalism. In: Global Networks, Vol. 3, Nr. 4., S. 335-341.
Carroll, William K./Fennema, Meinderit, 2002: Is there a transnational business community? In: International Sociology, Vol. 17, Nr. 3, S. 393-419.
Casanova, José, 1994: Public Religions in the Modern World. Chicago: University of Chicago Press.
Castells, Manuel, 1996: The Rise of the Network Society. Volume I: The Information Age. Cambridge: Blackwell.
Castells, Manuel, 1998: The Information Age: economy, society and culture.

Volume III: End of millennium. Oxford and Malden, MA: Blackwell Publishers.

Chen, Yin-Zu, 2005: Transnationale Bewegungsnetzwerke und lokale Mobilisierungen in Lateinamerika und der Karibik: Organisationen – Strategien – Einflüsse. Das Beispiel des Frauenbewegungsnetzwerkes RSMLAC und seine Bedeutung für die peruanische Frauengesundheitspolitik 1985-2000. (Dissertation, Ruhr-Universität Bochum)

Ching, Leo, 1996: »Imaginings in the empires of the sun: Japanese mass culture in Asia«. In: Whittier Treat, John (Hg.), Contemporary Japan and popular culture. Richmond: Curzon Press, S. 169-194.

Cohen, Jeffrey H., 2001: Transnational Migration in Rural Oaxaca, Mexico: Dependency, Development, and the Household. In: American Anthropologist, Vol. 103/Nr. 4, S. 954-967.

Cohen, Robin, 1997: Global Diasporas. An introduction. Seattle: University of Washington Press.

Cohen, Robin/Kennedy, Paul, 2000: Global Sociology. New York: New York University Press.

Committee on Monitoring International Labor Standards, 2004: Monitoring International Labor Standards. Techniques and Sources of Information. Washington: The National Academies Press.

Compa, Lance, 2004: Unfair Advantage: Workers' Freedom of Association in the United States Under International Human Rights Standards (Human Rights Watch Books). Ithaca: Cornell University/ILR Press.

Compa, Lance/Hinchliffe-Darricarere, Tashia, 1995: Enforcing International Labor Rights through Corporate Codes of Conduct. In: Columbia Journal of Transnational Law, Vol. 33, Nr. 3, S. 663-689.

Conway, Dennis/Cohen, Jeffrey, 2003: Local Dynamics in Multi-local, Transnational Spaces of Rural Mexico: Oaxacan Experiences. In: International Journal of Population Geography, Vol. 9, Nr. 2, S. 141-161.

CSR-Europe, 2005: A European Roadmap For Businesses. Towards a Sustainable and Competitive Enterprise. Brüssel: CSR-Europe.

Cyrus, Norbert, 1997: Den Einwanderungskontrollen entgangen. Bestandsaufnahme und Anmerkungen zur unkontrollierten Zuwanderung in die Bundesrepublik Deutschland am Beispiel polnischer Staatsangehöriger. In: Lepp, Claudia/Danckwortt, Barbara (Hg.), Von Grenzen und Ausgrenzung: interdisziplinäre Beiträge zu den Themen Migration, Minderheiten und Fremdenfeindlichkeit. Marburg: Schüren, S. 35-56.

Cyrus, Norbert, 2001: Wie vor Hundert Jahren? Zirkuläre Arbeitsmigration aus Polen in der Bundesrepublik Deutschland. In: Pallaske, Christoph (Hg.), Die Migration von Polen nach Deutschland. Zu Geschichte und Gegenwart eines europäischen Migrationssystems. Baden-Baden: Nomos, S. 185-203.

Czada, Roland/Schimank, Uwe, 2000: Institutionendynamik und politische Institutionengestaltung. In: Werle, R./Schimank, U. (Hg.), Gesellschaftliche Komplexität und kollektive Handlungsfähigkeit. Frankfurt/M., S. 23-43.

Dahrendorf, Ralf, 1965: Homo Sociologicus: ein Versuch zur Geschichte, Bedeutung und Kritik der Kategorie der sozialen Rolle. Köln/Opladen: Westdeutscher Verlag.

Dalai Lama, 2005: Die Welt in einem einzigen Atom. Meine Reise durch Wissenschaft und Buddhismus. Berlin: Theseus Verlag.

Dannecker, Petra, 2005: Transnational Migration and the Transformation of Gender Relations: The Case of Bangladeshi Labour Migrants. In: Current Sociology, Vol. 53, Nr. 4, Monograph 2, S. 655-674.

Delanty, Gerard/Rumford, Chris, 2005: Rethinking Europe. Social Theory and the implications of Europeanization. London/New York: Routledge.

Derudder, Ben/Taylor, Peter, 2005: The cliquishness of world cities. In: Global Networks, Vol. 5, Nr. 1, S. 71-91.

Deutscher Bundestag (Hg.), 2002: Schlussbericht der Enquetekommission Globalisierung der Weltwirtschaft. Opladen: Leske + Budrich.

DiMaggio, Paul J./Powell, Walter. W., 1983: The Iron Cage Revisited: Institutional Isomorphism and Collective Rationality in Organizational Fields, in: American Sociological Review, Jg. 48, S. 147-160.

Dittgen, Herbert, 1998: Volk Nation or Nation of Immigrants? The Current Debate about Immigration in the United States and Germany in Comparative Perspective. In: Kurthen, Hermann/Fijalkowski, Jürgen/Wagner, Gert G. (Hg.), Immigration, Citizenship, and the Welfare State in Germany and the United States (Part B). Stanford/London: JAI Press, S. 107-139.

Dörre, Klaus, 2001: Kampf um Beteiligung. Arbeit, Partizipation und industrielle Beziehungen im flexiblen Kapitalismus. Wiesbaden: Westdeutscher Verlag.

Dombois, Rainer, 1997: Organisationsdilemmata der illegalen Ökonomie: Soziologische Annäherungen am Beispiel des Kokain-Geschäfts. In: Leviathan, Vol. 25, Nr. 1, S. 132-149.

Dombois, Rainer, 2004: Nur eine Frage des Sanktionspotentials? Probleme internationaler Arbeitsregulierung am Beispiel des North American Agreement on Labor Cooperation zwischen Kanada, Mexiko und den USA. In: Bass, Hans H./Melchers, Steffen (Hg.), Neue Instrumente zur sozialen und ökologischen Gestaltung der Globalisierung. Codes of Conduct, Sozialklauseln, nachhaltige Investmentfonds. Münster: LIT Verlag, S. 282-305.

Dombois, Rainer/Pries, Ludger, 1999: Neue Arbeitsregimes im Transforma-

tionsprozess Lateinamerikas. Arbeitsbeziehungen zwischen Markt und Staat. Münster: Westfälisches Dampfboot.
Dominik, Katja/Jünemann, Marc/Motte, Jan/Reinecke, Astrid (Hg.), 1999: Angeworben, eingewandert, abgeschoben. Ein anderer Blick auf die Einwanderungsgesellschaft Bundesrepublik Deutschland. Münster: Westfälisches Dampfboot.
Doz, Yves/Santos, José/Williamson, Peter, 2001: From Global to Metanational. How Companies win in the Knowledge Economy. Boston: Harvard Business School Press.
Dudenredaktion, 1963: Duden (Band 7: Etymologie). Herkunftswörterbuch der deutschen Sprache. Mannheim/Wien/Zürich: Bibliographisches Institut.
Dünne, Jörg/Günzel, Stephan (Hg.), 2006: Raumtheorie. Grundlagentexte aus Philosophie und Kulturwissenschaften. Frankfurt/M.: Suhrkamp.
Dunning, John H., 1979: Explaining changing patterns of international production: in defence of the eclectic theory. In: Oxford Bulletin of Economics and Statistics, Vol. 41, Nr. 4, S. 269-295.
Dunning, John H., 1995: The global economy and regimes of national and supranational governance. In: Business and the Contemporary World, Jg. 7, Nr. 1, S. 124-136.
Durkheim, Emile, 1897: Le suicide. Etude de sociologie. Paris: Alcan.
Durkheim, Emile, 1930: De la division du travail social. Paris: Presses Universitaires de France (Erstausgabe 1897).
Durkheim, Emile, 1999: Die Regeln der soziologischen Methode. Frankfurt/M.: Suhrkamp.
Dux, Günter, 1982: Die Logik der Weltbilder. Sinnstrukturen im Wandel der Geschichte. Frankfurt/M.: Suhrkamp.

EBR-News, 2004: Kommt die Revision der Richtlinie im Jahr 2004? In: EBR-News, ⟨http://www.soliserv.de/ebr-news_06-01-04.htm⟩, Jg. 1, Heft 1.
EBR-News, 2005: Mitbestimmungsrechte für den EBR. General Motors als Präzedenzfall? In: EBR-Newsletter, ⟨http://www.ebr-news.de/012005.htm⟩, Jg. 2, Heft 1.
Einstein, Albert, 1960: Vorwort. In: Jammer, Max, Das Problem des Raumes. Die Entwicklung der Raumtheorien. Darmstadt, S. XI-XV.
eiro-online, 2003: Arbeitsbeziehungen in der Automobilindustrie. In: eiro-online, ⟨http://www.eiro.eurofound.ie/print/2003/12/study/tn0312102s.html⟩.
Eising, Rainer/Kohler-Koch, Beate (Hg.), 2005: Interessenpolitik in Europa. Regieren in Europa. Band 7. Baden-Baden: Nomos.
Elias, Norbert, 1986: Was ist Soziologie? Weinheim/München: Juventa Verlag (5. Aufl.).

Eller-Braatz, Elke/Klebe, Thomas, 1998: Benchmarking in der Automobilindustrie – Folgen für Betriebs- und Tarifpolitik am Beispiel General Motors Europe. In: WSI-Mitteilungen, Jg. 51, Heft 7., S. 442-450.
Elsässer, Jürgen, 2003: Macht und Last. Der deutsche Sonderweg vor 1933 und nach 1989. München: Diederichs.
EMF (European Metalworkers' Federation), 2006: EMF Handbook. How To Deal With Transnational Company Restructuring. Bussels: EMF.
Escala Rabadán, Luis, 2005: Migración internacional y organización de migrantes en regiones emergentes: el caso de Hidalgo. In: migración y desarrollo, Vol. 2, Nr. 4, S. 66-88.
Esping-Andersen, Gøsta, 2000: Two societies, one sociology, and no theory. In: British Journal of Sociology, 51, Nr. 1, S. 59-77.
Esser, Hartmut, 2000: Soziologie. Spezielle Grundlagen. Band 5: Institutionen. Frankfurt/New York.
European Commission, 2005: Standard Eurobarometer. EUROBAROMETER 63 – PUBLIC OPINION IN THE EUROPEAN UNION. (Standard Eurobarometer 63/Spring 2005–TNS Opinion & Social European Commission, Fieldwork: May-June 2005, ⟨http://europa.eu.int/comm/public_opinion/archives/eb/eb63/eb63_en.pdf⟩.)

Faist, Thomas, 1995: Social Citizenship for Whom? Young Turks in Germany and Mexican Americans in the United States. Aldershot: Avebury.
Faist, Thomas, 1997: Migration und der Transfer sozialen Kapitals oder: Warum gibt es relativ wenige internationale Migranten?. In: Pries, Ludger (Hg.), Transnationale Migration, Soziale Welt, Sonderband 12, Baden-Baden: Nomos, S. 63-83.
Faist, Thomas, 1999: Developing Transnational Social Spaces: The Turkish-German Example. In: Pries, Ludger (Hg.), Migration and Transnational Social Spaces. Aldershot: Ashgate, S. 36-72.
Faist, Thomas (Hg.), 2000a: Transstaatliche Räume. Politik, Wirtschaft und Kultur in und zwischen Deutschland und der Türkei. Bielefeld: transcript.
Faist, Thomas, 2000b: The Volume and Dynamics of International Migration and Transnational Social Spaces. Oxford: Oxford University Press.
Faist, Thomas, 2000c: Transnationalization in international migration: implications for the study of citizenship and culture. In: Ethnic & Racial Studies, Vol. 23/2, S. 189-222.
Favell, Adrian 2001: Migration, mobility and globaloney: metaphors and rhetoric in the sociology of globalization. In: Global Networks, Vol. 1, Nr. 4, S. 389-398.
Fawcett, James T., 1989: Networks, Linkages, and Migration Systems. In: International Migration Review, Vol. XXIII, S. 671-680.

Fay, Marianne/Morrison, Mary, 2005: Infrastructure in Latin America & the Caribbean: Recent Developments and Key Challenges. Washington/ D. C.: World Bank.
Fennema, Meindert, 1982: International Networks of Banks and Industry. Den Haag: Martinus Nijhoff.
Fernández, Damián, 2005: Cuba transnational. Gainesville: University Press of Florida.
Fisch, Jörg, 2002: Europa zwischen Wachstum und Gleichheit 1850-1914. (Handbuch der Geschichte Europas, Bd. 8). Stuttgart: UTB.
Fischer, Theo, 2005: Wu wei. Die Lebenskunst des Tao. Reinbek: Rowohlt (2. Auflage).
Freitag, Kornelia, 2003: »Faun and Nymph« – Nathaniel Hawthorne und die Fremde/n. In: Lezzi, Eva/Ehlers, Monika/Schramm, Sandra (Hg.), Fremdes Begehren. Transkulturelle Beziehungen in Literatur, Kunst und Medien. Köln: Böhlau Verlag, S. 45-56.
Freud, Sigmund, 2000: Das Ich und das Es. Metapsychologische Schriften. Frankfurt/M.: Fischer.
Frieben-Blum, Ellen/Jacobs, Klaudia/Wießmeier, Brigitte (Hg.), 2000: Wer ist fremd? Ethnische Herkunft, Familie und Gesellschaft. Opladen: Leske & Budrich.
Friedland, Roger/Boden, Deirdre, 1994: NowHere: An Introduction to Space, Time and Modernity. In: dies. (Hg.), NowHere. Space, Time and Modernity. Berkeley/Los Angeles/London: University of California Press, S. 1-60.
Fürstenberg, Friedrich, 1975: Industrielle Arbeitsbeziehungen. Wien.
Fürstenberg, Friedrich, 1995: Soziale Handlungsfelder: Strukturen und Orientierungen. Opladen.

Gabbert, Karin/Gabbert, Wolfgang/Hoffmann, Gert et al. (Hg.), 1999: Migrationen. Lateinamerika – Analysen und Berichte 23. Bad Honnef: Horlemann.
GCIM (Global Commission on International Migration, 2005: Migration in einer interdependenten Welt: Neue Handlungsprinzipien. Bericht der Weltkommission für Internationale Migration. Berlin: Deutsche Gesellschaft für die Vereinten Nationen.
Gerhards, Jürgen/Rössel, Jörg, 1999: Zur Transnationalisierung der Gesellschaft der Bundesrepublik. Entwicklungen, Ursachen und mögliche Folgen für die europäische Integration. In: Zeitschrift für Soziologie, Jg. 28, Nr. 5, S. 325-344.
Giddens, Anthony, 1981: A Contemporary Critique of Historical Materialism. Volume 1: Power, property and the state. London: The Macmillan Press Ltd.

Giddens, Anthony, 1984: The Constitution of Society. Outline of the Theory of Structuration. Cambridge: Polity Press.
Giddens, Anthony, 1985: Time, Space and Regionalisation. In: Gregory, Derek/Urry, John (Hg.), Social Relastions and Spatial Structures. Basingstoke/London: Macmillan, S. 265-295.
Giddens, Anthony, 1990: The Consequences of Modernity. Cambridge: Polity Press.
Gilman, Mark/Marginson, Paul, 2002: Negotiating European Works councils: contours of constrained choice. In: Industrial Relations Journal, Vol. 33, S. 36-51.
Giulianotti, Richard/Robertson, Roland, 2006: Glocalization, Globalization and Migration: The Case of Scottish Football Supporters in North America. In: International Sociology, Vol. 21, Nr. 2 (March 2006), S. 171-198.
Glick Schiller, Nina, 2003: The Centrality of Ethnography in the Study of Transnational Migration. In: Foner, Nancy (Hg.), American Arrivals. Anthropology Engages the New Immigrants. Santa Fe: School of American Research, S. 99-128.
Glick Schiller, Nina, 2004a: Long Distance Nationalism. In: Ember, Carol R./Ember, Melvin/Skoggard, Ian A. (Hg.), Encyclopedia of Diasporas: Immigrant and Refugee Cultures around the World. New York: Kluwer Academic/Plenum, S. 570-580.
Glick Schiller, Nina, 2004b: Transnationality. In: Nugent, David/Vincent, Joan (Hg.), A Companion to the Anthropology of Politics. Malden/MA: Blackwell, S. 448-467.
Glick Schiller, Nina, 2005: Transborder Citizenship: An Outcome of Legal Pluralism within Transnational Social Fields. In: Benda-Beckmann, Franz von/Benda-Beckmann, Keebet von/Griffiths, Anne (Hg.), Mobile people, mobile law: expanding legal relations in a contracting world. Aldershot: Ashgate, S. 27-49.
Glick Schiller, Nina/Basch, Linda/Blanc-Szanton, Cristina (Hg.), 1992: Towards a transnational perspective on migration: Race, class, ethnicity, and nationalism reconsidered. New York: New York Academy of Sciences.
Goldring, Luin, 1996: Blurring the Border: Transnational Community and Social Transformation in Mexico-U.S. Migration. In: Chekki, Dan A. (Hg.), Research in Community Sociology, Vol. VI. Stamford/London: JAI Press, S. 69-104.
Goldring, Luin, 1997: Power and Status in Transnational Social Spaces. In: Pries, Ludger (Hg.), Transnationale Migration. Sonderband 12 der Zeitschrift SOZIALE WELT. Baden-Baden: Nomos, S. 179-196.
Goldring, Luin, 2000: Dissagregating Transnational Social Spaces: Gender, Place and Citizenship in Mexico-U.S. Transnational Spaces. In: Pries,

Ludger (Hg.), New Transnational Social Spaces. International Migration and Transnational Companies. London: Routledge.
Gordon, Jennifer, 2005: Suburban Sweatshops. The Fight for Immigrant Rights. Cambridge, Massachusetts: Belknap.
Gordon, Michael E./Turner, Lowell (2000): Transnational cooperation among labor unions. Ithaca: ILR Press.
Gosztonyi, Alexander, 1976: Der Raum: Geschichte seiner Probleme in Philosophie und Wissenschaft. Freiburg/München: Alber (2 Bände).
Grande, Edgar, 2000: Multi-Level Governance: Institutionelle Besonderheiten und Funktionsbedingungen des europäischen Mehrebenensystems. In: Grande, Edgar/Jachtenfuchs, Markus (Hg.), Wie problemlösungsfähig ist die EU? Regieren im europäischen Mehrebenensystem. Baden-Baden: Nomos, S. 11-30.
Grande, Edgar/König, Markus/Pfister, Patrick/Sterzel, Paul, 2006: Politische Transnationalisierung: Die Zukunft des Nationalstaats – Transnationale Politikregime im Vergleich. In: Schirm, Stefan A. (Hg.), Globalisierung. Forschungsstand und Perspektiven. Baden-Baden: Nomos, S. 119-145.
Grasmuck, Sherri/Pessar, Patricia B., 1991: Between two Islands: Dominican International Migration. Berkeley: University of California Press.
Greenhalgh, Leonard/Lewicki, Roy J., 2003: New Directions in Teaching Negotiations. From Walton and McKersie to the New Millennium. In: Kochan, Thomas A./Lipsky, David B. (Hg.), Negotiations and Change. From the Workplace to Society. New York: Cornell University Press, S. 20-36.
Grefe, Christiane/Greffrath, Mathias/Schumann, Harald, 2003: Attac. Was wollen die Globalisierungskritiker? Berlin: Rowohlt (2. Auflage).
Gregory, Derek/Urry, John, 1985: »Introduction«. In: dies. (Hg.), Social relations and spatial structures. Basingstoke and London: Macmillan, S. 1-8.
Greve, Jens/Heintz, Bettina, 2005: Die »Entdeckung« der Weltgesellschaft. Entstehung und Grenzen der Weltgesellschaftstheorie, in: Heintz, Bettina/Münch, Richard/Tyrell, Hartmann (Hg.), Weltgesellschaft. Theoretische Zugänge und empirische Problemlagen. Zeitschrift für Soziologie, Sonderheft »Weltgesellschaft«, Stuttgart: Lucius & Lucius, S. 89-119.
Guarnizo, Luis Eduardo, 2000: Notes on Transnationalism. Paper presented at Workshop on Transnational Migration: Comparative Conceptual and Research Perspectives, Transnational Communities Programme and the Social Science Research Council. Oxford University. July 2000.
Guarnizo, Luis Eduardo/Portes, Alejandro/Haller, William, 2003: Assimilation and Transnationalism: Determinants of Transnational Political Action among Contemporary Migrants. In: American Journal of Sociology, Jg. 108, Nr. 6, S. 1211-1248.

Guarnizo, Luis Eduardo/Smith, Michael Peter, 1999: The Locations of Transnationalism. In: Smith, Michael Peter/Guarnizo, Luis Eduardo (Hg.), Transnationalism from below. Comparative Urban & Community Research, Vol. 6., New Brunswick/London: Transaction Publishers (2. printing).

Habermas, Jürgen, 1963: Strukturwandel der Öffentlichkeit. Frankfurt/M.: Suhrkamp.

Hägerstrand, Torsten, 1975: Space, Time and Human Conditions. In: Karlqvist, Anders/Lundqvist, Lars/Snickars, Folke (Hg.), Dynamic allocation of urban space. Hants: Saxon House, S. 3-14.

Hall, Peter Dobkin, 2004: Historical Sources of the New Globalism. Cambridge/Massachusetts: Harvard University (Manuskript, Hauser Center for Nonprofit Organizations).

Haller, Dieter, 1994: Feld, Lokalität, Ort, Territorium: Implikationen der kulturanthropologischen Raumterminologie. Berlin: Wissenschaftszentrum (paper FS II 94-101).

Hamm, Brigitte, 2002: Der Global Compact – eine Bestandsaufnahme. In dies. (Hg.), Public-Private Partnership und der Global Compact. INEF Report, Heft 62. Duisburg: INEF, S. 17-39.

Han, Petrus, 2005: Soziologie der Migration. Stuttgart: Lucius & Lucius (2. überarbeitete und erweiterte Auflage).

Hancké, Bob, 2000: European Works Councils and Industral Restructuring in the European Motor Industry. In: European Journal of Industrial Relations, Jg. 6, Heft 1, S. 35-59.

Hannerz, Ulf, 1996: Transnational Connections: Culture, People, Places. London [u. a.]: Routledge.

Hannerz, Ulf, 1998: Transnational Research. In: Bernard, H.Russel (Hg.), Handbook of Methods in Cultural Anthropology. Walnut Creek/CA: Altamira Press, S. 235-256.

Hartmann, Jürgen, 2001: Internationale Beziehungen. Opladen: Leske + Budrich.

Harvey, David, 1989: The Condition of Postmodernity. Oxford: Basil Blackwell.

Hasenclever, Andreas/Mayer, Peter/Rittberger, Volker (Hg.), 1997: Theories of International Regimes. Cambridge [u. a.]: Cambridge University Press.

Hauser-Ditz, Axel/Hertwig, Markus/Pries, Ludger, 2006: Betriebsräte und »Andere Vertretungsorgane«. Verbreitung und Kontext betrieblicher Beschäftigtenvertretungen in der deutschen Privatwirtschaft. In: Industrielle Beziehungen, Jg. 13, Heft 4, S. 340-369.

Heidenreich, Martin (Hg.), 2006: Die Europäisierung sozialer Ungleichheit. Frankfurt/New York: Campus.

Heins, Volker, 2001: Der Neue Transnationalismus. Nichtregierungsorgani-

sationen und Firmen im Konflikt um die Rohstoffe der Biotechnologie. Frankfurt/New York: Campus.
Helbig, Michael, 1999: Die Richtlinie über Europäische Betriebsräte in der Anwendung: Das Beispiel Volkswagen. In: Zeitschrift für Rechtssoziologie, Vol. 20, S. 244-261.
Held, David/McGrew, Anthony/Goldblatt, David/Perraton, Jonathan, 1999: Global Transformations. Politics, Economics and Culture. Stanford/CA: Stanford University Press.
Herrera Gómez, Manuel/Castillo, Antonio Jaime, 2004: Sociedades complejas. Categorías y nuevos escenarios. Barcelona: Ariel.
Herrera Lima, Fernando, 2001: Transnational Families: Institutions of Transnational Social Space. In: Pries, Ludger (Hg.), New Transnational Social Spaces. International Migration and Transnational Companies in the early twenty-first century. London: Routledge, S. 77-93.
Herrera Lima, Fernando, 2002: Trayectorias y Biografias Laborales en la Migracion de Puebla y tlaxcala y la Zona Metropolitana de la Ciudad de Nueva York. PhD Thesis, Department of Anthropology, Universidad Autónoma Metropolitana: México.
Heydenreich, Cornelia, 2003: OECD-Leitsätze: Ein sinnvolles Instrument zur Regulierung von Unternehmen? ⟨http://www.germanwatch.org/tw/kwdnr03.htm⟩, Zugriff 3. 7. 2006.
Heydte, Friedrich August Freiherr von der, 1956: Formen der Gesamtgliederung und Ordnung der Gesellschaft. In: Ziegenfuss, Werner (Hg.), Handbuch der Soziologie. Stuttgart: Enke, S. 815-840.
Hillmann, Felicitas, 1996: Jenseits der Kontinente. Migrationsstrategien von Frauen nach Europa. Pfaffenweiler: Centaurus.
Hillmann, Felicitas, 2000: Von internationalen Wanderungen zu transnationalen Migrationsnetzwerken? Der neue europäische Wanderungsraum. In: Bach, Maurizio (Hg.), Die Europäisierung nationaler Gesellschaften. (Sonderband der Kölner Zeitschrift für Soziologie und Sozialpsychologie, Jahrgang 40, 2002), S. 363-385.
Hirschman, Albert O., 1970: Exit, Voice, and Loyalty. Cambridge: Harvard University Press.
Hirschman, Albert O., 1980: Leidenschaften und Interessen. Frankfurt/M.: Suhrkamp.
Hirsch-Kreinsen, Hartmut, 1997: Weltmarkt und Wandel der Unternehmensstrategien – Probleme und Grenzen der Globalisierung. In: Hradil, Stefan (Hg.), Differenz und Integration. Verhandlungen des 28. Kongresses der Deutschen Gesellschaft für Soziologie in Dresden 1996, Frankfurt/New York: Campus, 726-739.
Hirst, Paul/Thompson, Grahame, 1996: Globalization in Question. Cambridge: Polity Press.

Hobsbawm, Eric H., 1996: The Age of Extremes: A History of the World, 1914-1991. New York: Vintage Books (gebunden zuerst 1995).
Hoffmann, Alice/Hall, Mark/Marginson, Paul/Müller, Torsten, 2002: If the shoe fits: The effects of European Works Councils on industrial relations at national level in eight US- and UK-based Multinationals. Warwick.
Hofstede, Geert, 1978: Organization-Related Value Systems in Forty Countries.Working paper 78-22, European Institute for Advanced Studies in Management. Brussels: European Institute for Advanced Studies in Management.
Hofstede, Geert, 1997: Cultures and Organizations. Software of the Mind. New York: McGraw-Hill (2nd revisited and expanded edition 2004).
Hofstede, Geert, 2006: Lokales Denken, globales Handeln. Interkulturelle Zusammenarbeit und globales Management. München: Deutscher Taschenbuchverlag (3., vollständig überarbeitete Auflage).
Holtbrügge, Dirk/Enßlinger, Birgit, 2005: Initialkräfte und Erfolgsfaktoren von Born Global Firms. Erlangen-Nürnberg: Friedrich-Alexander-Universität (Lehrstuhl für Betriebswirtschaftslehre, insbesondere Internationales Management, Working paper 2/2005; als Download: ⟨http://www.im.wiso.uni-erlangen.de/download/Working_Papers/working-paper-02-05-born%20global%20firms.pdf⟩, Zugriff 11.8.2006.
Holzinger, Markus, 2004: Natur als sozialer Akteur. Realismus und Konstruktivismus in der Wissenschafts- und Gesellschaftstheorie. Opladen: Leske + Budrich.
Huang, Shirlena/Yeoh, Brenda S. A., 2005: Transnational families and their children's education: China's ›study mothers‹ in Singapore. In: Global Networks, Vol. 5, Nr. 4, S. 379-400.
Hudson, Alan, 2001: NGO's transnational advocacy networks: from »legitimacy« to »political responsibility«? In: Global Networks, Vol. 1, Nr. 4, S. 331-352.
Hurrelmann, Klaus, 2005: Verfassung und Integration in Europa. Wege zu einer supranationalen Demokratie. Frankfurt/M.: Campus.

Imaz B., Cecilia, 2004: Las organizaciones sociales de migrantes mexicanos en Estados Unidos: el caso del Club Social de Jala, Nayarit en California y su gestión para la coexistencia de tradiciones populares. In: Delgado Wise, Raúl (coord.), Nuevas tendencias y desafíos de la migración internacional México – Estados Unidos. México: Porrúa, S. 47-67.
International Labour Office, 2004: Towards a fair deal for migrant workers in the global economy. (International Labour Conference, 92nd Session, Report VI). Geneva: ILO.
International Labour Organisation, 2002a: A future without child labour.

Global report under the follow-up to the ILO declaration on fundamental principles and rights at work. Geneva: International Labour Office.
International Labour Organisation, 2002b: Report of the Committee on the Application of Standards, ⟨http://www.ilo.org/public/english/standards/relm/ilc/ilc90/com-appd.htm⟩, Zugriff 14. 5. 2005.
Itzigsohn, Jose/Cabral, Carlos Dore/Hernández Medina, Esther/Vázquez, Obed, 1999: Mapping Dominican transnationalism: narrow and broad transnational practices. In: Ethnic and Racial Studies, 22, S. 316-339.

Jackson, Peter/Crang, Philip/Dwyer, Claire, 2004: Introduction: The spaces of transnationality. In: dies. (Hg.), Transnational spaces, London: Routledge, S. 1-23.
Jacobs, Otto H./Spengel, Christoph/Finkenzeller, Martin/Roche, Matthias, 2004: Company Taxation in the New EU Member States (Study by Ernst & Young and Centre for European Economic Research (ZEW). Frankfurt/M./Mannheim: E & Y/ZEW.
Jahn, Thomas/Wehling, Peter, 1998: Gesellschaftliche Naturverhältnisse – Konturen eines theoretischen Konzepts. In: Brand, Karl-Werner (Hg.), Soziologie und Natur. Theoretische Perspektiven. Opladen: Leske + Budrich, S. 75-93.
Jary, David/Jary, Julia, 1991: The Harper Collins Dictionary Sociology. New York: HarperCollins Publishers.
Joas, Hans, 1999: Die Entstehung der Werte. Frankfurt/M.: Suhrkamp.
Joas, Hans, 2004: Braucht der Mensch Religion? Über Erfahrungen der Selbsttranszendenz. Freiburg/Basel/Wien: Herder.

Kaelble, Hartmut/Kirsch, Martin/Schmidt-Gernig, Alexander (Hg.), 2002: Transnationale Öffentlichkeiten und Identitäten im 20. Jahrhundert. Frankfurt/New York: Campus.
Kaiser, Karl, 1969: Transnationale Politik. Zu einer Theorie der multinationalen Politik. In: Czempiel, Ernst-Otto (Hg.), Die anachronistische Souveränität. Zum Verhältnis von Innen- und Außenpolitik (Politische Vierteljahresschrift, Sonderheft 1/1969). Köln/Opladen: Westdeutscher Verlag, S. 80-109.
Kant, Immanuel, 1784: Idee zu einer allgemeinen Geschichte in weltbürgerlicher Absicht. In: Berlinische Monatsschrift, Band 4, S. 385-411.
Kearney, Michael/Nagengast, Carole, 1989: Anthropological Perspectives on Transnational Communities in Rural California. Davis/CA: California Institute for rural Studies, Working Group on Farm Labor and Rural Poverty (Working Paper Nr. 3).
Keck, Margaret E./Sikkink, Kathryn, 1998: Activists beyond Borders. Advocacy Networks in International Politics. Cornell: Cornell University Press.

Keefe, Susan E./Padilla, Amado M., 1992: Chicano Ethnicity. Albuquerque: University of Mexico Press (4. Auflage).
Keller, Berndt, 1999: Einführung in die Arbeitspolitik. München/Wien: Oldenbourg.
Keller, Berndt, 2001: Europäische Arbeits- und Sozialpolitik. München/Wien: Oldenbourg.
Keller, Berndt, 2002: Die Europäische Aktiengesellschaft und Arbeitnehmerbeteiligung. In: WSI-Mitteilungen, Jg. 55, Heft 4, S. 203-212.
Kellerson, Hilary, 1998: The ILO Declaration of 1998 on fundamental principles and rights: A challenge for the future. In: International Labour Review, Jg. 137, Nr. 2, S. 223-227.
Kentor, Jeffrey/Jang, Yong Suk, 2004: Yes, There is a (Growing) Transnational Business Community. A Study of Interlocking Directorates 1983-98. In: International Sociology, Jg. 19, Nr. 3, S. 355-368.
Kerckhofs, Peter, 2003: Europäische Betriebsräte. Fakten und Zahlen. Brüssel: ETUI.
Khagram, Sanjeev/Levitt, Peggy, 2005: Towards A Field of Transnational Studies and a Sociological Transnationalism Research Program, Oktober 2005, ⟨http://www.transnational-studies.org/pdfs/transnational_field.pdf?abstract_id=556993⟩, Zugriff, 4.12.2006.
Kirsch, Scott, 1995: The Incredible Shrinking World? Technology and the Production of Space. In: Environment and Planning D: Society and Space, Vol. 13, S. 529-555.
Kluge, Norbert, 2004: Workers Involvement in Europe – A still Unfinished Jigsaw. In: Jorgensen, Henning et al. (Hg.), European Trade Union Yearbook 2003/2004, Brüssel, S. 115-136.
Knorr-Cetina, Karin, 1981: The Manufacture of Knowledge. An Essay on the Constructivist and Contextual Nature of Science. Oxford.
Kocka, Jürgen, 2006: Sozialgeschichte im Zeitalter der Globalisierung. (SBR-Schriften 19). Bochum: Stiftung Bibliothek des Ruhrgebiets.
Koehn, Peter H./Rosenau, James N., 2002: Transnational Competence in an Emergent Epoch. In: International Studies Perspectives (2002) 3, S. 105-127.
Köhler, Holm-Detlev, 1999: Las relaciones laborales espanolas en el marco europeo. In: Miguélez, Faustino Lobo/Rodríguez, Carlos Prieto (Dir./Coord.), Las Relaciones Laborales en España. Madrid: Siglo XXI.
König, Thomas/Rieger, Elmar/Schmitt, Hermann (Hg.), 1996: Das europäische Mehrebenensystem. Frankfurt/M. [u.a.]: Campus.
Kogawa, Joy, 1981: Obasan. Toronto: Lester & Orpen Dennys.
Kohl, Heribert/Lecher, Wolfgang/Platzer, Hans-Wolfgang, 2000: Arbeitsbeziehungen in Ostmitteleuropa zwischen Transformation und EU-Beitritt. (Politikinformation Osteuropa Nr. 85). Bonn: Friedrich-Ebert-Stif-

tung (elektronisch: ⟨http://www.fes.de/fulltext/id/00884.htm⟩, Zugriff 2. 7. 2006).

Kohler-Koch, Beate (Hg.), 1989: Regime in den internationalen Beziehungen. Baden-Baden: Nomos.

Kohler-Koch, Beate (Hg.), 1998a: Interaktive Politik in Europa. Regionen im Netzwerk der Integration. Opladen: Leske + Budrich.

Kohler-Koch, Beate, 1998b: Einleitung. Effizienz und Demokratie: Probleme des Regierens in entgrenzten Räumen. In: dies. (Hg.): Regieren in entgrenzten Räumen. Politische Vierteljahresschrift, Sonderheft 29, Opladen: Westdeutscher Verlag, S. 11-25.

Kohler-Koch, Beate/Conzelmann, Thomas/Knodt, Michèle, 2004: Europäische Integration – Europäisches Regieren. Lehrbuch.Wiesbaden: VS Verlag für Sozialwissenschaften.

Kohler-Koch, Beate/Jachtenfuchs, Markus (Hg.), 1996: Europäische Integration. Opladen: Leske + Budrich.

Koopmans, Ruud/Statham, Paul, 2003: How national citizenship shapes transnationalism: a comparative analysis of migrant and minority claims-making in Germany, Great Britain and the Netherlands. In: Joppke, Christian/Morawska, Ewa (Hg.), Toward Assimilation and Citizenship: Immigrants in Liberal Nation-States. London: Palgrave, S. 195-238.

Krasner, Stephen D., 1983: Structural Causes and Regime Consequences: Regimes as Intervening Variables. In: ders. (Hg.), International Regimes. Ithaca, NY [u. a.]: Cornell University Press, S. 1-22.

Krasner, Stephen D., 1995: Realism and Transnational Relations. In: Risse-Kappen, Thomas (Hg.), Bringing Transnational Relations Back In. Cambridge: Cambridge University Press, S. 257-279.

Kreckel, Reinhard (Hg.), 1983: Soziale Ungleichheiten. Sonderband 2 der Sozialen Welt. Göttingen: Otto Schwartz.

Kuhn, Norbert, 1994: Sozialwissenschaftliche Raumkonzeptionen. Der Beitrag der raumtheoretischen Ansätze in den Theorien von Simmel, Lefebvre und Giddens für eine sozialwissenschaftliche Theoretisierung des Raumes (Dissertation Philosophische Fakultät der Universität des Saarlandes).

Kurthen, Hermann/Fijalkowski, Jürgen/Wagner, Gert G. (Hg.), 1998: Immigration, Citizenship, and the Welfare State in Germany and the United States (Part A and Part B). Stamford/London: JAI Press.

Läpple, Dieter, 1993: Thesen zu einem Konzept gesellschaftlicher Räume. In: Die Aufgeräumte Welt – Raumbilder und Raumkonzepte im Zeitalter Globaler Marktwirtschaft (Loccumer Protokolle 74/92). Loccum: Evangelische Akademie Loccum, S. 29-52.

Landolt, Patricia/Da, Wei Wei, 2005: The Spatially Ruptured Practices of Migrant Families: A Comparison of Immigrants from El Salvador and

the People's Republic of China. In: Current Sociology, Vol. 53, Nr. 4, Monograph 2, S. 625-653.
Langewiesche, Dieter, 2000: Nation, Nationalismus, Nationalstaat in Deutschland und Europa. München: Beck.
Latour, Bruno, 1998: Über technische Vermittlung. In: Rammert, Werner (Hg.), Technik und Sozialtheorie. Frankfurt/M.: Suhrkamp, S. 28-81.
Laurenti, Jeffrey, 2004: Financing the United Nations. In: Krasno, Jean E. (Hg.): The United Nations. Confronting the Challenges of a Global Society. Boulder/Colorado: Lynne Rienner.
Lebsanft, Franz, 2004: Plurizentrische Sprachkultur in der spanischsprachigen Welt. In: Gil, Alberto/Osthus, Dietmar/Polzin-Haumann, Claudia: Romanische Sprachwissenschaft. Zeugnisse für Vielfalt und Profil eines Faches. Festschrift für Christian Schmitt zum 60. Geburtstag. Frankfurt/M. [et al.]: Peter Lang, S. 205-220.
Lecher, Wolfgang/Platzer, Hans-Wolfgang/Rüb, Stefan, 1998: Die Konstituierung Europäischer Betriebsräte – Vom Informations-forum zum Akteur? Baden-Baden: Nomos.
Lecher, Wolfgang/Platzer, Hans-Wolfgang/Rüb, Stefan/Weiner, Klaus-Peter, 2001: Verhandelte Europäisierung. Die Einrichtung Europäischer Betriebsräte – Zwischen gesetzlichem Rahmen und sozialer Dynamik. Baden-Baden: Nomos.
Lederer, Harald W., 1997: Migration und Integration in Zahlen. Ein Handbuch. Herausgegeben von der Beauftragten der Bundesregierung für Ausländerangelegenheiten. Bonn/Bamberg: europäisches forum für migrationsstudien.
Lederer, Harald W./Rau, Roland/Rühl, Stefan, 1999: Migrationsbericht 1999: Zu- und Abwanderung nach und aus Deutschland. Herausgegeben von der Beauftragten der Bundesregierung für Ausländerangelegenheiten. Berlin/Bamberg: europäisches forum für migrationsstudien.
Leggewie, Claus, 2001: Gibt es eine transnationale Bürgergesellschaft? In: Internationale Politik und Gesellschaft *Online*. International Politics and Society 2/2001.
Leggewie, Claus, 2005: Religionen und Globalisierung. In: Aus Politik und Zeitgeschichte, Nr. 7 vom 14. 02. 2005, 3-6.
Lenz, Ilse, 1999: Globalization, Networks and Organizations: New Issues for Gender Equality. In: Goldmann, Monika (Hg.), Rationalisation, Organisation, Gender. SFS Dortmund. Beiträge aus der Forschung. Dortmund, S. 65-73.
Lenz, Ilse, 2001: Globalisierung, Frauenbewegungen und internationale Regulierung. In: Zeitschrift für Frauenforschung und Geschlechterstudien, Jg. 19, Nr. 1+2/2001, S. 8-28.
Lenz, Ilse, 2005: Globalization, varities of gender regimes, and regulations

for gender equality at work. In: Gottfried, Heidi et al. (Hg.), The New Economy, Globalisation and Gender. London: Palgrave.
Lepsius, M. Rainer, 1990: Interessen, Ideen und Institutionen. Opladen: Westdeutscher Verlag.
Lepsius, Rainer M., 1995: Institutionenanalyse und Institutionenpolitik. In: Nedelmann, Birgitta (Hg.), Politische Institutionen im Wandel (Kölner Zeitschrift für Soziologie und Sozialpsychologie Sonderheft 35). Opladen: Westdeutscher Verlag, S. 392-403.
Levitt, Peggy, 2001a: Transnational Migration: Taking Stock and Future Directions. In: Global Networks, Jg. 1, Nr. 3, S. 195-216.
Levitt, Peggy, 2001b: The Transnational Villagers. Berkeley: University of California Press.
Levitt, Peggy/DeWind, Josh/Vertovec, Steven, 2003: International perspectives on transnational migration: An introduction. In: International Migration Review, Vol. 37, Nr. 3, S. 565-575.
Levitt, Peggy/Glick Schiller, Nina, 2004: Transnational Perspectives on Migration: Conceptualizing Simultaneity. In: International Migration Review, 2004, Vol. 38, Nr. 3, S. 1002-1039; auch: 2003, Princeton University Center for Migration and Development Working Paper 3-09J.
Lewin, Kurt, 1963: Feldtheorie in der Sozialwissenschaft: ausgewählte theoretische Schriften. Bern.
Lewis, Martin W./Wigen, Kären E., 1997: The myth of continents: a critique of metageography. Berkeley/Los Angeles/London: University of California Press.
Lim, Shirley/Gamber, John/Sohn, Stephen (Hg.), 2006: Transnational Asian American Literature: Sites and Transits. Philadelphia: Temple University Press.
Linde, Hans, 1972: Sachdominanz in Sozialstrukturen. Tübingen: Mohr.
Linde, Hans, 1982: Soziale Implikationen technischer Geräte, ihrer Entstehung und Verwendung. In: Jokisch, Rodrigo (Hg.), Techniksoziologie. Frankfurt/M.: Suhrkamp, S. 1-31.
Lindemann, Gesa, 2006: Die Emergenzfunktion und die konstitutive Funktion des Dritten. Perspektiven einer kritisch-systematischen Theorieentwicklung. In: Zeitschrift für Soziologie, Vol. 35, Nr. 2, S. 82-101.
Lionnet, Françoise/Shih, Shu-mei, 2005: Minor Transnationalism. Durham/London: Duke University Press.
Little, Peter D., 2003: Somalia: Economy without State. Oxford: James Currey/Bloomington: Indiana University Press.
Löw, Martina, 2001: Raumsoziologie. Frankfurt/M.: Suhrkamp (4. Auflage).
Loimeier, Roman/Reichmuth, Stefan, 1996: Zur Dynamik religiös-politischer Netzwerke in muslimischen Gesellschaften. In: Welt des Islams, Jg. 36, Nr. 2, 85-145.

Lucassen, Leo, 2006: Is Transnationalism Compatible with Assimilation? Examples from Western Europe since 1850. In: IMIS-Beiträge, Heft 29, S. 15-35.
Luhmann, Niklas, 1975: Die Weltgesellschaft. In: ders., Soziologische Aufklärung 2. Aufsätze zur Theorie der Gesellschaft, Opladen: Westdeutscher Verlag, S. 51-71.
Luhmann, Niklas, 1984: Soziale Systeme. Grundriß einer allgemeinen Theorie. Frankfurt/M.: Suhrkamp.
Luhmann, Niklas, 1997: Die Gesellschaft der Gesellschaft. Frankfurt/M.: Suhrkamp (2 Bände).
Luttwak, Edward 1999: Turbokapitalismus. Gewinner und Verlierer der Globalisierung. Hamburg/Wien: Europa Verlag.
Lutz, Helma, 2002: At your service madam! The Globalization of Domestic Service. In: Feminist Review, 2002, Nr. 70, S. 89-105.

Malinowski, Bronislaw, 1975: Eine wissenschaftliche Theorie der Kultur und andere Aufsätze. Frankfurt/M.: Suhrkamp.
Mandaville, Peter, 2001: Transnational Muslim Politics. Reimagining the Umma. London/New York: Routledge.
Mandel, Ruth/Wilpert, Czarina, 1994: Migration zwischen der Türkei und Deutschland: Ethnizität und kulturelle Zwischenwelten. In: Annali di Sociologia/Soziologisches Jahrbuch, Vol. 10, S. 467-485.
Maresch, Rudolf/Werber, Niels, 2002: Permanenzen des Raums. In: dies. (Hg.), Raum, Wissen, Macht. Frankfurt/M.: Suhrkamp, S. 7-30.
Martínez, Oscar J., 1998: Border People. Life and Society in the U.S.-Mexico Borderlands. Tucson: University of Arizona Press (3. Auflage, Erstauflage 1994).
Massey, Douglas et al., 1993: Theories of International Migration: A Review and Appraisal. In: Population and Development Review, Vol. 19, S. 431-466.
Massey, Douglas et al., 1994: An Evaluation of International Migration Theory: The North American Case. In: Population and Development Review, Vol. 20, S. 699-751.
Massey, Douglas et al., 1998: Worlds in Motion. Understanding International Migration at the End of the Millennium. Oxford: Clarendon Press.
Mau, Steffen, 2007: Transnationale Vergesellschaftung. Die Entgrenzung sozialer Lebenswelten. Frankfurt/New York: Campus.
Mayer, Peter/Rittberger, Volker/Zürn, Michael, 1995: Regime Theory. State of the Art and Perspectives. In: Rittberger, Volker (Hg.), Regime Theory and International Relations. Oxford: Clarendon, S. 391-430.
Mazlish, Bruce, 2005a: The Global and the Local. In: Current Sociology, Vol. 53, Nr. 1, S. 93-111.

Mazlish, Bruce, 2005b: Roudometof: A Dialogue. In: Current Sociology, Vol. 53, Nr. 1, S. 137-141.
McLuhan, Marshall/Powers, Bruce R., 1992: The Global Village: Transformations in World Life and Media in the 21st Century (Communication and Society). New York/N.Y.: Oxford University Press (first published 1989).
Mead, George Herbert, 1973: Geist, Identität und Gesellschaft aus der Sicht des Sozialbehaviorismus. Frankfurt/M.: Suhrkamp.
Meier, Andreas, 1997: Das Konzept der transnationalen Organisation. Kritische Reflexion eines prominenten Konzeptes für die Führung international tätiger Unternehmen. München: Verlag Barbara Kirsch.
Merry, Sally Engle, 2003: Constructing a Global Law – Violence against Women and the Human Rights System. In: Law and Social Inquiry, Vol. 28, Nr. 4, S. 941-977.
Mertens, Volker, 1994: Europaweite Kooperation von Betriebsräten multinationaler Konzerne. Das Beispiel des Volkswagen-Konzerns. Wiesbaden: Deutscher Universitäts Verlag.
Merton, Robert K., 1968: Social Theory and Social Structure. New York: Free Press (3rd revised and expanded edition).
Merz-Benz, Peter-Ulrich/Wagner, Gerhard, 2002: Der Fremde als sozialer Typus. Konstanz: UVK-Verlagsgesellschaft.
Moghadam, Valentine M., 2000: Transnational Feminist Networks. Collective Action in an Era of Globalization. In: International Sociology, Vol. 15, Nr. 1 (March 2000), S. 57-85.
Moore, Fiona, 2004: Symbols of organization: informal ways of negotiating the global and the local in MNCs. In: Global Networks, Vol. 4, Nr. 2, S. 181-198.
Morawska, Ewa, 1998: The New-Old Transmigrants, Their Transnational Lives, and Ethnicization: A Comparison of 19th/20th and 20th/21st Century Situations. In: Mollenkopf, John (Hg.), Immigrants, Civic Culture, and Modes of Political Incorporation. SSRC.
Müller, Torsten/Platzer, Hans-Wolfgang/Rüb, Stefan (2004): Globale Arbeitsbeziehungen in globalen Konzernen? Zur Transnationalisierung betrieblicher und gewerkschaftlicher Politik. Wiesbaden: VS Verlag für Sozialwissenschaften.
Müller, Torsten/Platzer, Hans-Wolfgang/Rüb, Stefan, 2006: Weltbetriebsräte und globale Netzwerke – Instrumente internationaler Solidarität? In: WSI-Mitteilungen 1/2006, S. 5-9.
Müller-Jentsch, Walther, 1997: Soziologie der Industriellen Beziehungen, Frankfurt/New York: Campus (2. Aufl.).
Münch, Richard, 2001: Offene Räume. Soziale Integration diesseits und jenseits des Nationalstaats. Frankfurt/M.: Suhrkamp.

Münkler, Herfried, 1999: Nation as a Model of Political Order and the Growth of National Identity in Europe. In: International Sociology, Vol. 14, Nr. 3 (September 1999), S. 283-299.

Nagel, Bernhard, 1999: Euro-Betriebsräte: Struktur und Entwicklungspotentiale. In: Nutzinger, Hans G. (Hg.), Perspektiven der Mitbestimmung, Marburg, S. 347-360.
Naphtali, Fritz, 1966: Wirtschaftsdemokratie – Ihr Wesen, Weg und Ziel. Frankfurt/M.: Europäische Verlagsanstalt.
Neutsch, Cornelius, 1998: Erste »Nervenstränge des Erdballs«: Interkontinentale Seekabelverbindungen vor dem Ersten Weltkrieg. In: Teuteberg, Hans-Jürgen/Neutsch, Cornelius (Hg.), Vom Flügeltelegraphen zum Internet. Geschichte der modernen Telekommunikation. Stuttgart: Steiner (Band 147 der Beihefte der Vierteljahresschrift für Sozial- und Wirtschaftsgeschichte), S. 47-66.
Nipperdey, Thomas, 1978: 1933 und die Kontinuität der deutschen Geschichte, in: Historische Zeitschrift 227, S. 86-111.
Nonini, Donald/Ong, Aihwa, 1997: Introduction: Chinese Transnationalism as an Alternative Modernity. In: Ong, Aihwa/Nonini, Donald (Hg.), Ungrounded Empires. The Cultural Politics of Modern Chinese Transnationalism. London/New York: Routledge.

OECD, 2000: The OECD Guidelines for Multinational Enterprises. Revision 2000. Paris: OECD.
OECD, 2004: OECD-Grundsätze der Corporate Governance (Neufassung). Paris: OECD.
OECD-Watch, 2004: Review of National Contact Points. June 2003-June 2004, ⟨http://www.germanwatch.org/tw/kw-ncp04.pdf⟩, Zugriff 3. 7. 2006.
Ohmae, Kenichi, 1990: The Borderless World. Power and Strategy in the Interlinked Economy. London: Harper Collins.
OIT (Oficina Internacional del Trabajo), 1985: Situación sindical y relaciones laborales en España. Ginebra: OIT.
Okada, John, 1957: No-no Boy. Seattle: University of Washington Press.
Olesen, Thomas, 2005: Transnational Publics: New Spaces of Social Movement Activism and the Problem of Global Long-Sightedness. In: Current Sociology, Vol. 53, Nr. 3, S. 419-440.
Ong, Aihwa/Nonini, Donald (Hg.), 1997: Ungrounded Empires. The Cultural Politics of Modern Chinese Transnationalism. London/New York: Routledge.
Orozco, Manuel, 2004: Mexican Hometown Associations and Development Opportunities, in: Journal of International Affairs, Jg. 57, Nr. 2, S. 31-49.

Ortmann, Günther, 1995: Formen der Produktion. Organisation und Rekursivität. Opladen: Westdeutscher Verlag.
Ortmann, Günther/Sydow, Jörg/Türk, Klaus (Hg.), 1997: Theorien der Organisation. Die Rückkehr der Gesellschaft. Opladen: Westdeutscher Verlag.
Østergaard-Nielsen, Eva K., 2001: Transnational political practices and the receiving state: Turks and Kurds in Germany and the Netherlands. Global Networks 1, Nr. 3, S. 261-281.
Østergaard-Nielsen, Eva K., 2003a: The politics of migrants' transnational political practices. In: International Migration Review, Vol. 37, Nr. 3, S. 760-786.
Østergaard-Nielsen, Eva K., 2003b: The democratic deficit of diaspora politics – Turkish Cypriots in Britain and the Cyprus issue. In: Journal of Ethnic and Migration Studies, Vol. 29, Nr. 4, S. 683-700.
Østergaard-Nielsen, Eva K., 2003c: Transnational politics: Turks and Kurds in Germany. London: Routledge.
Osterhammel, Jürgen, 2001: Geschichtswissenschaft jenseits des Nationalstaats. Studien zu Beziehungsgeschichte und Zivilisationsvergleich, Göttingen: Vandenhoeck & Ruprecht.

Palenga-Möllenbeck, Ewa, 2005a: »Von Zuhause nach Zuhause« – Transnationale Sozialräume zwischen Oberschlesien und dem Ruhrgebiet. In: Pries, Ludger (Hg.), Zwischen den Welten und amtlichen Zuschreibungen. Neue Formen und Herausforderungen der Arbeitsmigration im 21. Jahrhundert. Essen: Klartext-Verlag.
Palenga-Möllenbeck, Ewa, 2005b: Der »Doppelpass« und »schwebendes Volkstum« zwischen Deutschland und Polen – pathologische Abweichung von der Norm oder zukunftsweisendes Modell transnationaler Identität in einem vereinten Europa? In: Rocznik Studiów Niemieckich i Europejskich im. Willy Brandta Uniwersytetu Wroclawskiego Nr. 3. Wroclaw: Wydawnictwo Uniwersytetu Wroclawskiego.
Pareto, Vilfredo, 1911: System der allgemeinen Soziologie, zit. nach Jonas, Friedrich, 1981, Geschichte der Soziologie 2. Opladen: Westdeutscher Verlag, S. 421 (2. Auflage, zuerst 1969).
Parreñas, Rhacel, 2005: Long distance intimacy: class, gender and intergenerational relations between mothers and children in Filipino transnational families. In: Global Networks, Vol. 5, Nr. 4, S. 317-336.
Parsons, Talcott, 1940: Beiträge zur soziologischen Theorie. Neuwied am Rhein.
Parsons, Talcott, 1951: The social system. Toronto.
Passas, Nikos, 1998/1999: Globalization, Criminogenic Asymmetries and Economic Crime. In: European Journal of Law Reform, Vol. 1, Nr. 4, S. 399-423.

Passas: Nikos, 2000: Global Anomie, Dysnomie, and Economic Crime: Hidden Consequences of Neoliberalism and Globalization in Russia and Around the World. In: Social Justice, Vol. 27, Nr. 2, S. 16-44.
Passas, Nikos, 2003: Cross-border crime and the interface between legal and illegal actors. Manuskript der Konferenz: Beyond the National and the Global: Transnational Organizations and Institutions, Hauser Center for Nonprofit Organizations, Harvard University, November 11-13, 2004.
Patel, Kiran Klaus, 2003: Transatlantische Perspektiven transnationaler Geschichte. In: Geschichte und Gesellschaft, Jg. 29, Heft 4, S. 625-647.
Patel, Kiran Klaus, 2004: Überlegungen zu einer transnationalen Geschichte. In: Zeitschrift für Geschichtswissenschaft, Jg. 52, Heft 7, S. 626-645.
Perlmutter, Howard V., 1969: The Tortuous Evolution of the Multinational Corporation. In: Columbia Journal of World Business, Nr. 1, S. 9-18.
Pieterse, Jan, 1994: Globalisation as Hybridisation. In: International Sociology, Vol. 9, S. 161-184.
Pietschmann, Horst, 1980: Handbuch der lateinamerikanischen Geschichte (Teilveröffentlichung). Die Staatliche Organisation des kolonialen Iberoamerika. Stuttgart: Klett-Cotta.
Pietschmann, Horst, 1998: Staat und staatliche Entwicklung am Beginn der spanischen Kolonisation Amerikas. Münster: Aschendorff.
Plant, Roger/O'Reilly, Caroline, 2003: Perspectives: The ILO's Special Action Program to Combat Forced Labour. In: International Labour Review, Vol. 142, S. 73-85.
Platzer, Hans-Wolfgang/Weiner, Klaus-Peter, 1998: Europäische Betriebsräte – eine Konstitutionsanalyse. Zur Genese und Dynamik transnationaler Arbeitsbeziehungen. In: Industrielle Beziehungen, Jg. 5, Heft 4.
Plüss, Caroline, 2005: Constructing Globalized Ethnicity. Migrants from India in Hongkong. In: International Sociology, Vol. 20, Nr. 2, S. 201-224.
Polanyi, Karl, 1978: The Great Transformation: Politische und Ökonomische Ursprünge von Gesellschaften und Wirtschaftssystemen. Frankfurt/M.: Suhrkamp.
Popkin, Eric, 2005: The Emergence of Pan-Mayan Ethnicity in the Guatemalan Transnational Community Linking Santa Eulalia and Los Angeles. In: Current Sociology, Vol. 53, Nr. 4, Monograph 2, S. 675-706.
Popper, Karl, 1935: Logik der Forschung. Wien: Springer.
Porter, Michael E. (Hg.), 1989: Globaler Wettbewerb. Strategien der neuen Internationalisierung. Wiesbaden: Gabler.
Portes, Alejandro, 1995a: Economic Sociology and the Sociology of Immigration: A Conceptual Overview. In: ders. (Hg.), The Economic Sociology of Immigration. Essays on Networks, Ethnicity, and Entrepreneurship. New York: Russel Sage Foundation, S. 1-41.

Portes, Alejandro (Hg.), 1995b: The Economic Sociology of Immigration. Essays on Networks, Ethnicity, and Entrepreneurship. New York: Russell Sage Foundation.

Portes, Alejandro (Hg.), 1996: The New Second Generation. New York: Russell Sage Foundation.

Portes, Alejandro, 2003: Conclusion: theoretical convergencies and empirical evidence in the study of immigrant transnationalism. In: International Migration Review, Vol. 37, Nr. 3, S. 874-892.

Portes, Alejandro/Escobar, Cristina/Radford, Alexandria Walton, 2005: Immigrant Transnational Organizations and Development: A Comparative Study. The Center for Migration and Development, Working Paper Series. Princeton: Princeton University.

Portes, Alejandro/Guarnizo, Luis E./Landolt, Patricia, 1999: Introduction: Pitfalls and promise of an emergent research field. Ethnic and Racial Studies, Nr. 22, S. 217-237.

Pries, Ludger, 1987: Qualifikation, Arbeitsbeziehungen und Arbeitsmarkt – Die Enge betrieblicher Räume in Spanien. Dortmund: Landesinstitut Sozialforschungsstelle. (in spanisch: Calificación, relaciones laborales y mercado de trabajo: El concepto de ›estrechez del ámbito empresarial‹ en España. In: Revista Española de Investigaciones Sociológicas. Madrid, Nr. 41 (1988), S. 81-114.

Pries, Ludger, 1996: Kurze Geschichte eines angekündigten – und nie eingetretenen – Todes: Der informelle urbane Sektor in Lateinamerika. In: Peripherie, Jg. 16, Nr. 62, S. 7-28.

Pries, Ludger (Hg.), 1997a: Transnationale Migration. Sonderband 12 der Zeitschrift SOZIALE WELT. Baden-Baden: Nomos.

Pries, Ludger, 1997b: Neue Migration im transnationalen Raum. In: ders. (Hg.), Transnationale Migration. Soziale Welt, Sonderband 12, Baden-Baden: Nomos, S. 15-44.

Pries, Ludger, 1997c: Typenbildung in den Sozialwissenschaften – Eine Einladung zur Reflexion. In: Zeitschrift für Sozialisationsforschung und Erziehungssoziologie. Weinheim, 17. Jg. , S. 437-441.

Pries, Ludger, 1997d: Wege und Visionen von Erwerbsarbeit. Erwerbsverläufe und Arbeitsorientierungen abhängig und selbständig Beschäftigter in Mexiko. Frankfurt a. M./Berlin et al.: Peter Lang Verlag.

Pries, Ludger, 1998a: Transmigranten als ein Typ von Arbeitswanderern in pluri-lokalen sozialen Räumen. Das Beispiel der Arbeitswanderungen zwischen Puebla/Mexiko und New York. In: Soziale Welt, Jg. 49, Heft 2, S. 135-150.

Pries, Ludger, 1998b: Betrieblicher Wandel in der Risikogesellschaft. Empirische Befunde und konzeptionelle Überlegungen. München/Mering: Rainer Hampp Verlag (2. Auflage).

Pries, Ludger, 1999a: Die Transnationalisierung der sozialen Welt und die deutsche Soziologie. In: Soziale Welt, Jg. 50/Heft 4, S. 383-394.
Pries, Ludger (Hg.), 1999b: Migration and Transnational Social Spaces. Aldershot: Ashgate.
Pries, Ludger, 1999c: Auf dem Weg zu global operierenden Konzernen? BMW, Daimler-Benz und Volkswagen: Die *Drei Großen* der deutschen Automobilindustrie. München/Mering: Rainer Hampp Verlag.
Pries, Ludger, 1999d: Die Neuschneidung des Verhältnisses von Sozialraum und Flächenraum: Das Beispiel transnationaler Migrationsräume. In: Honegger, Claudia/Hradil, Stefan/Traxler, Franz (Hg.), Grenzenlose Gesellschaft? Verhandlungen des 29. Kongresses der Deutschen Gesellschaft für Soziologie, des 16. Kongresses der Österreichischen Gesellschaft für Soziologie, des 11. Kongresses der Schweizerischen Gesellschaft für Soziologie in Freiburg i. Br. 1998. Opladen: Leske + Budrich, Teil 2, S. 437-452.
Pries, Ludger (Hg.), 2001a: New Transnational Social Spaces. International Migration and Transnational Companies. London: Routledge.
Pries, Ludger, 2001b: The approach of transnational social spaces: responding to new configurations of the social and spatial. In: ders., New Transnational Social Spaces. International Migration and Transnational Companies. London: Routledge.
Pries, Ludger, 2004a: Determining the Causes and Durability of Transnational Labor Migration Between Mexico and the United States: Some Empirical Findings. In: International Migration, Vol. 42, Nr. 2, S. 3-39.
Pries, Ludger, 2004b: The Opel-conflict in October 2004 or: Lessons in the unin tended consequences of intentional action. In: La Lettre de Gerpisa, Nr. 179, S. 9-11.
Pries, Ludger, 2004c: Renaissance of the German Carmakers during the 1990s: Successful Japanization or the Development of a Genuine Business Model? In: Faust, Michael/Voskamp, Ulrich/Wittke, Volker (Hg.), European Industrial Restructuring in a Global Economy: Fragmentation and Relocation of the Value Chains. Göttingen: SOFI, S. 131-155.
Pries, Ludger (Hg.), 2005a: Zwischen den Welten und amtlichen Zuschreibungen. Neue Formen und Herausforderungen der Arbeitsmigration im 21. Jahrhundert. Essen: Klartext Verlag.
Pries, Ludger, 2005b: Kräftefelder der Strukturierung und Regulierung von Erwerbsarbeit. Überlegungen zu einer entwicklungs- und institutionenorientierten Sozialwissenschaft der Erwerbsarbeit. Bochum: RUB/Soapspapers 1.
Pries, Ludger, 2006a: Transnational Societal Spaces: Which Units of Analysis, Reference, and Measurement? In: ders., Surveying the Transnationalism approach and looking for transnational organisations. London/New York: Routledge (im Erscheinen).

Pries, Ludger, 2006b: Cost competition or innovation competition? Lessons from the case of the BMW plant location in Leipzig, Germany. In: Transfer (Brussels), Vol. 12, Nr. 2.
Pries, Ludger, 2006c: Von der Globalisierung zur Lokalisierung der Globalisierungsdiskussion (Sammelbesprechung). In: Soziologische Revue, Vol. 29, Nr. 4.
Pries, Ludger (unter Mitarbeit von Axel Hauser-Ditz und mit Unterstützung durch Sebastian Lautwein und Bernhard Stelzl), 2006d: Entwicklung eines arbeitsbezogenen Konzeptes nachhaltiger und ganzheitlicher Unternehmensverantwortung. Manuskript Bochum.
Pries, Ludger (Hg.), 2007: Surveying the Transnationalism approach and looking for transnational organisations. London/New York: Routledge (im Erscheinen).
Pries, Ludger/Herrera Lima, Fernando/Saúl Macías, Gamboa, 1998: Las migraciones laborales internacionales y el surgimiento de Espacios Sociales Transnacionales. El ejemplo de la migración del Estado de Puebla hacia la región metropolitana de Nueva York. Informe de investigación proyecto »Migración laboral de la Mixteca Poblana hacia Nueva York« (Convenio Nr. 400200-5-0234PS, clave 0234P-59506, CONACYT).
Pries, Ludger/Sandig, Christian/Schweer, Oliver, 2005: Der Produktentstehungsprozess als Indikator für Unternehmensinternationalisierung – Das Beispiel der deutschen Automobilunternehmen. In: Schmidt, Gert/Bungsche, Holger/Heyder, Thilo/Klemm, Matthias (Hg.), Und es fährt und fährt ... Automobilindustrie und Automobilkultur am Beginn des 21. Jahrhunderts. Berlin: edition sigma, S. 201-227.
Purwani Williams, Catharina, 2005: ›Knowing one's place‹: gender, mobility and shifting subjectivity in Eastern Indonesia. In: Global Networks, Vol. 5, Nr. 4, S. 401-418.
Pye, Lucian W./Verba, Sidney (Hg.), 1965: Political Culture and Political Development. Princeton: Princeton University Press.

Quiroz, Luis Rodolfo Morán, 2004: Las organizaciones de migrantes, su impacto y evolución en la recepción de personas y el envío de recursos. In: Delgado Wise, Raúl (Hg.), Nuevas tendencias y desafíos de la migración international México – Estados Unidos, México, S. 37-45.

Randeria, Shalini, 2003: Transnationalisierung des Rechts. In: WZB-Mitteilungen, Heft 101 (September 2003), S. 19-22.
Rauschelbach, Lisa, 2005: Die Mediennutzung von Migranten in Deutschland. In: Pries, Ludger (Hg.), Zwischen den Welten und amtlichen Zuschreibungen. Neue Formen und Herausforderungen der Arbeitsmigration im 21. Jahrhundert. Essen: Klartext, S. 117-138.

Reichmuth, Stefan, 2000: »Netzwerk« und »Weltsystem«. Konzepte zur neuzeitlichen »Islamischen Welt« und ihrer Transformation. In: SAECULUM, 51, S. 267-293.
Reichmuth, Stefan/Grundmann, Johannes, 2007: The Society of the Muslim Brothers (Jama'at Ikhwan al-Muslimin) as a Transnational Organisation. In: Pries, Ludger (Hg.), Surveying the Transnationalism approach and looking for transnational organisations. London: Routledge (im Erscheinen).
Reichwald, Ralf/Möslein, Kathrin, 2001: Pluri-local Social Spaces by Telecooperation in International Corporations? In: Pries, Ludger (Hg.), Transnationale Migration. Soziale Welt, Sonderband 12, Baden-Baden: Nomos, S. 155-181.
Reinhold, Gerd (Hg.), 2000: Soziologie-Lexikon. München/Wien: Oldenburg (4. Auflage).
Riisgaard, Lone, 2002: The IUF/COLSIBA – CHIQUITA framework agreement: a case study (Working Paper Nr. 94). Geneva: International Labour Office.
Risse, Thomas, 2002: Transnational Actors and World Politics. In: Carlsnaes, Walter/Risse, Thomas/Simmons, Beth A. (Hg.), Handbook of International Relations. London/Thousand Oaks/New Delhi: Sage, S. 255-274.
Risse-Kappen, Thomas (Hg.), 1995: Bringing Transnational Relations Back In. Cambridge: University Press.
Rittberger, Volker, 1995: Internationale Organisationen – Politik und Geschichte. Europäische und weltweite zwischenstaatliche Zusammenschlüsse. Unter Mitarbeit von Bernhard Zangl. Opladen: Leske + Budrich (2. durchgesehene Auflage).
Robertson, Roland, 1992: Globalisation. Social Theory and Global Culture. London: Sage
Robertson, Roland, 1994: Globalisation or Glocalisation? In: Journal of International Communication 1, Nr. 1, S. 33-52.
Robinson, William, 2001: Social theory and globalization: The rise of a transnational state. In: Theory and Society, Vol. 30, Nr. 2, April 2001, S. 157-200.
Rößler, Horst, 1992: Massenexodus: die Neue Welt des 19. Jahrhunderts. In: Bade, Klaus J. (Hg.), Deutsche im Ausland – Fremde in Deutschland. Migration in Geschichte und Gegenwart. München: C. H. Beck, S. 148-157.
Rosenau, James N., 1969: Linkage politics: essays on the convergence of national and international systems. New York: Free Press.
Rosenau, James N., 1993: Governance, order, and change in world politics. In: Rosenau, James N./Czempiel, Ernst-Otto (Hg.), Governance without government: order and change in world politics. Cambridge [u. a.]: Cambridge University Press, S. 1-29.

Rosenau, James N., 1995: Governance in the Twenty-first Century. In: Global Governance 1, Nr. 1, S. 13-43.
Roudometof, Victor, 2005: Transnationalism, Cosmopolitanism and Glocalization. In: Current Sociology, Vol. 53, Nr. 1, S. 113-135.
Rucht, Dieter, 1996: Multinationale Bewegungsorganisationen. Bedeutung, Bedingungen, Perspektiven. In: Forschungsjournal Neue Soziale Bewegungen, Jg. 9, Heft 2, S. 30-41.
Rudolph, Hedwig/Morokvasic, Mirjana (Hg.), 1993: Bridging States and Markets. International Migration in the Early 1990s. Berlin: edition sigma.
Russell, Sharon Stanton, 1995: International Migration: Implications for the World Bank. HRO Working Papers, Nr. 54 (May 1995).

Sandu, Dumitru, 2005: Emerging Transnational Migration from Romanian Villages. In: Current Sociology, Vol. 53, Nr. 4, Monograph 2, S. 555-582.
Sassen, Saskia, 1991: The Global City. New York/London/Tokyo: Princeton University.
Sassen, Saskia, 1995: Immigration and Local Labor Markets. In: Portes, Alejandro (Hg.), The Economic Sociology of Immigration. New York: Russell Sage Foundation, S. 87-127.
Sassen, Saskia, 1998: Globalization and its discontents. New York: The New York Press.
Sassen, Saskia, 2002: Towards a Sociology of Information Technology. In: Current Sociology, Vol. 50, Nr. 3, S. 365-388.
Sassen, Saskia, 2006: Territory, Authority, Rights: From Medieval to Global Assemblages. Princeton: Princeton University Press. (Deutsche Übersetzung: Das Paradox des Nationalen. Frankfurt/M.: Suhrkamp 2008.)
Saxenian, AnnaLee, 2004: The Silicon Valley Connection: Transnational Networks and Regional Development in Taiwan, China and India. In: D'Costa, Anthony P. (Hg.), India in the Global Software Industry. Innovation, Firm Strategies and Development. Houndmills/New York: Palgrave, S. 164-192.
Scharpf, Fritz W., 1985: Die Politikverflechtungsfalle. Europäische Integration und deutscher Föderalismus im Vergleich. In: Politische Viertelsjahresschrift, Jg. 26, S. 323-356.
Schelsky, Helmut (Hg.), 1970: Zur Theorie der Institutionen. Düsseldorf.
Scherrer, Christoph/Greven, Thomas, 2001: Global Rules for Trade. Codes of Conduct, Social Labeling, Worker's Rights Clauses. Münster: Westfälisches Dampfboot.
Schirm, Stefan A., 2004: Internationale politische Ökonomie. Eine Einführung. Baden-Baden: Nomos.
Schirm, Stefan A., 2006: Analytischer Überblick: Stand und Perspektiven

der Globalisierungsforschung. In: ders. (Hg.), Globalisierung. Forschungsstand und Perspektiven. Baden-Baden: Nomos, S. 11-34.
Schmidt, Brian C., 2002: On the History and Historiography of International Relations. In: Carlsnaes, Walter/Risse, Thomas/Simmons, Beth A. (Hg.), Handbook of International Relations. London/Thousand Oaks/New Delhi: Sage, S. 3-22.
Schneckener, Ulrich, 2002: Netzwerke des Terrors. Charakter und Strukturen des transnationalen Terrorismus. SWP-Studie 42/02.
Schneckener, Ulrich, 2006: Transnationaler Terrorismus. Charakter und Hintergründe des »neuen« Terrorismus. Frankfurt/M.: Suhrkamp.
Schroer, Markus, 2006: Räume, Orte, Grenzen. Auf dem Weg zu einer Soziologie des Raums. Frankfurt/M.: Suhrkamp.
Schuerkens, Ulrike (Hg.) (2005): Transnational Migrations and Social Transformations: A Theoretical Perspective. In: Current Sociology, Vol. 53, Nr. 4, Monograph 2.
Schütz, Alfred, 1972: Der Heimkehrer. In: Brodersen, Arvid (Hg.), Alfred Schütz. Gesammelte Aufsätze II. Studien zur soziologischen Theorie. Den Haag: Martinus Nijhoff, S. 70-84.
Schütz, Alfred, 1993: Der sinnhafte Aufbau der sozialen Welt. Eine Einleitung in die verstehende Soziologie. Frankfurt/M.: Suhrkamp (6. Auflage, zuerst 1932 Wien).
Schulze, Gerhard, 1993: Die Erlebnisgesellschaft. Kultursoziologie der Gegenwart. Frankfurt/M.: Campus.
Schulze-Marmeling, Dietrich, 2006: Die Geschichte der FIFA-Fußballweltmeisterschaft. In: Aus Politik und Zeitgeschichte, Nr. 19, 8. Mai.
Schumann, Diana, 2001: Netzwerke europäischer Elektrizitätspolitik und politikfeldübergreifende Koppelgeschäfte, Ruhr-Universität Bochum: Diskussionspapiere der Fakultät für Sozialwissenschaft 01-5.
Schumann, Diana, 2005: Interessenvermittlung im europäischen Mehrebenensystem: Strategien großer Elektrizitätsunternehmen im Vergleich. Wiesbaden: Deutscher Universitäts-Verlag.
Sengenberger, Werner, 2002: Globalisierung und sozialer Fortschritt. Zu Rolle und Wirkungen internationaler Arbeitsstandards. Ein Bericht für die Friedrich-Ebert-Stiftung, Kurzfassung. Bonn: Friedrich-Ebert-Stiftung.
Senghaas-Knobloch, Eva, 2004: Global Economic Structures and »Global Governance« in Labour Regulation Policy, artec-paper Nr. 113, July 2004, Forschungszentrum Nachhaltigkeit artec, Universität Bremen.
Senghaas-Knobloch, Eva/Dirks, Jan/Liese, Andrea, 2003: Internationale Arbeitsregulierung in Zeiten der Globalisierung. Politisch-organisatorisches Lernen in der Internationalen Arbeitsorganisation (IAO). Münster: LIT Verlag.

Sepstrup, Preben, 1990: Transnationalization of Television in Western Europe. Research Framework – Empirical Evidence – Policy Implications. In: Zeitschrift für Kulturwissenschaft, 1990/2, S. 169-179.

Shen, Hsiu-Hua, 2005: ›The first Taiwanes wives‹ and ›the Chinese mistresses‹: the international division of labour in familial and intimate relations across the Taiwan Strait. In: Global Networks, Vol. 5, Nr. 4, S. 419-437.

Shimada, Shingo, 1994: Grenzgänge – Fremdgänge. Japan und Europa im Kulturvergleich, Frankfurt/New York: Campus.

Simmel, Georg, 1903: Soziologie des Raumes. Nachdruck in: Dahme, Heinz-Jürgen/Rammstedt, Otthein (Hg.), 1983, Simmel. Schriften zur Soziologie. Frankfurt/M.: Suhrkamp, S. 221-242.

Simmel, Georg, 1908: Soziologie. Untersuchungen über die Formen der Vergesellschaftung. Leipzig: Duncker & Humblot.

Simmel, Georg, 1917: Deutschlands innere Wandlung. In: ders., Der Krieg und die geistigen Entscheidungen, Reden und Aufsätze. München/Leipzig: Duncker & Humblot.

Simmons, Beth A./Martin, Lisa L., 2002: International Organizations and Institutions. In: Carlsnaes, Walter/Risse, Thomas/Simmons, Beth A. (Hg.), Handbook of International Relations. London/Thousand Oaks/New Delhi: Sage, S. 192-211.

Singh, Gangaram, 2001: Supplements and Complements to the Current Employee Representation System in the United States. In: Employee Responsibilities and Rights Journal, Vol. 13, Nr. 2, S. 107-124.

Sklair, Leslie, 1995: Sociology of the global system. Baltimore: Johns Hopkins University Press.

Smelser, Neil J., 2003: On comparative analysis, interdisciplinarity and internationalization in sociology. In: International Sociology, Jg. 18, Nr. 4, S. 643-657.

Smith, Michael Peter, 2001: Transnational Urbanism. Locating Globalization. Malden/MA.: Blackwell Publishers.

Smith, Michael Peter/Guarnizo, Luis Eduardo (Hg.), 1999: Transnationalism from below. Comparative Urban & Community Research, Vol. 6., New Brunswick/London: Transaction Publishers (2. Auflage).

Smith, Robert, 1995: »Los ausentes siempre presentes«, The imagining, Making and Politics of a Transnational Community between Ticuani, Puebla, Mexico, and New York City. Ph. D. dissertation, New York: Columbia University (2005 als Buch erschienen in Englisch und Spanisch, engl. Ausgabe: Mexican New York: Transnational Worlds of New Immigrants. California: University of California Press).

Smith, Robert, 1997: Reflections on Migration, the State and the Construction, Durability and Newness of Transnational Life. In: Pries, Ludger

(Hg.), Transnationale Migration. Soziale Welt, Sonderband 12, Baden-Baden: Nomos, S. 197-220.
Smith, Robert, 2001: Comparing Local Level Swedish and Mexican Transnational Life. An Essay in Historical Retrieval. In: Pries, Ludger (Hg.), New Transnational Social Spaces. International Migration and Transnational Companies. London: Routledge, S. 37-58.
Sørensen, Ninna Nyberg, 2000: Notes on transnationalism to the panel of devil's advocates: transnational migration – useful approach or trendy rubbish? Paper presented at the Conference on Transnational Migration: Comparative Theory and Research Perspectives, ESRC Transnational Communities Programme, Oxford, UK, June.
Spencer, Herbert, 1862: First Principles. London.
Spencer, Herbert, 1882-1898: The Principles of Sociology. 3 Volumes. London.
Stichweh, Rudolf, 1995: Zur Theorie der Weltgesellschaft. In: Soziale Systeme, Jg. 1, Nr. 1, S. 29-45.
Stichweh, Rudolf, 2000: Die Weltgesellschaft. Soziologische Analysen. Frankfurt/M.: Suhrkamp.
Streeck, Wolfgang, 1997: Neither European Nor Works Councils: A Reply to Paul Knutsen. In: Economic and Industrial Democracy, Jg. 18, Heft 2.
Sturm, Gabriele, 2000: Wege zum Raum. Methodologische Annäherungen an ein Basiskonzept raumbezogener Wissenschaften. Opladen: Leske + Budrich.
Swaan, Abram de, 1995: Die soziologische Untersuchung der transnationalen Gesellschaft. In: Journal für Sozialforschung 35, S. 107-120.

Tanaka, Hiromi, 2004: Conceiving and Researching Women's Networks in Globalisation. In: Journal of Interdisciplinary Gender Studies, Vol. 8. Nr. 1 und 2 (Doppelausgabe, Juni 2004), S. 18-37.
Tarrow, Sidney, 2005: The New Transnatiomal Activism. New York: Cambridge University Press.
Tenbruck, Friedrich H., 1989: Gesellschaftsgeschichte oder Weltgeschichte? In: Kölner Zeitschrift für Soziologie und Sozialpsychologie 41, Nr. 3, S. 417-439.
Therborn, Göran, 2000: Globalizations. Dimensions, Historical Waves, Regional Effects, Normative Governance. In: International Sociology, Vol. 15, Nr. 2, S. 151-179.
Thimm, Tatjana, 2001: Kultureller Wandel in Französisch-Polynesien vor dem Hintergrund ausländischer Einflussnahme und endogener Entwicklung: Ausgangssituation für nachhaltige Tourismusprojekte der indigenen Bevölkerung der Maohi. (Dissertation Universität Göttingen)

Thomas, William I./Thomas, Dorothy Swaine, 1928: The Child in America. Behavior Problems and Programs. New York: Alfred A. Knopf Inc.
Todd, Malcolm, 2002: Die Zeit der Völkerwanderung. Stuttgart: Konrad Theiss Verlag (engl. Original 2001).
Tönnies, Ferdinand, 1887: Gemeinschaft und Gesellschaft. Abhandlung des Communismus und des Socialismus als empirischer Culturformen. Leipzig: Fues's Verlag (R. Reisland).
Töpfer, Armin, 1998: Die Restrukturierung des Daimler-Benz Konzerns 1995-1997. Neuwied: Luchterhand.
Tomasello, Michael, 2002: Die kulturelle Entwicklung des menschlichen Denkens. Frankfurt/M.: Suhrkamp.
Torpey, John, 2000: The Invention of the Passport. Cambridge: Cambridge University Press.
Treibel, Annette, 1999: Migration in modernen Gesellschaften: Soziale Folgen von Einwanderung, Gastarbeit und Flucht. München: Juventa (2. überarbeitete Auflage, Erstauflage 1990).
TUAC, 2006: The OECD Guidelines For Multinational Enterprises. TUAC Internal Analysis Of Treatment Of Cases Raised With National Contact Points. February 2001-February 2006, ⟨http://www.tuac.org/statemen/communiq/listofcasesFeb06.pdf⟩, Zugriff 3. 7. 2006.
Türk, Klaus, 1989: Organisationssoziologie. In: Endruweit Günter/Trommsdorff, Gisela (Hg.), Wörterbuch der Soziologie, Stuttgart, S. 474-481.

Uhl, Hans-Jürgen/Lavon, Eva, 1997: Der Europäische Volkswagen-Konzernbetriebsrat. Strukturwandel und Globalisierung. Internationale Solidarität und solidarischer Beschäftigungsausgleich. In: Deppe, Joachim/Hoffmann, Rainer/Stützel, Wieland (Hg.), Europäische Betriebsräte. Wege in ein soziales Europa. Frankfurt/New York: Campus.
Union of International Associations (Hg.), 2004: Yearbook of International Organizations 2004/2005. Edition 41, Vol. 5: Guide to global civil society networks. München: K. G. Saur Verlag.
United Nations, 2004: Budgetary and financial situation of organizations of the United Nations system. UN-Dokument A/59/315.
United Nations, 2005: Der Global Compact (Global Compact Büro). New York: Vereinte Nationen (August 2005).
Urry, John, 1985: Social Relations, Space and Time. In: Gregory, Derek/Urry, John: Social relations and spatial structures. Basingstoke/London: Macmillan, S. 20-48.
Urry, John, 2001: Sociology beyond societies: mobilities for the twenty-first century. London/New York: Routledge.

Vertovec, Steven, 1999: Conceiving and researching transnationalism. In: Ethnic and Racial Studies 22, Nr. 2, S. 447-462.
Vertovec, Steven, 2000: The Hindu Diaspora: Comparative Patterns. London: Routledge.
Vertovec, Steven, 2003a: Migration and Other Modes of Transnationalism: Towards Conceptual Cross-fertilization. In: International Migration Review, Vol. 37, Nr. 3, S. 641-665.
Vertovec, Steven, 2003b: Migrant Transnationalism and Modes of Transformation (paper presented at the conference ›Conceptual and Methodological Developments in the Study of International Migration‹). Princeton: Princeton University, 23-25 May 2003.
Vertovec, Steven, 2004: Migrant Transnationalism and Modes of Transformation. International Migration Review, Vol. 38, Nr. 3, S. 970-1001.
Vertovec, Steven/Cohen, Robin (Hg.), 1999: Migration, Diasporas and Transnationalism. The International Library of Studies in Migration 9. Cheltenham/Northampton: Elgar Reference Collection.
Verwiebe, Roland, 2004: Transnationale Mobilität innerhalb Europas. Eine Studie zu den sozialstrukturellen Effekten der Europäisierung. Berlin: edition sigma
Voigt, Rüdiger, 1999/2000 (Hg.): Globalisierung des Rechts, Baden-Baden: Nomos.
Voigt-Graf, Carmen, 2004: Towards a geography of transnational spaces: Indian transnational communities in Australia. In: Global Networks, Vol. 4, Nr. 1, S. 25-49.

Wagner, Gerhard, 1996: Die Weltgesellschaft. Zur Kritik und Überwindung einer soziologischen Fiktion. In: Leviathan, Jg. 24, S. 539-556.
Walby, Sylvia, 2003: The Myth of the Nation-State: Theorizing Society and Polities in a Global Era. In: Sociology, Vol. 37, Nr. 3, S. 529-546.
Walk, Heike, 2004: Formen politischer Institutionalisierung: NGOs als Hoffnungsträger globaler Demokratie. In: Beckert, Jens/Eckert, Julia/Kohli, Martin/Streeck, Wolfgang (Hg.), Transnationale Solidarität. Chancen und Grenzen. Frankfurt/New York: Campus, S. 163-180.
Wallerstein, Immanuel, 1974: The Modern World System: Capitalist Agriculture and the Origins of the European World Economy in the Sixteenth Century. New York/San Francisco/London: Academic Press.
Wallerstein, Immanuel, 1985: Gesellschaftliche Entwicklung oder Entwicklung des Weltsystems? In: Lutz, Burkhart (Hg.), Soziologie und gesellschaftliche Entwicklung. Verhandlungen des 22. Deutschen Soziologentages in Dortmund 1984. Frankfurt/New York: Campus, S. 76-90.
Wallerstein, Immanuel, 1986: Das moderne Weltsystem. Die Anfänge kapita-

listischer Landwirtschaft und die europäische Weltökonomie im 16. Jahrhundert, Frankfurt/M.: Syndikat Autoren- und Verlagsgesellschaft (engl. Original 1974).
Walton, Richard E./McKersie, Robert B., 1965: A behavioral theory of labor negotiations: an analysis of a social interaction system. New York: McGraw-Hill.
Waters, Johanna L., 2005: Transnational family strategies and education in the contemporary Chinese diaspora. In: Global Networks, Vol. 5, Nr. 4, S. 359-377.
Waters, Malcolm, 1995: Globalization. London: Routledge.
Waters, Mary C., 1990: Ethnic Options. Choosing Identities in America. Berkeley/Los Angeles/Oxford: University of California Press.
Weber, Max, 1976: Wirtschaft und Gesellschaft, Tübingen: Mohr-Verlag, 5. rev. Auflage.
Wehler, Hans-Ulrich, 2003: Deutsche Gesellschaftsgeschichte. Vierter Band: Vom Beginn des Ersten Weltkriegs bis zur Gründung der beiden deutschen Staaten 1914-1949. München: Verlag C. H. Beck.
Weichhart, Peter, 2003: Gesellschaftlicher Metabolismus und Action Settings. Die Verknüpfung von Sach- und Sozialstrukturen im alltagsweltlichen Handeln. In: Meusburger, Peter/Schwan, Thomas (Hg), Humanökologie. Stuttgart: Steiner, S. 15-44.
Weiner, Myron, 1985: On International Migration and International Relations. In: Population and Development Review, Vol. 11, Nr. 3, S. 441-455.
Weiner, Myron, 1997: The Global Migration Crisis. Challenge to States and to Human Rights. New York: HarperCollins College Publ.
Weiß, Anja, 2002: Raumrelationen als zentraler Aspekt weltweiter Ungleichheiten. In: Mittelweg 36, Band 11, S. 76-91.
Weiß, Anja, 2005: The Transnationalization of Social Inequality: Conceptualizing Social Positions on a World Scale. In: Current Sociology, Vol. 53, Nr. 4, Monograph 2, S. 707-728.
Weiss, Manfred, 2001: Die Globalisierung arbeitsrechtlicher Mindeststandards. In: Abel, Jörg/Sperling, Hans Joachim (Hg.), Umbrüche und Kontinuitäten. Perspektiven nationaler und internationaler Arbeitsbeziehungen. München/Mering: Hampp, S. 369-382.
Weiss, Manfred/Krieger, Hubert (Hg.), 1990: Die Arbeitsbeziehungen in der Bundesrepublik Deutschland. Baden-Baden: Nomos.
Welge, Martin K./Holtbrügge, Dirk, 2003: Internationales Management. Theorien, Funktionen, Fallstudien. Stuttgart: Schäffer-Poeschel (3. Auflage).
Werlen, Benno, 1997: Gesellschaft, Handlung und Raum. Grundlagen handlungstheoretischer Sozialgeographie. Stuttgart: Steiner (3., überarbeitete Aufl., engl. Ausgabe 1993).
Wessel, Horst A., 1998: Die Verbreitung des Telephons bis zur Gegenwart.

In: Teuteberg, Hans-Jürgen/Neutsch, Cornelius (Hg.), Vom Flügeltelegraphen zum Internet. Geschichte der modernen Telekommunikation. Stuttgart: Steiner (Band 147 der Beihefte der Vierteljahresschrift für Sozial- und Wirtschaftsgeschichte), S. 67-112.

Westwood, Sallie/Phizacklea, Annie, 2000: Trans-nationalism and the Politics of Belonging. London/New York: Routledge.

Weyler, Rex, 2004: Greenpeace: How a Group of Journalists, Ecologists and Visionaries Changed the World. Vancouver: Raincoast Publishers.

Whittall, Michael, 2000: The BMW European Works Council: A Cause for European Industrial Relations Optimism? In: European Journal of Industrial Relations, Jg. 6, Heft 1, S. 61-83.

Whittall, Michael, 2003: European Works Councils – A Path to European Industrial Relations? The Case of BMW and Rover. Ph. D. Nottingham Trent University.

Wilkesmann, Uwe, 2007: Einzelinteressen und kollektives Handeln in Organisationen. Das Dilemma der Steuerung wissensintensiver Arbeit. In: Bandelow, Nils/Bleek, Wilhelm (Hg.), Einzelinteressen und kollektives Handeln in modernen Demokratien. Wiesbaden: VS Verlag für Sozialwissenschaften.

Wimmer, A./Glick Schiller, Nina, 2002: Methodological nationalism and beyond: nation-state building, migration and the social sciences. In: Global Networks, 2, S. 301-334.

World Bank, 2005: Global Economic Prospects 2006. Washington/DC: World Bank.

Wortmann, Michael/Bochum, Ulrich/Dörrenbächer, Christoph/Kisker, Klaus Peter, 1998: Globalisierung und internationale Mobilität deutscher Industrieunternehmen. Darstellung eines Forschungsprojektes. In: Schmidt, Gert/Trinczek, Rainer (Hg.), Kolloquium des DFG-Schwerpunkts »Regulierung und Restrukturierung der Arbeit in den Spannungsfeldern von Globalisierung und Dezentralisierung«. Arbeitspapiere III. Erlangen: Universität Erlangen-Nürnberg, S. 28-40.

Woyke, Wichard, 2004: Handwörterbuch Internationale Politik. Bonn (Lizenzausgabe für die Bundeszentrale für politische Bildung).

WTO (World Trade Organisation), 2005: International Trade Statistics 2005. Geneva: WTO (online: ⟨http://www.wto.org/english/res_e/statis_e/statis_e.htm⟩).

Yamanaka, Keiko, 2005: Changing family structures of Nepalese transmigrants in Japan: split-households and dual wage earners. In: Global Networks, Vol. 5, Nr. 4, S. 337-358.

Yanacopulos, Helen, 2005: The strategies that bind: NGO coalitions and their influence. In: Global Networks, Vol. 5, Nr. 1, S. 93-110.

Yogananda, Paramahansa, 2005: Autobiographie eines Yogi. Los Angeles: Self Realization Fellowship (Nachdruck, erste deutsche Taschenbuchausgabe 1998).

Zaimoğlu, Feridun, 1995: Kanak Sprak: 24 Mißtöne vom Rande der Gesellschaft. Hamburg: Rotbuch.

Zolberg, Aristide R./Smith, Robert C., 1996: Migration Systems in Comparative Perspective. An Analysis of the Inter-American Migration System with Comparative Reference to the Mediterranean-European System. Submitted to the U.S. Department of State Bureau of Population, Refugees and Migration pursuant to grant agreement PRM 50610 by the International Center for Migration, Ethnicity and Citizenship at the New School for Social Research New York/NY.

Inhalt

1 Einleitung 9
2 Jenseits von Globalisierung *und* Nationalstaat 22
2.1 Einwände gegen die Globalisierungsthese 25
2.2 Das Zeitalter der klassischen Nationalgesellschaften ist vorbei 32
2.3 Der verlorene Einzelne in der globalisierten Welt? 38
2.4 Die Welt in den Fangarmen internationaler Konzerne? 40
2.5 Transnationalisierung und andere Internationalisierungsformen 42
3 Transnationalisierung der sozialen Welt in der Praxis 47
3.1 Transnationale Arbeitsmigration und Alltagswelten 48
3.2 Die Familie von Doña Rosa und andere transnationale Lebenswelten 51
3.3 Die Transnationalisierung von Organisationen 59
3.4 Der Volkswagen-Konzern als transnationale Organisation? 66
3.5 Transnationale Profit- und Non-Profit-Organisationen . 70
4 Zum Verhältnis von Sozialraum und Flächenraum 77
4.1 Raumkonzepte in den Wissenschaften 80
4.2 Das Soziale und der Raum 88
4.3 Georg Simmel und die Soziologie des Raumes 96
4.4 Gemeinschaft, Gesellschaft und andere Sozialräume .. 101
4.5 De-Territorialisierung des Sozialen in *Spaces of Flows*? . 109
5 Die Internationalisierung von Vergesellschaftung 119
5.1 Inter-Nationalisierung 134
5.2 Supra-Nationalisierung 139
5.3 Re-Nationalisierung 143
5.4 Globalisierung 147
5.5 Glokalisierung 152
5.6 Diaspora-Internationalisierung 156
5.7 Transnationalisierung 160
6 Transnationalismus in verschiedenen Wissenschaftsdisziplinen 168
6.1 Transnationale Beziehungen in der Politikwissenschaft . 170
6.2 Transnationale Unternehmen in den Wirtschaftswissenschaften 182

6.3 Transnationale Alltagspraxis und *communities* in der Soziologie 189
6.4 Transnationalisierung in den Geschichts- und Rechtswissenschaften 200
6.5 Transnationalismus in raum- und regionalwissenschaftlicher Perspektive 211
6.6 Transnationalisierung in anderen Sozial- und Geisteswissenschaften 216
7 Modell und Empirie der Transnationalisierung 223
7.1 Typen, Aspekte, Dimensionen und Ebenen von Sozialräumen 224
7.1.1 Analytische Aspekte von Sozialräumen 229 – 7.1.2 Mikroanalytischer Sozialraumtyp: alltägliche Lebenswelt 236 – 7.1.3 Meso-analytischer Sozialraumtyp: Organisation 239 – 7.1.4 Makroanalytischer Sozialraumtyp: Institution 242 – 7.1.5 Ebenen und Dimensionen von Sozialräumen 248
7.2 Transnationale alltagsweltliche Sozialräume 253
7.3 Transnationale Organisationen als Sozialräume 259
7.4 Transnationale Institutionen 271
8 Transnationalisierung als Herausforderung und Chance . . . 279
8.1 Grenzen der Global-Lokal-Metapher im wissenschaftlichen Diskurs 281
8.2 Internationale Erwerbsarbeit – nationale Erwerbsregulierung? 289
8.3 Formen der Internationalisierung von Erwerbsregulierung 302
8.3.1 Die Globalisierung von Erwerbsstandards 302 – 8.3.2 Inter-Nationalisierung, Supra-Nationalisierung und (Re-)Nationalisierung der Erwerbsregulierung 308 – 8.3.3 Glokalisierung und Diaspora-Internationalisierung der Erwerbsregulierung 318
8.4 Transnationalisierung als Weg zu internationaler Netzwerktextur 330
9 Nachwort: Wie die neuen Komplexitäten leben? 350

Akürzungsverzeichnis 360
Literaturverzeichnis 362